Julius Zupitza

Alt- und Mittelenglisches Übungsbuch

mit einem Wörterbuch

Julius Zupitza
Alt- und Mittelenglisches Übungsbuch
mit einem Wörterbuch

ISBN/EAN: 9783742895646

Hergestellt in Europa, USA, Kanada, Australien, Japan

Cover: Foto ©Thomas Meinert / pixelio.de

Manufactured and distributed by brebook publishing software (www.brebook.com)

Julius Zupitza

Alt- und Mittelenglisches Übungsbuch

INHALT.

I. AUS DEM EPINALER GLOSSAR 1
II. CÆDMONS HYMNUS 2
III. BEDAS STERBEGESANG 3
IV. VERSE VOM KREUZE VON RUTHWELL 3
V. EIN RÄTSEL 8
VI. AUS DER GENESIS 9
VII. AUS DER JUDITH 11
VIII. URKUNDE AUS DEN J. 805—810 (806?) 14
IX. PSALM 68 AUS DER HS. VESP. A 1 16
X. ÆLFREDS VORREDE ZU GREGORS CURA PASTORALIS 19
XI. BEDAS BERICHT ÜBER CÆDMON IN ÆLFREDS ÜBERSETZUNG 23
XII. ÆTHELSTAN (AUS DER SACHSENCHRONIK) 27
XIII. MATTHÆUS XXVIII 30
XIV. JOHANNES XXI 38
XV. AUS DEN GLOSSEN ZU DEN SPRÜCHEN SALOMONIS IN DER HS. VESP. D 6 50
XVI. JACOB UND ESAU 52
XVII. SAMSON 54
XVIII. AUS DER SPÄTEREN SACHSENCHRONIK 57
XIX. POEMA MORALE 58
XX. EINE PREDIGT 69
XXI. AUS DEM ORMULUM 73
XXII. ON GOD UREISUN OF URE LEFDI 76
XXIII. AUS ÞE WOHUNGE OF URE LAUERD 80

XXIV. AUS GENESIS UND EXODUS	81
XXV. INCIPIT DE MULIERE SAMARITANA	83
XXVI. EINE PREDIGT	85
XXVII. AUS DER SAGE VON GREGORIUS	87
XXVIII. AUS DEM HAVELOK	89
XXIX. AUS DEM CURSOR MUNDI	91
XXX. AUS RICHARD ROLLE DE HAMPOLE	94
XXXI. AUS DAN MICHELS AYENBITE OF INWYT	96
XXXII. AUS PATIENCE	100
XXXIII. AUS DER ZERSTÖRUNG VON TROJA	102
XXXIV. ANFANG DES V. BUCHES VON BARBOURS BRUCE	105
XXXV. AUS SIR FYRUMBRAS	107
XXXVI. AUS THE CRAFT OF DEYNG	108
XXXVII. AUS JOHN LYDGATES GUY OF WARWICK	110
XXXVIII. EIN LIED JACOB RYMANS	112
WÖRTERBUCH	113

I.
AUS DEM EPINALER GLOSSAR.

The Epinal Glossary, Latin and English of the 8th Century. Photo-lithographed...by W. Griggs, and edited...by Henry Sweet (London 1883). The Oldest English Texts ed. II. Sweet (London 1885) s. 36 ff. (auf diese ausgabe beziehen sich die zahlen).

3 *argillus* thohae. 8 *aredones* lynisas. 11 *amites* reftras. 16 *alium* garlec. 22 *aesculus* boecae. 30 *arcoli* sceabas. 34 *acrifolus* holegn. 35 *alnus* alaer. 39 *auriculum* dros. 45 *auriola* stign. 51 *altrinsecus* an ba halbae. 52 *addictus* faerscribaen. 66 *absintium* uuermod. 111 *antempna* segilgaerd. 129 *bobellum* falaed. 130 *bratium* malt. 137 *basterna* beer. 140 *battuitum* gibeataen. 157 *bona* scaet. 213 *crebrat* siftit. 217 *cocleae* lytlae sneglas. 234 *cyatus* bolla. 236 *corylus* haesil. 239 *capitium* hood. 398 *facitiae* gliu. 399 *fiber* bebr. 420 *filix* fearn. 464 *gramen* quiquae *(das erste q über c).* 469 *grallus* hrooc. 474 *gracilis* smael. 483 *gilvus* falu. 494 *hornro* thys geri. 498 *hirundo* sualuuae. 500 *inhians* gredig. 525 *inpendebatur* gibaen uuaes. 528 *inpendebat* saldae. 560 *ibices* firgingaett. 573 *lumbare* gyrdils *uel* broec. 583 *lutrus* otr. 590 *lendina* hnitu. 599 *lolium* atae. 625 *modioli* nabae. 631 *manica* gloob. 665 *merula* oslae. 674 *nycticorax* naechthraebn. 686 *nanus uel pumilio* duerg. 706 *obtenuit* bigaet. 724 *promulgarunt* scribun. 732 *pudor* scamu. 771 *papula* uueartae. 796 *pictus acu* mid naedlae (na *aus* m) asiuuid *(a ü. d. z.).* 802 *platisa* flooc. 806 *parrula* masae. 811 *porcellus* faerh. 813 *pulix* fleah. 817 *papilo* buturfliogae. 521 *pollux* thuma. 822 *prunus* plumae. 824 *popauer* popaeg. 825 *pecten* camb. 848 *quinquefolium* hraebnes foot. 837 *roscinia* nectaegalae. 858 *resina* teru. 869 *relatu* spelli. 872 *reserat* andleac. 884 *scrobibus* furhum. 892 *salix* salch. 910 *sardinas* heringas. 918 *sicalia* rygi. 947 *spina* bodei. 949 *sardas* smeltas. 951 *stiria* gecilae. 979 *seru* huaeg. 986 *tonsa* rothor. 1007 *thymus* haeth. 1010 *terrebellus* nabfogar. 1012 *tilaris* lauuercae. 1022 *trulla* scofl. 1037 *uicatum* libr. 1062 *uitelli* suehoras. 1086 *uaricat* stridit. 1087 *uangas* spadan. 1088 *uirecta* quicae *(q über c).* 1094 *uesica* blegnae.

II.

CÆDMONS HYMNUS.

*Zs. für d. alt. 22, 214. Facsimiles of Ancient MSS. Part IX. ed. by
E. A. Bond and E. M. Thompson (London 1879 für die Palæogr. Soc.),
Plate 140. hs. in der Cambridger universitätsbibl. Kk 5, 16 fol. 128v.*

   Nu scylun hergan hefaenricaes uard,
   metudæs maecti end his modgidanc,
   uerc uuldurfadur, sue he uundra gihuaes,
   eci dryctin, or astelidæ.
  5 he aerist scop aelda barnum
   heben til hrofe, haleg scepen:
   tha middungeard moncynnæs uard,
   eci dryctin, æfter tiadæ
   firum, foldᵛ, frea allmectig.
  primo cantauit Caedmon istud carmen.

---

  1 a *in* hergan *über getilgtem* e 4 yc *in* dryctin *aus* in 7 *das
erste* d *in* middun *aus* n

III.
BEDAS STERBEGESANG.

Denkmale des mittelalters gesammelt und herausgegeben von H. Hattemer I (St. Gallen 1844) s. 3. Venerabilis Bedae Historiae eccl. libri III. IV. edd. John E. B. Mayor and J. R. Lumby (Cambridge 1878) p. 177. ich benütze ein mir freundlichst von J. A. H. Murray geliehenes facsimile der St. Galler hs..

  Fore there neidfaerae naenig uuiurthit
  thoncsnotturra, than him tharf sic
  to ymbhycggannae aer his hiniongae,
  huaet his gastae godaes aefhtha yflaes
5 aefter deothdaege doemid uuoorthae.

2 thar(f) 3 hin ionge 5 uueorthe

IV.
VERSE VOM KREUZE VON RUTHWELL.

Nach Hickes' Thesaurus (isl. gr. s. 4. tafel IV) = H, Gordons Itinerarium septentrionale (London 1726) tafel 57 = G, der auf einer zeichnung Cardonnells beruhenden tafel L in Vetusta monumenta, quae ad rerum britannicarum memoriam conservandam societas antiquariorum Londini sumptu suo edenda curavit. vol. II (Lond. 1789) = C, Duncans bericht in der Archæologia scotica (Edinburgh 1833) bd. IV. s. 313 = D und G. Stephens' The Old Northern Runic Monuments of Scandinavia and England I (1866—67) 405 = St. vgl. Kemble in der Archæologia britannica (London 1840) XXVIII 327. XXX 31, Dietrich De cruce ruthwellensi (Marburg 1865). Wülker in Greins Bibliothek der ags. poesie 2. 111 ff. die verse gehören zu dem gedicht vom heiligen kreuz bei Grein-Wülker 2, 116 ff.

IV. VERSE VOM KREUZE VON RUTHWELL.

1.

ᚷᛖᚱᛖᛞᚨᛖ ᚺᛁᚾᚨ ᚷᛖᚻ ᚠᚨᛖᛗᛋᛏᛏᛁᚷ
ᛒᚠ ᚻᛁ ᚠᛖᚠᚻᛗ ᛖᛏ ᚷᛖᚢᚷᛁ ᚷᛁᚺᛏᛁᚷᛖ
ᛗᛖᚻᛁᚷ ᚠᛖᚱᛗ ᚠᛁᛁᚠ ᛗᛖᛏ
ᛒᚢᚷ

vor ¹⋀ *G*, ⁶ᛖ *H* ¹¹ᛖ *H* ¹⁴ᛁ *G D* ²²⋇ *St* ³¹ᛖ *D St* ³²ᛖ *HD*, ⋀' *G* ³⁶ᛖ *G C* ³⁹⋇ *St* ⁴⁷ᛖ *H*, ᛗ *C*, ᛖ *D* ⁵⁰⋇ *St* ⁵²ᛖ *H*, ↑ *D* ⁵⁴ᛖ *D*, ᛗ *St, damit brechen ab G H* ^{55—59} |' *C*, |||| *St, eine unleserliche reihe statt hier hinter 61 D* ⁶¹| *C* ⁶² f. *C*, *D*, ᚾ *St* ⁶³ᚾ *D* ⁶⁴' ' *D*, ⋊ *C; hiermit schliessen D St, während in C noch zwei unlesbare reihen folgen und darauf* ᛗᛖ

2.

ᛁᚺ ᚱᛁᛁᚺᛏᚠ ᚷᚨᛏᛁᚷᚺ
ᚨᛏᛖᚾᛏᚠᚺ ᚺᛁᚠᚠᛖᚱᚺ
ᚺᚠᚨᚺᚠ ᛁᚺ ᛏᛁ ᚺᚠᚱᚺᛏᚠ
ᛒᛁᚺᛖᚱᚠᚺᚢ ᚢᚷᚷᛗᛏ ᛗᛖᛏ ᛒᚠ ᚠᛏ ᚷᚠᚺᚱᛖ
ᛁᚺ ᚠᚺᚨ ᛗᛁᛒ ᛒᛏᚠᚨᚠ ᛒᛁᚺᛏᛗᚨᛁᚺ
ᛒᛁᚷᚨᛏᛗᛏ ᚠᚠ

vor ¹| ᛗ *C*, ᛖ ᚺ ᛖ ᛖ *undeutlich St (?)* ' ✝ *G*, ✝ *C* ¹⁰ᛖ *H D*, ᚾ *G C* ¹⁴ᛖ *C*, ᛖ *D* ¹⁶ᛖ *C*, | *H G D* ²³` *D*, ` *St* ²⁴ᛖ *H C*, ᛖ *D* ²⁶ᛖ *H C*, ᛖ *D* ²⁸ᛗ *C* ²⁹ᚺ *St* ³⁰ᛖ *H* ³²ᛗ *C* ³⁶| *G C St*, ᛖ *D* ³⁹ᛗ *C* ³⁹ᛖ *G* ⁴⁰ᛉ *St* ⁴¹ᛖ *D* ⁴³

f. D, ⧗ *St* [45] *f. D* [46] [1] | *D* [49] ᚠ *H* [50. 51] *undeutliche spuren* D [50] ᚠ
St [51] | | *GC* [52]—[54] *f. H* [52] *apparently mishewn* ᛗ *and then by a deep
down-stroke corrected into* ᚠ *St,* ᚠ`*G,* ᛗ *D* [55]—[60] *nicht ganz deutlich*
D [61] ⧗ *St* [62] | *GC* [63] ᚠ *H,* | *GC* [64] | *GC,* ᚠ *D, dahinter eine un-
leserliche reihe H (vgl. zu 52—54)* [65] ᚠ *GC, unleserlich H. f. D.* ⧗
St [68] *f. HGCD St* [68] ᛗ *GC,* | *D,* ᛗ *St* [71] *hiermit brechen ab HG*
[72]—[74] *eine unleserliche reihe St. keine solche angegeben CD* [75] | *C,*
| *D* [76] | *D* [79] *f. D,* ⌄ *C* [80] ᚠ *D* [82] | *CD* [83] *f. C* [87] | *CD* [90] *f. CD,*
| *St* [91] ᚠ *C,* ᚠ *D* [92] *hiermit bricht ab D* [93] *f. C St* [94] *f. C* [95] *hiermit
bricht ab C* [96. 97] *unsichere spuren St* [99] *unsichere spur St*

3.

ᛏᚻᚱᛁᛋᛏ ᚠᚫᛋ ᚩᚾ ᚱᚩᛞᛁ
ᚻᚹᛖᚦᚱᚫ ᚦᛖᚱ ᚠᚢᛋᚫ
ᚠᛠᚱᚱᚪᚾ ᛣᚹᚩᛗᚢ
ᚫᚦᚦᛁᛚᛖ ᛏᛁᛚ ᚪᚾᚢᛗ
ᛁᚻ ᚦᚫᛏ ᚫᛚ ᛒᛁᚻᛠᛚᛞ
ᛋᚪᚱᛖ ᛁᚻ ᚹᚫᛋ ᛗᛁᚦ ᛋᚩᚱᚷᚢᛗ ᚷᛁᛞᚱᚩᚠᛁᛞ
ᚻᚾᚪᚷ

[1] ᚠ *GC,* | *D, undeutlich St* [2] *der teil links vom senkrechten strich
undeutlich D St* [6] *der obere teil undeutlich D* [13] ᚠ *H* [15] ᚠ *? St* [20] ᚠ
H [23] ᚠ *GC* [40] ᚠ *D* [43] *f. C* [50] | *GC* [56] ᚠ *D* [57] | *H* [53] ᚠ *GC*
[54] ᚠ *GC,* ᚠ *D* [61. 62] | | *D* [62] | *GC,* | | *St, damit brechen ab HG*

⁶³⁻⁶⁵ unerkennbar *D* ⁶³ | *C*, unerkennbar *St* ⁶⁴ ᚱ *C* ⁶⁵ unerkennbar *C St* ⁶⁶ | *C* ⁶⁷ ᚠ *D*, | *C*, ᚴ *St* ⁶⁸ ᚴ *St, f. CD* ⁶⁹ *f. CD St* ⁷³ *f. CD* ⁷⁶ | *D St* ⁷⁷ *f. CD St* ⁷⁹ ᚠ *D* ⁸⁰ ᚴ *C*, | *D*, ᚴ *St* ⁸³ ᚦ *C*, ᚠ *D*, | *St* ⁵⁴ ᚷ *St* ⁸⁶ ᚴ *C*. ¹ ¹ *D*, ¹ *St* ⁸⁹ | *C*, | *St. f. D* ⁹⁰ *f. CD*, | *St* ⁹¹ ᚻ *C* ⁹³ *f. CD St* ⁹⁴ ᚦ *C* ⁹⁵ *f. D*

4.

ᛗᛁᛒ ᚴᛏᚱᛗᛁᚢᛗ ᚷᛁᚹᚢᚼᛖᛗᚻ
ᚠᛆᛗᚷᚻᚢᛏ ᚻᛁᛗ ᚻᛁᛚᚠ ᛚᛁᛘᛔᛆᚱᛁᚷᛏᚠ
ᚷᛁᚴᛏᛖᛉᛉᚢᛏ ᚻᛁᛘ ᛆᛏ ᚻᛁᚴ ᛚᛁᚴᛖᛋ ᚻᛏᛖᛉᚢᛘ
ᛒᛁᚻᛏᛏᛆᚾᚢᛏ ᚻᛁᚠ ᚦᛗᚱ ᚻᛏᛁᚢᛏ

¹ | ᚲ *St* ⁵ | *HGCD* ⁸ ᚱ *D*, ˋ *St* ⁹ ᚾ *D* ¹¹ ᚷ *H*, ᚷ *St* ¹¹ ᚠ *GC* ¹⁹ ᚠ *H* ²² ᚷ *St* ²⁵ ᚴ *D* ²⁸ ᚠ *H* ²⁹ ᚻ *D St* ³¹ ᚴ *D* ³² ᚠ *H* ³³ ᚠ *H*, ᚠ *D* ³⁷ ᚷ *H* ⁴¹ | *HD* ⁴² ᚠ *H* ⁵¹ | *D St* ⁵² ᚢ *D St* ⁵³ | *D* ⁵⁴ hiermit schliessen *HG* ⁵⁵⁻⁵⁷ eine reihe unleserlich *St*, nicht angegeben *D*, nur die letzte rune lesbar *C* ⁵⁸⁻⁶¹ || || *St.* | | *D*, die ganze reihe nicht angegeben *C* ⁶² | *D*, ᚾ *St* ⁶⁵ *f. CD St* ⁶⁶ ᚡ *C*, ᚱ *D*, ᚥ *St* ⁶⁸·⁶⁹ *f. CD St* ⁷¹·⁷² *f. CD St* ⁷³ ᚴ *St*, | *CD* ⁷⁴ ᚢ *D* ⁷⁵ *f. CD St* ⁷⁶ ᚷ *St*, ᚴ *D* ⁷⁷ ᚦ *D* ⁷⁸ *f. CD St* ⁷⁹ ᚻ *C*, | *D* ⁸¹ *f. CD St* ⁸² ᚸ *D* ⁸³ hiermit schliesst *D*, ᛈᚲ *C* ⁸⁴ *f. C* ⁸⁵ ᚴ *St, f. C.* ⁸⁶ ᚱ *C*, das hiermit schliesst ⁸⁷⁻⁸⁹ ᚤ ᚾ | *St*

IV. VERSE VOM KREUZE VON RUTHWELL

1.

a) gereda‿ hinæ god almechttig
þa he walde on galgu gistiga
modig fore allæ men
bug

b) v. 39 ongyrede hine þâ geong hæled, þæt wæs god ælmihtig,
strang ond stidmôd: gestâh hê on gealgan hëanne
môdig on manigra gesyhde, þâ hê wolde mancyn lŷsan.
bifode ic, þâ mê se beorn ymbclypte: ne dorste ic hwædre bûgan tô
eorðan.

2.

a) ic rücnæ kyninc
heafunæs blafard
hælda ic ni darstæ
bismæradu unket men ba æt gadre
ic wæs miþ blodæ bistemid
bigoten of

b) v. 44 rôd wæs ic âræred, âhôf ic rícne cyning,
heofona hlâford: hyldan mê ne dorste.
48 bysmeredon hîc unc bûtu æt gædere. eall ic wæs mid blôde bestêmed,
begoten of þæs guman sîdan.

3.

a) † Crist wæs on rodi
hweþræ þer fusæ
fearran cwomu
æþþilæ til anum
ic þæt al biheald
sare ic wæs miþ sorgum gidrœfid
hnag

b)   *v.* 56 Crist wæs on rôde.
hwædere þêr fûse feorran cwôman
tô þâm ædelinge: ic þæt eall behêold.
sâre ic wæs mid (sorgum) gedrêfed, hnâg ic hwædre þâm secgum
tô handa.

4.

a) miþ strelum giwundad
alegdun hiæ hinæ limwœrignæ
gistoddun him æt his licæs heafdum
bihealdun hiæ þer heafun

b) v. 62 eall ic wæs mid strǽlum forwundod,
âlédon hîe dǽr limwêrigne, gestódon him æt his lîces héafdum,
behéoldon hîe dǽr heofenes dryhten.

V.
EIN RÄTSEL.

nr. 16 bei Grein Bibl. 2, 376. vgl. Schipper Germ. 19, 334.

Hals is mîn hwît ond héafod fealo,
sidan swâ some; swift ic éom on féþe,
beadowǽpen bere; mê on bæce standad
hér, swylce swé on hléorum; hlifiad tû
5 éaran ofer éagum; ordum ic steppe
in grêne græs. mê bid gyrn witod,
gif mec onhǽle ân onfinded
wælgrim wiga, þǽr ic wîc bûge,
bold, mid bearnum, ond ic bîde þǽr
10 mid geogudcnósle, hwonne gæst cume
tó durum mînum: him biþ déad witod,
forþon ic sceal of édle eaforan mîne
forhtmôd fergan, fléame nergan,
gif hé mê æfterweard calles weorþed:
15 hine berad bréost. ic his bîdan ne dear
réþes on gerûman (nele þæt rǽd teale),
ac ic sceal fromlîce féþemundum
þurh stéapne beorg strǽte wyrcan.
éaþe ic mæg fréora feorh genergan,
20 gif ic mǽgburge môt mîne gelǽdan
on dégolne weg þurh dûne þyrel
swǽse ond gesibbe: ic mê siþþan ne þearf
wælhwelpes wig wiht onsittan.
gif se nidsceaþa nearwe stige
25 mê on swaþe sécep, ne tósǽlep him
on þám gegnpaþe gûþgemótes,
siþþan ic þurh hylles hróf gerǽce
ond þurh hést hrîno hildepilum
làdgewinnum. þám þe ic longe fléah.

V. 1 ond *immer abgekürzt (ebenso in nr.* VI *und* VII) 4 swé on]
swine on *E(ttmüller)*, swyne *Th(orpe)*, súe on *G(rein)*, sweon *hs.* ‖ hléorum
E] leorum 6 grêne *E|* grenne 9 bold *Th]* blod 15 hi ne bered? *Th* [, biddan.
verb. Th 21 dûne *G,* dim *Th,* dum *hs.* 24 gif se *Th]* gifre 28 hrine *Th* 29 -nan?

VI.
AUS DER GENESIS
(DEM SOG. CÆDMON).
Bouterwek Cæd. I, 108 ff. Grein Bibl. I. 74. hs. zu Oxford, Jun. 11 p. 137.

2845]'a þæs rinces se rica ongan
cyning costigan, cunnode georne,
hwilc þæs ædelinges ellen wære,
stiðum wordum, spræc him stefne to:
'gewit þu ofestlice, Abraham, feran.
2850 lastas leogan ond þe læde mid
þin agen bearn: þu scealt Isaac me
onsecgan, sunu ðinne. sylf to tibre.
siddan þu gestigest steape dune.
hricg þæs hean landes, þe ic þe heonon getæce,
2855 up þinum agnum fotum: þær þu scealt ad gegærwan,
bælfyr, bearne þinum ond blotan sylf
sunu mid sweordes ecge ond þonne sweartan lige
leofes lic forbærnan ond me lac bebeodan.'
Ne forsæt he þy side, ac sona ongann
2860 fysan to fore: him wæs frean engla
word ondrysne ond his waldend leof.
þa se eadga Abraham sine
nihtreste ofgeaf: nalles nergendes
hæse widhogode, ac hine se halga wer
2865 gyrde gragan sweorde, cydde, þæt him gasta weardes
egesa on breostum wunode. ongan þa his esolas bætan
gamolferhd goldes brytta, heht hine geonge twegen
men mid siðian: mæg wæs his agen þridda
ond he feorða sylf. þa he fus gewat
2870 from his agenum hofe Isaac lædan,
bearn unweaxen, swa him bebead metod.
efste þa swiðe ond on'ette
forð foldwege, swa him frea tæhte
wegas ofer westen, oð þæt wuldortorht
2875 dæges þriddan up ofer deop wæter
ord aræmde. þa se eadega wer
geseah hlifigan hea dune,
swa him sægde ær swegles aldor.
ða Abraham spræc to his ombihtum:

2851 isaâc *hs. immer; vergl. XVI* 2852 onsǽgan *Kluge* 2854 hrycg *B(outerwek)*] hrincg ‖ *ursprünglich* hêa(h)an 2860 frean *Th(orpe)*] frea
2861 hæs waldendes *B* waldende, *verb. Th* 2877 *ursprünglich* hêa(h)e

2880 'rincas mine, restad incit
hêr on þissum wicum: wit eft cumad,
siddan wit ǽrende uncer twêga
gâsteyninge âgifen habbad.'
Gewât him þâ se ædeling ond his âgen sunu
2885 tô þæs gemearces, þê him metod tǽhte,
wadan ofer wealdas: wudu bær sunu,
fæder fýr ond sweord. ðâ þæs friegean ongann
wer wintrum geong wordum Abraham:
'wit hêr fýr ond sweord, frêa mîn, habbad:
2890 hwǽr is þæt tîber. þæt þû torht gode
tô þâm brynegielde bringan þencest?'
Abraham madelode (hæfde on ân gehogod,
þæt hê gedǽde, swâ hine drihten hêt):
'him þæt sôdeyning sylfa finded,
2895 moncynnes weard, swâ him gemet þinced.'
Gestâh þâ stîdhýdig stêape dûne
ûp mid his eaforan, swâ him se êca bebêad,
þæt hê on hrôfe gestôd hêan landes,
on þǽre stôwe, þê him se stranga tô,
2900 wǽrfæst metod, wordum tǽhte.
ongan þâ âd hladan, ǽled weccan
ond gefeterode fêt ond honda
bearne sînum ond þâ on bǽl âhôf
Îsââc geongne ond þâ ǽdre gegrâp
2905 sweord be gehiltum: wolde his sunu cwellan
folmum sînum, fýre sencan
mǽges drêore. þâ metodes degn
ufan, engla sum, Abraham hlûde
stefne cýgde. hê stille gebâd
2910 âres sprǽce ond þâm engle oncwǽd.
him þâ ofstum tô ufan of roderum
wuldorgâst godes wordum mǽlde:
'Abraham lêofa, ne sleah þîn âgen bearn,
ac þû cwicne âbregd eniht of âde,
2915 eaforan þinne: him an wuldres god.
mago Ebrêa, þû mêdum sceal
þurh þæs hâlgan hand heofoncyninges,
sôdum sigorlêanum, selfa onfôn,
ginfæstum gifum: þê wile gâsta weard

2890 torhtum? 2899 stôwe *B] f.* 2898 *urspr.* hêa(h)an 2906 fýr gesencan (*oder* âseneau) *B,* fýre sengan *G(rein),* on fýre s. *K(ölbin)g,* fýre swelgan *oder* sellan *K(örne)r,* fýr besprengan? *doch vgl. auch Zs. 13, 131* 2907 drêor *G Ky Kr* 2913 *nicht* sleah þu *hs.* 2918 *anfangs* onfô(h)an

2920 lissum gyldan, þæt þé wæs léofre his
sibb ond hyldo, þonne þin sylfes bearn.'
Âd stód onǽled. hæfde Abrahame
métod moncynnes, mǽge Lóthes,
bréost geblissad. þâ hê him his bearn forgeaf
2925 Ísáac cwicne, dâ se êadega bewlát
rinc ofer exle ond him þǽr rom geseah
unfeor þanon ǽnne standan,
bróðor Arones, brêmbrum fæstne,
þone Abraham genam ond hine on âd âhóf
2930 ofestum miclum for his âgen bearn:
âbrægd þâ mid þý bille, brynegield onbréad,
reccendne weg, rommes blôde,
onbléot þæt lâc gode, sægde léana þanc
ond ealra þâra sǽlða. þé hé him sið ond ǽr,
2935 gifena drihten, forgifen hæfde.

VII.
AUS DER JUDITH.

Grein Bibl. 1, 123. hs. im Brit. Mus. Vitell. A XV fol. 202r.

Hæfde ðâ gefohten foremǽrne blǽd
Iúdith æt gúðe, swâ hyre god úðe,
swegles ealdor, þé hyre sigores onléah.
125 þâ séo snotere mægð snúde gebróhte
þæs herewǽdan héafod swâ blódig
on ðâm fætelse, þé hyre foregenga,
bláchléor ides, hyra bégea nest
déawum gedungen þyder on lǽdde,
130 ond hit ðâ swâ heolfrig hyre on hond âgea*f*
*hiѕ*edoncolre hâm tó berenne
Iúdith, gingran sinre. éodon ðâ gegnum þanonne
þâ idesa bâ ellenþriste,
oð þæt hie becómon, collenferhde
135 éadhrédige mægð, út of ðâm herige,
þæt hie sweotollice geséon mihten
þǽre wlitegan byrig weallas blican
Béthúliam. hie ðâ béahhrodene
fédelàste forð on'ettan.

2920 leofra. *verb. G* 2931 onhréað *Ettmüller Lex.* 505, on | réad *Dietrich Zs. 10,337,* onread *Kr* 2932 récendne *G* 2934 sǽlda *G*]*f*.
127 foregenge *Leo* 130 *buchstaben, die im texte in cursiver schrift stehen, fehlen jetzt in der hs. ganz oder zum grössten teil* 134 hie hie

VII. AUS DER JUDITH.

140 od hie glædmôde gegân hæfdon
tô dâm wealgate. wiggend sǽton.
weras, wæccende: wearde heoldon
in ðâm fæstenne, swâ dâm folce ǽr
geômormôdum Iûdithe bebêad,
145 searodoncol mægd, þâ hêo on sid gewât.
ides ellenrôf wæs dâ eft cumen
lêof tô lêodum ond dâ lungre hét,
glêawhýdig wif, gumena sumne
of dǽre ginnan byrig hyre tôgeânes gân
150 ond hi ofostlice in forlǽtan
þurh dæs wealles geat ond þæt word âcwæd
tô dâm sigefolce: 'ic eow secgan mæg
þoncwyrde þing, þæt gê ne þyrfen leng
murnan on môde: êow ys metod blide,
155 cyninga wuldor. þæt gecýded weard
geond woruld wîde, þæt eow ys wuldorblǽd
torhtlic tôweard ond tir gifede
þâra lǽdda tô lêane, þê gê lange drugon.'
Þâ wurdon blide burhsittende,
160 syddan hi gehýrdon, hû sêo hâlige sprǽc
ofer hêanne weall: here wæs on lustum.
wið þæs fæstengeates folc onʻette,
weras, wif somod, wornum ond hêapum,
drêatum ond drymmum þrungon ond urnon
165 ongeân dâ þêodnes mægd þûsendmǽlum,
calde gê geonge: ǽghwylcum weard
men on dǽre medobyrig môd ârêted,
syddan hie ongeâton, þæt wæs Iûdith cumen
eft tô êdle, ond dâ ofostlice
170 hie mid êadmêdum in forlêton.
Þâ sêo glêawe hét golde gefrætewod
hyre dinenne þancolmôde
þæs herewǽdan hêafod onwridan
ond hyt tô behde blôdig ætýwan
175 þâm burhlêodum, hû hyre æt beaduwe gespêow.

---

141 (weal)gate 142 heordon *urspr., dann aber der zweite strich von
r zu l, doch der erste nicht getilgt* 144 Iudith *G(rein)* 149 gân] faran?
Rieger stellt die beiden vershälften um, doch fragt er: "oder ist gan an
die stelle eines synonymen wortes getreten?" 150 forlęton *aus* forlęten,
verb. Thorpe 154 *die oberen enden einiger buchstaben weg* 158 tô lêane *f.*,
tô bôte *Rieger; G ergänzt* on *lâst vor* þâra 161 heahne *G* 163 weras ond
wif *Thw(aites)* 165 þeodnes, *verb. Thw*

VII. AUS DER JUDITH.

sprǣc ðà sêo æðele tó eallum þām folce:
'hér gé magon sweotole, sigeröfe hæleð,
leoda ræswan, on ðæs ládestan,
hǣðenes headorinces, héafod starian.

180 Holofernus unlyfigendes,
þē ús monna mǣst morðra gefremede,
sárra sorga, ond þæt swýðor gýt
ýcan wolde: ac him ne úðe god
lengran lifes, þæt hê mid lǣddum ús
185 eglan môste, ic him caldor óðþrong
þurh godes fultum. nû ic gumena gehwæne
þyssa burgleoda biddan wylle,
randwiggendra, þæt gê recene éow
fýsan tó gefeohte: syððan frymða god,
190 árfæst cyning, éastan sende
leohtne leoman, berað linde forð,
bord, for breostum ond byrnhomas,
scire helmas in sceadena gemong
fyllan folctogan fágum sweordum.
195 fǣge frumgáras. fýnd syndon éowere
gedémed tó déade, ond gê dôm ágon,
tir, æt tohtan, swâ éow getácnod hafað
mihtig dryhten þurh míne hand.'

Pà weard snelra werod snúde *gegearewod,
200 cênra, tó campe: stôpon cynerôfe
secgas ond gesiðas, bǣron sigeþúfas,
fôron tô gefeohte forð on gerihte
hæleð under helmum of ðǣre háligan byrig
on ðæt dægred sylf: dynedan scildas,
205 hlúde hlummon. þæs se hlanca gefeah
wulf in walde ond se wanna hrefn.
wælgífre fugel (westan hêgen,
þæt him ðâ þeodguman þôhton tilian
fylle on fǣgum), ac him fléah on lâst
210 earn ǣtes georn úrigfeðera,
salowigpáda, sang hildeleoð
hyrnednebba. stôpon heaðorincas,
beornas, tó beadowe bordum bedeahte,
hwealfum lindum, þâ ðe hwile ǣr
215 elðeodigra edwit þoledon,
hǣðenra hosp: him þæt hearde wearð

---

176. 7. 8 *und* 222. 3. 4 *die oberen enden einiger buchstaben überklebt* 179 stariað, *verb. Thw* 180 Olofernus *Rieger* 201 sige *f., von Ettmüller ergänzt* 209 ac] éac? *G* ‖ láste *G*

æt dám æseplegan callum forgolden,
Assyrium, syđđan Ebrêas
under gûdfannm gegân hæfdon
220 tó dám fyrdwicum, hîe đâ fromlice
léton ford flêogan flâna scûras,
hildenædran of hornbogan,
strǽlas *stedehearde*: styrmdon hlûde
grame gûdfrecan, gâras sendon
225 in heardra gemang, hæled wǽron *yrrc*
landbûende lâđum cynne,
stópon styrnmóde stercedferhđe,
wrehton unsófte caldgeniđlan
medowérige: mundum brugdon
230 scealcas of sceáđum scîrmǽled swyrd
eegum gecoste, slôgon cornoste
Assíria or'etmǽcgas
niđhyegende, nánne ne sparedon
þæs herefolces, héanne né rícne.
235 cwicera manna, þé híe ofercuman mihton.

VIII.

URKUNDE AUS DEN J. 805—810 (806?).

Facsimiles of Ancient Charters in the British Museum (1873). original Cotton Ms. Augustus II. 79.

✢ Ic Osuulf, aldormonn mid godes gæfe, ond Beornđryđ, min gemecca, sellađ to Cantuarabyrg to Cristescirican đæt lond æt Stanhamstede .XX. swuluncga ᛫ gode allmehtgum *ond* đere halgon gesomnuncgæ fore hyhte *ond* fore aedleane đæs aecan *ond*
5 đaes towardon lifes *ond* fore uncerra saula hela *ond* uncerra bearna ond mid micelre eađmodnisse biddađ, đæt wit moten bion on đem gemanon, đe đaer godes điowas siondan *ond* đa menn, đa đaer hlafordas wæron, *ond* đara monna, đe hiora lond to đaere cirican saldon, ond đættæ mon unce tide ymb tuælfmonađ mon geuueor-
10 điac on godcundum godum *ond* æc on aelmessan, suæ mon hiora doeđ.
Ic đonne Vulfred, mid godes gaefe arc epis, đas forecuaedenan uuord fulliae *ond* bebeode, đæt mon ymb tualfmonađ hiora tid

---

222 hornbogum *Sweet* 228 weahton *Leo* 234 ricc. verb. *G.*
VIII. 9 *ein* mon *zu streichen*

boega đus geuueordiae to anes daeges to Osuulfes tide ge mid godcundum godum ge mid aelmessan ge aec mid higna suesendum.
15 đonne bebeode ic, đaet mon đas đing selle ymb tuælfmonađ of Liminum, đe dis forecuaedene lond to limpeđ, of đaem ilcan lónde æt Stanhamstede: .CXX. huaetenra hlafa *ond* .XXX. clenra *ond* an hrider dugunde *ond* .IIII. sceṗ *ond* tua flicca *ond* .V. goes *ond* .X. hennfuglas *ond* .X. pund caeses, gif hit fuguldaeg sie; gif hit
20 đonne festendæg sie, selle mon uuçge cæsa *ond* fisces *ond* butran *ond* aegera, đaet mon begeotan maege; *ond* .XXX. ombra godes uuclesces alođ. đet limpeđ to .XV. mittum, *ond* mittan fulne huniges ođda tuçgen uuines, sue hwaeder suae mon đonne begeotan maege. ond of higna gemçnum godum daer act ham mon geselle
25 .CXX. gesutlra hlafa to aelmessan for hiora saula, suae mon act hlaforda tidum docđ. ond das forecuçdenan suésenda all agefe mon đçm reogolwarde, *ond* he brytnie, swæ higum maest red sie *ond* đaem sawlum soelest. aec mon đaet weax agæfc to ciricican *ond* hiora sawlum nytt gedoe, đe hit man fore doeđ. aec ic
30 bebeode minum aefterfylgendum, đe đaet lond hçbben aet Burnan, đaet hiae simle ymb .XII.monađ foran to đære tide gegeorwien tenhund hlafa *ond* swae feola sufla, *ond* đet mon gedele to aelmessan aet đere tide fore mine sawle *ond* Osuulfes *ond* Beorndryđe aet Cristescirican, ond him se reogolweord on byrg
35 gebeode foran to, hwonne sio tid sie. aec ic bidde higon, đette hie đas godcundan god gedon aet đere tide fore hiora sawlum, đaet çghwilc messepriost gesinge fore Osuulfes sawle twa messan, twa fore Beorndryđe sawle, *ond* aeghwilc diacon arede twa passione fore his sawle, twa fore hire, ond çghwilc godes điow
40 gesinge twa fiftig fore his sawle, twa fore hire, đaette ge fore nucorolde sien geblitsade mid đem weoroldcundum godum *ond* hiora saula mid đem godcundum godum. aec ic biddo, higon, đaet ge me gemynen aet đere tide mid suilce godcunde gode, suilce iow cynlic đynce, ic đe đas gesettnesse sette gehueder ge for
45 higna lufon ge đeara saula, đe haer beforan hiora namon auuritene siondon. *VALETE IN DOMINO.*

---

16 -cuaede(ne) 17 clenra *die hs. auch nach dem facsimile, nicht* denra
20 *ein buchst. radiert h.* đonne 22 đet, *nicht* đæt, *facs. und hs.* 28 *l.* cirican 32 đçt *avs* đot 33 *r. h.* tide 34 (aet cristes cirican) 43 y *in* gemynen *auf r.*

IX.

PSALM 68 AUS DER IIS. VESP. A 1.

Anglo-Saxon and Early English Psalter (ed. Stevenson) s. 214 ff. The Oldest English Texts ed. Sweet s. 280 ff.

halne mec doa god fordon in codun weter oð sawle ²*Salvum me fac, deus, quoniam introierunt aquae usque ad animam mine.* gefestnad ic eam in lam grundes 7 nis spoed cym in meam. ³*infixus sum in limum profundi, et non est substantia: veni in* heanisse saes 7 storm bisencte mec ic won cleopiende hase altitudinem maris, et tempestas demersit me. ⁴ *laboravi clamans: raucae* gewordne werun goman mine asprungun egan mine donne ic gehyhtu *factae sunt fauces meae: defecerunt oculi mei, dum spero* in god minne gemonigfaldade siudun ofer loccas heafdes mines in deum meum. ⁵*multiplicati sunt super capillos capitis mei,* da fiodun mec bi ungewyrhtum gestrongade sind ofer mec da mec *qui oderunt me gratis: confortati sunt super me, qui me* ochtad feond mine unrehtwislice ¹) da ic ne reafade da *persequuntur, inimici mei iniusti: que* ²) *non rapui, tunc* ic onlesde god, du wast unwisdom minne 7 scylde mine from exsolvebam. ⁶*deus, tu scis insipientiam meam, et delicta mea a* de ne sind ahydde ne scomiad in mec da de dec bidad *te non sunt abscondita.* ⁷*non erubescant in me, qui te expectant,* dryhten³) god megna ne onscunien ofer mec da de soccad dec *domine, deus virtutum: non revereantur super me, qui requirunt te,* god fordon fore de ic aber edwit oferwrah *deus Israhel;* ⁸*quoniam propter te supportavi improperium, operuit* mid scome onsiene mine fremde geworden ic eam brodrum minum *reverentia faciem meam.* ⁹ *exter factus sum fratribus meis* 7 cuma bearnum moeder minre fordon hatheortnisse huses dines *et hospis filiis matris meae;* ¹⁰*quoniam zelus domus tuae* ited mec 7 edwit edwitendra de gefeollun ofer mec 7 *comedit me, et opprobria exprobrantium tibi ceciderunt super me.* ¹¹ *et* oferwrah in festenne sawle mine 7 geworden is me in edwit *operui in iciunio animam meam, et factum est mihi in opprobrium.* 7 ic sette hregl min heran 7 geworden ic eam him in ¹²*et posui vestimentum meum cilicium, et factus sum illis in*

---

¹) hinter s unterpunctiertes c ²) quę Stevenson, qui Sweet ³) dryhtne bei Sweet wohl druckfehler

bispel wid mec bieodun da de setun in gete 7 in parabolam. ¹³adversum me exercebantur, qui sedebant in porta, et in mec sungun da de druncun win ic sodlice gebed¹) min to me psallebant, qui bibebant vinum. ¹⁴ego vero orationem meam ad de dryhten tid wel gelicade god in mengu mildheortnisse te, domine : tempus beneplaciti deus. in multitudine misericordiae dinre geher me in sodfestnisse haelu dinre genere²) mec of lame daet tuae exaudi me in veritate salutis tuae. ¹⁵eripe me de luto, ut ic in ne fele gefrea mec of dam figendum mec 7 of grunde wetra non inhereum : libera me ex odientibus me et de profundo aquarum.

nales mec bisence storm wetres ne forswelge mec grund ¹⁶non me demergat tempestas aquae, neque absorbeat me profundum, ne drege ofer mec sead mud his geher mec dryhten fordon neque urgeat super me puteus os suum. ¹⁷exaudi me, domine, quoniam freamsum is mildheortnis din efter mengu mildsa benigna est misericordia tua : secundum multitudinem miserationum dinra geloca in mec ne acer du onsiene dine from cnehte dinum tuarum respice in me. ¹⁸ne avertas faciem tuam a puero tuo : fordon ic bio geswenced hredlice geher mec bihald to sawle quoniam tribulor, velociter exaudi me. ¹⁹intende animae minre 7 gefrea hie fore fiondum minum genere mec dryhten du meae et libera eam : propter inimicos meos eripe me, domine. ²⁰tu sodlice wast edwit min gedroefnisse 7 scome³) mine in enim scis improperium meum, confusionem et verecundiam meam. ²¹in gesihde dinre sind alle geswencende mec edwit bad . conspectu tuo sunt omnes tribulantes me : improperium expectavit heorte min 7 ermdu 7 ic arefnde da somud mid mec were geunrotsad cor meum et miseriam, et sustinui, qui simul mecum contristaretur, 7 ne wes 7 froefrende mec ic sohte 7 ic ne gemoette 7 saldun et non fuit, et consolantem me quęsivi⁴) et non inveni. ²²et dederunt in mete minne gallan 7 in durste minum drynctun mec mid ecede in escam meam fel et in siti mea potaverunt me aceto. sie biod heara biforan him in girene 7 in edlean 7 in ²³fiat mensa eorum coram ipsis in laqueum et in retributionem et in eswic sien adiostrade egan heara daet hie ne gesen 7 bec scandalum. ²⁴obscurentur oculi eorum, ne videant, et dorsum heara aa gebeged ageot ofer hie eorre din 7 ebylgdu⁵) illorum semper incurva. ²⁵effunde super eos iram tuam, et indignatio

---

¹) gebeded   ²) gere   ³) s(c)ome   ⁴) quisivi Sweet   ⁵) y über u

corres dines gegripe ¹) hie sie eardung heara woestu 7 in
irae tuae adprachendat eos. ²⁶ fiat habitatio eorum deserta et in
geteldum heara ne sie se in eardie fordon done du
tabernaculis eorum non sit, qui inhabitet. ²⁷ quoniam, quem tu
sloge hie oehtende werun 7 ofer sar wunda minra
percussisti, ipsi persecuti sunt et super dolorem vulnerum meorum
otectun to sete unrehtwisnisse ofer unrehtwisnisse heara 7 in
addiderunt. ²⁸ adpone iniquitatem super iniquitatem ipsorum, et non
ne gad in dinre rehtwisnisse sien hie adilgade of boec lifgendra 7
intrent in tua iustitia. ²⁹ deleantur de libro viventium et
mid dæm rehtwisum ne biod awriten dearfa 7 sargiende ic eam
cum iustis non scribantur. ³⁰ pauper et dolens ego sum,
7 haelu ondwlitan dines god onfeng mec ic hergu noman godes
et salus vultus tui, deus, suscepit me. ³¹ laudabo nomen dei
mines mid songe 7 ic micliu hine in lofe licad gode ofer
mei cum cantico et magnificabo eum in laude: ³² placebit deo super
caelf niowe hornas ford ledende 7 clea gesen dearfan
vitulum novellum cornua producentem et ungulas. ³³ videant pauperes
7 blissien soecad dryhten 7 liofad sawul eower fordon
et laetentur: quaerite dominum, et vivet anima vestra. ³⁴ quoniam
geherde dearfan dryhten 7 gebundne his ne forhogde hergad
exaudivit pauperes dominus et vinctos suos non sprevit. ³⁵ laudent
hine heofenas 7 corde sae 7 all da de in him sind fordon god
eum caeli et terra, mare et omnia, quae in eis sunt. ³⁶ quoniam deus
halne dod Sion 7 biod timbrede eestre 7 in cardiad
salvam faciet Sion, et aedificabuntur civitates Iudae, et inhabitabunt
der 7 erfewordnisse bigeotad hie 7 sed diowa his gesittad
ibi et hereditate adquirunt eam. ³⁷ et semen servorum eius possidebit
hie 7 da de lufiad noman his in eardiad in hire.
eam, et, qui diligunt nomen eius, inhabitabunt in ea.

---

¹) ge(g)ripe

X.
ÆLFREDS VORREDE ZU GREGORS
CURA PASTORALIS.

King Alfred's West-Saxon Version of Gregory's Pastoral Care ed. by Henry Sweet, London 1871, p. 3. ich folge im text meist H (= Hatton Ms. 20, früher 88. in Oxford). aus anderen hss. (C = Corpus Chr. C. Cambr. 12, J = Junius' abschrift in Oxford des fast ganz verbrannten Cott. Tib. B XI, T = Trinity Coll. C. R 5. 22 (erst von z. 81 an), U = University Libr. Cambr. li 2, 4) führe ich graphische und lautliche varianten nur dann an, wenn sie ältere formen zeigen, als H, oder sonst merkwürdig sind.

† DEOS BOC SCEAL TO WIOGORACEASTRE.

Ælfred kyning hāteð grētan Wærferð bisceþ his wordum luflice ond frēondlice ond ðē cȳðan hāte, ðæt mē cōm swīðe oft on gemynd, hwelce wiotan iū wæron giond Angelcynn ǣgðer gē godcundra hāda gē woruldcundra, ond hū gesǣliglica tīda dā
5 wæron giond Angelcynn, ond hū ðā kyningas, ðē ðone onwald hæfdon ðæs folces, gode ond his ǣrendwreocum hiersumedon, ond hīe ǣgðer gē hiora sibbe gē hiora siodo gē hiora onweald innanbordes gehioldon ond ēac ūt hiora ēðel rȳmdon, ond hū him ðā spēow ǣgðer gē mid wīge gē mid wīsdōme; ond ēac ðā
10 godcundan hādas, hū giorne hīe wæron ǣgðer gē ymb lāre gē ymb liornunga gē ymb ealle ðā ðīowotdōmas, ðē hīe gode scoldon, ond hū man ūtanbordes wīsdōm ond lāre hieder on lond sōhte, ond hū wē hīe nū sceoldon ūte begietan, gif wē hīe habban sceoldon. swǣ clǣne hīo wæs oðfeallenu on Angelcynne, ðæt
15 swīðe fēawa wæron behionan Humbre, ðē hiora dēninga cūðen

---

† d. b. sc. to w.] dis is seo foresprǣc hu sanctus gregorius das boc gedihte þe man pastoralem nemnad *JU, f.* C 1 W. b. *mit etwas kleineren buchstaben nachträglich ds. hd.* H] Wulfsige bisceop U, *lücke* J, *f. ohne lücke* C 4 worul(d)cundra H 5 on dam dagum *h.* folces *a. hd.* H 6 æryndwrytum U ‖ hiersumedon C, her-*Sweet.* hyr- (y *hd. 11. jhds. auf r.*) H 7 hu hie *CJ* ‖ 8 innanborde U ‖ (wel) gehio. *a. hd. ?* H ‖' oedel J ‖ rymdon *zu* gerymdon *a. hd.* H 11 gē] ond *abgekürzt CJU* ‖ þeowdomas U 12 don vor sc. *CJ, ä. d. z. a. hd.?* H, *f.* U ‖ mon *CJU'* ‖ utonborde U 13 hīe *Sweet,* hy (y *hd. 11. jhds. auf r.*) H 14 swæ *zu* swa *(ebenso 18. 49. 53. 56. 72 und je zweimal 44. 68. 71. 77) H* ‖ oðfeallen U 14 dætte *CJ* ‖ feawe *CJ* 15 denunga J, denunge C, þenunge U

2*

understondan on englisc oððe furðum ðn ǽrendgewrit of lædene on englisc áreccean; ond ic wêne, ðætte nóht monige begiondan Humbre næren. swæ feawa hiora wæron, ðæt ic furðum ánne ánlêpne ne mæg gedencean besúðan Temese, ðá ðá ic tó rice
20 fêng. gode ælmihtegum sîe ðonc. ðætte we nû ǽnigne onstal habbað láreowa; ond fordon ic ðê bebiode, ðæt ðû ðô, swǽ ic geliefe, ðæt ðû wille, ðæt ðû ðê ðissa worulddinga tó ðǽm geæmetige, swæ ðû oftost mæge, ðæt ðû ðone wîsdôm, ðê ðê god sealde, ðǽr ðǽr ðû hiene befæstan mæge, befæste, gedenc,
25 hwelc wítu ûs ðá becômon for ðisse worulde, ðá ðá wê hit nôhwæðer ne selfe ne lufodon nê êac óðrum monnum ne lêfdon: ðone naman ánne wê hæfdon, ðætte wê cristne wǽren, ond swîðe feawe ðá ðeawas. ðá ic ðá ðis eall gemunde, ðá gemunde ic êac, hû ic gesêah, ǽrðǽmðe hit eall forhergod wǽre ond forbærned,
30 hû ðá ciricean giond eall Angelcynn stôdon mâðma ond bôca gefyldæ, ond êac micel menigeo godes ðiowa, ond ðá swiðe lŷtle fiorme ðára bôca wiston, fordǽmðe hie hiora nán wuht ongiotan ne meahton, fordǽmðe hie næron on hiora ágen gedîode áwritene; swelce hie cwǽden: 'úre ieldran, ðá ðe ðás stówa ǽr híoldon,
35 hie lufodon wîsdôm, ond ðurh ðone hie begeâton welan ond ûs lǽfdon. hêr mon mæg giêt gesíon hiora swæð, ac wê him ne cunnon æfterspyrigean'; ond fordǽm wê habbað nû ǽgðer forlǽten gê ðone welan gê ðone wîsdôm, fordǽmðe wê noldon tó ðǽm spore mid ûre môde onlûtan. ðá ic ðá ðis eall gemunde, ðá
40 wundrade ic swîðe swîðe ðára gôdena wiotona, ðe giû wǽron giond Angelcynn ond ðá bêc eallæ befullan geliornod hæfdon, ðæt hie hiora ðá nánne dǽl noldon on hiora ágen gedîode wendan. ac ic ðá sóna eft mê selfum andwyrde ond cwæð: hie ne wêndon, ðætte ǽfre menn sceolden swǽ recceleâse weorðan ond sío lár swǽ

---

17 ðætte *zu* ðæt *r.* II, þæt U *(ebenso* 20. 27. 57. 87) 18 feawe CJ ‖ ðætte CJ 20 ælmichtegum J 21 ond *f.* CJU ‖ beode U 24 georne *v.* befæste *sp. hd.* H 25 hwelc *zu* hwelce *sp. hd.* II, hwilce U 27 anne *zu* ænne *sp. hd.* H 27 hæfdon CJ] lufodon H, lufdon U ‖ feawe *zu* feawa *sp. hd.* H, feawa U 28 *zweites* ðá *f.* U 31 gefyldæ *zu* -de *sp. hd.* H, -da CJ, gefylled U‖ men(i)geo H 32 wuht] þing U ‖ ongietan CJ 33 by *(wie* 13) H 34 cwǽden *zu* cwǽdon *sp. hd.* H ‖ yldran *(y hd.* 11. *jhds. auf r.)* H, ieldran J 37 ond *f.* CJU ‖ nû *f.* U 38 wela U 40 godera U 41 *æ in* eallæ *auf r.* H, ealla (ealle U) *hinter* befullan CJU 43 hîe *f.* U. ‖ nanne *später zu* nænne H 44 ðætt : (c *r.)* H, þæt U 44 rec : clease H ‖ swyðe *h.* swæ *nachtr. a. hd.* H

45 ỏdfeallan. for ðǽre wilnunga hîe hit forlêton ond woldon, ðæt hêr
dỷ mâra wisdôm on londe wǽre, dỷ wê mâ gedêoda cûðon. ðâ
gemunde ic, hû sîo ǽ wæs ǽrest on ebriscgedîode funden, ond eft,
ðâ hîe Crêacas geliornodon, ðâ wendon hîe hîe on hiora âgen
gedîode ealle ond êac ealle ôðre bêc; ond eft Lǽdenware swǽ
50 same, siððan hîe bîe geliornodon, hîe hîe wendon ealla ðurh wîse
wealh̄stodas on hiora âgen gedîode, ond êac ealla ôðræ cristnæ
ðîoda sumne dǽl hiora on hiora âgen gedîode wendon, forðỷ mê
ðyncð betre, gif ìow swǽ ðyncð, ðæt wê êac sumæ bêc, ðâ ðe
nìedbeðearfosta sîen callum monnum tô wiotonne, ðæt wê ðâ on
55 ðæt gedîode wenden, ðê wê ealle geenàwan mægen (ond gedôn
swǽ wê swîðe êaðe magon mid godes fultume, gif wê ðâ stilnesse
habbað), ðætte call sîo gioguð, ðê nû is on Angelcynne, frîora
monna, ðâra ðe ðâ spêda hæbben, ðæt hîe ðǽm befeolan mægen,
sîen tô liornunga ôðfæste, ðâ hwîle ðe hîe tô nânre ôðerre note
60 ne mægen, ôð ðone first, ðê hîe wel cunnen englisc gewrit
ârǽdan: lǽre mon siððan furður on lædengedîode, ðâ ðe mon
furður lǽran wille ond tô hîeran hâde dôn wille, ðâ ic ðâ gemun-
de, hû sîo lâr lædengedîodes ǽr ðissum âfeallen wæs giond Angel-
cynn, ond ðeah monige cûðon englisc gewrit ârǽdan, ðâ ongan
65 ic ongemang ôðrum mislicum ond manigfealdum bisgum ðisses
kynerîces ðâ bôc wendan on englisc, ðê is genemned on læden
Pastoralis ond on englisc Hierdebôc, hwîlum word be worde,
hwîlum andgit of andgiete, swǽ swǽ ic hîe geliornode æt Pleg-
munde, minum ærcebiscepe, ond æt Assere, minum biscepe, ond
70 æt Grimbolde, minum mæssepreoste, ond æt Iôhanne, minum mæsse-
preoste, siððan ic hîe ðâ geliornod hæfde, swǽ swǽ ic hîe

---

46 gedîoda CJ 47 ebrisc- zu ebreisc- sp. hd. H, ebreisc- JU 48 ða
ða C, þa þa J || erstes hie f. U || creacas sp. hd. zu greccas H || agen
zu agene sp. hd. H 49 zweites calle durchstrichen und darüber ł mænige
von sp. hd. H || oðra U || -wære C 50 some U || zweites hie] hie U ||
viertes hie f. U || eall: durchstrichen (a r.) H, calle U 51 ealle U ||
oðræ zu oðre r. H, oðra CJU || cristnæ zu cristna r. H, cristena CJ.
cristene U 53 eac sp. hd. vor gif H || ïow] geow U || sumæ zu sume r.
H. suma J, sume CU 55 gedon CU, ge don HJ 59 2. tô f. U 60 done
f. U || fierst C 62 hierran CJ, herran U || zweites ðâ f. U 63 odfeallen
CJ 64 manega U 65 gemong (on f.) U || missenlicum C || monigfaldum
J, monigfealdum U 68 ondgiet C, ondgit J || andgi(e)te ds. hd. H, ond-
giete C 69 Asserie J 70 mæsse(preoste) moderne hd. C

forstôd, ond swǽ ic hie andgitfullicost âreccean meahte, ic hie on
englisc âwende; ond to ǽlcum biscepstôle on mînum rîce wille âne
onsendan, ond on ǽlcre bid ân æstel, sê bid on fîftegum mancessa.
75 ond ic bebîode on godes naman, dæt nân mon done æstel from
dǽre béc ne dô nê dâ bôc from dǽm mynstre: uncûd, hû longe
dǽr swǽ gelǽrede biscepas sîen, swǽ swǽ nû (gode donc!) wel
hwǽr siendon, fordý ic wolde, dætte hîe ealneg æt dǽre stôwe
wǽren, bûton se biscep hîe mid him habban wille odde hîo hwǽr
80 tô lǽne sîe odde hwâ ôdre bî write.

```
   Pis ǽrendgewrit Âgustinus
   ofer sealtne sǽ sûdan brôhte
   îegbûendum, swǽ hit ǽrfore
   âdihtode dryhtnes cempa,
85 Rôme pâpa, ryhtspell monig
   Grêgôrius gleáwmôd gindwôd
   durh sefan snyttro, searodonca hord;
   fordǽm he monneynnes mǽst gestriende
   rodra wearde, Rômwara betest,
90 monna môdwelegost, mǽrdum gefrǽgost.
   siddan mîn on englisc Ælfred kyning
   âwende worda gehwele ond me his writerum
   sende sûd ond nord, heht him swelcra mâ
   brengan bî dǽre bisene, dæt he his biscepum
95 sendan meahte, fordǽm hi his sume dorften,
   dâ de lædensprǽce lǽste cûdon.
```

---

72 forstod *durchstrichen und darüber t* betst understandon cude
sp. hd. H || ond *f. U* || andgietfullicost *C.* andgitlicost *U* 74 indicatorium
æstel festuca *hd. 12. jhds am rande C* || moncessa *CJ, zu* mancessan
sp. hd. H 75 noman *CJ* || nân *f. U* 76 doe *J* 77 ge *ä. d. z. vor* wel *sp.
hd. H* 78 calne weg *U* 83 cordbugendum *T* || swæ *J* 84 adihtnode *T
und durch correctur von mod. hd. U* 86 Gregorius *f. U* 88 fordon *CJ,*
forþam þe *T* 89 romwarena *TU* 90 mærda *U* 91 mîn] me *TU* 93 for
þam he *hinter* nord *U* || het *TU* 94 bringan *T* || bysene *JT,* bysyne *U*
95 myahte *T* || hie *CJ* || beþorttan *TU* 96 læsde *J*

XI.

BEDAS BERICHT ÜBER CÆDMON IN ÆLFREDS ÜBERSETZUNG.

Historiae ecclesiasticae gentis Anglorum libri quinque a venerabili Beda presbytero scripti, ab augustissimo veterum Anglosaxonum rege Alvredo examinati eiusque paraphrasi saxonica eleganter explicati ed. A. Wheloc (Cantabr. 1643) p. 321. Historiae ecclesiasticae gentis Anglorum libri quinque etc. cura et studio Johannis Smith (Cantabr. 1722) p. 596. B = hs. der Bodleiana (Tanner 10), C = hs. von Corpus Chr. College zu Cambridge (41). L = hs. des Brit. Mus. zu London (Cotton. Otho B XI jetzt zum grössten teil verbrannt), O = hs. von Corpus Chr. College zu Oxford (279). U = hs. der universitätsbibliothek zu Cambridge (Kk. 3. 18). mein text folgt im allgemeinen B: graphische und lautliche varianten der übrigen hss. führe ich, ausser beim hymnus, in der regel nur dann an, wenn ich die lesart von B verlasse. die varianten von L sind den ausgaben von Wheloc und Smith entnommen und daher nur ab und zu gegeben: ein fragezeichen hinter einer solchen zeigt an, dass auf dieselbe nur zu schliessen ist.

In ðysse abbudissan mynstre wæs sum bróðor synderlíce mid godcundre gife gemǽred ond geweorðad, forþon hé gewunade gerisenlíce léod wyrcan, þá ðe tó ǽfæstnisse ond tó árfæstnisse belumpon. swá dætte, swá hwæt swá hé of godcundum stafum
5 þurh bóceras geleornode, þæt hé æfter medmiclum fæce in scopgereorde mid þá mǽstan swétnisse ond inbryrdnisse geglengde ond in englisegereorde wel geworht forþ bróhte; ond for his léoþsongum monigra monna mód oft tó worulde forhogdnisse ond tó geþéodnisse þæs heofonlícan lífes onbærnde wǽron, ond éac swelce monige
10 óðre æfter him in Ongelþéode ongunnon ǽfæste léoð wyrcan, ac nǽnig hwæðre him þæt gelíce dón meahte. forþon hé nales from monnum né þurh mon gelǽred wæs. þæt hé þone léoðcræft leornade, ac hé wæs godcundlíce gefultumod ond þurh godes gife

---

1 In] n C. On OU ‖ deosse B. þysse COU ‖ syndriglice B, y auf r. O 1. 2 mid gode. f. C. 2 godeunde U ‖ gife auf r. O ‖ g(e)mæred O, gemærsad CU 3 ond tó árf. f. C 4 belumpen B, on auf r. O ‖ swá h. s. f. C 5 on C ‖ scop- aus sceop- U 6 þære C ‖ onbryrdnesse C ‖ geglængde B, geglengende C. geglen(c)de O, geglenede U 7 on englisce reorde C ‖ geworht] gehwær OU ‖ f. br. f. C 8 forhogodnesse C. forhohnesse O, forhogenesse U 9 ern in onb. auf r. O 10 óðre f. C ‖ on C 11 ne mihte U ‖ fordam C ‖ hé f. C ‖ nalæs þæt án from U (þæt án f. auch L) 12 né þ. m.] he C ‖ næs C 12. 3 geleornade (-o-U) OU 13 gefultumed B, -mad U, o in -mod auf r. O

þone songcræft onfēng, ond hē fordon nǽfre nōht lēasunge nē
15 ídles lēoþes wyrcan meahte, ac efne þā ān, þā ðe tō ǽfæstnesse
belumpon ond his þā ǽfæstan tungan gedafenade singan.
Wæs hē, se mon, in weoruldhāde geseted ōð þā tīde, þē hē
wæs gelȳfedre yldo, ond hē nǽfre nǽnig lēoð geleornade, ond hē
forþon oft in gebēorscipe, þonne þǽr wæs blisse intinga gedēmed,
20 þæt hēo calle sceoldcn þurh endebyrdnesse be hearpan singan,
þonne hē geseah þā hearpan him nēalēcan, þonne ārās hē for
scome from þǽm symble ond hām ēode tō his hūse. þā hē þæt
þā sumre tīde dyde, þæt hē forlēt þæt hūs þæs gebēorscipes ond
ūt wæs gongende tō nēata scypene, þāra heord him wæs þǽre
25 neahte beboden, þā hē ðā þǽr in gelimplīce tīde his leomu on
reste gesette ond onslǽpte, þā stōd him sum mon æt þurh swefn
ond hine hālette ond grētte ond hine be his noman nemde: 'Cedmon,
sing mē hwæthwugu.' þā ondswarode hē ond cwæð: 'ne con ic
nōht singan, ond ic forþon of þyssum gebēorscipe ūt ēode ond
30 hider gewāt, forþon ic nāht singan ne cūðe.' eft hē cwæð, sē ðe
mid him sprecende wæs: 'hwædre þū mē meaht singan.' cwæð hē:
'hwæt sceal ic singan?' cwæð hē: 'sing mē frumsceaft.'
þā hē ðā þās andsware onfēng, þā ongon hē sōna singan in
herenesse godes scyppendes þā fers ond þā word, þē hē nǽfre ne
35 gehȳrde, þǽra endebyrdnes þis is:

---

14 þo : ne (n *r.*) *O* ‖ leasunga *U* 15 lēoþes *f.* *U* ‖ mealite] ne
mihte *U*, wolde ne ne mihte *C* ‖ þā ān *f.* *C* ‖ (to) *O* 16 on *in* bel. *auf
r. O* ‖ gedafenade *OU*, gedeofanade *B* ‖ ingan *von* s. *auf r. O* 17 on *C*
18 gelyfdre *B, y auf r. O* ‖ ylde *B, y auf r. O* ‖ *l.* hē *f. B* ‖ ænig
OU ‖ ne leornode *C* 19 gebeo(r)scipe *O* ‖ intingan *C* 20 sceolde(n) *U*,
sceoldon *C*. sceoldan *U*, scalde *B* 21 genealæcan he þonne aras *C* ‖ for
for *B* 22 symlum *C* ‖ hē] þe *C* 23 dyde *f. C* ‖ forlet : : (rt *rad.*;
t *auf r. von* o?) *O* ‖ þa (da *U*) hus *OU (ebenso L?)* 24 to ðara *C* ‖ sci-
pene *B* ‖ ðære heorde *U* 25 on gelimplicre *U* ‖ limu bigde ond
on *C* 26 e gesette *auf r. O* ‖ onslæp(t)e *O*, onslepte *B*, slep *C* ‖ æt
foran *C* 27 nemnde *B* ‖ Ceadmann ond *(abgek.)* cwæd *C* 28 hwæthweg *C*,
æthwegu *OU* ‖ -swarede *BU* 29 naht *L*, nan wiht *C*, nan þing *U* ‖ -þam *C*
‖ þeossum *B*. dam *C* 30 -þam *C* ‖ naht *f. B* ‖ singan ne *f. OU (stand in L?)* ‖
u *in* cude *auf r. O* 31 mid *CLO*, wid *BU* ‖ him] hine *B* ‖ mē *f. B*,
hinter mealht *OU* ‖ þa cwæd *B*, þa andswarode he ond *(abgek.)* cwæd *C*
(þā *f. auch L?*) 32 da cwæd *C* 33 ðā *f. C* 33. 4 on herunge *C* 34
godes ond *(abgek.)* sc. *U* ‖ uers *C* ‖ word godes *C* ‖ næfre ær *C* ‖ ne *f. B*
35 þære *B*, þara *OU*, ne heora *C* ‖ endebyrd(n)es *O*, -nesse *BCU* ‖ þis is *f. C*

nu sculan herigean heofonrices weard,
meotodes meahte ond his modgeþanc,
weorc wuldorfæder, swa he wundra gehwæs,
ece drihten, or onstealde.
40 he ærest sceop eorðan bearnum
heofon to hrofe, halig scyppend:
þa middangeard moncynnes weard,
ece drihten, æfter teode
fir'um, foldan, frea ælmihtig.'

Þa aras he from þæm slæpe ond eal, þa þe he slæpende
song, fæste in gemynde hæfde ond þæm wordum sona monig word
in þæt ilce gemet gode wyrðes songes to geþeodde. þa com he on
morgenne to þæm tungerefan, se þe his ealdormon wæs, sægde him.
hwylce gife he onfeng, ond he hine sona to þære abbudissan ge-
lædde ond hire þæt cydde ond sægde. þa heht heo gesomnian ealle
þa gelæredestan men ond þa leorneras ond him andweardum het
secgan þæt swefn ond þæt leoð singan, þætte ealra heora dome
gecoren wære, hwæt odde hwonon þæt cumen wære. þa wæs him
eallum gesegen, swa swa hit wæs, þæt him wære from drihtne
sylfum heofonlic gifu forgifen. þa rehton heo him ond sægdon sum
halig spell ond godeundre lare word, bebudon him þa, gif he meahte,
þæt he in swinsunge leoþsonges þæt gehwyrfde. ða he ða hæfde

---

36 nu *BL*, nu (we) *O*, nu we *CU* ‖ sculon *C*, sceolan *U* ‖ herigan
vor sculon *C*, herian *O* 37 metodes mihte *COU* ‖ ond *abgekürzt hss.* ‖
-geþonc *O* 38 weore *BC*, weore? *L*, wera *aus* wero *O*, wera *U* ‖ wuldor
godes *C* ‖ wundra] wuldres *U* ‖ gehwæs] fela *C* 39 ece *C* ‖ dryhten *O* ‖
or *B*, 6ur(d)*O*, ord *CU* ‖ astealde *C* 40 æres *U* ‖ gesceop *O*, gesceop *U* ‖
m *in* bearnum *auf r. dreier buchstaben O* 41 rofe *U* 42 ða *O*, þe *C* ‖ mid-
dongeard *O* ‖ manncynnes *C* 43 ece *BC* ‖ dryhten *O* ‖ teo : de *O* 44 fyrum
C ‖ folda(n) *O* 45 þa þe *BO*, þæt de *L*, ðæt *C*, þæt *U* 46 he hyt fæste
C ‖ on *CU* ‖ mo(n)ig *O* 47 godes wordes s. *B* ‖ þær to *C* ‖ ge þeod(d)e
O ‖ com *CU* 48 morgene *U*, marne *O*, morgen *C* ‖ sê *f*. *B* ‖ (h)is *O*
‖ wæs ond *(abyek.)* him sæde *U* (ond *f. auch L)* ‖ sæde *aus* sædon *O* 49
onfangen hæfde *C* 49. 50 lædde *U* 50 þæt] þa *B* ‖ cydde *U* ‖ het *COU*
51 andwyrdom *C*, erstes d *und* um *auf r. und zweites a aus o O* 52 þætte]
þæt *B* 53 *zweites* on *in* hwonon *auf r. O* ‖ cymen *C* 54 gesewen *C*
‖ him] hit *B* 55 sylfum *f. C* 56 halig godes spell *C* ‖ (h)e *O* 57
in swinsunge *BC*, in sw. *L?*, him *(auf r.)* sum sunge (ond [*ab-
gekürzt*]) *O*, him sum asunge ond *(abgekürzt) U* ‖ yrfde *in* gehw.
auf r. O

þâ wîsan onfongne, þâ êode hê hâm tô his hûse ond cwom eft
on morgen ond þŷ betstan lêode geglenged him âsong ond âgeaf,
60 þæt him beboden wæs. Đâ ongan sêo abbudisse clyppan ond lufigean þâ godes gife
in þæm men, ond hêo hine þâ monade ond lærde. þæt hê woruld-
hâd forlête ond munuchâde onfênge, ond hê þæt wel þafode, ond
hêo hine in þæt mynster onfêng mid his gôdum ond hine geþêodde
65 tô gesomnunge þâra godes þêowa ond heht hine læran þæt getæl
þæs hâlgan stæres ond spelles, ond hê eal, þâ hê in gehŷrnesse
geleornian meahte, mid hine gemyndgade ond, swâ swâ clæne nêten,
eodorcende in þæt swêteste lêod gehwerfde, ond his song ond his
lêod wæron swâ wynsumu tô gehŷranne, þætte þâ scolfan his
70 lârêowas æt his mûðe writon ond leornodon, song hê ærest be
middangeardes gesceape ond bî fruman moncynnes ond eal þæt
stær Genesis (þæt is sêo æreste Moyses bôc), ond eft bî ûtgonge
Israhela folces of Ægypta londe ond bî ingonge þæs gehâtlandes
ond bî ôðrum monegum spellum þæs hâlgan gewrites canones
75 bôca ond bî Cristes menniscnesse ond bî his þrôwunge ond bî his
ûpâstignesse in heofonas ond bî þæs hâlgan gâstes cyme ond þâra
apostola lâre ond eft bî þæm ege þæs tôweardan dômes ond bî
fyrhtu þæs tintreglîcan wîtes ond bî swêtnesse þæs heofonlecan
rîces hê monig lêoð geworhte, ond swelce êac ôðer monig be þæm
80 godcundum fremsumnessum ond dômum hê geworhte, on eallum
þæm hê geornlîce gêmde, þæt hê men âtuge from synna lufan ond
mândæda ond tô lufan ond tô geornfulnesse âwehte gôdra dæda.

---

58 onfangene *O*, onfangenne *CU* 59 morgenne *B* ‖ agéaf ond *(abgrek.)*
asong *C* 61 clyp(p)an (p *ñ. r.* i) *O*. clipian *C* 62 on *C* 63 ânforlete
B. forlæte *U* ‖ munuchad *B* ‖ geþafode *C* 64 ond heo hine *C* 65 þêowa]
o *auf r. O*, w *aus* r *B* ‖ het *COU* 66 ær *in* stæres *auf r. O* ‖ ealle þa þe he
C ‖ (ge)hérnesse *verb. sp. hd.* *U* 67 him *C* ‖ gemyngade *O*, gemynegode *U*
68 oðercende *CU* ‖ gehw(y)rfde (y *ñ. r.) O*, gehwyrfde *U*, gefremede *C* ‖
J. ond] ac *C* 69 wynsume *CU*, wynsum *O* ‖ (ge)hyrenne *O* ‖ ðæt *O*. þæt *U* ‖
þâ *f*. *B* ‖ his *f. C* 70 æt] æfter *C* ‖ wreoton *B* 71 ond *(abgrek.)* ge call *C*
‖ ea(l) *O* 72 ær *in* stær *auf r. O* ‖ booc *B* ‖ eft *BCLO*] *f. U* 73 Isr. —
ingonge *f. C* ‖ egyp *auf r. O* ‖ þæ(s) *O* 74 cano : es (s. r.) *O*. canoses
U 75 bôc *U* 76 on *OU* ‖ cyme] gyfe *C* 78 tintreg(lic)an *O*. tintregan-
lican *C* ‖ wiites *B* ‖ sw.] wæstunnesse *C* ‖ heofonlican *COU* 79 ric *in*
rices *auf r. O* ‖ geweorhte *O* 80 godcundan *BC* ‖ fremsumnesse *C* ‖ in *B*
81 gymde (y *auf r. O) COU* ‖ fram : *O* 82 mândædum *CU*

forþon hé wæs, se mon, swiþe æfæst ond regollecum þeodscipum
eadmodlice underþeoded, ond wid þæm, þá de on ódre wisan dón
woldon, hé wæs mid welme micelre ellenwódnisse onbærned; ond
hé fordon fægre ende his lif betynde ond geendade.

XII.

ÆTHELSTAN (AUS DER SACHSENCHRONIK).

*Thorpe, Ang'o-Saxon Chronicle (London 1861) I 200. John Earle, Two
of the Saxon Chronicles (Oxford 1865) s. 112. Grein. Bibliothek der
ags. poesie ed. Wülker (Kassel 1883) I 374.*

An. DCCCC.XXXVII. Her æþelstan cyning, eorla dryhten,
beorna beahgifa, 7 his broþor eác, ⁵eadmund æþeling, ealdorlangne
tir, geslogon æt sæcce, sweorda ecgum, ymbe brunanburh, ¹⁰bordweal
clufan, heowan heaþolinde, hamora lafan, afaran eadweardes, swa
him geæþele wæs, ¹⁵from cneomægum, þ hi æt campe oft, wiþ laþra
gehwæne, land ealgodon, hord ⁊ hámas, ²⁰hettend crungun, sceotta
leoda, ⁻ scipflotan, fæge feollan, feld dænnede, ²⁵secgas hwate, sidþan
sunne úp, on morgen tid, mære tungol, glad ofer grundas, ³⁰godes
condel beorht, eces drihtnes, od sio æþele gesceaft, sah to setle.

⁸³ -þam C | wæs f. C | regollecum CO, reogollicum U 84 -lice aus
-licum O | þá f. C , on] in B, hi on C 85 welme BL, wylme (y auf r. O)
COU | micelre f. C 86 -þam C || fægerne C ,, ænde B, ende hæfde þa he
C || bet, ond f. C

XII. Oben nach A = Corpus Christi College (Cambridge) MS.
CLXXIII: die circumflexe rühren von derselben, die acute von anderer
hand her, hier die lesarten von drei hss, im Britischen Museum: Cott.Tib.
A VI = B, Cott, Tib, B I = C, Cott, Tib, B IV = D: verschieden-
heit im gebrauche von accenten und þ und d führe ich nicht an.
  nach VII noch 1 rad, A, VII CD, VIII B ¹æþestan B || cing BC
³drihten BCD ³beag- B, -gyfa C ⁶ealdorlagne C | tyr D ⁷geslogan B ||
sake B, secce D ⁸swurda C | ecggum B ⁹embe BC || brunnanburh BC
und von a. hd. A ¹⁰bordweall BC, heordweal D || clufon C ¹¹heowon C |
lina B, -linda (aus -linga D) CD ¹²hamera D, o zum teil durch wurm-
stich weg B || latum BCD ¹³caforan B, aforan C. euforan D || eadweardæs D
¹⁵fram BCD | -magum B ¹⁶hie B ¹⁷gehwane B ¹⁸ealgodan B, gealgo-
don C ²⁰heted D || crungon BCD ²¹scotta leode BCD ²²scyp- C ²³feollon
D ²⁴dænnede aus dænede a. hd.? A, dennade BC, dennode D ²⁵secga
swate BCD ²⁶upp BC ³⁰candel BCD ³²þ seo B, oþ seo C, od se D ³³setle D

þær læg secg mænig. ³⁵garum ageted. guma norþerna. ofer scild
scoten. swilce scittisc eác. werig wiges sæd. ⁴⁰wesseaxe forð.
ondlongne dæg. eorod cistum. on last legdun. laþum þeodum.
⁴⁵heowan here fleman. hindan þearle. mecum mylen scearpan.
myrce ne wyrndon. he eardes hondplegan. ⁵⁰hæleþa nanum. þæ
mid anlafe. ofer æra gebland. on lides bosme. land gesohtun.
⁵⁵fæge to gefeohte. fife lægun. on þam campstede. cyninges giunge.
sweordum aswefede. ⁶⁰swilce seofene eác. eorlas anlafes. unrim
heriges. flotan 7 sceotta. þær geflemed weard. ⁶⁵nordmanna
bregu. nede gebeded. to lides stefne. litle weorode. cread cnea
ren flot. ⁷⁰cyning ut gewat. on fealene flod. feorh generede.
swilce þær eác se froda. mid fleame com. ⁷⁵on his cyþþe nord.
costontinus. hár hilde ring. hreman ne þorfte. mæcan gemanan.
⁸⁰he wæs his mæga sceard. freonda gefylled. on folcstede. beslagen
æt sæcce. 7 his sunu forlet. ⁸⁵on wælstowe. wundun fergrunden.
giungne æt gude. gelpan ne þorfte. beorn blanden feax.
⁹⁰bil geslehtes. eald inwidda. ne anlaf þy ma. mid heora herelafum.
hlehhan ne þorftun. ⁹⁵þ heo beadu weorca. beteran wurdun.
on campstede. culbod gehnades. gar mittinge. ¹⁰⁰gamena gemotes.

³¹manig *B*, monig *CD* ³⁵garum forgrunden *B* ³⁶guman *BCD* ||
norderne *BC*, uorþærne *D* ³⁷scyld *BCD* || sceoten *BD* ³⁸swylce *BD*
|| scyttisc *BCD* ³⁹wigges *BC* || ræd *D* ⁴⁰westsexe *B*, 7 wessexe *C*
⁴¹andlangne *BC*, 7 langne *D* ⁴²eored cystum *BCD* ⁴³legdon *BC*. lægdon
D ⁴⁴deodon *C* ⁴⁵heowon *C* || heora *D* || flyman *BD*, flymon *C* ⁴⁶mylen]
mycel *D* || scearpum *BCD* ⁴⁹he eardes] heardes *BCD* || hand- *BCD*
⁵⁰nanum *aus* namum *C* ⁵¹þæ] þara de *BC*, þæra þe *D* ⁵²æra] ear ! *BCD*
⁵³liþes *C* ⁵⁴gesohtan *B*, gesohton *CD* ⁵⁵fage *D* || feohte *D* ⁵⁶lagon *BCD*
⁵⁷dæm *B* ⁵⁸ciningas *B*, cingas *C*, eyningas *D* || geonge *BC*, iunga *D*
⁵⁹aswefde *C* ⁶⁰swylce *D* || seofone *B*. VII *C* ⁶² 7 unrim *C* || herges *BCD*
⁶³scotta *BCD* ⁶⁴geflymed *BCD* ⁶⁵brego *BCD* ⁶⁶neade *CD* || gebæded *BCD*
⁶⁷stæfne *D* ⁶⁸lytle *BCD* || werode *C* ⁶⁹creat *D* || cnear on *BCD* ⁶⁹—⁷¹ flot
— fealene *übersprungen in D* ⁷⁰cing *B*. cining *C* ⁷¹fealone *BC* ⁷²generode
CD ⁷³swylce *BD* ⁷⁶constantinus *BCD* ⁷⁷hal hylde *D* || rinc *BCD*
⁷⁸hryman *D* ⁷⁹mecea *B*, meca *C*, mecga *D* ⁸⁰he] her *BC* || maga *BC* ⁸²on
his folcstede *C* ⁸³forslegen *B*, beslegen *C*, beslægen *D* || sace *B*, sæcge *D*
⁸⁴forlæt *D* ⁸⁶wundum forgrunden *BCD* ⁸⁷geongne *BCD* ⁸⁸gylpan *BCD*
⁸⁹fex *BC* ⁹⁰bill *BCD* || geslyhtes *B*. geslihtes *CD* ⁹¹inwitta *BC*, inwuda *D*
⁹²þe *BD* ⁹³hyra *CD* || -leafum *D* ⁹⁴hlihhan *BC*, hlybban *D* || þorftan *BD*
⁹⁵hie *B*, hi *CD* || beado *BCD* ⁹⁶wurdan *B*. wurdon *CD* ⁹⁸*über* culbod *v.*
a. hd. ? ł cumbel *A*. *dafür* cumbol *BCD* || gehnastes *BCD* ⁹⁹mittunge *D*

wæpen gewrixles. þæs hi on wælfelda. wiþ eadweardes. afaran plegodan. ¹⁰⁵gewitan him þa norþmen. nægled cnearrum. dreorig darada lat. on dinges mere. ofer deop wæter. ¹¹⁰difelin secan. 7 eft hira land. æwise mode. swilce þa gebroþer. begen ætsamne. ¹¹⁵cyning - æþeling. cyþþe sohton. wesseaxena land. wiges hremige. letan him behindan. ¹²⁰hræ bryttian. saluwig padan. þone sweartan hræfn. hyrned nebban. ⁊ þane hasewan padan. ¹²⁵earn æftan hwit. æses brucan. grædigne gudhafoc. ⁊ þæt græge deor. wulf on wealde. ¹³⁰ne weard wæl mare. on þis eiglande. æfer gieta. folces gefylled. beforan þissum. ¹³⁵sweordes ecgum. þæs þe us secgad bec. ealde udwitan. siþþan eastan hider. engle 7 seaxe. ¹⁴⁰up becoman. ofer brad brimu. brytene sohtan. wlance wigsmiþas. weealles ofercoman. ¹⁴⁵eorlas arhwate. eard begeatan.

---

¹⁰²hie *B*. þe hi *D* ¹⁰¹eaforan *B*. aforan *C* ∥ plegodon *CD* ¹⁰⁵gewiton *CD* ∥ hym *C* ∥ þ *in* norþmen *ü. d. z. v. a. hd.? A.* nordmenn *BC* ¹⁰⁶negled cnearrum *C*, dærg gled ongarum *D* ∥ nægled *aus* negled *a. hd. A* ¹⁰⁷dreori *C* ∥ darola *B*, darcþa *CD* ¹⁰⁸dynges *B*, dyniges *D* ¹⁰⁹ofe(r) deopne *D* ¹¹⁰dyflen *B*. dyflin *C*, dyflig *D* ∥ secean *B* ¹¹¹ 7 *ü. d. z. v. a. hd. A, f. BCD* ∥ ira *B*, yra *CD* ¹¹²swylce *BD* ∥ gebrodor *BD*, brodor *C* ¹¹³bege *D* ∥ ætsomne *BC*. æt runne *D* ¹¹⁵cing: *B*, cing *C* ∥ cædeling *D* ¹¹⁶sohtan *B* ¹¹⁷westseaxna *BD*, wessexena *C* ¹¹⁸wigges *BC* ∥ *erstes* e *in* hremige *ü. getilgtem a A* ¹¹⁹leton *C*, læton *D* ∥ hym behindon *C* ¹²⁰hræ *a. hd. zu* hræw *A*, hraw *B*, hra *CD* ∥ bryttigean *B*, brittigan *C*, brittinga *D* ¹²¹salowig *BCD* ¹²²hrefn *C* ¹²³hyrnet *D* ¹¹⁴þone *BCD* ∥ baso *B*, hasu *CD* ∥ wadan *D* ¹²⁶æses *aus* æres *D* ¹²⁷cud heafoc *D* ¹²⁸grege *D* ¹³¹þys *BC*, þisne *D* ∥ eglande *B*, iglande *CD* ¹³²æfre *BCD* ∣ gyta *BC*. gitâ *D* ¹³³afylled *B* ¹³⁴þyssum *BCD* ¹³⁵swurdes *C* ¹³⁶secggeaþ *B* ¹³⁸syþþan *B* ¹³⁹sexan *B*. sexe *C* ¹⁴⁰upp *BC* ∥ becomon *CD* ¹⁴¹brade *BCD* ¹⁴²bretene *C*, britene *D* ∥ sohtan *CD* ¹⁴³wealas *BCD* ∥ ofercomon *CD* ¹⁴⁵arhwæte *D* ¹⁴⁶begeaton *BCD*

XIII. MATTHEUS

The Gospel according to Saint Matthew in Anglo-Saxon and Northumbrian (neue ausgabe von Skeat 1887). The Holy Bible in the Earliest English edd. Forshall and Madden, Nero D IV.

efern uut.* diu ‡ da gelihted in forma doeg cuom
'*Vespere autem sabbati, quae lucescit in prima sabbati, uenit*
diu magdalenesca 7 odero to geseanne þ byrgenn 7 heonu
maria magdalenæ *et altera maria uidere sepulchrum.* ²et ecce
cord hroernisse geworden wæs micil engel fordon drihtnes aståg
terrae motus *factus est magnus; angelus enim domini descendit*
of heofnum 7 geneolecde eft awælte done stan 7 gesætt ofer
de caelo *et accedens reuoluit lapidem et sedebat super*
hia wæs fordon megwlit his suæ leht 7
eum (zu eam vom gl.). ³*erat enim aspectus eius, sicut fulgor, et*
wede his sua snå fore ego ‡ fyrihto uut. his alegd weron
vestimentum eius, sicut nix. ⁴*præ timore autem eius exteriti sunt*
da haldendo 7 aworden weron suelce for deado ondswarede uut. de engel
custodes et facti sunt, uelut mortui. ⁵*respondens autem angelus*
cuoed dæm wifum nallas gie ondrede iuh ic wat fordon þte de hælend
dixit *mulieribus: 'nolite timere vos; scio enim, qued Iesum,*

* *ich brauche einen punct hinter dem letzten buchstaben als abkürzungszeichen statt des striches in hss.*

Rushworth.

Latein ¹luciescit || magdalene ²discendit ³enim|autem |' uestimenta eius candita *(so)* ⁴exterriti || uelud

Glossen ¹ on efenne þa þæs reste dagas þæm þe in lihte in forma dæg æfter reste dæg ewom maria magdalenisca 7 oþer maria to sceawenne þa byrgenne ² 7 henu eorþ styrennis geward micelu ængel forþon dryhtnes astag of heofunum 7 to gangende awælede þone *(aus* þon*)* stan 7 gesett on þæm ³ wæs þa his onseone swa leget 7 wæda ‡ rægl his hwit swa snau ⁴ for his ægsa þonne afirde werun þa weardas 7 geworden swa deade ⁵ andswarade þa se engel cwæþ to þæm wifum ne forhtige eow ic wat forþon þ git hælend þone þe hongen wæs gesoecaþ

Wycliffe.

¹ Forsothe in the euenyng of the saboth *(or* haliday*),* that schyneth in the firste day of the woke. Marie Mawdeleyn cam and another Marie for to se the sepulcre. ² and, lo, ther was maad a greet erthe monyng; ⁴ Fors.] But || euentid || or h. *f.* [' bigynneth to schyne || for *f.* ²schakyng

XXVIII.

Versions (edd. Kemble and Hardwick), Cambridge (1858), p. 226—231 Versions made from the Latin Vulgate by John Wycliffe and his Followers Oxford, 1850. IV 83.

Bodl 441.

¹ Soðlice þam restedæges æfene, se þe onlyhte on þam forman restedæge, com seo magdalenisce Maria and seo oþer Maria, þæt hig woldon geseon þa byrgene. ²and þær wearþ geworden micel eorþhifung; witodlice dryhtnes engel astah of heofonan and genealæhte and awylte þone stan and sæt þær onuppan. ³hys ansyn wæs, swylce ligit, and hys reaf swa hwite, swa snaw. ⁴witodlice þa weardas wæron afyrhte and wæron gewordene, swylce hig deade wæron. ⁵ða andswarode se engel and sæde þam wifon: 'ne ondræde ge eow; ic wat witodlice, þæt ge seceað þone hælynd, þone þe on rode ahangen wæs.

Hatton 38.

¹ Sodlice þam restesdaiges efene, se þe onlihte on þam forme restedayge, com syo magdalenissca Marie 7 syo oðer Marie, þæt hyo wolden gesyen þa byrigenne. ² 7 þær ward geworden mychel eordbefiunge; witodlice drihtenes ængel ástah of heofene 7 geneahlacte ænd awelte þanne stan 7 sæt þær onuppon. ³hys ansiene was, swylce leyt, 7 hys reaf swa hwit, swa snaw. ⁴ witodlice þa weardes wæren afyrhte 7 wæron gewordene, swylce hyo deade wæren. ⁵da andswercde se ængel 7 sayde þam wifon: 'ne ondræde ge cow; ic wat witodlice, þæt ge seched þanne hælend, þane þe on roden ahangen wæs.

Collation von C(orpus) Christi College, Cambridge, 140) und U (= Ii 2, 11 der universitätsbibliothek zu Cambridge) mit B abgeschen von rein graphischen varianten.

¹ onlyhte *aus* onlihte *B*, onlihte *C* ‖ byrgenne *U* ² þar *U* ‖ drihtenes *C* ‖ heofenum *U* ‖ awylede *U* ‖ on weg *hinter* stan *U* ‖ þar *U* ³ ligyt *C*, lyget *U* ⁵ andswarede *U* ‖ wifū *U*‖ bælend *U*

forsoth the aungel of the lord cam doun fro heuene and comynge to turnide awey the stoon and sat theron. ³ sothli his lokyng was, as leyt, and his clothis, as snow. ⁴ forsothi for drede of him the keperis ben afferid, and thei ben maad, as deede men. ⁵ forsothe

forsoth] for ‖ com. to] neiȝede and ³ sothli] and ⁴ forsothe] and ‖ ben] weren beide mal ⁵ fors.] but

Collation von R(egius 1 A XIV) mit H (g hat in H die fränkische form nur ²magda-. ⁷. ¹³ segged, ⁷ segge, *immer* gali-. *immer* leorning- *und* þing. ¹⁹ gastes; *in R in diesem stück immer die altenglische gestalt*).

¹Sodlice ‖ reste daiges ‖ se de ‖ forman reste daige ‖ seo magdalenisca maria ‖ oðer maria ‖ geseon ² weard geworden micel eord befunge ‖ astah ‖ heofonan ‖ 7 awelte ³ his *beide mal* ‖ ansyne ‖ legt ‖ an f *in* reaf radiert ‖ wit ⁴ wæron alle dreimal ⁵ engel ‖ 7 — wifon *auf rasur* ‖ sægde ‖ secað ‖ þonne *beide mal* ‖ rode

XIII. MATTHÆUS XXVIII.

se de ahongen wæs gie soccas ne is hér arás fordon suæ cued
qui crucifixus est, quaeritis. ⁶non est hic; surrexit enim, sicut dixit.
cymmas gesead þ styd ł diu stou der asetted wæs drihten 7 hraede
uenite, uidete locum, ubi positus erat dominus. ⁷ et cito
eode enodas degnum his þte he arás 7 heonu foreliorad iwih in
eunte dicite discipulis eius, quia surrexit, "et ecce praecedit uos in
galilea der hine gê gesead (dahinter etwa 4 buchst. radiert) ł gesea
galilaeam: ibi eum uidebitis."
magon heonu fore ic cued ł ær ic sægde iuh 7 eodun hreconlice
ecce praedixi uobis.' ⁸ et exierunt cito
from byrgenne mid ege 7 mid miele glædnise iornende beada
de monumento cum timore et magno gaudio currentes nun-
ł sægea degnum his 7 heonu hælend togægnes arn dam cued
tiare discipulis eius. ⁹et ecce iesus occurrit illis dicens:
wosad gie hal da uut. gencoleedon 7 gehealdon foet his 7
'hauete.' ille autem accesserunt et tenuerunt pedes eius et
wordadun hine da cued to dam de hælend nallad gie ondreda gaad
adorauerunt eum. ¹⁰tunc ait illis iesus: 'nolite timere . ite,
sægas brodrum minum þte hea gæ in gæliornise der mec hia gesead
nuntiate fratribus meis, ut eant in galilaeam: ibi me uidebunt.

Latein ⁶uenite et uidete || possitus ⁷euntes || surrexit a mortuis ||
praecidit || galileam || et vor ecce petilgt || dixi zu þdixi gl. ⁸gaudio magno
|| auete || ille ¹⁰sed ite || galileam

Glossen ⁶nis he her forþon þe he aras swa he cwæþ cumaþ 7 geseoþ
þa stowe þær aseted wæs dryhten ⁷ 7 hræþe gangaþ sæcgaþ discipulas his
þ he aras from deade 7 henu beforan gæþ eow in galilea dær ge hine geseoþ
henu swa ic foresægde ⁸ 7 hiæ eodun hraþe of byrgenne mid egsa 7 mid
gefea micel eornende secgan discpl. his ⁹ 7 henu hælend quom heom
ongægn cwæþende beoþ hale hiæ þa stopen forþ 7 genomen his foet 7
gebedun to him ¹⁰þa cwæþ heom to se hælend ne ondredeþ inc ah gæþ
sæcgaþ broþrum minum þ hiæ gangan in galilea þær hic *(so)* me geseoþ

the aungel answeringe seide to the wymmen: 'nyle 3e drede; for i woot, that
3e seken Ihesu, that is crucified. ⁶he is not here; sothli he roos. as he
seide. come 3e and seeth the place, where the lord was putt. ⁷and 3e goynge
sone scie to his disciplis and to Petre, for he hath risun, "and, lo, he
schal go bifore 3ou in to Galilee: there 3e schulen se him." lo, i haue

answeride and || was ⁶sothli] for || is risun || se 3e || leid ⁷go 3e ||
and scie 3e || and to P. f. || for] that || hath] is

XIII. MATTHÆUS XXVIII.

⁶nys he her; he aras soðlice, swa swa he sæde. cumað and geseoð þa stowe, þe se hælynd wæs on aled. ⁷ 7 farað hrædlice and secgeað hys leorningcnyhtum. þæt he aras, "and soðlice he cymð beforan eow on Galileam: þær ge hyne geseod." nu ic secge eow.' ⁸þa ferdon hig brædlice fram þære byrgene mid ege and mid myclum gefean and urnon and cyððon hyt hys leorningcnyhton. ⁹and efne þa com se hælynd ongean hig and cwæð: 'hale wese ge.' hig genealæhton and genamon hys fet and to hym geeaðmeddon. ¹⁰ ða cwæþ se hælynd to him: 'ne ondræde ge eow. farað and cyþað minum gebroþrum. þæt hig faron on Galileam: þær hig geseod me.'

⁶nis he her; he aras gewislice, swa swa he sæigde. cumeð 7 geseoð þa stowe. þe se hælend wæs on aleigd. ⁷ 7 fareð rædlice 7 cumeð 7 segged hys leorningcnibten. þæt he aras."7 soðlice he cymð beforan eow on Galileam: þær ge hine geseod." nu ich segge eow.' ⁸þa ferden hyo rædlice fram þare byrigenne mid eige 7 mid mychele gefean 7 urnen ænd kydden hyt hys leorningcnibten. ⁹7 efne þa com se hælend ongean hyo 7 cwæð: 'hale wese ge.' hyo geneohlahten 7 genamen hys fét 7 to him geeadmededon. ¹⁰ ða cwæð se hælend to heom: 'ne ondræde ge eow. fareð 7 kydeð mine gebrodre, þæt hyo faran on Galilea: þær hyo geseoð me.'

⁶s *in* nys *ü. d. z. B* || and *nachträglich B* || hælend *U* ⁷ secgead *C*, secgad *U* || 2. n *in* leorning- *auf r. C* || þar *U* ⁸ hrædlice (d *aus angefangenem* r) *hinter* byrigenne *U* || mycelū *U* || -cnyhtum *U* ⁹ hælend *U* || geeadmeddon *U* ¹⁰ hælend *U* heom *C* || broðrū *U* || faran *U*

⁶ sægde || halend || alegd ⁷ farad || 7 cumeð *fehlt* || seggað his leorningcnihtas || comeð ⁸ da ferdon || byrigene || mycele || urnen *aus* urren || 7 cyððan bit his || -cnihtan ⁹ genehlacton || genamon his fet ¹⁰ halend || farað 7 cyðað || galileam || geseð

bifore seid to 3ou.' ⁸ and Marie Mawdeleyn and another Marie wenten out soone fro the buryel with drede and greet ioye rennynge for to telle his disciplis. ⁹and, lo, Ihesus ran a3ens hem seyinge: 'heil 3e.' forsothe thei camen to and heelden his feet and worschipiden him. ¹⁰thanne Ihesus seith to hem: 'nyle 3e drede. go 3e, telle 3e to my britheren, that thei go in to Galilee: there thei schulen se me.' ¹¹ the whiche whanne thei hadden

⁸ Mar. — Mar.] thei || biriels || for *f*. || to hise ⁹ran — seyinge] mette hem and seide || fors.] and || c. to] nei3eden ¹⁰ seide ¹¹ the wh.] and || weren goon

34 XIII. MATTHEUS XXVIII.

ða ilco mid dy eodon heonu summe of ðæm haldendum cwomun in
¹¹ *quae cum abissent, ecce quidam de custodibus uenerunt in*
ða ceastra 7 sægdon ðæm aldor monnum* sacerda alle ða ðe
ciuitatem et nuntiauerunt principibus sacerdotum omnia, quae
geworden weron 7 gesomnad mid ældrum ðæhtung genumen wæs
facta fuerant. ¹² *et congregati cum senioribus consilium accepto*
feh monigfald saldon ðæm cempum cueðende cuoðað gie þte
pecuniam copiosam dederunt militibus ¹³ *dicentes: ʿdicite, quia*
ðegnas his on næht cuomun 7 forstelun ł stelende weron hine ús
"discipuli eius nocte uenerunt et furati sunt eum nobis
slependum** 7 gif ðis gehered bið bið from ðęn groefa we
dormientibus." ¹⁴ *et, si hoc auditum fuerit a praeside, nos*
getrewað him 7 sacleaso iwih we gedoeð soð hia gefoen hæfdon
suadebimus ei et securos uos faciemus.' ¹⁵ *at illi accepta*
feh dedon suæ weron gelæred 7 gemersad wæs word ðis
pecunia fecerunt, sicut erant docti. et diuulgatum est uerbum istud
mið iudeum*** oðð done longe dæge ællefne donne ðegnas
apud iudaeos usque in hodiernum diem. ¹⁶ *undecim autem discipuli*
foerdon in geliornise iu mór ðer gesette ðæm se hælend 7
abierunt in galilaeam in montem, ubi constituerat illis iesus, ¹⁷ *et*

---

* *über monnum ein wohl zufälliger strich* ** *davor zwei buchstaben
weggewischt* *** *dahinter ungefähr vier buchstaben radiert*

    Latein ¹¹adnuntiauerunt ¹²consilio ¹⁴faciamus ¹⁵deuulgatum ‖ iudeos
¹⁶discipuli eius ‖ galileam

    Glossen ¹¹þa hí þa awæg eodun henu sume þara wearda cwomun
in cæstre 7 sægdun þa aldur sacerdum eall þ þe þær gedôen werun ¹² 7
hiæ gesomnade mið ðæm ældrum geþæhtunge in eoden onfengon feoh
genyhtsum (h *ii. d. z.*) saldun (u *aus e. a.?*) þæm kempum ¹³cwæþende
sæcgaþ þæt his discipl. on næht cwomun 7 forstælen hinæ us slepende
¹⁴ 7 gęf þ gehoered bið from geroefe we getæceþ ł scyaþ him 7 orsorge
eow gedoaþ *(aus gedoeþ)* ¹⁵ 7 hię onfengon þæm feo dydun swa hiæ werun
gelærde 7 gemæred wæs word þis mið iudeum oþ þisne ondwardan dæg
¹⁶ þa enlefan (autem disc. *ohne glosse*) his þa eodun (in g. *ohne glosse*)
on dune þær gesætte ær heom se hælend

---

gon, loo, summe of the keperis camen in to the cytee and tolden to the
princes of prestis alle thingis, that weren don. ¹² and thei gedrid togidre
with the eldere men a counceil takun ȝaue to the knyȝtis plenteuous

    ¹² and whanne thei weren gaderid ‖ men and hadden take her coun-
seil thei ȝauen ‖ miche

¹¹ ða þa hig ferdon, þa comun sume þa weardas on þa cestre and cyþdun þæra sacerda ealdrun ealle þa þing. þe þær gewordene wærun. ¹²ða gesamnudun þa ealdras hig and worhtun gemot and sealdun þam þegenun micel feoh and cwædun: ¹³'secgeaþ,þæt "hys leorniugenihtas comun nihtys and forstælan hyne, þa we slepun." ¹⁴ and, gyf se dema þis geaxað, we lærað hyne and gedoð eow sorhlease.' ¹⁵ða onfengun hig þæs feos and dydun, eallswa hig gelærede wærun. and þis word wæs gewidmærsud mid Iudeum oð þisne andwerdan dæg. ¹⁶ þa ferdun þa endlufun leorningenihtas on þone munt. þær se hælynd him dihte.

¹¹ða hyo ferdon, þa comen sume þa weardes on þa ceastre 7 kyddan þare sacerda ealdren calle þa [þa] þing. þe þær gewordene wæren. ¹²þa gesamnode þa ealdres hyo 7 worhten gemot 7 sealden þam þeignen mychel feoh 7 cwæden: ¹³'segged, þæt "hys leorningenihtes coman nyhtas 7 forstælen hyne, þa we slepen." ¹⁰ ¹⁴ænd, gyf se dema þis geaxod, we lered hyne 7 gedod eow sohrlease.' ¹⁵ða onfengen hyo þas feos 7 dyden, ealswa hyo gelærde wæren. 7 þis word wæs gewidmærsod mid Iudeam 15 odd þisne andwearden dayg. ¹⁶þa ferden þa endlefan leorningenihtes on þanne munt, þær se hælend heom dihte,

¹¹comon *CU* || ceastre *CU* || cyþdon *CU* || ealdrum *CU* || ðar *U* || wærum *C*, wæron *U* ¹² gesamnudon *C*, -mnodon *U* || worhton *U* || sealdon *CU* || ðegenum *C*, þegnum *U* || micyl *C* || cwædon *CU* ¹³comon *CU* || nihtes *C*, nyhtes *U* || forstælon *U* || slepon *U* ¹⁴ geacsað *U* || and *auf r C* ¹⁵ onfengon *CU* || dydon *CU* || wæron *CU* || wurd *C* || gewidmærsod *C*, gewydmærsod *U* || andweardan *CU* ¹⁶ferdon *CU* || endleofen *U* || þar *U* || hælend *U* || heom *C*

¹¹ ða þa hyo || weardas || cyddan þara sacerdan ealdrum || *nur ein* þa || gewordene wæron ¹² da gesamnoden || caldras || worhton || þeognum mycel feogh (*g in ungewöhnlicher form, vielleicht aus e. a.?*) ¹³ seggad || his || -enihtas comen || forstalan || sleapan ¹⁴ 7 gif || sorhlease ¹⁵ onfeongon || dydon || wæron || wæs gewid *auf rasur* || gewidmærsod || oð || dæg *radiert hinter* þisne || andwerdan daig ¹⁶ da ferdon || endleofan || -enihtas || þonne || halend

money ¹³ seyinge: 'seie 3e, for "his disciplis camen by ni3te and han stolen him vs slepinge." ¹⁴and, if this be herd of the presedent (*or* iustise), we schulen conceile him and make 3ou sikir.' ¹⁵and the money takun thei diden, as thei weren tau3t. and this word is pupplissid at the Iewis til in to this day. ¹⁶forsoþe enleuene disciplis wenten in to Galilee in to an hil, where Ihesus hadde ordeyned to hem,

¹³and seiden || for] that || while 3e slepten ¹⁴ pr. *or* f. ¹⁵ and whanne the monei was takun || among ¹⁶fors.] and the

gesegon hine wordadun sume donne getwiedon 7 geneolecende
uidentes eum adorauerunt. quidam autem dubitauerunt. ¹⁸ et accedens
de hælend spreccend wæs to him cuoedende asáld is me alle mæhto
iesus locutus est eis dicens: 'data est mihi omnes potestas
in heofne 7 in eordo gäad fordon lærad alle cynno ł hædno
in caelo et in terra. ¹⁹ euntes ergo docete omnes gentes
fulwrande* hia in noma fadores 7 sunu 7 halges gastes lærende
baptizantes eos in nomine patris et fili et spiritu sancti ²⁰ docentes
hia halda alle da de sua huelc ic bebead iuh 7 heonu ic iuh
eos seruare omnia, quaecumque mandaui uobis: et ecce ego uobis-
mid am allum dagum odď to enduuge woruldes sie sod ł sodlice
cum sum omnibus diebus usque ad consummationem saeculi.' amen.
godspell æfter mathevs** saegde 1 asægd is
euangelium secundum mattheum explicit.

* fulwande *und* v ii. d. z. **mathes *und* v ii. d. z.

Latein ¹⁹ babtizantes eas ‖ spiritus ²⁰ obseruare ‖ amen — explicit]
finit amen finit amen finit

Glossen ¹⁷ 7 geseonde hine to him bedun sume þonne tweodun ¹⁸ 7
heom to gangende se hælend spræc to heom cwæþende gesald is me æghwilc
mæht on heofune 7 on eorþe ¹⁹ gæþ forþon nu læreþ alle ðeode dyppende
hiæ in noman fæder 7 sunu 7 þæs halgan gastes ²⁰ lærende hiæ to heal-
dene eall swa hwæt swa ic bebead eow *(davor eow radiert)* 7 henu ic
mid eow eam ealle dagas od to ende weorulde endeþ soþlice endeþ soþ
endeþ farman (man *durch die rune)* preost *(durch die abkürzung des lat.*
presbyter geyeben) þas boc þus gleosede dimittet ei dominus omnia peccata
sua si fieri potest apud deum

---

¹⁷ and thei seynge him worschipiden: sothli summe of hem doutiden.
¹⁸ and Ihesus comynge to spak to hem seyinge: 'al power is ʒouun to
me in heuene and in erthe. ¹⁹ therfore ʒe goynge teche alle folkis criste-
nynge hem in the name of the fadir and of the sone and of the hooly
gost ²⁰ techinge hem for to kepe alle thingis, what euere thingis i haue
comaundid to ʒou; and, lo, i am with ʒou in alle dayes til the endyng
of the world.'

¹⁷sayn hym and w. ‖ sothli] but ¹⁸ cam nyʒ and ‖ and seide ‖ is —
me *hinter* erthe ¹⁹ go ʒe and ‖ baptisynge ²⁰ for *f.* ‖ til] in to ‖ ende

XIII. MATTHÆUS XXVIII.

¹⁷ and hyne þær gesawun and hi to him geeadmeddun: witudlice sume hig tweonedon. ¹⁸ ða genealæhte se hælynd and spræc to him þas þing and þus cwæþ: 'me is geseald ælc 5 anweald on heofonan and on eorþan. ¹⁹ faraþ witudlice and lærað ealle þeoda and fulligeað hig on naman fæder and suna and þæs halgan gastes ²⁰ and lærað. þæt hig 10 healdun ealle þa þing, þe ic eow bebead; and ic beo mid eow ealle dagas oþ worulde geendunge.' amen.

¹⁷ 7 hine þær geseagen 7 hyo to hym geeadmedoden:* witodlice sume hyo tweonoden. ¹⁸ ða geneohlacte se hælend and spræc to heom þas þing 7 þus cwæd:' me ys geseald ælch anweald on heofena 7 on eordan. fared witodlice 7 kered ealle þeode 7 fulliet hyo on naman fæder 7 sune 7 þas halgen gastes ²⁰ 7 læred, þæt hyo healden ealle þa þing, þe ich eow bebead; 7 ich beo mid eow ealle dages odde worulde ændenge.' amen.

¹⁷ gesawon *U* ‖ geadmeddon *U* ‖ witodlice *CU* ¹⁸ hælend *U* ‖ heom *C*‖ heofenan *U* ¹⁹ witodlice *CU* ²⁰ healdon *CU* ‖ bead *U* ‖ weorlde *U* ‖ amen *f.U*, Finit Amen. Sit sic hoc interim. Ego ælfricus scripsi *(dahinter* t *rad.)* hunc librum (i *auf r.)* in monasterio badþonio et dedi (t *rad.)* brihtwoldo preposito. Qui scripsit uinat in pace in hoc mundo et in futuro seculo et qui legit legator in eternum *C*

* *aus* geeadmododen
¹⁷ gesawen ‖ him ‖ geadmedoden tweonedon ¹⁸ genehlahte ‖ 7 sprac to eom ‖ cale ‖ heofona ¹⁹ læred ‖ deode ‖ fulliad ‖ naman *scheint von a. hd. aus* manan *gebessert* ‖ fader ‖ suna ‖ halgan ²⁰healdon ‖ ic *beide mal* ‖ dages ‖ weoruld endunge (end *ü. d. z.)*

XIV. JOHANNES

*The Gospel according to St. John in Anglo-Saxon and Northumbrian
The Holy Bible, etc., edd. Forshall*

Nero D IV.

æfter ða* aedeavde   hine   eftersona   se hælend to sæ ꝥ æt tiberiades sæ
¹ Postea   manifestauit se**   iterum   iesus   ad mare tiberiadis,

eatdeavde   vvt.   ðvs ꝥ svæ   veron aedgeadre simon petrus 7 se degn
manifestauit autem sic.   ² erant simul   simon petrus et thomas,

seðe is acvoeden on grecisc 7 se degn   seðe væs of ðæm tvvne***
qui   dicitur   didymus,   et nathanahel, qui erat a cana

on gali. megd ꝥ   7   svnv   zab. .i. iacob. 7 ioh.   7   oðro troge   of
galilaeae,   et   filii   zebedaei   et   alii   ex

his ðegnvm   cvoeð   him simon petrus ic gæ fisciga ꝥ cvoedon
discipulis eius duo. ³ dicit   eis   simon petrus: 'uado piscari.' dicunt

him ve cvmas ec ðec mið   ꝥ   ve vallas ec ðec mid   7   eodun   7
ei: 'uenimus   et   nos tecum',   et exierunt et

astigun ꝥtt in þ scip   7   ðær næht noht gifengon ꝥ   ar morgen
ascenderunt in   nauem   et   illa nocte nihil praenderunt. ⁵ mane

---

* hinter ða ein buchstabe weggewischt ** ich lasse die accente bei lateinischen wörtern, die nicht alle von dem ersten schreiber herrühren. weg ***das zweite v über der zeile † hinter on ein buchstabe radiert, gali. auf rasur, hinter megd zwei buchstaben radiert †† 7 ast. ꝥ über runt von exierunt und et. während über ascenderunt nichts steht

Rushworth.

Latein ¹ iesus *fehlt* ² didimus ‖ a channan galileae ³ praen.] coeperunt

Glossen ¹ ar ðon æteowde him eftersona æt sæ tiberiades sæ *æteowde wutudl. ðus ² werun somen simon petrus 7 de degn se ðe wæs cweden didimus 7 ðe ðegn se ðe wæs from tune on galilea 7 suno **zebedes 7 oðre of ðegnum his twoege ³ cwæð him simon petrus ic gæ fisciga cwedun him we cumas 7 we fultumad ðe 7 eodun 7 astigun in þ scip 7 ðær næht noht on gefengun ⁴ ar morgen

---

*das zweite sæ über dem anfang von manifestauit **oder sunu?

XXI.

Versions ed. W. W. Skeat, Cambridge 1878, p. 180–188. and Madden IV 295.

Otho 1 C.

¹ Eft æfter þan se hælend hyne geswutelude þus æt dære tiberiadiscan sæ. ²Simon Petrus 7 Thomâs, þe ys gecweden gelicost, wæron ætgædere 7 Nathanaêl, se wæs of Chanâ Galilęę, 7 Zebedéus suna 7 oþre twegen þæra leorningcnihta. ³ ða cwæd Simon Petrus to him: 'ic wylle gan on fixod.' ða cwædon hi to him: '7 we wyllað gân mid þe.' 7 hi eodon ût 7 eodon on scip 7 ne fengon nan þing on dære nihte. ⁴witodlice on ærnemergen se hælend stod on þam strande: ne gecneowon þeh þa leorningcnihtas, þæt hyt se hælend wæs.

Hatton 38.

¹ Eft æfter þan se hælend hine swutolode þus æt þare tiberiadissan sæ. ²Simon Petrus 7 Thomas, þe ys gecwæden gelicust, wæren ætgædere 7 Nathanael, se wæs of Chana Galiléé, 7 Zebedeus sunu 7 oðre twega þare leorningcnihta. ³ða cwæd Simon Petrus to heom: 'ic wille gan on fissod.' ða cwæden hye to hym: '7 we willeð gan mid þe.' 7 hye geoden ut 7 geoden on scip 7 ne fengen nan þing on þare nihte. ⁴witodlice on ærnemorgen se hælend stod on þam strande: ne gecneowen þeh þa leorningcnihtes, þæt hit se hælend wæs.

¹þā *U* ‖ geswutelode *CU* ²fixað *C* ⁴þeah *CU*

Wycliffe.

¹Aftirward Ihesu eft schewide him to his disciplis at the see of Tyberias, sothli he schewide thus. ²ther weren togidere Symount Petre and Thomas, that is seid Didymus, and Nathanael, that was of the Cane of Galilee, and the sones of Zebedee and tweye othere of his disciplis. ³Symount Petre seith to hem: 'i go for to fysche.' thei seyn to him: 'and we comen with thee.' and thei 3eden out and sti3eden in to a boot. and in that ni3t thei token nothing. ⁴forsoth the morwe maad Ihesu stood in the brynke; netheɬees the disciplis knewen not, for it was Ihesu.

(die fränkische form des g erscheint in H 2 gædere, galiléé, immer leorning, 3 gan [zweimal], immer [ausser 25] þing, 6 legged, 9 liggen, gleden. 10 bringed, an zweiter stelle in gefengen. 12 gað, 18 segge, an zweiter stelle in gingre. 19 god, felge. 22 felge, 23 geonmang; in K nur in 10 bringed)

¹tiberiadiscan ²Symon ‖ is gecweden gelicost ‖ ætgadere ‖ galilee ‖ sunv ³him ‖ fixod ‖ hyo ‖ willað ‖ hyo ‖ eoden *beidemal* ‖ nihtee

¹eftsoone ‖ sothli] and ‖ him thus ³ for *f.* ‖ 3eden] wenten ‖ sti3.] wenten ⁴but whanne the morewe was comun ‖ for] that

XIV. JOHANNES XXI.

ꝼ árlice	da	middy	þavard	stód se hælend	on dæm varde	hvedre*
	autem iam		facto	stetit iesus	in litore,	non

ꝼ svædæh ne**	ongetton	da degnas	þte se hælend væ	cvoed
tamen	cognouerunt	discipuli,	quia iesus	est. ⁵ dicit

fordon	him	tô	se hælend	cnæhtas	abne ꝼ hveder	mett l
ergo	eis		iesus:	'pueri,	numquid	pulmentarium

habbas gé	giondveardon	him	næsi	cved	him	sendas	on	dæs
habetis?'	responderunt	ei:	'non.'	⁶ dixit	eis:	'mittite	in	dex-

scippes	svidre half	þ nett ꝼ segna	7	gie gimöetas	sendon	fordon
teram	nauigii	rete	et	inuenietis.'	miserunt	ergo

gêe	ne	mæhton	þ	geten	fore	menigo	dara fiscana
etiam	non	ualebant	illud	trahere	a	multitudine	piscium.

cvæd fordon	de degn	done lvfade	se hælend petre	de hlaferd
⁷ dicit ergo	discipulus ille,	quem diligebat	iesus,	petro: 'dominus

is	simon	petrus	middy	geherde petrus	þte	de hlaferd	veri
est.'	simon	petrus,	cum	audisset,		quia dominus	est,

þt cyrtil ꝼ	ymbsalde	hine væs fordon nacod	7	sende	hine	on sę
tunicam	succinexit	se (erat enim nudus)	et	misit	se	in mare.

odri vut.	degnas	on scip ꝼ on roving ꝼ	cvömon	nærvu	fordon
⁸ alii autem	discipuli	nauigio	venerunt	(non	enim

---

* davor ne (über non) ausradiert   ** o vor ne ausradiert

Latein ⁵ cognuerunt ⁶ dicit || dexteram partem nauis || dixerunt autem
per totam noctem laborantes nihil coepimus in uerbo autem tuo mittimus
hinter inuenietis || ergo rete et iam || illut ⁷ itaque cum || tunica praecinexit

Glossen da wutudl. award stod de hælend on dæm worde hvedre
ꝼ neh ne ongetun degnas fordon de hælend wæs ⁵ cwæd fordon him de
hælend cnæhtas alme hwæt mete * habbas gee ondsworadun him (non
ohne glosse) ⁶ cwæd him sendes on da swidra halfe dæs scipes nett 7 ge
gimoetas cwæddan ** wutudl. derh alle næht (lab. *ohne glosse*) noht
gimoetun we in worde wutudl. dinc sendun we sendun fordon nett 7 swide
ne wallad ge dæt gitea fore menigo dara fiscana ⁷ cwæd fordon *** de
degn he donne lufad don hælend drihten is simon petrus middy giherde
þte hlafard is done cyrtel ymbsalde hine wæs fordon nacod 7 sende hine
on sae ⁸ odre wutudl. degnas in scipe comon ne fordon

---

* so scheint mir die hs. zu lesen   ** cwæd | dan ii. dix | erunt *** so
ist wohl foī hier aufzulösen, nicht fore

⁵ða cwæd se hælend to him: 'cna-
pan, cweþe ge, hæbbe ge sufol?'
hig 7swaredon him 7 cwædon: 'nese.'
⁶he cwæd to him: 'lætad þæt nett
on þa swiðran healfe þæs rewettes, 7
ge gemetað.' hi leton witodlice ⁊
ne mihton hit ateon for ðæra fixa
menigeu. ⁷witodlice se leorningeniht.
þe se hælend lufode, cwæþ to Petre:
'hit ys drihten.' þa Petrus gehyrde,
þæt hit drihten wæs, þa dyde he on
his tunecan 7 begyrde hine (witodlice
he wæs ær nacod) 7 sceét innan sǽ.
⁸ða oðre leorningenihtas reowon
þarto (hi wæron unfeor fram lande.

⁵ða cwæd se hælend to heom: 'cna-
pen, cwede ge, hæbbe ge sufel?'
hye andswereden hym 7 cwæðen:
'næse.' ⁶he cwæd to heom: 'legged
5 þæt net on þam swiðeran healfe þæs
reoweltes, 7 ge gemeted.' hyo leten
witodlice 7 ne mihten hyt ateon for
þa fisxe manige. ⁷witodlice se leor-
ningeniht. þe se hælend lufede. cwæd
10 to Petere: 'hyt ys drihten.' da Peter
gehyrde, þæt hyt drihten wæs. þa
dyde he on his tunica 7 begyrde hine
(witodlice he wæs ær nakod) 7 sceat
inan þa sæ. ⁸da opre leorningenihtas
15 reowen þærto (hye wæren unfeor

⁵ habbe U || 7swarodon CU ⁶ witod-
C, wytod- U || menigu C, menigeo U
⁷ he on *ā. d. ȝeile* O ' hys tunecan
on U || innan þa sǽ U ⁸ þærto U

⁵ habbe || sufol || hyo andsweredon
him || nese ⁶ legad || nytt || swid ¦ dran
|| hy || hit || fixæ mænige ⁷ halend lu-
fode || petre || hit is || petrus || hit ||
tunice || nacod ⁸ hyo

---

⁵ therfore Ihesu seith to hem: 'children, wher ȝe han ony soupynge thing?'
thei answeriden: 'nay.' ⁶ he seide to hem: 'send ȝe the nett in to the riȝt
half of the rowyng, and ȝe schulen fynde.' therfore thei senten the nett,
and now thei myȝten not drawe it for multitude of fyschis. ⁷ therfore
thilke disciple, whom Ihesu louede, seide to Petre: 'it is the lord.' Symount
Petre, whanne he hadde herd, for it was the lord, girte him with a coote
(sothli he was nakid) and sente him in to the see. ⁸ sothli othere disciplis
camen by boot (for thei weren not fer fro the lond, but as two hundrid
cubitis) drawynge the nett of fischis.

⁵ answ. to hym ⁶ send] putte || therf.] and || puttiden || thanne ⁷ for] that ||
1. was] is || sothli] for || sente him] wente ⁸ sothli] but the || as a two

XIV. JOHANNES XXI.

fearr ł from eordv ah svelce elno ** tvv hvnd drogvn ł ge-
lonȝe erant* a terra, sed quasi cubitis ducentis) trahentes
tvgvn dara fisca segni þte ł middy*** vvt. ofstigvn on eordv
rete piscium. ⁹ut erȝo descenderunt in terram.
gesegon gloedi asettedo veron 7 done fisc ofersetted 7 þ laf
uiderunt prunas positas et piscem superpositum et panem.
cvęd him se hælend berad ł bringad of dæm fiscum da ileo ge
¹⁰dicit eis iesus: ʻadferte de piscibus, quos pren-
ginomvn ł gifengon nv astag simon petrus 7 drog ł þ nett
distis nunc.ʼ ¹¹ascendit simon petrvs et traxit rete
on eorde fvll mid miclvm ł of miclvm fisc. fiscum † hvnteantig
in terram plenvm **** maȝnis piscibus centum
7 fiftig driim ł dreo 7 middy micla voeron næs þ nett
quinquaȝinta tribus, et, cum tanti essent, non est
tobroccen ł div segni tosliten cved him se hælend cymed hriordad
scissum rete. ¹²dicit eis iesus: ʻuenite, pran-
ł eatas ł 7 ne gidarste ænig monn †† dara hlingindi ł dara ræstendra
dete.ʼ et nemo audebat discumbentium
gifrægna ł frasiga hine dv hvæd ard vistvn gere þte hlafęrd vere.
interrogare eum: ʻtu quis es?ʼ scientes, quia dominus esset.†††
7 cvom se hælend 7 onfeng þ laf 7 silid ł salde him 7
¹³et uenit iesus et accepit †††† panem et dat eis et

* über erant steht kein uæron, wie Skeat druckt, wohl aber hat der
glossator durch je zwei punkte unter non und über erant, wie es scheint,
angedeutet, dass die glosse über dem ersteren zugleich für das letztere gilt
** elno aus elni *** ł middy am rande ohne verweisung **** nicht plenam
† mit piscibus fängt e. neue z. an †† rune ††† nicht est †††† accepit glos-

Latein ⁹ discenderunt ‖ possitas ‖ superpossitum ¹¹ quasi centum
quinquagenta et tribus ‖ scisum ¹²prandite ‖ audiebat ‖ disc.] ex discipulis
¹³ accipit ‖ dedit

Glossen feor wæs from eordo ah swelce elna tu hund tugun ł
trogun dæt nett dara fiscana ⁹þte wutudl. of astigun on eordo gisegun
gloede asetede 7 done fisc ofersettun 7 don hlaf ¹⁰ cwæd him de hælend
beorad ł brengad of dæm fiscum da ileo ge ginomon nv ¹¹astag symon
petrus 7 trog dæt nett on eordo full micelra fiscana swelce hundteantig
7 fiftig 7 drim ł drio 7 middy micle weren ne is tobrocen þ nett ¹²cwæd
hælend cumad riordigad 7 nænig mon ne darste of degnum gifregna hine
dv hwæt ard wistun gere þte drihten were ¹³ 7 com de hælend 7 onfeng
done hlaf 7 salde him 7

swylce hit wære twa hund elna) 7 tugon hyra fiscnett. ⁸þa hig on land eodun, hi gesawon liegan gleda 7 fisc þær on fyr 7 hlaf. ¹⁰da cwæð se hælend to him: 'bringað þa fixas, þe ge nu gefengon.' ¹¹Simon Petrus eode upp 7 teh his net on land miculra fixa full, þæra wæs hundteontig 7 þreo 7 fiftig. and. þa hyra swa fela wæs, næs þæt nett tobrocen. ¹²da cwæð se hælend to him: 'gað hider 7 etað.' and nan þæra, þe dar sæt, ne dorste hine axsian, hwæt he wære. hi wiston. þæt hit wæs drihten. ¹³and se hælend com 7 nam hlaf 7 ée fisc 7 sealde him.

fram lande. swylch hyt wære twa hund elnan) 7 tugen heora fiscnet. ⁸þa hy on land eoden, hyo seagen liggen gleden 7 fix þær on fære 7 hlaf. ¹⁰ þa ewæd se hælend to heom: 'bringed þa fixas, þe ge nu gefengen.' ¹¹Symon Petrus geode upp 7 teah hys nett to lande mid culre fixa full, þær wes hundteontig 7 þreo 7 fiftig. ænd, þa heora swa fela wæs. næs þæt nyt tobroken. ¹²þa cwæd se hælend to heom: 'gad hider 7 æted.' 7 nan þare, þe þær sæt, ne durste hine axien. hwæt he wære. hye wisten. þ hit wæs drihtan. ¹³ 7 se hælend com 7 nam hlaf 7 eac fixc 7 sealde heom.

---

heora U ⁸eodon U ‖ þar U ‖ on fyr] ofer U ¹⁰l in hælend nachgetragen U ¹¹micelra C, mycelra U ‖ heora U ‖ fæla U ¹²þara. U ¹³hæled O ‖ eac CU

swylc (davor þ radiert) hit ‖ elna ‖ hyora ‖ -nett ⁹da hyo ‖ eodon ‖ sæwen ‖ fysc dær on fyre ¹⁰da ‖ se auf rasur ¹¹Simon ‖ eode ‖ his net ‖ mid culre (und zwar mid ü. der zeile) auf rasur; auch über lre fi ist radiert (lre von dem wegradierten kenntlich) ‖ þara wæs ‖ tobrocen ¹²da ‖ halend ‖ gæd ‖ etad ‖ ænd nan ‖ axian ‖ hyo ‖ drihton ¹³ l in sealde ü. d. z. ‖ eom

---

⁹therfore, as thei camen doun in to the lond, thei sy3en colis put and a fysch put aboue and breed. ¹⁰Ihesu seith to hym: 'brynge 3e of the fischis, whiche 3e han taken now.' ¹¹Symount Petre sti3ede vp and drow3 the nett in to the lond ful of grete fischis an hundrid fyfti and thre. and, whanne thei weren so greete. the nett is not brokun. ¹²Ihesu seith to hem: 'come 3e, ete 3e. and no man of the sittinge at mete durste axe him: 'who art thou?' witinge, for it is the lord. ¹³and Ihesu cam and took breed and 3af to hem and the fysch also.

---

⁹therf.] and ‖ l. put] liynge ‖ put a.] leid on ¹⁰hem ¹¹sti3.] wente ‖ grete] manye ‖ was ¹²of hem that saten at the mete ‖ for] that ¹³the f.

XIV. JOHANNES XXI.

đone fisc gelic ł ædgeadre ðis ða ðridda* dægi dvsidi ðridda dægi piscem similiter. ¹³ hoc iam tertio

ætevwdæ se hælend ł væs ætevwed sinvm ambehtvm middy aras manifestatus est iesus discipulis, cum surrexisset from deadvm middy vvt. gihriordadon ** cvoed to simoni petri a mortuis. ¹⁵ cum ergo prandissent, dicit simoni petro se hælend simon iohannis lvfæstv mec svidvr from dissvm ł disra iesus: ʿsimon iohannis, diligis me plus his?ʾ

cved him to gee drihten đv vast þte ic lvfo đec cved him dicit ei: ʿetiam, domine. tu scis, quia amo te.ʾ dicit ei: foed ł lombor mino cved him eftersona simon iohannis lvfastv ʿpasce agnos meosʾ. ¹⁶ dicit ei iterum: ʿsimon iohannis, diligis mec cved him to gee drihten đv vast þte ic lvfa đec cvoed me?ʾ ait illi: ʿetiam, domine. tu scis, quia amo te.ʾ dicit him to gehala ł foed lomboro mino đæt arvn đa sodfæsta menn ei: ʿpasce agnos meos.ʾ

cved him ðridda simon iohannis lvfastv mec givnrotsade ł vnrot ¹⁷ dicit ei tertio: ʿsimon iohannis, amas me?ʾ contristatus væs petrus forđon cved him đridda lvfastv mec cved him to est petrus, quia dixit ei tertio: ʿamas me?ʾ dicit ei: drihten đv alle ł alli đv di vast wast*** đv vast þte ic lufa đec ʿdomine, tu omnia scis: tu scis, quia amo te.ʾ cved him foed ł gilesva ł scipo mino sodlice sod is þ ic cvedi dicit ei: ʿpasce oues meas.ʾ ¹⁸ amen, amen dico

---

sator aus accepi * aus ðirdda ** über miđ. vvt. gi steht đa hiæ him vervn gifæ *** mit scis fängt eine neve zeile an

Latein pisce ¹⁴ discipulis suis ‖ resurrexisset ¹⁵ hiis ¹⁷ me et dicit ‖ tu scis fehlt

Glossen fisc gilice ¹⁴ đis đy (ū. iam) đirda dæge æteowed wæs đe hælend đegnum his midđy arisađ from deoda ¹⁵ midđy forđon giriordadun cwæđ simon petre đe hælend simon iohannis lufastu mec swiđor đissum cwæđ him gee drihten đu wast þte ic lufade đec cwæđ him foed lombor mine ¹⁶ cwæđ him eftersona simon iohannis lufast tu mec cwæđ him gee drihten đv wast đætte ic lufo đec cwæđ him foed lombor mine ¹⁷ cwæđ him eftersona simon iohannis lufas mec giunrotsad wæs (petrus ohne glosse) forđon cwæđ him đe đirda lufastu mec 7 cwæđ him drihten đu alle wast þte ic lufa đec cwæđ him feod (ein buchst. vor e radiert) scip mine ¹⁸ sođ sodlice ic cweđo

XIV. JOHANNES XXI.

¹⁴ on þyson wæs se hælend þriwa
geswutelud his leorningenihton, ða
he aras of deaðe. ¹⁵ ða hi æton, þa
cwæþ se hælend to Symone Petre:
'Simon Iohannis, lufast þu me
swiðor, þænne ðas?' he cwæð to
him: 'gea, drihten, þu wast, þæt ic
þe lufige.' he cwæð to him: 'heald
mine lamb.' ¹⁶ he cwæð eft to him:
'Simon Iohannis, lufast ðu me?' he
cwæþ to him: 'gea, drihten, þu wast,
þæt ic de lufige.' ða cwæð he to him:
'heald mine lamb.' ¹⁷ he cwæð
þriddan side to him: 'Simon Iohan-
nis, lufast þu me?' ða wæs Petrus
sarig, forþam þe he cwæð þriddan
side to him: 'lufast þu me?' and
he cwæð to him: 'drihten, þu wast
ealle þing. þu wast, þæt ic de lufige.'
ða cwæð he to him: 'heald mine
scep. ¹⁸soð ic secge þe: ða þu gingra

¹⁴ on þissan wæs se hælend þreowa
geswutoled hys leorningenihtan, þa
he aras of deaðe. ¹⁵ða hye æten, þa
cwæð se hælend to Symone Petre:
'Symon Iohannis, lufest þu me swuþra,
þanne þas?' he cwæð to him: 'gea,
drihten, þu wast, þæt ic þe lufie.' he
cwæð to him: 'heald mine lamb.'
¹⁶ he cwæð to him eft: 'Symon
Iohannis, lufast þu me?' he cwæð
to hym: 'gea, drihtan, þu wast, þæt
ich þe lufie.' ða cwæð he to him:
'heald mine lamb.' ¹⁷he cwæð þridde
side to him: 'Symon Iohannis, lufest
þu me?' ða wæs Petrus sarig, forþan
þe he sægde þridde side to him:
'lufest þu me?' ænd he cwæð: 'drih-
ten, þu wast ealle þing: þu wast,
þæt ic þe lufie.' þa cwæð he to hym:
'heald mine scep. ¹⁸soð ic segge þe:
þa þu gingre wære, þu gertest þe 7

¹⁴ þysum U ‖ geswutelod U ‖
-enyhtum U | swiðor — ¹⁶ ðu me f. O
(oben nach C) ‖ þonne U ¹⁶ iohannes
U ¹⁷ Iohs U ¦ forþam oder forþan? OU
þing n. d. z. U ‖ sceap CU ¹⁸gingre U

¹⁴ þissen ‖ þriwa geswutelod his ‖
dæðe ¹⁵ hyo ‖ simon ‖ Simon ‖ Infast
‖ swuðra ‖ þonne ‖ lufige ¹⁶ him auch
das zweite mal ‖ drihten ‖ ic ‖ lufige
¹⁹ ðridde beide.mal ‖ simon ‖ forþā ‖
cwæd ‖ to him n. d. z. ‖ end ‖ ðrihten
‖ ðe lufige ða ‖ him ‖ sceap ¹⁸ ða
‖ gyrdest

¹⁴ now this thridde day Ihesu is
schewid to his disciplis, whanne he
hadde rise aȝen fro deed men. ¹⁵ ther-
fore. whanne thei hadden etyn, Ihesu
seith to Symount Petre: 'Symount of Iohn. louest thou me more. than
thes don?' he seith to hym: 'ȝhe, lord. thou wost, for i loue thee.' Ihesu
seith to him: 'feede thou my lambren.' ¹⁶ eft he seith to hym: 'Symount
of Iohn. louest thou me?' and he seith to him; 'ȝhe, lord. thou wost, for
i loue thee.' he seith to him: 'feede thou my lambren.' ¹⁷ he seith to him
the thridde tyme: 'Symount of Iohn. louest thou me?' Petre is sori, for
he seith to him the thridde tyme: 'louest thou me?' and he seith to him:
'lord, thou wost alle thingis: thou wost, for i loue thee.' Ihesu seith to
him: 'feede thou my scheep. ¹⁸ treuli, treuli i seie to thee: whanne thou
were ȝongere, thou girdedist thee and wandridest, where thou woldist; sothli,

¹⁴ day] tyme ‖ is] was ‖ deed men] deth ¹⁵ therf.] and ‖ don f. ‖ for] that
¹⁶ and f. ‖ for] that ¹⁷ P. was heuy ‖ knowist statt des 1. wost ‖ woost
that y ‖ thou vor my f. ¹⁸ sothli] but

de	middy	vere	givngra	dv valdes dec gigyrde ꝉ	ꝥ	dv valdes geonga
tibi:	cum	esses	iunior,	cingebas te		et ambulabas,
hvidir	dv valdes	middy	vvt.	dv bist gevintrad.		dv adenes dino
ubi	uolebas;	cum	autem	senueris,		extendes manus
hondo	7 oðer	dec	gyrdeð	7 dec lædes diddir *	dvnvilt	dis
tuas,	et alius	te	cinget	et ducet,	quo	non uis.' ¹⁹hoc
vvt.	cvoed	tahte ꝉ becnade	of hvelc.	deaðe	gebrehtnad ꝉ givvldrad
autem	dixit	significans,	qua	morte	clarificaturus
vere	god	7 dis	middy	gicved ** cved	him to gesoec	mec
esset	deum.	et, hoc	cum	dixisset,	dicit ei:	'sequere me.'

ymbcerde *** ꝉ petrus gisæh ðone ilca ambeh ꝉ ðegn ðone lvfade
²⁰conuersus   petrus uidit   illum   discipulum,   quem diligebat

se hælend fylgendi ꝉ sede ꝥ giræsti in ðær færm. on his
iesus,   sequentem, qui et recubuit   in   cena   super pectus

brest 7 cved drihten hvæd is ðe sede selles dec diosne
eius et dixit: 'domine, quis est, qui tradit te?' ²¹hunc

forðon middy gisæh petrvs cved ðæm hælende drihten ðes donne ꝉ
ergo cum uidisset petrus, dicit iesu: 'domine. hic autem

hvæd dis is cved him to se hælend dvs ꝉ svæ hine ic villo gevvni ꝉ
quid?' ²²dicit   ei iesus: 'sic   eum   uolo manere,

þte he gewvniga oð þ ic cymo hvæd is de hi dy ꝉ hvæt is dec dæs
donec ueniam. quid ad te?

---

* davor h. das wohl nicht hiddir meint, wie Skeat annimmt: ich glaube, der glossator wollte quo zuerst, wie kurz vorher ubi. durch hvidir wiedergeben, besann sich aber dann eines anderen, vergass indessen das h zu tilgen ** ein buchstabe dahinter radiert *** c vor ymb. radiert

Latein ¹⁹ hoc] haec ²⁰ supra petrus eius (am tr radiert) ǁ dicit ǁ tradet

Glossen de middy were gingra du waldes gyrda dec 7 du waldes gonga hwider dv waldes middy sodlice du bist giwin adene honda dine 7 oðer dec gyrdeð 7 du lædes dider ne dv wylt ¹⁹ das wutudl. cwæd gibecnade of hwelcum deoðe giberhtnad were god 7 dis middy cwæd cwæd him gisoecas mec ²⁰ gicerde petrus gisæh doñ ilca degn done lufade de hælend 7 lufade se de 7 gireste in dær (ï. cena) ofer breostum his 7 cwæd drihten hwæt is dede seled dec ²¹ diosne fordon middy gisæh petrus cwæd de hælend drihten des wut. hwæt ²² cwæd him de hælend ge ic hine willo giwuniga od dæt ic cymo hwæt is to de

wære. þu gyrdest þe 7 eodyst. þær ðu
woldyst. witodlice, þonne þu ealdast.
þu strecst þine handa, 7 oðer þe gyrt
⁻læt. þyder þe ðu nelt.' ¹⁹ þæt he
sæde witudlice ⁻ tacnude. hwylcon 5
deðe he wolde god geswutelian. and,
þa he þæt sæde. þa cwæd he to him:
'fylig me.' ²⁰ ða Petrus hine bewende.
þa geseh he. þæt se leorningcniht
hin fylide. þe se hælend lufode. se 10
þe hlinode on gebeorscype ofer his
breost 7 cwæd: 'drihten. hwæt ys, se
ðe belæwd?' ²¹ witodlice. þa Petrus
þysne geseh, ða cwæd he to þam
hælende: 'drihten. hwæt scel ðes?' 15
²² ða cwæþ se hælend to him: 'ic
wylle. þæt he wunige þus. oð ic
cume. hwæt to ðe? fylig þu me.'

eodest: þær þu woldest; witodliche.
þonne þu ealdest. þu strecst þine
hande. 7 oþer þe gyrt 7 læt, þider þe
þu nelt.' ¹⁹ þæt he sayde witodliche
7 tacnede. hwilche dede he wolde
god swutelien. and. þa he þæt sayde.
þa cwæd he to hym: 'felge me.'
²⁰ ða Peter hine bewente. þa geseah
he, þæt se leorningcniht hym felgede.
se þe hlenede
on gebeorscipes ofer hys breoste 7
cwæd: 'drihten. hwæt ys se, þe þe
belewed?' ²¹ witodliche. þa Petrus
þisne geseah. þa cwæd he to þam
hælende: 'drihten. hwæt scel þes?'
²² ða cwæd se hælend to hym: 'ich
wille. þ he wunige þus. odðe ich
come. hwæt to þe? felge þu me.'

---

eodest *CU* ‖ woldest *U* ‖ wi-
todlic *O* ¹⁹ witod- *C*. wytod- *U* ‖
tacnode *U* ¦ deade *CU* ²⁰ geseah *C*
‖ fylgde *U* ¦ se þe de *U* ²¹ geseah
CU ‖ sceal *CU* ⁻ ²² hwæt] cwæd (e *v*.
d *auf r*.) *C* ‖ d in hælend *ü. d. z. U*.

---

whanne thou schalt wexe eldere. thou
schalt holde forth thin hondis, and
anothir schal girde thee and leede
thee. whidir thou wolt not.' ¹⁹ sothli
he seide this thing signyfyinge. by

witodlice ‖ ealdast ‖ handa ‖ oðer
¹⁹ dæt ¦ *erstes* he — ²⁰ lufode *auf*
rasur ‖ sægde witodlice ¦ hwilce dede
¦ end ‖ sægde ‖ cwed ¦ him filge
²⁰ petrus ¦ him filgede ¦ halend lufode
¦ se de lenode ‖ his drihten ‖ is ‖
se de de *(dieses ü. d. z.)* belæwed
²¹ witodlice ¦ *zwischen* he *und* to *ist*
cwæd þæ (?) *radiert* ²² halend ‖ him
¦ ic *beidemal* ⁻ de ¦ fylge ¦ þu *ü.d. z*.

---

what deeth he was to glorifiynge god. and. whanne he hadde seid thes
thingis, he seith to him: 'sue thou me.' ²⁰Petre conuertid sy3 thilke dis-
ciple. whom Ihesu louede. and which restide in the souper on his brest.
and he seide to hym: 'lord. who is it. that schal bitraye thee?' ²¹therfore.
whanne Petre hadde seyn this disciple. he seith to Ihesu: 'lord, what
forsothe this?' ²² Ihesu seith to him: 'so i wole him dwelle, til i come.
what to thee? sue thou me.'

ᵢ and schal lede ¹⁹ sothli *f*. ‖ he schulde glorifie ²⁰ P. turnede and say ‖
disc. suynge ‖ and which] which also ²¹ disc. *f*. ¦ wh. fors.] but what
²² 2. him] that he ¦ til that

XIV. JOHANNES XXI.

dv mec sòec ł fylig * dv me foerde vvt. ł fordon dis vord
tu me sequere.' ²³ exiuit ergo sermo iste
bitvien dæm brodrvm fordon ł þte de ambeht ł se degn no deadige
inter** fratres, quia discipulus ille non
ł nere dead 7 ne eved him se hælend ne bid dead ł ah
moritur, et non dixit ei iesus: 'non moritur', sed:
dvs*** ł svæ hine ic villo vvniga od þ ic cymo hvæt is de bi dy ł
'sic eum uolo manere, donec uenio. quid ad te?'
des is de degn sede þ cydnise getrymmed of dæm ł from
²⁴ hic est discipulus, qui testimonium perhibet de his
disvm 7 avrat das ł da 7 ve wvtvn þte sôd is cydnis
et scribsit haec, et scimus, quia uerum est testimonium
his sint vvt. ec odro menigo da de worht se hælend dæh
eius. ²⁵ sunt autem et alia multa, quę fecit iesus, quae
da sie avritten ânlapvm ł derh syndrigi ł anvnga ł ancvmmum ni ****
si scribantur per singula, nec
doemo ic þti middan. mægi bifoa da ilco dade to avrittenni sint
ipsum arbitror mundum capere eos, qui scribendi sunt,
boêc sodlice
libros. amen.
asægd is ł þ bôc æfter iohannem
explicit liber secundum iohanen.

——————

* i in fylig ü. d. z. ** vom glossator aus in *** davor zwei buchstaben radiert **** ni aus ne

Latein ²³ et fehlt ǁ ei fehlt ²⁴ scripsit ²⁵ per fehlt ǁ finit amen ǁ explicit — ioh. fehlt

Glossen du mec fylges ²³ eode fordou word dis bitwih brodrum
fordon degnas ł embeht he ł da ne deodige ne cwæd de hælend
ne bid deod ah swa hine ic willo wunige od dæt ic cyme hwæt is (ad
ohne glosse) de ²⁴ dis is de degn se de da cydnisse gitrymed of dæm 7
wrat das ilco 7 we wutun þte sod is cydnisse his ²⁵ sindun wutl. 7 odre
monige da de worhte de hælend da de her (etwas höher, als de und se)
se awriten leofum ne dom ic dætte middengeord onfoe da da de awritne
sindun boec ende (ü. finit)

XIV. JOHANNES XXI.

²⁴ witodlice ðeos spæc com ût gemang broþrum, þæt se leorningcniht ne swylt, 7 ne cwæþ se hælend to him: 'ne swylt he.' ac: 'þus ic wylle, þæt he wunige, oð ic cume. hwæt to þe?' ²⁴ dis ys se leorningcniht, þe cyð gewitnysse be þysun 7 wrat þas ðing, and we witon, þæt his gewitnys ys soð. ²⁵ witodlice oþre manega þing synt, þe se hælend worhte: gif ða ealle awritene wæron, ic wene, ne mihte þes middaneard ealle þa bec befon. amen.

²⁴ witodliche þeos spræce com ut geonmang þam brodren, þæt se leorningeniht ne swelt, 7 ne cwæð se hælend to hym: 'ne swelt he.' ac: 'þus ich wille, þæt wunie, odde ich cume. hwæt to þe?' ²⁴ dis is se leorningeniht, þe cyð gewitnesse be þisen 7 wrat þas þing, 7 we witen, þæt his witnesse is soð. ²⁵ witodlice odre manega þing sendde, þe se hælend worhte: gyf þa ealle gewritene * be heom sylfe wæren, ac syo werld beclyppen ne mihten þa writeres, þe hit writen scolden on boken.

---

²⁴ spræc *CU* ‖ *zweites* þæt] þe *ursprünglich O, aber zu* þ *gebessert* ‖ hwæt] cwæð (c *u.* d *auf r.*)*C* ²⁴ gewytnesse *U* ‖ þyssan *U* ‖ witon] witod *mit punct unter* d *(das verbessernde* n *wohl weggeschnitten) O* ‖ we *fehlt C* ‖ gewytnes *U*, gewrit *C* ²⁵to *in* witodlice *und* n *in* ding *und* awritene *zum teil weg O* ‖ synd *U* ‖ hinter amen *noch* wulfwi *(nicht* wulfri) me wrat *O*

* *von ritene an bis zum ende scheint der schreiber andere tinte gebraucht, also später geschrieben zu haben H*

²⁴ witodlice ‖ sprece ‖ brodron ‖ him ‖ ic *beidemal* ‖ þæt he wunige oð ‖ wæt ²⁴ ys ‖ gewitnysse ‖ þyson ‖ witon ‖ witnysse ²⁵ odre þiing synt ‖ gif ða ‖ writene *(so!) bis ende vom schreiber von H*

---

²³ therfore this word wente out among britheren, for thilke disciple deyeth not. and Ihesu seide not to him. for he deieth not, but: 'so i wole him dwelle, til i come. what to thee?' ²⁴ this is thilke disciple. that berith witnessing of thes thingis and wroot thes thingis, and we witen, for his witnessing is trewe. ²⁵ forsothe there ben and manye othere syngnes (*or* myraclis), that Ihesu dide, whiche if thei ben writun by eche by hem siluc, i deme neither the world him silf to mowe take tho bookis, that ben to be writun.

²³ among the ‖ for] that *beidemal* ‖ 2. him] that he ²⁴ 2. thes th.] hem ‖ for] that ²⁵ fors.] and ‖ and] also ‖ s. *or* myr.] thingis ‖ bi hym silf ‖ neither] that ‖ to mowe] schal not

am schlusse von Nero D IV steht von der hand des glossators
† Eadfrid biscob (aus biscop) lindisfearnensis æcclesiæ he dis boc avrát æt
frvma gode 7 sancte evdberhte 7 allvm dæm halgvm gimænelice (ü. d. z.)
da de in eolonde sint. 7 Edilvald lindisfearneolondinga bisc. hit vta gidryde
7 gibélde sva hē vel evdę. 7 billfrid se oncrę he gismiodade da gihrino
da de vtan ón sint 7 hit gihrinade mid golde 7 mid gimmum ęc mid
svvlfre (zweites v ü. d. z.) ofergylded faconleas fch: 7 Aldred (davor ic
radiert: am rande steht ausserdem von ders. hand: ælfredi natrs aldredvs
vocor: bonæ mvlieris [darüber .i. tilw.. was wohl til wif meint. nicht tilwin]
filivs eximivs loqvor) presbyter indignvs et misserimvs mid (i ü. d. z.) godes
fvltvmmę 7 sancti evdberhtes hit ofergloesade ón englisc. 7 hine gibamnadi
mid dæm driim dælvm. Mathevs dǽl gode 7 sancte evdberhti. Marcvs dǽl
dæm bisc. . 7 lvcas dæl dæm hiorode 7 æhtv 'v. ü. d. z.) ora scólfres mid
tó inlâde: 7 sci. ioh. dæl for hine seolfne (.i. fore his savle über der zeile)
7 feover óra scólfres mid gode 7 sancti evdbercti. þte he hæbbe ondfong
derh godes milsæ on heofnvm. séel 7 sibb on eordo fordgeong 7 gidyngo
visdóm 7 snyttro derh sancti evdberhtes earnvnga: † Eadfrid. oedilvald.
billfrid. aldred. hoc evangelarivm deo. et evdberhto constrvxervnt vel
ornavervnt.

am schlusse des Johannesevangeliums in R steht (168 v) Đe min
bruche gibidde fore owun de das boc gloesde. færmen dæm preoste æt
harawuda. (169 r) hæfe nu boc awritne bruc a mid willa symle mid sodum
gileofa sibb is eghwæm leosost *(das erste s nicht sicher, jedenfalls aber
weder leofost noch leovost: ist seolost zu lesen?).*

XV.
AUS DEN GLOSSEN ZU DEN SPRÜCHEN SALOMONIS
IN DER HS. VESP. D 6.

*Zs. f. d. a. 21, 29 ff; vgl. 22, 224 f. eingeklammerte buchstaben sind in
der hs. nachgetragen.*

XV [1] *responsio mollis* hnesce andswore. *sermo durus* heard
spec. [2] *fatuorum* stunra. *ebullit* wapolađ. [3] *contepplantur* besceawiađ.
[4] *immoderata* ungemetegēd. [5] *inridet* tirhđ. *astutior fiet* werra bið.
[6] *et ... conturbatio* and gedrefednes. [7] *disseminabunt* tosawađ.
dissimile ungelic. [10] *deserenti* forletendum. [12] *qui ... corripit* đe
dreađ. *nec ... graditur* ne he ne ged. [13] *exiraret* geglađađ. *in
merore animi* on gnornunga modes. *deicitur* bið aworpen. [14] *et ...
pascitur* and bið fēd. *imperitia* of ung(l)eau(ne)sse. [15] *quasi inqv
conuiuium* swa singal gebiorscipe. [16] *et insatiabiles* and unasedenlic.
[17] *uocari* b.... *ad olera* to wertum. *quam ad uitulum saginatum*

XV. AUS DEN GLOSSEN ZU DEN SPRÜCHEN SALOMONIS. 51

donne to fettum stiorce. ¹⁸ *suscitatas* awehte. ¹⁹ *sepis* haga. *absque ofendiculo* buto otspernince. ²⁰ *et ... despicit* and forsiod. ²² *dissipantur* sintostente. *confirmantur* sint.... ²³ *in sententia* on cwide. *optimus* seles(t). ²⁴ *super eruditum* ofer geleredne. ²⁶ *pulcherrimus* fegerest. ²⁷ *qui sectatur* se de feld. ³⁰ *fama bona* god hlisa. *impinguat* ame(s)t. ³¹ *sapientium* ... ra . *commorabitur* wunad (aus wanad). ³² *despicit* forsiod. *qui ... adquiescit* se de gedafed. *possessor* agend. ³³ *et ... praecedit* and ford gewit. XVI ² *ponderator* punderngeo(n). ³ *dirigentur* b .... ⁵ *omnis arrogans* e(l)c upahafenes. ⁶ *redimitur* is alesed . *et ... declinatur* and he bid aheld. ⁷ *cum placuerint* þonne liciad. ⁹ *disponit* gedihnad. ¹¹ *pondus* pund . *iudicia* ... mas. ¹⁰ *diuinatio* wilung. *non errabit* ne dwolad. ¹² *impie* ... c. *solium* cynesetl. ¹³ *dirigetur* bid ... ¹⁴ *et ... placabit* and geg(l)adad. ¹⁵ *imber serotinus* smelt hagol. ¹⁷ *semita* ... ta. *declinat* ... d. ¹⁹ *humiliari* b .... ²⁰ *eruditus* gelered. *repperiet* gemet. ²¹ *appellabitur* bit genemned. *maiora* mare. *percipiet* onfe(h)d. ²³ *et ... addet* and to geecd. ²⁴ *composita* geg(l)engede. *ossuum* bana. ²⁶ *compulit* genet. ²⁷ *et ... ardescit* and bird. ²⁸ *peruersus* forhwerfed. *lites* saca. *verbosus* werdi. *et ... separat* and toscered. ²⁹ *lactat* s(e)cet. ³⁰ *attonitis* areahtum. *mordens* slitende. *perficit* fulfremet. ³¹ *dignitatis* werdnes. *repperietur* bit gemet. ³² *animo suo* is mode. *urbium* burga. ³³ *mittuntur* b .... *set ... temperantur* ac hio biod gemetgode. XVII ¹ *bucella sicca* drege bite. *uictimis* onsegednessum. ⁴ *obedit* hersumad . *et ... optemperat* and hersumad. ⁵ *exprobrat* hespd . *letatur* b ... ⁶ *senum* eldra *(ein buchst. r.)* ⁷ *non decet* ne glenget . *composita* glengede . *labium mentiens* wegende welere. ⁸ *gemma* gim. *gratissima* gecwemest . *prestolantis* anbidincges. ⁹ *celat* bediolad . *amicitias* freondscipas . *repetit* gehydlect . *separat* toscered . *federatos* gesibbade. ¹² *expedit* fremet. *urse* byrene . *raptis fetibus* odbrodenum hwelpum . *confidenti* getriowende. ¹⁴ *et ... deserit* and forlet. ¹⁷ *et ... comprobatur* and bid afandan. ¹⁸ *plaudet* hafet. ²⁰ *peruersi cordis* dwerre heortan . *qui uertit* se de cyrd . *et ... incidet* and befeld. ²¹ *in ignominia sua* on his netenesse . *set nec ... letabitur* ac ne blissad. ²² *aetatem floridam* blowende helde . *exsiccat* a .... ²⁶ *inferre* on geledan. *ne percutere* ne slean. ²⁷ *qui moderatur* se de gemetegad . *doctus* gelered. *pretiosi* diores. *spiritus* gast. ²⁸ *reputabitur* bid geteald. *si conpresserit* gif he gewelt.

4*

XVI.
JACOB UND ESAU.

Ælfrics Genesis c. XXVII (Greins Bibl. der ags. prosa 1, 66). der text folgt in der schreibung A (der Oxforder hs. Laud 509, fol. 18 v). von B (Claud. B IV, fol. 42 v) werden rein orthographische oder phonetische abweichungen nicht angeführt.

¹Ðâ Isââc caldode and his êagan þýstrodon, þæt hê ne mihte nân þing gesêon, þâ clypode hê Esau, his yldran sunu, ²and cwæð tô him: 'þû gesihst, þæt ic ealdige, and ic nât, hwænne mîne dagas âgâne bêoþ. ³nim þîn gesceot, þînne cocur and þînne
5 bogan and gang ût and, þonne þû ǽnig þing begite, þæs þe þû wêne, þæt mê lýcige, ⁴bring mê, þæt ic ete and ic þê blêtsige, ǽr þâm þe ic swelte.' ⁵ðâ Rebecca þæt gehîrde and Esau ût âgân wæs, ⁶þâ cwæð hêo tô Iâcobe, hire suna: 'ic gehîrde, þæt þîn fæder cwæð tô Esauwe, þînum brêþer: ⁷'bring mê of þînum hun-
10 toþe, þæt ic blêtsige þê beforan drihtne, ǽr ic swelte.' ⁸sunu mîn, hlyste mînre lâre: ⁹far tô dǽre heorde and bring mê twâ þâ betstan tyccenu, þæt ic macige mete þînum fæder þǽr of, and hê ytt lustlîce. ¹⁰þonne þû þâ in bringst, hê ytt and blêtsaþ þê, ǽr hê swelte.' ¹¹ðâ cwæð hê tô hire: 'þû wâst, þæt Esau, mîn brôdur,
15 ys rûh, and ic êom smêþe. ¹²gif mîn fæder mê handlaþ and mê gecnǽwð, ic ondrǽde, þæt hê wêne, þæt ic hine wylle beswîcan, and þæt hê wirige mê, næs nâ blêtsige.' ¹³ðâ cwæð sêo môdor tô him: 'sunu mîn, sîg sêo wirignys ofer mê! dô, swâ ic þê secge: far and bring þâ þing, þê ic þê bêad.'
20 ¹⁴Hê fêrde þâ and brôhte and sealde hit hys mêder, and hêo hit gearwode, swâ hêo wiste, þæt his fæder licode. ¹⁵and hêo scrýdde Iâcob mid þâm dêorwurþustan rêafe, þê hêo æt hâm mid hire hæfde, ¹⁶and befêold his handa mid þǽra tyccena fellum, and his swûran, þǽr hê nacod wæs, hêo befêold. ¹⁷and hêo sealde
25 him þone mete, þê hêo sêaþ, and hlâf, and hê brôhte þæt his fæder ¹⁸and cwæð: 'fæder mîn!' hê andswarode and cwæð: 'hwæt eart þû, sunu mîn?' ¹⁹and Iâcob cwæð: 'ic êom Esau, þîn frum- cenneda sunu. ic dyde, swâ þû mê bebude. âris upp and site and et of mînum huntoðe, þæt þû mê blêtsige.' ²⁰eft Isââc cwæð

---

¹isââc *immer* A; *vgl.* VI ²cl. he esau *auf* r. A ⁹—¹⁰huntnode B ¹¹mîn f. B ¹²and erst *mod.* hd. B ‖ nâ] na ne B ²³ham *aus* þam r. A ²⁴hêo befêold f. B. ²⁸-cennedan A ²⁹·¹⁰huntoðe *zu* huntnode *mod.* hd. B

30 tó his suna: 'sunu mìn, hû mihtest þû hit swà hrædlìce findan?'
þâ andswarode hê and cwæđ: 'hit wæs godes willa, þæt mê
hrædlìce ongeàn còm, þæt ic wolde.' ²¹and Îsâàc cwæđ: 'gâ hider
near, þæt ic æthrìne þìn, sunu mîn, and fandige, hwæđer þû sîg
mìn sunu Êsau þê ne sîg.' ²²hê êode tô þâm fæder, and Îsâàc
35 cwæđ, þâ þâ hê hyne gegrâpod hæfde: 'witodlìce sèo stemn ys
Iàcobes stefn, and þâ handa synd Êsauwes handa.' ²³and hê ne
gecnèow hine, for þâm þâ rûwan handa wæron, swilce þæs yldran
bróþur. hê hyne blètsode þâ ²⁴and cwæđ: 'eart þû Êsau, mîn
sunu?' and hê cwæđ: 'ià, lèof, ic hit êom.' ²⁵þâ cwæđ hè: 'bring
40 mê mete of þînum huntođe, þæt ic þè blêtsige.' þâ hê þone mete
bróhte, hê brôhte him êac wîn. þâ hè hæfde gedruncen, ²⁶þâ
cwæđ hê tô him: 'sunu mîn, gang hider and cysse mê.' ²⁷hè
nèaleahte and cyste hine. sòna swâ hê hyne onget, hê blêtsode
hine and cwæđ: 'nû ys mînes suna stenc, swilce þæs landes stenc,
45 þè drihten blètsode. ²⁸sylle þê god of heofenes dèawe and of
eorđan fætnisse and micelnysse hwætes and wînes. ²⁹and þêowion
þè eall folc, and geèadmêdun þè ealle mægđa. bêo þû þìnra bró-
þra hlâford, and sin þìnre môdur suna gebîged beforan þê. sê
þe þê wirige, sî hê âwiriged, and, sê þe þè blêtsige, sî hê mid
50 blêtsunge gefylled.'
³⁰Unèaþe Îsâàc geendode þâs sprèce, đâ Iàcob ût êode, þâ
còm Êsau of huntoþe ³¹and brôhte in gesodenne mete and cwæđ tô
his fæder: 'arîs, fæder mîn, and et of þînes suna huntoþe, þæt þû mê
blêtsige.' ³²đâ cwæđ Îsâàc: 'hwæt eart þû?' hê andwirde and cwæđ:
55 'ic êom Êsau.' ³³þâ âforhtode Îsâàc micelre forhtnisse and wundrode
ungemetlìce swîþe and cwæđ: 'hwæt wæs, sê þe mê ær brôhte
of huntoþe, and ic æt þær of, ær þû còme, and ic hine blêtsode,
and hê byþ geblêtsod?' ³⁴đâ Êsau his fæder sprêca gehìrde, þâ
wearđ hê swîþe sârig and geômormòd and cwæđ: 'fæder mîn, blêtsa
60 êac mê.' ³⁵þâ cwæđ hè: 'þìn brôdor còm fâcenlìce and nam þìne
blêtsunga.' ³⁶and hê cwæđ êac: 'rihte ys hê genemned Iàcob, nû
hê beswâc mè: ær hê ætbræd mê mîne frumcennedan, and nû
òþre sîþe hê forstæl mîne blêtsunga.' eft hê cwæđ tô þâm fæder:
cwist þû, ne hêolde þû mê nâne blêtsunge?' ³⁷đâ andswarode

---

³¹—³²þæt hyt me swa hr. *B* ⁴¹ gedrucen *B* ⁴³hyne onget] him to on
lèat *u. am rande von mod. hd. al.* ongeat *B* ⁴⁴fæstnisse *A*, fæstnysse *B*,
verb. *Thwaites* ⁵²gesodene *B* ⁶⁰brđor *A* ⁶¹nu von einer modernen hand am
rande zu tuwa geändert A

65 Îsââc and cwæð: 'ic gesette hine þê tô hlâforde, and ealle þine
gebrôþru beoð under his þeowdôme; ic sealde him micelnisse
hwǽtes and wînes: hwæt mæg ic leng dôn?' ³⁸ðâ cwæð Êsau
tô him: 'lâ fæder, hæfdest þû git âne blêtsunga? ic bidde þê, þæt
þû mê blêtsige.' ðâ hê swîþe wêop. ³⁹þâ weard Îsââc sârig and
70 cwæð tô him: 'blêtsige þê god on corþan fǽtnysse and of heo-
fenes dêawe.'
⁴¹Sôþlice Êsau âscunode Iâcob for þǽre blêtsunge, þê his
fæder hine blêtsode, and þôhte tô ofslêanne Iâcob, his brôþur.
⁴²ðâ cydde man þæt Rebeccan, heora môder. þâ hêt hêo feccan
75 hire sunu and cwæð tô him: 'Êsau, þîn brôþur. ðê þencþ tô
ofslêanne. ⁴³sunu mîn, hlyste mînra worda: âris and far tô
Labane, mînum brêðer, on Aram ⁴⁴and wuna mid him sume
hwîle, oþ þines brôþur yrre geswîce, ⁴⁵and oþ þæt hê forgite þâ
þing, þê þû him dydest; and ic sende syþþan æfter þê and hâte
80 þê feccan hider: hwî sceal ic bêon bedǽled ǽgðer mînra sunena
on ânum dæge?'

XVII.

SAMSON

aus *Ælfrics Buch der richter (cap. 13--16). hs. zu Oxford.
Laud 509 fol. 111 v (Greins Bibl. der ags. prosa 1, 259).*

XIII ²Ân man wæs eardigende on Israhela þêode Manue ge-
hâten of ðǽre mǽgðe Dan: his wîf wæs untŷmende. and hîg
wunedon bûtan cilde. ³him côm þâ gangende tô godes engel and
cwæð, ðæt hî sceoldon habban sunu him gemǽne: ³ᵃ'sê bið gode
5 hâlig fram his cildhâde, and man ne môt hine efsian oððe be-
scîran; ⁴nê hê ealu ne drince nǽfre oþþe wîn nê nâht fûles ne
ðicge; ⁵ᵇfor þâm þe hê onginð tô âlŷsenne his folc, Israhela þêode,
of Philistêa þêowte.'
²⁴Hêo âcende þâ sunu, swâ swâ hyre sǽde se engel, and
10 hêt hine Samson, and hê swîðe wêoxs, and god hine blêtsode,
²⁵and godes gâst wæs on him. XIV ³and hê weard þâ mihtig on
micelre strengðe, swâ þæt hê gelǽhte âne lêon be wege, þê hine

---

⁶⁹ bletsunge *G* ⁷⁰ fæstnysse *B* ⁷¹ cydde *G* ⁷² erstes op *mit anderer tinte aus
of A* ⁷⁰ hider feccean *B*

XVII ¹⁻⁷ *Thwaites hat v. 4 vor 5a gestellt* ¹¹*I mid über dem ersten
on dieselbe hd.*

XVII. SAMSON.   55

ábítan wolde. ⁶and tóbrǽd hí tó sticcum, swilce hé tótǽre sum
eadelic ticcen. ˣᵛ ⁸hé begann þá tó winnenne wid dá Philisteos
15 and heora fela ofslóh and tó sceame túcode, þéah þe hig an-
weald hæfdon ofer his léode. ⁹dá férdon þá Philistei ford æfter
Samsone ¹⁰·¹¹and héton his léode, þæt hí hine ágeáfon tó hira
anwealde, þæt hig wrecan mihton heora téonræddenne mid tin-
tregum on him. ¹³hig dá hine gebundon mid twám bæstenum
20 rápum and hine gelǽddon tó þám folce. ¹⁴and dá Philistéiscan
þæs fægnodon swíde. urnon him tógeánes calle hlýdende, woldon
hine tintregian for heora téonrǽdene. dá tóbrǽd Samson bégen
his earmas, dæt þá rápas tóburston, þé hé mid gebunden wæs.
¹⁵and hé gelǽhte dá sóna sumes assan cinbán, þé hé dǽr funde,
25 and gefeaht wid hig and ofslóh án þúsend mid þæs assan cinbáne
¹⁶and cwæd tó him sylfum: 'ic ofslóh witodlice án þúsend wera mid
þæs assan cinbáne.' ¹⁸hé weard þá swíde ofþyrst for dám wun-
dorlican slege and bæd þone heofonlican god, þæt hé him ásende
drincan; for þám þe on dǽre neáwiste næs nán wæterscipe. ¹⁹dá
30 arn of þám cimbáne of ánum téd wæter, and Samson þá dranc
and his drihtene þancode.

Nú, gif hwá wundrie, hú hit gewurdan mihte. þæt Samson
se stranga swá ofsléan mihte án þúsend manna mid þæs assan
cimbáne, þonne secge se mann, hú þæt gewurdan mihte, þæt god
35 him sende þá wæter of þæs assan téd. nis þis nán gedwimor né
nán dwollic sagu, ac séo ealde gesetniss ys eall swá trumlic,
swá swá se hǽlend sǽde on his hálgan godspelle, þæt án stæf
ne bid né án strica áwǽged of dǽre ealdan gesetnisse, þæt hí
ne béon gefyllede. gif hwá dises ne gelýfd, hé ys ungeléafulic.
40   ˣᵛᴵᴵ·Efter þisum hé férde tó Philistéa lande in tó ánre
birig on heora anwealde Gaza geháten. ²and hí þæs fægnodon,
besetton þá þæt hús, þé hé inne wunude, woldon hine geniman,
mid þám þe hé út éode on ǽrnemergen, and hine ofsléan. ³hwæt,
dá Samson heora syrwunga undergeat and árás on midre nihte tó
45 middes his féondum and genam dá burhgatu and gebær on his hricge
mid þám postum, swá swá hí belocene wǽron, úp tó ánre dúne tó
ufeweardum þám cnolle and éode him swá orsorh of heora gesihþum.

⁴Hine beswác swá þeah siddan án wíf Dalila geháten of
þám hǽdenan folce, swá þæt hé hire sǽde þurh hire swicdóm

---
³⁹ he *auf* r.

50 bepæht, on hwâm his strengđ wæs and his wundorlîce miht. ⁵đâ
hæđenan Philistei behêton hire sceattas, wiđ þâm þe hêo beswice
Samson þone strangan. ⁶đâ âhsode hêo hine georne mid hire
ôlæcunge, on hwâm his miht wære. ⁷and hê hire andwirde: 'gif
ic bêo gebunden mid seofon râpum of sinum geworhte, sôna ic
55 bêo gewyld.' ⁸đæt swicole wîf þâ begeat þâ seofon râpas. and hê
þurh syrwunge swâ weard gebunden. ⁹and him mann cydde, þæt
þær cômon his fînd: þâ tôbræc hê sôna þâ râpas. swâ swâ hefel-
þrædas, and þæt wîf nyste, on hwâm his miht wæs. ¹¹hê weard
eft gebunden mid eallnîwum râpum, ¹²and hê þâ tôbræc, swâ swâ
60 þâ ôđre. ¹⁶hêo beswâc hine swâ þeah, ¹⁷þæt hê hire sæde æt
nêxtan: 'ic êom gode gehâlgod fram mînum cildhâde, and ic næs
næfre geefsod nê næfre bescoren, and, gif ic bêo bescoren, þonne
bêo ic unmihtig ôđrum mannum gelîc.' ¹⁸and hêo lêt þâ swâ.
¹⁹Hêo þâ on sumum dæge, þâ þâ hê on slæpe læg, forcearf
65 his seofan loccas ²⁰and âwrehte hine sidþan: đâ wæs hê swâ un-
mihtig. swâ swâ ôđre men. ²¹and þâ Philistei gefêngon hine sôna,
swâ swâ hêo hine belæwde, and gelæddon hine aweg, and hêo
hæfde đone sceatt. swâ swâ him geweard. hî þâ hine âblendon
and gebundenne læddon on heardum racetêagum hâm tô heora
70 birig and on cwearterne belucon tô langre firste. hêton hine
grindan æt hira handcwyrne. ²²đâ wêoxon his loccas and his
miht eft on him. ²³and þâ Philistei full blîđe wæron, þancodon
heora gode Dagon gehâten, swilce hîg þurh his fultum heora
fêond gewildon. ²⁵đâ Philistei þâ micele fyrme geworhton and
75 gesamnodon hî on sumre ùpflôra, ealle þâ hêafodmen and êac swilce
wimmen, þrêo þûsend manna, on micelre blisse; and, þâ þâ hîg
blîdust wæron, þâ bædon hîg sume, þæt Samson môste him macian
sum gamen, and hine man sôna gefette mid swîđlicre wâfunge,
and hêton hine standan betwux twâm stænenum swerum: ²⁶on
80 đâm twâm swerum stôd þæt hûs eall geworht. ²⁷and Samson đâ
plegode swîđe him ætforan ²⁹and gelæhte þâ sweras mid swîđ-
licre mihte ³⁰and slôh hî tôgædere. þæt hî sôna tôburston; and
þæt hûs þâ âfêoll eall þæt folc tô dêađe and Samson forđ mid, swâ
þæt hê micele mâ on his dêađe âcwealde, đonne hê ær cucu dyde.

⁵¹hira, *verb.* G ⁵⁶cyđđe G ⁶³fetian Philistêa ealdras *ergänzt nach*
swâ G ⁶⁵awrehte *zu* awehte *moderne hd.* ⁷¹*vor* heton *rasur*

XVIII.
AUS DER SPÄTEREN SACHSENCHRONIK
zum jahre 1137 (Laud 636 fol. 89 a).
ausgabe von B. Thorpe I 382, Earle 261 f.

MCXXXVII. Đis gære for þe k. Steph. ofer sæ to Normandi and ther wes underfangen, for þi đ hi unenden, đ he sculde ben alsuic, alse the eom wes, and for he hadde get his tresor, ac he todeld it and scatered sotlice. micel hadde Henri k. gadered gold and
5 syluer, and na god ne dide me for his saule thar of. þa þe king S. to Englal. com, þa macod he his gadering æt Oxeneford. and þar he nam þe b. Roger of Sereberi and Alex. b. of Lincol and te canceler Roger, hise neues, and dide ælle in prisun, til hi iafen up here castles. þa the suikes undergæton, đ he milde man was
10 and softe and god and na iustise ne dide, þa diden hi alle wunder. hi hadden him manred maked and athes suoren, ac hi nan treuthe ne heolden: alle he wæron forsworen and here treothes forloren; for æuric riceman his castles makede and agænes him heolden and fylden þe land ful of castles. hi suencten suyđe þe
15 uureccemen of þe land mid castelweorces. þa þe castles uuaren maked, þa fylden hi mid deoules and yuele men. þa namen hi þa men, þe hi wenden, đ ani god hefden, bathe be nihtes and be dæies, carlmen and wimmen, and diden heom in prisun and pined heom efter gold and syluer untellendlice pining; for ne unæren næure
20 nan martyrs swa pined, alse hi wæron. me henged up bi the fet and smoked heom mid ful smoke. me henged bi the þumbes other bi the hefed and hengen bryniges on her fet. me dide cnotted strenges abuton here hæued and uurythen it, đ it gæde to þe hærnes. hi diden heom in quarterne. þar nadres and snakes and
25 pades wæron inne, and drapen heom swa. sume hi diden in crucethus, đ is, in an ceste, þat was scort and nareu and undep, and dide scærpe stanes þer inne and þrengde þe man þær inne, đ him bræcon alle þe limes. in mani of þe castles wæron Lof and Grim; đ wæron rachenteges. đ twa oþer thre men hadden onoh to bæron

XVIII ¹(k.) ⁵(þe) ¹⁰dide(n) ¹¹*1—2 buchst. r. h.* maked ¹² he] hi *Thorpe* ¹⁷hefde(n) *(a. hd ?)* ¹⁸(in prisun) ¹⁹c. g. a. s. *vor* and pined heom, *doch ist die richtige stellung durch verweisungszeichen angedeutet* ²⁰æ *in* wæron *auf r.* ²¹ful: || *abkürz. für* and *vor other r.* ²²(her) ²⁴(h)ærnes ²⁸Lof] lad? *Thorpe, loc?* Morris || Grim] grī *hs.*, grin *Morris*

30 onne. þat was sua maced, ð is, fæstned to an beom, and diden an
scærp iren abuton þa mannes þrote and his hals, ð he ne myhte
nowiderwardes ne sitten ne lien ne slepen, oc bæron al ð iren.
mani þusen hi drapen mid hungær. i ne can ne i ne mai tellen
alle þe wunder ne alle þe pines. ð hi diden wreccemen on þis land,
35 and ð lastede þa .XIX. wintre, wile Stephne was king, and æure
it was uuerse and uuerse. hi læiden gæildes on the tunes æureum-
wile and clepeden it tenserie. þa þe uureccemen ne hadden nammore
to gyuen, þa ræueden hi and brendon alle the tunes, ð wel þu
myhtes faren al a dæis fare, seuldest thu neure finden man in
40 tune sittende ne land tiled. þa was corn dære and flec and cæse
and butere; for nan ne wæs o þe land. wreccemen sturuen of
hungær, sume ieden on ælmes, þe waren sum wile ricemen, sume
flugen ut of lande. wes nænre gæt mare wreccehed on land, ne
næure hethenmen werse ne diden, þan hi diden.

XIX.
POEMA MORALE.

*aus Egerton Ms. 613 (von der grenze des 12./13. jhds.) fol. 64 (= e)
hier zum ersten mal vollständig gedruckt. vgl. D (= Digby Ms. A 4)
in Anglia I 5 und III 32, E (= Egerton Ms. 613 fol. 7) in Furni-
valls Early English Poems (1862) s. 22 und in Morris' Old English
Homilies I 288 und 175, J (= Jesus College, Oxford, Ms.) in Morris'
Old English Miscellany s. 58, L (= Lambeth Ms. 487) in Morris'
Old E. Hom. I 159, T (= Trinity College, Cambridge, Ms.) in Morris'
Old E. Hom. II 220. einen versuch den text des gedichtes kritisch her-
zustellen hat H. Lewin in Halle 1881 veröffentlicht. ich ziehe andere hand-
schriften nur zur ergänzung und dann herbei, wenn e unverständlich oder
fehlerhaft ist: ich benutze dann vorzugsweise das nächstverwante E.*

Ich am elder þen ich wes. á wintre and alore.
Ic walde more þanne ic dude. mi wit ah to ben more.
Wel lange ic habbe child ibeon. á weorde end ech adede.
Þeh ic beo awintre cald. tu 3yng i com á rede.
5 Vn nut lif ic habb iláed. end 3yet me þined ic léde.
Þanne ic me bi þenche. wel sore ic me adréde.
Mest al þat ic habbe ydon. ys idelnesse and chilce.
Wel late ic habbe me bi poht. bute me god do milce.

---
³¹ (ne) ³⁶ o(n) ³⁷ nāmore ⁴³ wre(c)eched
XIX 3 *cursive buchstaben bezeichnen aufgelöste abkürzungen*

XIX. POEMA MORALE.

    Fele ydele word ic habbe íqueden. sydden ic speke cuþe.
10 And fale ʒunge dede ídó. þe me óf þinchet nuþe.
    Al to lome ic habbe ágult. a weorche end ec a worde.
    Al to muchel ic habbe íspend. to litel yleid an horde.
    Mest al þet me licede ǽr. nu hit me mis lichet.
    Þe mychel folʒeþ his ywil. him sulfne he bi swiked.
15 Ich mihte habbe bet idon. hadde ic þo y selþe.
    Nu íc wolde ac ic ne mei. for elde ne for unhélþe.
    Ylde me is bi stolen on. ǽr ic hít á-wyste.
    Ne mihte ic í seon be fore mé. for sméche ne for míste.
    Ærwe wé beoþ to done god. end to yfele al to þriste.
20 more æie stent man óf manne. þanne hym dó of criste.
    Þe wél ne deþ þc hwile he mei. wél óft hit hym scǽl ruwen.
    þænne hy mowen sculen end ripen. þer hi ær seowen.
    Don ec to gode wet ʒe muʒe. þa hwile ʒe bud alífe.
    ne hopie no man to muchel to childe ne to wife.
25 Þe hím selue for ʒut for wife. oder for childe.
    hé sceal cume án uuele stede bute him god beo milde.
    Send æch sum gód bi foren him. þe hwile he mei to heuene.
    betere is án elmesse bi fore. þenne beon éfter seouene.
    Ne beo þe leoure þene þe sulf. þi mæi ne di maʒe.
30 sót is de is odres mannes freond. betere þene his aʒe.
    Ne hopie wíf to hire were. ne wer to his wife.
    beo for him sulue æurich man. þe hwile hé beo alíue.
    Wís is þe hím sulfne bi þened. þe hwile he móte libbe.
    for sone wulled hine for ʒite de fremde end þe sibbe.
35 Þe wél ne ded þe hwile hé mei. ne sceal bé hwenne he wolde.
    manies mannes sare jswinch. habbed óft un holde.
    Ne scolde nanman don áfurst. ne slawen wel to done.
    for maniman bi hated wél. þe hit for ʒitet sone.
    Þe man de siker wule beon to habbe godes blisse.
40 do wel him sulf þe hwile he mei. den hauedͥ hĕ míd iwisse.

Þes riche men wened beo siker. þurh walle end þurch díche.
    he ded his á sikere stede. þé sent to heueneriche.

---

14 k in swiked aus þ 15 (ic) 16þ in unhelþe aus e. a? 19 end (to) erst nachträglich 23 und in dem fg. die anfangsbuchstaben der vorgerückten verse vom ru(bricator) 23 wét ru. 25 oder auf r. 28 is,án 35 sceal (hé) 40 es ist nicht ganz sicher, dass, was über dem e des letzten he steht, zwei acute sind 41 wéned ru.

22 þer] þer þe E, þet die übr. 23 Don E, Dod J, Do die übrig. ǁ ec E, ech D, al T, he L, f. J ǁ ʒe] he L T, hi D beidemal 40 hĕ] he hit DEJ, he his L, hes T 42 his eitte E ǁ þe hi send E

For der ne dierf beon óf dréd. óf fure ne óf þeoue.
þer ne meí hí bi níme. ðe laðe ne ðe leone.
45 Par ne þærf hé habbe kare óf wyfe ne óf childe.
þuder we sendet end sulf bered. to lite end to sélde.
Þider wé scolden draʒan end don. wél oft end wel ʒelome.
For þer ne sceal me us naht bi níme. mid wrancwíse dome.
Þider wé scolden ʒcorne draʒen. wolde ʒe me ileue.
50 for dere ne mei hit bi nímen eow þe king ne se íreue.
Þet betste þet wé hedde. þuder wé scolde sende.
for þer we hit mihte finde éft. end habbe bute ende.
He de hér ded eni gód. for habbe godes are.
eal be hít sceal finde der. end hundred fealde mare.
55 Þe de ehte wile bealden wél. þe hwile he mei his wealden.
Ʒiue his for godes luue. þenne ded hé his wél ihealden.
Vre íswinch end ure tilðe. is óft iwuned to swinden.
ac det wé dod for godes luue. éft wé hit sculen á finden.
Ne sceal nan nuel beon un bóht. ne nan gód un for ʒolde.
60 nuel we dod eal to michel. end gód lesse þenne we scolde.
Þe de mest ded nu to gode. end de þe lést to laðe.
æider to litel end to michel sceal dinche eft him bade.
Þer me sceal ure weorkes weʒen. be foren hene kinge.
end ʒieuen us ure swinches líen æfter ure earninge.
65 Eure élc man mid þan ðe haued mei bigge heueriche.
þe de mare hefd end de þe lesse. bade mei iliche.
Eal se mid his penie. se de oðer mid his punde.
þet his d wunderlukeste ware. de æniman æure funde.
And þe de mare ne mei dón. mid hís god i þanke.
70 eal se wel se de haued goldes feale marke.
And óft god kan mare þanc dan de him ʒinet lesse.
eal hís weorkes end hís weies ís milce end rihtwisnesse.
Lite lác is gode leof. de cumed óf gode iwille.
end edlete muchel ʒiue denne de heorte is ille.
75 Heuene end corde he ouc sihd. his éʒen beod swo brihte.
Sunne. mone. dei. end fur. bid þustre to ʒeanes his lihte.
Nis him naht for hole. ni húd. swa michel bid his mihte.
nis hit na swá durne idón. né aswa þustre nihte.
Hé wát hwet ded. end denchet. ealle quike wihte.
80 nis na hlauord swile se ís crist. na king swilch ure drihte.

---

44 þ in þer ru. ‖ meí,hí 51 erstes wé auf r. 52 f in for ru.
54 hundred,fealde 71 (god) 75 oue: 78 dur(n)e 79 (hwet)

43 þarf he E 44 hi] it hym E 45 of ʒefe ne of ʒelde die übr. ausser
E 67 Eal se] He alse E, Al suo on DT, Þe poure J 70 manke die
übr. 75 ouer die übr. 79 wet þenked and hwet dod die übr. ausser E

XIX. POEMA MORALE.

Heouene *end* eorde. *end* eal þet is. biloken in his hande.
he ded eal þet his wille ís. á wétere and á lande.
He makede fisces in de sé. *end* fujeles in de lufte.
he wít *end* wealded ealle ding. *end* hé scop ealle 3e sceafte.
85 He is ord abuten orde. *end* ende abuten ende.
hé ane is æure enelche stede. wende þer þu wende.
He is buuen us *end* bi neoden. bi foren *end* bi hinde.
þe de godes wille ded. eider he mei hím finde.
Elche rune hé ihurd. *end* he wat ealle dede.
90 he durh sihd ealches mannes danc. whet sceal us to rede.
Wéde breked godes hése. *end* gultet swa ilome.
hwet scule wé seggen oder don. æt de muchele dome.
Þa da luueden unriht. *end* unel líf ledde.
hwet scule hí segge oder dón. der engles beod of dredde.
95 Hwet scule wé béren bi foren. mid hwan scule we cweman.
wé þe næure god ne duden. þe heuenliche démen.
Þer scule beon deofles swa uele. de wulled us for wrejen.
nabbed hí naþing for jyte. óf eal þet hí isejen.
Eal þet wé mís dude hér. hit wulled eude þære.
100 buten wé habbe hit íbét. de hwile wé her wére.
Eal hi habbet an heore íwrite. þet wé mis dude here.
þeh wé hi nuste ne ni sejen. hi wéren ure íuere.
Hwet sculen horlinges dó. þe swíkene þe for sworene.
wí swa fele beod icluped. swa fewe beod ícorene.
105 Wi hwi were hí bi jíte. to hwan were hí íborene.
þe scule beon to diede ídemd. *end* eure ma for lorene.
Elch man sceal him der bi clupien. *end* ech sceal him demen.
his aje weore *end* his idanc. to witnesse he sceal temen.
Ne mei him naman eal swa wel demen ne swa ribte.
110 for nán ni cnawad him swa wel bute ane drihte.
Ele man wát him sulf bétst. his weorch *end* his íwille.
hé de lest wát he seid ófte mest. dé dé hit wát eal. is stille.
Nís nan witnesse eal se muchel. se mannes aje heorte.
hwá se segge þet hé beo hál. him sélf wát betst bís smeorte.
115 Ele man sceal him sulf demen. to diede. oder to líue.
þe witnesse óf hís weorc. to oder dis. him sceal driue.
Eal det eure ele man hafd idó. sudde he com to manne.
swile hít si abóc jwriten. he sceal idenche denne.
Ac drihte ne demd nanne man. æfter his bi gínninge.
120 ac al his líf sceal beo swich. se bud hís endinge.

---

120 (beo)
81 biloken is *die übr.* *ausser* E 88 eider] aihwar *DJLT*
103 swikele *E*

XIX. POEMA MORALE.

Ac ʒif þe ende is nuel. eal hit is nuel. *end gód ʒif gód is þenne.*
gód ʒƴue þet ure ende beo gód. *end wit þet he us lenne.*
Þe man þe nele dó na gód. ne neure gód lif læden.
ær died end dom cume. æt his dure. he mei sare á dreden.
125 Þet he ne muʒe denne bidde áre for hit itit ilome.
di he is wis de beot end beat. *end bit be foren dome.*
Þenne dead is æt his dure. wel late he bidded are.
wel late he leted uuel weore. þe hit ne mei don na mare.
(Sunn)e l(et) þ(e end) þ(u naht) hi þanne þ(n)s ne miht d(on na ma)re.
130 for þi h(e is s)o(t) þe swa abit to habbe go(de)s (a)re.
Þeh wheder we hit ileued wel. for drihte sulf hit sede.
a whilche time se eure de man óf dinchet his mis dede.
Oder later oder rade milce he sceal imeten.
ac de þe nafd naht ibet. wel muchel he sceal beten.
135 Maniman seid. hwá reeþ óf pine. de sceal habbe ende.
ne bidde na bet beo i lusd. a domes dei of bende.
Lutel wát he hwet is pine. *end litel he icnawed.*
hwile hete is der saule wuned. hu biter winde þer blawed.
Hedde he ibeon der anne dei. oder twa bare tide.
140 nolde he for al middan eard. de dridde þere abide.
Þet habbet ised þe come danne. þet wiste mid iwisse.
uuel is pinie seoue ʒer. for seouenihtes blisse.
End ure blisse þe ende hafd. for endeliese pine.
betere is wori weter i drunke. þene atter i meng mid wine.
145 Swunes brede is swude swete. swa is óf wilde deore.
ac al to dure he hí biʒd. de ʒifd þer fore is sweore.
Ful wambe mei lihtliche speken. óf hunger *end* festen.
swa mei óf pine þe naht nát. hú pine sceal alesten.
Hedde his á fanded sume stunde. he wolde eal segge oder.
150 edlete him were wif *end* child. suster. *end* feder *end* broder.

---

121 Ac aus Cc 122 wit: || et *in* þet *auf r.* 127 Þen(ne) 128 n *in don und* na *auf r.* 129—30 *nachträglich unten am rande von derselben hd., dann aber ausradiert: was nicht mehr mit einiger sicherheit zu erkennen ist, habe ich in klammern gesetzt* 132 (time) 137 of *aus* af

121 þenne] þe ende *T*, se ende *D*, ende die *übr.* 122 wite *DEL*, ʒieue *T, f. J* || lende *die übr.* 126 de b. a. b.] þe bit and beʒit *ET*, þe biet and bit *L*, þet bit and bete *(zu* bote *gebessert) D*, þat bit ore *J* 136 bidde (recche *D*) ic *die übr.* 141 *zweites* þet] þit *ET*, þa hit *L*. þet hit *D*, heo hit *J* 144 imeng *mit einem haken am g E*, imaingd *D*, imengd *T*, meind *L*, meynd *J*   *nach* 150 *fehlen 2 verse. die in E lauten:* Al he wolde oþerluker don and oþerluker þenchæ ; ʒanne he bi þouhte on helle fur þe nowiht ne mai aquenche

XIX POEMA MORALE.

Eure he wolde ínne wá her. end ínne wawe wunien.
wid dan þe mihte helle pínc bi fleon end bi scunien.
Edlete him wére eal woruld wéle. end eal eordliche blisse.
for to de muchele murcde cume. dis murhde mid iwisse.
155 Ich wulle nu cumen éft to de dome. þe ich eow óf sede.
on þe deíe end ǽt þe dome. us helpe crist end rede.
Þer we maʒen beon ede óf dredde. end herde us ádrede.
þer elch sceal seon him bi foren. his word end ec his dede.
Eal sceal beon der denne cud. þet man luʒen hér end stelen.
160 eal sceal beon der un wriʒen. þet men wriʒen her end helen.
We sculen ealre manne líf íenawe. eal swa ure aʒen.
der sculen euenínges beon þe heʒe end laʒen.
Ne sceal þeh nau scamian der. ne dearf he him adrede.
ʒif him her óf pined his gult. end bet his mis dede.
165 For heom ne scamet ne gramet. de scule beon iboreʒe.
ac þe odre habbet scame end grame end oder fele sorʒe.
Þe dom sceal sone beon ídon. ni lest he nawiht lange.
ne sceal him namme mene der óf strencde ne óf wrange.
Þa sculen habbe herdne dóm. þe here were hearde.
170 þe uucle heolde wrecche men. end uucle laʒhe arerde.
End éfter þet hé hauet í don. scal der beon í demed.
blide mei hé denne beon. þe god háfd wel ícwemed.
Eælle da þe isprungen beod óf adam end óf eue.
ealle hi sculen duder cume. for sode wé hit ileue.
175 Þa de habbed wel ídon. éfter heore mihte.
to heuenriche scule faren ford mid ure drihte.
Þá de nabbed god idón. end der inne beod ífunde.
hi sculen falle swíde rade in to helle grunde.
Þer hí wunie sculen á end huten ende.
180 ne brecd neure éft crist helle dure. for lése hí óf bende.
Nis na sellich deh heom beo wá. end heom beo un íede.
sceal neure crist dolie died. íor lese heom óf diede.
Enes drihte helle bréc. his frund hé ut brohte.
him sulf he þolede died for heom. wel deore he us bohte.
185 Nolde hit maʒhe do for mei. ne suster for broder.
nolde hit sune do for feder. ne naman for oder.
Vre ealre hlauerd for his dreles. ipíned wés árode.
ure bendes hé un band. end bohte us mid his blode.

---

181 N in Nis schwarz 183 E undeutlich 184 h im 1. he aus þ?
154 wawe] wane T. wene L, wope D. pine E. godnesse J 154 dis] þet is DEJ, is L 159 men die übr. ausser E 168 non D, uan man die übr. 171 Ac E, Ec L. Ech D. Elch T (der vers f. J) 177 Þo þe nabbed god E, Þa þe habbed doules were L in wesentlicher übereinstimmung mit den übr.

Wé ȝiued un ǽte fo his luue. asticche óf vre briede
190 ne denche we naht þet he sceal deme quike end diede.
Muchele luue he us cudde. Wolde we þet under stande.
þet ure ældrene mis dnde. wé habbet uuel en hande.
Died com on þis middel eard. durh þe ealde deofles ande.
end sunne. end sorȝe. end iswinch. á wétere end alande.
195 Vres formes federes gult. we abigget alle.
cal his óf spring efter him. en hearme is bifealle.
Þurst. end hunger chule. end héte. eche. end cal un helde.
durh died com in dis midden eard. end oder un iselde.
Nere man elles died. ne síc. ne nan un sele.
200 ac mihten libben æure ma. ablisse end on héle.
Lutel idened maniman. hu muchel wés þe sunne.
for hwán calle dolied died. þe comen óf þe cunne.
Heore sunne end ure aȝen. sare us mei óf dinche.
for sunne wé libbed alle hér. ásorȝen end aswinche.
205 Sidde god nam sá michele wrécche for ane mis dede.
we þe swa muchel end óft mis dod. muȝen us eade á drede.
Adam end his óf spring. for ane bare sunne.
wés fele hundred wintre. an helle pine. end á unwunne.
End þa de leded heore líf. mid un riht end wrange.
210 buten hit godes milce do scule beo der wel lange.

Godes wisdom ís wel muchel. end cal swa is his mihte.
end nis his milce nawhiht lesse. ac bi des ilke wihte.
Mare he ane mei for ȝiuen. denne cal folc gulte cunne.
deofel mihte habbe milce. ȝif hé hit bigunne.
215 Þe de godes milce séched. jwis he mei hís finde.
ac helle king ís are lies. wid da þe he mei binde.
Þe de ded hís wille mest (he) haued (wurst) m(ede.)
his bǽd sccal beo weallende pich. his béd. burnende glede.
Wurse hé ded his gode wines. þenne his fulle feonde.
220 god sculde calle godes frund. á wid swiche freonde.
Neure an helle ic ne com. ne cume ic der ne recche.
deh ich æches woruld wéle. der inne mihte fecche.
Þeh ich wulle seggen eow. þet wíse men us sede.
end aboke hí hit write. þer me mei hit rede.
225 Ich hit wulle segge þam. þe him sulf hit nusten.
end warnie heom wid heora unfreme. ȝif hi me wulle hlusten.

---

205 wrécche *mit punct unter dem zweiten* c 206 (þe) 217 *von* ds.
hd. *am rande nachgetragen: das eingeklammerte ist beim einbinden weggeschnitten worden* 224 (me)
189 for *die übr.* (f. J.) 222 elches wurldes *ELT*, al þes worldes *J*, alle werlde *D*

Under standeð nu to me. ȝedi men end earme.
ich wule telle of helle pine . end warnie eow wið hearme.
On helle is hunger end durst. uuele twa ifere.
230 þas pine dolied þa þe were mete nidinges here.
Þer is wanunge end wop. efter eche strete.
hi fared fram hete to chele. fram chele to hete.
Þenne hi beoð in de hete. þe cheleched blisse.
þenne hi cumeð eft to chele. of hete hi habbed misse.
235 Eider heom died wa inoh. nabbet hy nane lisse.
nuten wheðer him ded wurs mid nane jwisse.
Hi walked eure end seched reste. ac hi ne muȝen imete.
for þi di nolden hwile hi mihten heore sunne bete.
Hi seched reste der nan nis. þi ne muȝen hi finde.
240 ac walked weri up end dun. se weter ded mid winde.
Þis beoð þa de were her. a danke unstede feste.
end to gode be heten aht. end nolde hit ileste.
Þa þe god weore bi gunne. end ful endien hit nolde.
nu weren her. end nude der. end nuste hwet hi wolde.
245 Þere is pich de eure weald. þer scule badie inne.
þa þe ledde uuel lif. in feoht end in iginne.
Þer is fur de is hundred fealde hattre den ure.
ne mei hit cwenche salt weter. nauene striem ne sture.
Þis is þet fur de cure burnd. ne mei hit nawhit cwenche.
250 her inne beoð þe wes to leof. wrecche men to swenche.
Þa de were swichele men. end ful of uuele wrenche.
þa de ne mihte uuel don. end leof wes to denche.
Þe luuede reauing end stale. hordom end drunke.
end a. on des deofles weorc. blideliche swunche.
255 Þa de were swa lease. þet me hi ne mihte ileue.
med ȝeorne domes men. end wrancwise ireue.
Þe odres mannes wif wes lief. his aȝen edlete.
þe de suneȝude muchel adrunken end en ete.
Þe wrecche be nam his ehte. end leide hes en horde.
260 þe lute let of godes bi bode. end of godes worde.
End te his aȝen nolde ȝiuen. þer he iseh þe neode.
ne nolde ihuren godes sande. þer he sette his beode.
Þa de wes odres mannes ding. leoure þenne hit scolde.
end weren eal to gredi of seoluer end of golde.

---

232 (hete) 235 : lisse 250 crestes e in wrecche aus e. a. 257 (wif)

233 chele dinchet *E*, chele him þunchet *die übr.* 238 di] þe ho *L*, hi *die übr.* 262 sette *Ee*] set at *DJT (L weicht ab)*

Zupitza Alt- und mittelengl. übungsb. 4. aufl. 5

265 End þa de untruwnesse dude þam de hí ahte beon holde.
   end leten det hí scólden don. end dude þet hi wolde.
   Þa de witteres óf dis woruldes chte.
   end dude þet te lade gast heom tihte end to tehte.
   End ealle þa den eni wíse deoflen hér iquemde.
270 þa beod nu mid him an helle fordon end fordemde.
   Bute þá þe óf dufte sare heore mis dede.
   end gunne heore gultes beten end betere líf læde.
   Þer beod neddren end snaken. éucte end frute.
   þa tered. end freted. þe uuele speke. þe nid fulle. end te prute.
275 Neure sunne der ne scínd. ne mone ne steorre.
   þer is muchel godes hate end muchel godes eorre.
   Eure der ís uuel sméch. dusternesse end eie.
   nis der neure oder libt. deue þe swierte leie.
   Þer ligget ladliche fund. in strange raketeȝe.
280 þet beod þa de wére mid gode on heuene wel heȝe.
   Þer beod ateliche fund. end eisliche wihte.
   þas scule þa wrecche í fon. þe suneȝede durh sihte.
   Þer is de lade sathanas. end belzebud sé ealde.
   eade hi muȝen beo óf dréd. þe hine scule bi healde.
285 Ne mei nan heorte hit ídenche. ne tunge ne can telle.
   hu muchel píne na hu uele sunden ínne helle.
   Wid þa pine de þer beod. nelle ich eow naht leoȝen.
   nis hit bute gamen end gléo. eal þet man mei hér dreuȝen.
   End ȝut ne ded heom naht sa wá. ín da lade bende.
290 þet hi wited þet heore pine sceal neure habbe ende.
   Þar beod þa hedene men. þé wǽre laȝe liese.
   þe nes naht óf godes bi bode. ne óf godes hése.
   Uuele cristene men. hí beod heore ifere.
   þa de heore cristen dom. uuele heolde hére.
295 ȝut hí beod á wurse stede. on dere helle grunde.
   ne sculen bí neure cumen út. for marke ne for punde.
   Ne mei heom nader helpen þer. íbede ne elmesse.
   for nis nader inne helle. áre ne for ȝiuenesse.
   Sculde him éch man de hwile hé muȝe óf das helle píne.
300 end werni ech hís freond þer wid swa ich habbe mine.
   Þá de sculden heom ne cunne. ich heom wulle teche.
   ich kan beon ȝief ich sceal. lichame end sawle leche.

---

265 untruw(n)esse 268 (te) 269 (hér) 276 : eorre 283 is ::
290 : ende 294 heo(l)de 295 : á

267 ȝysceres weren *E* 282 ison *E*, iseon *DJ*, isien *T* (*L schliesst mit 270*) 290 Bute þat *E*, Swo þet *DT*, Ase þat *J*

Léte wé þet god for but. ealle manne cunne.
end do wé þet hé us hét. end sculde we ús wid sunne.
305 Luuie we god mid ure heorte. end mid al ure mihte.
end ure émcristen eal us sulf. swa us lerde drihte.
Eal þet me rét end eal þet me singd. bi fore godes borde.
Eeal hít hanget end bi halt. bi disse twam worde.
alle godes laȝe he fuld. ᵭe níwe end da ealde.
310 þe de das twá luue háfd. end wel hí wule healde.
Ac hí beod wunder earned healde. swá ófte gulted ealle.
Fór hít ís strang to stande lange. end líht is to fealle.
Aac drihte crist hé ȝíue us strengde. stande þet wé mote.
end óf ealle ure gultes unne us cume to bote.

315 Wé wilnied éfter woruld wéle. de lange ne mei leste.
end legged eal ure iswinch. ón dinȝe unstede feste.
Swunche wé for godes luue. healf þet wé dod for æhte.
ne béo wé naht swá óf bicherd. ne sa uuele bi kehte.
ȝif wé serueden gode swa wé dod erminges.
320 mare wé hedden en héuene. denne eorles hér end kinges.
Né muȝen hí werien heom wid chele. wid þurste ne wid hunger.
ne wid ulde. ne wid deade. þe uldre ne de ȝeonger.
Ac der nis hunger ne durst. ne died. ne unhelde ne elde.
of þisse riche wé denched ófte. end of þere to selde.
325 Wé scolden ealle us bidenche ófte. end wél ilome.
hwét wé beod to whán wé scule. end óf hwán wé come.
Hú litle hwile wé beod hér. hú lange elles hwáre.
hwét wé muȝe habben hér. end hwét finde þere.
ȝief wé were wise men. dis wé scolde denche.
330 bute wé wurde us íwer. deos woruld wule us for drenche.
Mest ealle men he ȝiued drinche. óf ane deofles scenche.
hé sceal him cunne sculde wél. ȝif hé hine nele screnche.

Mid ealmihtiȝes godes luue. ute wé us bi werien.
wid dises wrecches woreldes luue. þet hé maȝe us derien.
335 Mid festen ælmes end ibede. werie wé us wid sunne.
Mid da wepne de god haued. bi ȝiten man cunne.
Léte wé þe brade strét. end dene wei bene.
þe let þet niȝede dél to helle of manne. end ma ich wéne.

308.9 der ru. hat E *falsch gesetzt* 309 n *in* niwe *aus* r 314 (unne)
316 unste(de) 317 d *in* dod ː. *t. durch wurmstich weg* 336 M *in* Mid *schwarz*

306 eal] *alse* ET, *as* J, *swo* D 318 Ne were E, Nere *die übr.*
334 he ne E

Gá wé ðene nærewne wei. *end* ðene wei grene.
340 ðer forð fared litel folc. ac hit is feir *end* scéne.
Pé brade strét is ure íwill. ðe ís us lað to forlǽte.
þa ðe eal folȝeð hís íwill. fared bi dusse stréte.
Hí muȝen lihtliche gán mid ðere under hulde.
durh ane godlíese wude into ane bare felde.
345 Pe nærewei ís godes hése. ðer forð fared wél fiewe.
þet beoð ða ðe heom sculdeð ȝeorne wið ǽche un ðeawe.
(P)as gað unieðe ȝeanes ðe clíue. aȝean þe heaȝe hulle.
das leted eal heore aȝen will. for godes hése to fulle.
(G)a wé alle þene wei. for he us wule bringe.
350 mid te feawe feire men. be foren heuen kinge.
Per is ealre murhðe mest. mid englene sange.
ðe ís a þusend wintre ðer. ne ðined him naht to lange.
Pe ðe lest haued. hafð swa michel þet hé ne bit namare.
þe ða blisse for ðas for lét hít him mei reowe sare.
355 Ne mei nan uuel ne na wane beon inne godes riche.
deh þer beoð wununges fele. æch oðer uniliche.
Sume ðer habbeð lesse murhðe. *end* sume habbeð mare.
æfter ðan þe dude her. efter ðan þet he swane sare.
Ne sceal ðer beon ne bried ne wín. ne oðer cunnes éste.
360 god ane sceal beo eche líf. *end* blisse. *end* éche reste.
Né sceal ðer beo fah ne grǽi. ne kuning ne ermíne.
ne aquierne. ne martres cheole. ne beuer né sabelíne.
Ne sceal ðer beo sciet ne scrud. ne woruld wele nane.
eal þe murhðe þe me us bi hat. al hít sceal beo god ane.
365 Ne mei na murhðe. beo swa muchel. se is godes sihte.
(H)e ís soð sunne *end* briht. *end* dei á buten nihte.
(H)e is ælches godes ful. nis him na wið uten.
na god nis him wane þe wunied him abuten.
Per is wéle ábute gane. *end* reste abuten swinche.
370 þe mei *end* nele ðider cume. sare hit him sceal óf dinche.

---

344 u *in* wude *loch* ‖ (iuto) 346.8 *die eingeklammerten buchstaben verlöscht* 361 (er)míne 366.7 *wie* 346.8

343 nuðer helde *E* 345 narewei *E*, narewe wei (wey *J*, pað *T*) *die übr*. 358 Ech efter *DJT* (Ech *f. auch E)* ‖ hi dude *E*, he d. *DJT*

schluss aus E:

Per is blisse a buten treȝe . *and* lif a buten deaþe
þe eure scullen wunien þer. bliþe muwen ben eþe
Per is ȝeoȝeðe bute ulde. *and* hele a buten vn helde
nis þer so(re)we ne sor. ne neure nan vn sealþe
375 Per me scal drihte sulf i seon. swa he is mid iwisse
he one mai *and* scal al beo. engle *and* manne blisse

And ðeh ne beod heore eʒe naht. alle iliche brihte
di nabbed hi nouht iliche. alle of godes lihte
On þisse (liue) hi neren nout. alle of one mihte
380 ne þer ne scullen hi habben god. alle bi one ʒihte
Þo scullen more of him seon. þe luuede him her more
and more icnawen and iwiten. his mihte and his ore
On him hi scullen finden alþat man mai to lesten
hali boc hi sculle i seon. al þat hi her nusten
385 Crist seal one beon inou. alle his durlinges
he one is muchele mare and betere. þanne alle oþere þinges
Inoh he haued þe hine haued. þe alle þing wealded
of him to sene nis no sed. wel hem (aus him) is þe hine bi healded
God is so mere and swa muchel. in his godennnesse
390 þat al þat is. and al þat wes is wurse. þenne he and lesse
Ne mai it neure no man oþer segge mid iwisse
hu muchele murhðe habbet þo. þe beod inne godes blisse

To þere blisse us bringe god. þe rixlet abuten ende
þenne he vre soule vn bint. of licames bende
395 Crist ʒyue us leden her swile lif. and habben her swile ende
þat we moten þuder come. wanne we henne wende. Amen.

384 In liue boc hi sullen *D*, And on lyues bee (aus beo?) *J*, On him he sullen ec *T*

XX.
EINE PREDIGT.

Richard Morris, Old English Homilies. First Series 41.
hs. in London, Lambeth Ms. 487, fol. 15v.

In diebus dominicis.

Leofemen, ʒef ʒe lusten wuleð and ʒewilleliche hit under-
stonden, we eow wulleð suteliche seggen of þa fredome, þe lim-
peð to þan deie, þe is icleped sunedei. sunedei is ihaten
þes lauerdes dei and ec þe dei of blisse and of lisse and of
5 alle irest. on þon deie þa engles of heofene ham iblissieð, forði
þe þa erming saulen habbeð rest of heore pine. gif hwa wule

---
¹eofemen, *verb. M(orris)* ²icleped su sunedei

XX. EINE PREDIGT.

witen, hwa erest biwon reste þam wrecche saule, to soþe ic eow
segge, þet wes sancte Paul þe apostel and Mihhal þe archangel.
heo tweien eoden et sume time in to helle. alswa heom drihten
10 het. for to lokien, hu hit þer ferde. Mihhal eode biforen and
Paul com efter, and þa scawede Mihhal to sancte Paul þa
wrecche sunfulle, þe þer were wuniende. þer efter he him sceaw-
ede heʒe treon eisliche beorninde etforen helleʒete, and uppon
þan treon he him sceawede þe wrecche saulen ahonge, summe
15 bi þa fet, summe bi þa honden. summe bi þe tunge, summe bi
þe eʒen, summe bi þe hefede, summe bi þer heorte. seoddan
he him sceaude an ouen on berninde fure: he warp ut of him
scofe leies, uwilcan of scolcudre heowe, þe alle weren eateliche
to bihaldene and muchele strengre, þen eani þing, to þolien;
20 and þer widinnen weren swiðe feole saule ahonge. ʒette he him
sceawede ane welle of fure, and alle hire stremes urnen fur
berninde, and þa welle biwisten .XII. meisterdeoflen, swilc ha
weren kinges, to pinen þer widinnen þa earming saulen, þe for-
gult weren: and heore aʒene pine neure nere þe lesse, þah heo
25 meistres weren. efter þon he him sceawede þe sea of helle, and
innan þan sea weren .VII. bittere uþe. þe forme wes snaw, þat
oðer is, þet þridde fur, þet feorðe blod, þe fifte neddren, þe
siste smorðer, þe seofeþe ful stunch. heo wes wurse to þolien,
þenne efreni of alle þa oðre pine. innan þan ilke sea weren
30 unancomned deor, summe federfotetd, summe al bute fet, and
heore eʒen weren al swilc, swa fur, and heore eþem sccan, swa
deð þe leit amonge þunre. þas ilke nefre ne swiken ne dei ne
niht to brekene þa erming licome of þa ilca men. þe on þisse
liue her hare scrift endon nalden. summe of þan monne sare
35 weped. summe, swa deor, lude remeð, summe þer graninde siked,
summe þer reowliche gneʒed his aʒene tunge, summe þer weped,
and alle heore teres heoð berninde gleden glidende oner heore
aʒene nebbe; and swiðe reowliche ilome ʒeiʒeð and ʒeorne bi-
sechéð, þat me ham ibureʒe from þam nucle pinan. of þas pinan
40 speked Dauid, þe halie witeʒe, and þus seið: *miserere nostri,
domine, quia penas inferni sustinere non possumus* lauerd, haue
merci of us, fordon þa pinen of helle, we ham ne maʒen iðolien.'

---

¹⁸uwilan, *verb. M* ¹⁹þing *O. Cohn u. Stratmann*] þurg ²¹strenies, *verb.
M* ²⁶snaw *M*] swnan ³⁰feder-foted *M* ³⁶gnaʒeð heore?

Seoðþan he him sceawede ane stude inne middewarde
helle, and biforen þam ilke stude weren seofen clusterlokan,
45 þar neh ne mihte nan liuiende mon gan for þan ufele brede,
and þer widinna he him sceawede gan on ald mon. þet .IIII.
deoflen ledden abuten. þa escade Paul to Mihhal. hwet þe alde
mon were. þa cwed Mihhal hehangel: 'he wes an biscop on
eoðre liue, þe nefre nalde Cristes laȝen lokien ne halden: ofter
50 he walde anuppon his underlinges mid wohe motien and longe
dringan, þenne he walde salmes singen oðer eani oðer god don.'
herefter iseh Paul. hwer .III. deoflen ledden an meiden swiðe
unbisorȝeliche, and ȝeorne escade to Mihhal, hwi me heo swa
ledde. þa cwed Mihhal: 'heo wes an meiden on oðer liue, þet
55 wel wiste hire licome in alle clenesse, ah heo nalde nefre nan
oðer god don. elmesȝeorn nes heo nefre, ah prud heo wes swiðe
and modi and liȝere and swikel and wredful and ontful; and
for ði heo bid wuniende inne þisse pine.'
Nu bigon Paul to wepen wunderliche, and Mihhal hehengel
60 þer weop ford mid him. þa com ure drihten of heueneriche to
heom on þunres sleȝe and þus cwed: 'a, hwi wepest þu, Paul?'
Paul him onswerde: 'lauerd, ic biwepe þas monifolde pine, ðe
ic her in helle iseo.' þa cwed ure lauerd: 'a, hwi nalden heo
witen mine laȝe. þe hwile heo weren en eorðe?' þa seide Paul
65 him mildeliche toȝeines: 'louerd, nu ic bidde þe, ȝef þin wille
is, þet þu heom ȝefe rest. la, hwure þen sunnedei, a þet cume
domes dei.' þa cwed drihten to him: 'Paul, wel ic wat, hwer ic
sceal milcien. ic heom wulle milcien. þe weren efterward mine
milce, þa hwile heo on liue weren.' þa wes sancte Paul swiðe
70 wa and abeh him redliche to his lauerdes fet and onhalsien hine
gon mid þas ilke weord. þe ȝe maȝen iheren. 'lauerd.' he cwed þa,
'nu ic þe bidde for þine kinedome and for þine engles and for
þine muchele milce and for alle þine weorkes and for alle þine
haleȝen and ec þine icorene, þat þu heom milcie þes þe redþer,
75 þet ic to heom com, and reste ȝefe þen sunnedei, a þet cume
þin heh domes dei.' þa onswerede him drihten mildere steuene:
'aris nu, Paul; aris. ic ham ȝeue reste, alswa þu ibeden hauest,

---

⁴⁸ane *M*] and ǁ middewarde *M* ⁴⁹oðre *M* ⁵¹dringan *M* ⁵³and *(oder
he?) f.* ⁵⁷wunres liche, *verb. M* ⁶²lauerd *M* ⁶⁴en] on *M*

XX. EINE PREDIGT.

from non on saterdei, a þa cume monedeis lihting. þet efre forð
to domes dei.'
80   Nu, leofe breðre, ȝe habbeð iherð. hwa erest biwon reste
þam forgulte saule. nu bicumeð hit þerfore to uwilche cristene
monne mucheles þe mare to haliȝen and to wurðien þenne dei,
þe is icleped sunnedei; for of þam deie ure lauerd seolf seið:
ʻdies dominicus est dies leticie et requiei sunnedei is dei of blisse
85 and of alle ireste. non facietur in ea aliquid, nisi deum orare,
manducare et bibere cum pace et leticia ne beo in hire naþing
iwrat bute chirche bisocnie and beode to Criste and eoten and
drinken mid gride and mid gledscipe. sicut dicitur: ʻpax in terra,
pax in celo, pax inter homines' for swa is iset: ʻgrið on corde
90 and grið on hefene and grið bitwenen uwile cristene monne.'' eft
ure lauerd seolf seit: ʻmaledictus homo, qui non custodit sabatum
amansed beo þe mon, þe sunnedei nulle iloken.' and for þi, leofe-
men, uwile sunnedei is to locan, alswa esterdei, for heo is
muneȝing of his halie ariste from deðe to liue and muneȝeing
95 of þam hali gast, þe he sende in his apostles on þon dei, þe is
icleped witsunnedei. ee we understonded. þet on sunnedei drihten
cumeð to demene al moncun.

We aȝen þene sunnedei swiþeliche wel to wurþien and on
alle clenesse to locan; for heo hafð mid hire þreo wurdliche
100 mihte, þe ȝe iheren maȝen. ðet forme mihte is, þet heo on eorðe
ȝeueð reste to alle eorðe þrelles. wepmen and wifmen, of heore
þrelweorkes. þet oðer mihte is on heouene; for þi þa engles
heom rested mare. þenn on sum oðer dei. þet þridde mihte is,
þet þa erminȝ saule habbeð ireste inne helle of heore muchele
105 pine. hwa efre þenne ilokie wel þene sunnedei oðer þa oðre
halie daȝes. þe mon beot in chirche to lokien. swa þe sunnedei.
beo heo dal neominde of heofeneriches blisse mid þan feder and
mid þan sunne and mid þan halie gast a buten ende. amen.
quod ipse prestare dignetur. qui uiuit et regnat deus per omnia
110 secula seculorum. amen.

---

⁷⁸a þat *M* ǁ þet bið efre *M* ⁸⁰iherd *M* ⁸⁷iwraht *M* ¹⁰²⁻³engles
hem heom ¹⁰³rested *M* ¹⁰⁵oðre] hs. odre *oder* oder? ¹⁰⁷ferde. *verb*. *M*
(zuerst fedre)

XXI.
AUS DEM ORMULUM.

The Ormulum with the Notes and Glossary of Dr. R. M. White ed. by Rev. Robert Holt, Oxford 1878. hs. in Oxford, Jun. 1.

A (Preface).

Þiss boc iss nemmnedd Orrmulum.
forrþi þatt Orrm itt wrohhte.
annd itt iss wrohht off quaþþrigan,
off goddspellbokess fowwre.
5 off quaþþrigan Amminadab,
off Cristess goddspellbokess:
forr Crist maȝȝ þurrh Amminadap
rihht full wel ben bitacnedd;
forr Crist toc dæþ o rodetre
10 all wiþþ hiss fulle wille;
annd forrþi þatt Amminadab
o latin spæche iss nemmnedd
o latin boc spontaneus
annd onn ennglisshe spæche
15 þatt weppmann, þatt summ dede doþ
wiþþ all hiss fulle wille,
forrþi maȝȝ Crist full wel ben þurrh
Amminadab bitacnedd;
forr Crist toc dæþ o rodetre
20 all wiþþ hiss fulle wille.
þatt waȝȝn iss nemmnedd quaþþrigan,
þatt hafeþþ fowwre wheless.
annd goddspell iss þatt waȝȝn. forrþi
þatt itt iss fowwre bokess.
25 annd goddspell iss Iesusess waȝȝn,
þatt gaþ o fowwre wheless,
forrþi þatt itt iss sett o boc
þurrh fowwre goddspellwrihhtess.
annd Iesuss iss Amminadab.
30 swa summ icc hafe shæwedd,
forr þatt he swallt o rodetre
all wiþþ hiss fulle wille.
annd goddspell forr þatt illke þing
iss currus Salomoniss.

forr þatt itt i þiss middellærd 35
þurrh goddspellwrihhtess fowwre
waȝȝneþþ soþ Crist fra land to land,
þurrh Cristess lerninngenihhtess.
þurrh þatt teȝȝ i þiss middellærd
flittenn annd farenn wide 40
fra land to land, fra burrh to burrh
to spellenn to þe lede
off soþ Crist annd off crisstenndom
annd off þe rihhte læfe
annd off þatt lif, þatt ledeþþ menn 45
upp inntill heffness blisse.
þurrh swille þeȝȝ berenn hælennd Crist,
alls iff þeȝȝ karrte wærenn
off wheless fowwre, forr þatt all
goddspelless hallȝhe lare 50
iss. alls icc hafe shæwedd ȝuw,
o fowwre goddspellbokess;
annd forrþi maȝȝ goddspell full wel
ben Sálemanness karrte.
þiss iss to seggenn opennliȝ. 55
þe laferrd Cristess karrte.
forr Iesu Crist allmahhtiȝ godd,
þatt alle shaffte wrohhte,
iss wiss þatt soþe Salemann,
þatt sette griþþ onn erþe 60
bitwenenn godd annd menn, þurrh þatt
he ȝaff hiss lif o rode
to lesenn mannkinn þurrh hiss dæþ
ut off þe defless walde;
annd forrþi maȝȝ soþ Crist ben wel 65
þurrh Salemann bitacnedd,
forr Salomon iss onn ennglissh
þatt mann, þatt soþ sahhtnesse

XXI A 3 annd *in A und B immer abgekürzt* 61 bitwe:nenn 66 be *vor* bit. *r.*

annd trigg annd trowwe gripþ annd
fripþ
70 reʒʒsepþ bitwenenn lede
annd follʒhepþ itt wiþþ all hiss mahht
þurrh þohht,þurrh word, þurrh dede.
all þuss iss þatt hallʒhe goddspell,
þatt iss o fowwre bokess.
75 nemmnedd Amminadabess waʒʒn
annd Salemanness karrte.
forr þatt itt waʒʒnepþ Crist till menn
þurrh fowwre goddspellwrihhtess,
rihht alls iff itt wære þatt waʒʒn,
80 þatt gaþ o fowwre wheless.
annd tuss iss Crist Amminadab
þurrh gastliʒ witt ʒchatenn,
forr þatt he toc o rode dæþ
wiþþ all hiss fulle wille;
85 annd Salomon he nemmnedd iss,
swa summ icc hafe shæwedd,
forr þatt he sette gripþ annd fripþ

bitwenenn heffne annd erþe,
bitwenenn godd annd menn,þurrh þatt
þatt he toc dæþ o rode 90
to lesenn mannkinn þurrh hiss dæþ
ūt off þe defless walde.
annd all þuss þiss ennglisshe boc
iss Orrmulum ʒchatenn
inn quaþþrígan Amminadab. 95
inn currum Salomonis.
annd off goddspell icc wīle ʒuw
ʒēt summ del mare shæwenn:
ʒēt wile icc shæwenn ʒuw, forrwhi
goddspell iss goddspell nemmnedd, 100
annd ec icc wile shæwenn ʒuw,
hu mikell sawle sellþe
annd sawle berrhless unnderrfoþ
att goddspell all þatt lede,
þatt follʒhepþ goddspell þwerrt ūt wel 105
þurrh þohht, þurrh word, þurrh
dede.

B (II 187).

Secundum Johannem XXIIII.

Prope erat pasca Iudeorum, et ascendit Iesus Ierosolimam et invenit in templo vendentes oves et boves et columbas.

Affterr þatt tatt te laferrd Crist
þe waterr haffde wharrfedd
15540 till win i Cana Galile
þurrh hiss goddcunnde mahhte.
þæraffterr, alls uss seʒʒþ goddspell,
fór he wiþþ hise posstless
inntill an oþerr tun, þatt wass
15545 Cafarrnaum ʒchatenn,
annd sannte Marʒe, hiss moderr, comm
wiþþ himm inntill þatt chesstre,
annd hise breþre comenn ec
wiþþ himm annd wiþþ hiss moderr.

annd tær bilæf þe laferrd ta 155
wiþþ hemm, acc nawihht laungc,
forr þatt iudisskenn passkedaʒʒ
þa shollde cumenn newenn,
annd Crist fór þa till Jerrsalæm,
swa summ þe goddspell kiþeþþ, 15:
annd he fand i þe temmple þær
well fele menn, þatt saldenn
þærinne baþe nowwt annd shep,
annd ta, þatt saldenn cullfress;
anud menn att bordess sætenn þær 15!
wiþþ sillferr forr to lenenn.

---

82 *ursprünglich* þurrh salemann ʒchatenn
15538 *1. t von* tatt *auf r.* 42 goddspell *am rande für durchstrichenes* þe boc 59 *dahinter getilgt* annd mineteress sætenn þær to wharrfenn þeʒʒre sillferr 60 . 61 *am rande*

annd Crist himm wrohhte an swepe
    þær.
all alls itt wære off wiþþess.
annd draf hemm alle samenn ūt
5565 annd nowwt annd sowwþess alle.
annd all he warrp ūt i þe flor
    þe bordess annd te sillferr.
annd affterr þatt he seʒʒde þuss
    till þa, þatt saldenn cullfress:
5570 'gaþ till annd bereþþ heþenn ūt
    whattlike þise þingess.
ne birrþ ʒuw nohht min faderr hus
    till chepinngboþe turrnenn.'
annd hise lerninngenihhtess þær
5575 þohhtenu annd unnderrstodenn,
þatt tær wass filledd ta þurrh himm
    annd inn hiss hallʒhe dede
þatt, tatt te sallmewrihhte seʒʒþ
    uppoun hiss hallʒhe sallme:
5580 'hāt lufe towarrd godess hus
    me biteþþ i min herrte.'
annd sume off þa iudisskenn menn,
    þatt herrdenn, whatt he seʒʒde,
annd sæʒhenn, whatt he dide þær,
5585 himm ʒæfenn sware annd seʒʒdenn:
'whatt tākenn shæwesst tu till uss,
    þatt dost tuss þise dedess?'
annd ure laferrd Iesu Crist
    hemm ʒaff anndswere annd seʒʒde:
5590 'unnbindeþþ all þiss temmple, annd icc
    itt i þre daʒhess reʒʒse.'
annd ta Iuþewess ʒæfenn himm
    anndswere onnʒæn annd seʒʒdenn:
'fowwertiʒ winnterr ʒedenn forþ
5595 annd ʒēt tærtekenn sexe,
ær þann þiss temmple mihhte ben
    fullwrohht annd all fullforþedd.
annd tu darrst ʒellpenn, þatt tu mihht
    itt i þre daʒhess reʒʒsenn?'

annd Iesu Crist ne seʒʒde nohht   15600
    þatt word off þeʒʒre temmple,
acc off hiss bodiʒ temmple he spacc,
    annd teʒʒ itt nohht ne wisstenn.
annd affterr þatt te laferrd Crist
    wass risenn upp off dæþe,   15605
þe posstless þohhtenn off þiss word,
    annd ta þeʒʒ unnderrstodenn,
þatt teʒʒre laferrd haffde seʒʒd
    þatt word all off himm sellfenn.
off þatt he wollde þolenn dæþ   15610
    forr all mannkinne nede,
annd tatt he wollde risenn upp
    þe þridde daʒʒ off dæþe.
annd Crist wass o þe passkedaʒʒ
    i Jerrsalæmess chesstre   15615
annd wrohhte þær biforr þe folle
    well fēle miccle tacness.
annd fēle off þa, þatt sæʒhenn þær
    þa tacness, þatt he wrohhte,
bigunnenn sone anan onn himm   15620
    to lefenn annd to trowwenn;
acc Iesu Crist ne lēt himm nohht
    þohhwheþþre i þeʒʒre walde,
forr þatt he cnew hemm alle wel
    annd alle þeʒʒre þohhtess,   15625
annd forr þatt himm nass rihht nan
    ned,
þatt aniʒ mann himm shollde
ohht shæwenn off all þatt, tatt wass
    all dærne i mannes herrte;   15630
forr all, þatt wass inn iwhille mann,
    he sahh annd cnew annd cuþe.
her endeþþ nu þiss goddspell þuss,
    annd uss birrþ itt þurrhsekenn
to lokenn, whatt itt læreþþ uss   15635
    off ure sawle nede.

---

67 þe bordess annd te *auf r.* || *nach diesem verse getilgt* annd oferr-
warrp þær i þe flor unnriddliʒ þeʒʒre bordess   72 mi(n) 98 ʒ *in* ʒellpenn
auf r.

XXII.

ON GOD UREISUN OF URE LEFDI.

Richard Morris, Old English Homilies. First Series p. 191.
hs. Cotton Ms. Nero A XIV f. 120b

Cristes milde moder, seynte Marie,
mines liues leome, mi leoue lefdi,
to þe ich buwe and mine kneon ich beie,
and al min heorte blod to de ich offrie.
5 þu ert mire soule liht and mine heorte blisse,
mi lif and mi tohope, min heale mid iwisse.
ich ouh wurdie de mid alle mine mihte
and singge þe lofsong bi daie and bi nihte;
vor þu me hauest iholpen a ueole kunne wise
10 and ibrouht of helle in to paradise:
ich hit þonkie de, mi leoue lefdi,
and þonkie wulle, þe hwule det ich liuie.
Alle cristene men owen don de wurschipe
and singen de lofsong mid swude muchele gledschipe;
15 vor du ham hauest alesed of deoflene honde
and isend mid blisse to englene londe.
wel owe we þe luuien, mi swete lefdi,
wel owen we uor þine luue ure heorte beien:
þu ert briht and blisful ouer alle wummen,
20 and god du ert and gode leof ouer alle wepmen.
alle meidene were wurded þe one;
vor þu ert hore blostme biuoren godes trone.
nis no wummon iboren, þet de beo iliche,
ne non þer nis þin eming widinne heoueriche.
25 heih is þi kinestol onuppe cherubine
biuoren dine leoue sune widinnen seraphine.
murie dreamed engles biuoren þin onsene,
pleied and sweied and singed bitweonen.
swude wel ham liked biuoren þe to beonne;
30 vor heo neuer ne beod scad þi ueir to iseonne.

Þine blisse ne mei no wiht understonden;
vor al is godes riche anunder þine honden.
alle þine ureondes þu makest riche kinges,
þu ham ȝiuest kinescrud, beies and gold ringes;
35 þu ȝiuest eche reste ful of swete blisse,
þer de neure dead ne com ne herm ne sorinesse:

---

10 ibrouht me *Morris* 13 wur(s)chipe 16 d *in* isend *aus* t? 17 owen *M*
24 eming *hs., nicht* efning 26 p *in* seraphine *z. t. abgerieben* 28 sw(e)ied

XXII. ON GOD UREISUN OF URE LEFDI.

þer bluwed inne blisse blostmen hwite and reade,
þer ham neuer ne mei snou ne uorst iwreden.
þer ne mei non ualuwen, uor þer is eche sumer,
40 ne non liuiinde þing woc þer nis ne ȝeomer.
þer heo schulen resten. þe her de dod wurschipe.
ȝif heo ȝemed hore lif cleane urom alle qneadschipe.
þer ne schulen heo neuer karien ne swinken
ne weopen ne murnen ne belle stenches stinken.
45 þer me schal ham steoren mid guldene chelle
and schenchen ham eche lif mid englene wille.
ne mei non heorte þenchen ne no wiht arechen
ne no mud imelen ne no tunge techen.
hu muchel god du ȝeirkest widinne paradise
50 ham. þet swinked dei and niht i dine scruise.
al þin hird is ischrud mid hwite ciclatune,
and alle heo beod ikruned mid guldene krune.
heo beod so read, so rose, so hwit, so þe lilie.
and euer more heo beod gled and singed þuruhut murie.
55 mid brihte ȝimstones hore krune is al biset.
and al heo dod, þet ham liked, so þet no þing ham ne let.
þi leoue sune is hore king, and þu ert hore kwene.
ne beod heo neuer idreaued mid winde ne mid reine:
mid ham is euer more dei widute nihte,
60 song widute seoruwe and sib widute uihte.
mid ham is muruhde moniuold widute teone and treie,
gleobeames and gome inouh. liues wil and eche pleie.
þercuore, leoue lefdi, long hit þunched us wrecchen,
vort þu of þisse erme liue to de suluen us fecche:
65 we ne muwen neuer habben fulle gledschipe,
er we to þe suluen kumen to þine heie wurschipe.
Swete godes moder, softe meiden and wel icoren.
þin iliche neuer nes ne neuermore ne wurd iboren:
moder þu ert and meiden cleane of alle laste,
70 þuruhtut hei and holi in englene reste.
al englene were and alle holie þing
sigged and singed, þet tu ert liues welsprung,
and heo sigged alle. þet de ne wonted neuer ore.
ne no mon. þet de wurded, ne mei neuer beon uorloren.
75 Þu ert mire soule widute leasunge
efter þine leoue sune leouest alre þinge.
al is þe heouene ful of þine blisse,
and so is al þes middeleard of þine mildheortnesse.

---

38 iureden 43 sw(i)nken 48 techen *M*] tegen 75 soule leome *M*

so muchel is þi milce and þin edmodnesse,
80 þet no mon, þet de ȝeorne bit, of helpe ne mei missen:
ilch mon, þet to þe bisihd, þu ȝiuest milce and ore,
þauh he de habbe swude agult and idreaued sore.
þercuore ich de bidde, holi beoucne kwene,
þet tu. ȝif þi wille is, ihere mine bene.
85 Ich de bidde, lefdi, uor þere gretunge,
þet Gabriel de brouhte urom ure heouen kinge,
and ek ich de biseche uor Iesu Cristes blode,
þet for ure note was isched o dere rode;
vor de muchele seoruwe, det was o dine mode,
90 þo þu et de deade him biuore stode,
þet tu me makie cleane widuten and eke widinnen,
so þet me ne schende none kunnes sunne.
þene lode deouel and alle kunnes dweoluhde
aulem urom me neor awei mid hore fule fulde.
95 Mi leoue lif, urom þine luue ne schal me no þing todealen,
vor o de is al ilong mi lif and eke min heale.
vor þine luue i swinke and sike wel ilome,
vor þine luue ich ham ibrouht in to þeoudome,
vor þine luue ich uorsoc al, þet me leof was,
100 and ȝef de al mi sulueu: looue lif, iþench þu þes.
Þet ich de wredede sume side, hit me reowed sore:
vor Cristes fif wunden du ȝif me milce and ore.
ȝif þu milce nauest of me, þet ich wot wel ȝeorne,
þet ine helle pine swelten ich schal and beornen.
105 ful wel þu me iseie, þauh þu stille were,
hwar ich was and hwat i dude, þauh þu me uorbere:
ȝif þu heuedest wreche inumen of mine ludernesse,
iwis ich heuede al uorloren paradises blisse.
þu hauest ȝet forboren me uor þine godnesse,
110 and nu ich hopie habben fulle uorȝiuenesse.
ne wene ich neure uallen in to helle pine,
hwon ich am to de ikumen and am din owune hine:
þin ich am and wule beon nu and euer more;
vor o de is al mi lif ilong and o godes ore.
115 Mi leoue swete lefdi, to þe me longed swude:
bute ich habbe þine help, ne beo ich neuer blide.
ich þe bidde, þet tu kume to mine uordside
and nomeliche þeonne þine luue kude:
auouh mine soule, hwon ich of þisse liue uare.
120 and ischild me urom seoruwe and from eche deades kare.

---

79 *1.* d *in* edmod. *z. t. abgerieben* 80 de] *der strich durch* d *abgerieben*
84 iher 101 *urspr.* wrededede, *aber das 2.* de *r.* ‖ *nach* rcowed *ein* e *r.?*

ʒif þu wult, det ich ideo, gode ȝeme nim to me;
vor wel ne wurd me neuer, bute hit beo þuruh de.
mid swoþe ludere lasten mi soule is þuruhbunden:
ne mei no þing so wel, so þu, healen mine wunden.
125 to þe one is al mi trust efter þine leoue sune:
vor is holie nome of mine liue ȝif me lune.
ne þole þu þene unwine, þet he me arine,
ne þet he me drawe in to helle pine.
nim nu ȝeme to me, so me best a beo, de beo;
130 vor þin is þe wurchiþe, ȝif ich wrecche wel iþeo.
þu ne uorsakest nenne mon uor his ludernesse,
ȝif he is to bote ȝeruh and bit þe uorȝiuenesse.
þu miht lihtliche, ȝif þu wult, al mi sor aleggen
and muchele bet biseon to me, þen ich kunne siggen.
135 þu miht forȝelden lihtliche mine gretunge,
al mi swinc and mi sor and mine kneouwunge.
Ine me nis no þing feier on to biseonne
ne no þing, þet beo wurde biuoren þe to beonne:
þereuore ich þe bidde, þet þu me wassche and schrude
140 þuruh þine muchele milce, þet spert so swude wide.
nis hit de no wurdscipe, þet þe deouel me todrawe:
ȝif þu wult hit idauien, iwis he wule durchut fawe;
vor he nolde neuere, þet þu hefedest wurdschipe,
ne no mon, þet þe wurded, þet he bedde gledschipe.
145 þu bit wost ful ȝeorne, þet þe deouel hated me
and nomeliche þereuore, þet ich wurdie þe.
þereuore ich þe bidde, þet þu me wite and werie,
þet þe deouel me ne drecche ne dweolde me ne derie.
so þu dest and so þu schalt uor dire mildheortnesse:
150 þu schalt me a ueir dol of heoueriche blisse.
ȝif ich habbe muchel ibroken, muchel ich wulle beten
and do mine schrifte and þe neire greten.
Þe hwule þet ich habbe mi lif and mine heale,
vrom dire seruise ne schal me no þing deale:
155 biuoren þine uote ich wulle liggen and greden,
vort ich habbe uorȝiuenesse of mine misdeden.
mi lif is þin, mi luue is þin, mine heorte blod is þin,
and, ȝif ich der seggen, mi leoue leafdi, þu ert min.
Alle wurdschipe haue þu on heouene and ec on eorde,
160 and alle gledschipe haue þu, al so þu ert wurde.
nu ich þe biseche ine Cristes cherite.
þet þu þine blescinge and þine luue ȝiue me:

---

127 arine *auf r.* 128 drawe] w *über getilgtem* i 130 wreeche 132 (is)
139 wass(h)ce 140 spret? *M* 158 se(g)gen

ȝeme mine licame ine clenenesse...
God almihti uune me vor his mildheortnesse,
165 þet ich mote þe iseo in dire heie blisse:
and alle mine ureondmen þe bet beo nu to dai.
þet ich habbe isungen þe desne englissee lai.
and nu ich þe bisechc vor dire holinesse,
þet þu bringe þene munuch to þire glednesse.
170 þet funde desne song bi de. mi louue leafdi,
Cristes milde moder, seinte Marie. amen.

XXIII.
AUS ÞE WOHUNGE OF URE LAUERD.

Old English Homilies ed. Morris 1 283. hs. im Br. Museum, Cotton Tit. D 18. fol. 132 r a.

A, hu schal i nu liue? for nu deies mi lef for me upo þe deore rode, henges dun his heaued and sendes his sawle. bote ne þinche ham nawt ȝet, þat he is fulpinct. ne þat rewfule deade bodi nulen ha nawt fridie, bringen ford Longis: wid þat brade
5 scharpe spere he þurles his side, cleues tat herte. and cumes flowinde ut of þat wide wunde þe blod, þat me bohte, þe water, þat te world wesch of sake and of sunne. a swete Iesu, þu oppnes me þin herte for to cnawe witerliche and in to reden trewe luue lettres; for þer i mai openlich seo, hu muchel þu me luuedes. wid
10 wrange schuldi þe min heorte wearnen, siðen þat tu bohtes herte for herte. lauedi, moder and meiden, þu stod here ful neh and seh al þis sorhe vpo þi deorewurðe sune, was widinne martird i þi moderliche herte, þat seh tocleue his heorte wid þe speres ord. bote, lafdi, for þe ioie, þat tu hefdes of his ariste þe þridde dai
15 þer after, leue me vnderstonde þi dol and herteli to felen sum hwat of þe sorhe, þat tu þa hefdes, and helpe þe to wepe, þat i wid him and wid þe muhe i min ariste o domes dai gladien and wid ȝu beon i blisse, þat he me swa bitterliche wid his blod bohte.

---

163 *es fehlt ein vers, was der schreiber durch ein zeichen zwischen dem anfang von v.* 163 *v.* 164 *angedeutet hat. mit demselben zeichen ist der vers oben am rande nachgetragen, allein dann beim einbinden fast ganz weggeschnitten worden: nach den erhaltenen spuren zu urteilen scheinen die letzten beiden wörter* ine eadmodnesse gewesen *zu sein* 169 nu *in* munuch *auf r.* 170 s *in* desne *auf r.?*
XXIII [6] b *in* blod *aus* þ ǁ me *f.* [17] þhi getilyt *nach 1.* wid [18] bohte *aus* bohte

Iesu, swete Iesu, þus tu faht for me aȝaines mine sawle fan: þu
20 me dereinedes wið like and makedes of me wrecche þi leofmon
and spuse. broht tu haues me fra þe world to bur of þi burde,
steked me i chaumbre: i mai þer þe swa sweteli kissen and cluppen
and of þi luue haue gastli likinge. a swete Iesu, mi liues luue,
wið þi blod þu haues me boht, and fram þe world þu haues me
25 broht. bote nu mai i seggen wið þe salmewrihte: 'quid retribuam
domino pro omnibus, que retribuit michi? lauerd, hwat mai i ȝelde
þe for al, þat tu haues ȝiuen me?' hwat mai i þole for þe for al,
þat tu þoledes for me? ah me bihoueð, þat tu beo ead to paie: a
wrecche bodi and a wac bere ich ouer eorðe and tat, swuch as hit is,
30 haue ȝiuen and ȝiue wile to þi seruise: mi bodi henge wið þi bodi
neiled o rode sperred querfaste widinne fowr wahes. and henge i
wile wið þe and neauer mare of mi rode cume, til þat i deie. for
þenne schal i lepen fra rode in to reste, fra wa to wele and to
eche blisse.

XXIV.
AUS GENESIS UND EXODUS.
ed. Morris p. 37.
hs. in Cambridge, Corpus Chr. Coll. 444 fol. 25 v.

Iff Iosephus ne leged me.
dor quiles he wunede in Bersabe,
so was Ysaaces eld told
XX. and fiwe winter old.
1255 do herde Abraham steuene fro gode,
newe tiding and selkud bode:
'tac din sune Ysaac in hond
aud far wid him to sidhinges lond
and dor du salt him offren me
1290 on an hil, dor ic sal taunen ðe.'
fro Bersabe iurnes two
was dat lond, dat he bed him to,
and Morie, men seid, was dat hil,
dat god him tawnede in his wil.
1295 men seid, dat dune is siden on
was mad temple Salamon
and de auter mad on dat stede,

XXIII [20]deren|nedes, *verb. Morris* || wið l.] wihtliche? [21]i f.
XXIV 1292 two, *verb. M(orris)* 1294 tawne. *verb. M*

XXIV. AUS GENESIS UND EXODUS.

     dor Abraham de offrande dede.
     Abraham was buxum o rigt:
1300 hise weie he tok sone bi nigt.
     de dride day he sag de stede.
     de god him witen in herte dede.
     dan he cam dun to do dunes fot,
     non of his men fordere ne mot
1305 but Ysaac, is dere childe:
     he bar de wude wid herte milde;
     and Abraham de fier and de swerd bar.
     do wurd de child witter and war,
     dat dor sal offrende ben don,
1310 oc ne wiste he, quat ne quor on.
     'fader', quad he, 'quar sal ben taken
     de offrende, dat du wilt maken?'
     quat Abraham: 'god sal bisen,
     quor of de ofrende sal ben.
1315 sellik du art on werde cumen.
     sellic du salt ben heden numen;
     widuten long dhrowing and figt
     god wile de taken of werlde nigt
     and of de seluen holocaustum hauen.
1320 danc it him, dat he it wulde crauen.'
     Ysaac was redi mildelike,
     quan dat he it wiste, witterlike.
     oc Abraham it wulde wel:
     quat so god bad, dwerted he it neuer a del.
1325 Ysaac was leid dat auter on,
     so men sulden holocaust don,
     and Abraham dat swerd ut drog
     and was redi to slon him nuge,
     oc an angel it him forbed
1330 and barg de child fro de dead.
     do wurd Abraham frigti fagen,
     for Ysaac bileaf unslagen.
     biaften bak, as he nam kep,
     faste in dornes he sag a sep,
1335 dat an angel dor inne dede:
     it was brent on Ysaac stede.
     and, or Abraham deden for,

1298 de (*so auch M*²)] he, dhe *M*¹ 1301 dridde *M* || sagt, *verb.*
M 1306 mild 1315 *absatz in hs.* || werlde *M* 1318 'for nigt we should
read ligt?' *M s. XL* 1323 *absatz in hs.* 1328 nog? *M* 1329 an *f*. 1331
frigti *zu tilgen oder durch* swilc *oder ähnl. zu ersetzen?*

god him dor bi him seluen swor,
dat he sal michil his kinde maken
1340 and dat lond hem to honde taken:
good selt́he sal him cumen on,
for he dis dede wulde don.
he wente blide and fagen agen,
to Bersabe he gunne teen.
1345 Sarra was fagen in kindes wune.
dat hire bilef dat dere sune.

XXV.

INCIPIT DE MULIERE SAMARITANA.

*R. Morris, An Old English Miscellany, London 1872, p. 84.
hs. in Oxford, Jesus Coll. I Arch. I 29 fol. 178 (251) v.*

Þo Iesu Crist an corþe was, mylde weren his dede:
alle heo beoþ on boke iwryten, þat me may heom rede.
þo he to monne wes iboren of þare swete Marie
and wes to ful elde icumen, he venk to prechie.
5 a lutel tefor þe tyme, þat he wolde deþ þolye.
he neylehyte to one burch, þat hatte Samarie.
Al so he þiderward sumþing neybleyhte,
he sende his apostles byvoren and het heom and taubte,
heore in and heore biléuynge greyþi þat heo schulde:
10 heo duden heore louerdes hestes, ase þeines heolde.
al so heo weren agon, þe apostles evervychone,
Iesus at ore walle reste him seolf al one.
Ase he þer reste, ase weiweri were.
þar com gon o wymmon al one buten ivére:
15 ase heo wes er iwuned, heo com myd hire sténe,
and Iesus to þare wymmon bigon his þurst to mene.
'yef me drynke, wymmon', he seyde myd mylde muþe.
þeo wymmon him onswerede, al so to mon vnkuþe:
'hwat artu, þat drynke me byst? þu þinchest of Iudelonde:
20 ne mostu drynke vnderfo none of myne honde.'
Þo seyde Iesu Crist: 'wymmon, if þu vnderstóde,

XXIV 1346 (hire) *spätere h.*
XXV 6 neyleyhte *M* 13 ase weri wei were

XXV. DE MULIERE SAMARITANA.

hwo hit is, þat drynke byd, þu woldest beon of oþer mode.
þu woldest bidde, þat he þe yeue drynke. þat ilast euere:
þe þat ene drynkeþ þer of, ne schal him þurste neuere.'
25 'Louerd'. þo seyde þe wymmon, 'yef me þar of to drynke.
þat ich ne þurve more to þisse welle swynke.'
heo nuste, hwat heo mende; heo wes of wytte poure:
heo nuste noht. þat heo spek of þan holy gostes froure.
'Sete ádun', queþ Iesu Crist, 'wymmon, þine stene:
30 go and clepe þine were. and cumeþ hider ymene.'
'i nabbe', heo seyde, 'nenne were: ich am my seolf al one.
nabbe ich of wepmonne nones kunnes ymone.'
'Wel þu seyst', quaþ Iesu Crist, 'were þat þu nauest nenne:
fyue þu hauest ar þisse iheued, and yet þu hauest enne,
35 and, þe þat þu nuþe hauest and heuedest summe þrowe,
he is an oþer wyues were more, þan þin owe.'
'Louerd', heo seyde, 'hwat art þu? ich wot myd iwisse,
þat þu me hauest soþ iseyd of alle wordes þisse:
þi of one þinge sey me i redynesse.
40 bitwene þis twam volke me þuncheþ a wundernesse.
For alle þeo men, þat wunyeþ in Samaryes tune,
alle heo biddeþ heom to gode anvppe þisse dune,
and alle þilke, þat beoþ wiþinne Iherusaléme,
nohwere, bute in þe temple, ne weneþ god iquéme.'
45 'Ilef me. wymmon', quaþ Iesu Crist, 'and þar of beo vnderstonde,
þat schal cume þe ilke day, and nv he is neyh honde,
þat, ne beo neuer þe mon in so feorre londe,
if he myd swete þouhtes biþ, þat he ne biþ vnderstonde,
þah he nouþer ne beo anvppe þisse dune
50 ne in þe heye temple of Ierusalemes tune.
Ye nuten, hwat ye biddeþ, þat of gode nabbeþ imóne;
for al eure bileue is on stokke oþer on stone:
ac þeo, þat god iknoweþ, heo wyten myd iwisse,
þat hele is icume to monne of folke indaysse.'
55 'Louerd', heo seyde, 'nv quiddeþ men, þat cumen is Messyas,
þe king, þat wurþ and nuþen is and euer yete was.
hwenne he cumeþ, he wyle vs alle ryhtleche;
for he nule ne he ne con nenne mon bipeche.'
'Ich hit am', quaþ Iesu Crist, 'þat wiþ þe holde speche,
60 þat Messyas am icleped and am þes worldes leche.'
mid þon comen from þe bureh þe apostles euervychóne
and wundrede, þat Iesu wolde speke wiþ þare wymmon one.
Ah, þeyh heom þuhte wunder, no þing heo ne seyde.
ac þe wymmon anon hire stene adun leyde
65 and orn to þare bureh anon and dude heom to vnderstonde
of one mihtye wihte, þat cumen is to londe.

Tó alle, þat heo myhte iseon oþer ymete,
heo gradde and seyde: 'ich habbe iseye þane soþe prophete.
ich wene wel, þat hit beo Crist, of hwam þe prophete sayde
* * *
70 þurh Iesu Cristes milce and þurch his wyssynge
monye þer byleuede on þe heye kinge
and vrnen vt of þe burcuh myd wel muchel þrynge
and comen to Iesu, þar he set, and beden his blessynge.
Þo byléuede þat folk mucheles þe more
75 for his mylde speche and for his mylde lore,
and þus was þes burcuh ared vt of·helle sore
and byléuede on almihty god nuþe and euer more.

XXVI.
EINE PREDIGT.

*R. Morris, An Old English Miscellany, London 1872, p. 29.
hs. zu Oxford. Laud 477, p. 130.*

Dominica secunda post octavam Epiphanie. sermo euan.

Nuptie facte sunt in Chana Galileé, et erat mater Iesu ibi. vocatus est autem Iesus ad nuptias et discipuli eius. þet
holi godspel of to day us telþ, þet a bredale was imaked ine
þo londe of Ierusalem in ane cite, þat was icleped Cane, in þa
5 time, þat godes sune yede in erþe flesliche. at þa bredale was ure
leuedi, seinte Marie, and ure louerd, Iesus Crist, and hise deciples.
so iuel auenture, þet wyn failede at þise bredale. þo seide ure
leuedi, seinte Marie, to here sune: 'hi ne habbet no wyn.' and ure
louerd answerde and sede to hire: 'wat belongeth hit to me oþer
10 to þe, wyman?' nu ne dorste hi namore sigge, ure lauedi; hac
hye spac to þo serganz, þet seruede of þo wyne, and hem seyde:
'al, þet he hot yu do, so doþ.' and ure louerd clepede þe serganz
and seyde to hem: 'folvellet', ha seyde, 'þos ydres', þet is to
sigge, þos cróós oþer þos faten, 'of watere'; for þer were .VI. ydres

---

XXV 69 *es fehlt wohl nicht bloss ein vers* 74 y *in* byléuede *aus* l
XXVI ⁵ at *(nicht* ar) *über ungetilgtem* To. *M(orris) liest* fleschliche
ac. To þa *usw.* ⁷at *auf* r.

XXVI. EINE PREDIGT.

15 of stone, þet ware iclepede baþieres. wer þo Gius hem wesse for
clenesse and for religiun. ase þe custome was ine þo time. þo ser-
ganz unluelden þo faten of watere, and hasteliche was iwent into
wyne bie þo wille of ure louerde. þo seide ure lord to þo serganz:
'moveth to gidere and bereth to Architriclin', þat was se, þet ferst
20 was iserued. and, al so he hedde idrunke of þise wyne. þet ure
louerd hedde imaked of þe watere (ha niste nocht þe miracle, ac
þo serganz wel hit wiste. þet hedde þet water ibrocht), þo seide
Architriclin to þo bredgume: 'oþer men', seyde he, 'doþ forþ þet
beste wyn, þet hi habbeþ, ferst at here bredale, and þu hest ido
25 þe contrarie, þet þu hest ihialde þet beste wyn wat nu.' þis was
þe commencement of þo miracles of ure loruerde. þet he made
flesliche in erþe, and þo beleuede on him his deciples. i ne sigge
nacht, þet hi ne hedden þer before ine him beliaue, ac fore þe
miracle, þet hi seghe, was here beliaue þe more istrengþed.
30 Nu ye habbeþ iherd þe miracle, nu ihereþ þe signefiance. þet
water bitockned se euele christeneman. for, al so þet water is
natureliche schald and akelþ alle þo, þet hit drinkeþ, so is se euele
christeman chald of þo luue of gode for þo euele werkes, þet hi
doþ; ase so is lecherie, spusbreche, roberie, manslechtes, husberners,
35 bakbiteres and alle oþre euele deden, þurch wyche þinkes man
ofscrueth þet fer of helle, ase godes oghe mudh hit seid. and alle
þo signefied þet water. þet þurch yemere werkes oþer þurch yemer
iwil liesed þo blisce of heuene. þet wyn, þat is natureliche hot ine
him selue and anhet alle þo, þet hit drinked, betokned alle þo. þet
40 bied anhéét of þe luue of ure lorde. nu, lordinges, ure lord, god
almichti, þat hwylem in one stede and ine one time flesliche
makede of watere wyn, yet habbeþ mani time maked of watere
wyn gostliche. wanne he þurch his grace maked of þo euele manne
good man, of þe orgeilus umble, of þe lechur chaste, of þe niþinge
45 large and of alle oþre folies uertues: so ha maket of þo watere
wyn. þis his si signefiance of þe miracle.

Nu loke euerich man toward him seluen, yef he is win, þet
is to siggen. yef he is anheet of þo luue of gode, oþer yef he is
water, þet is. yef þu art chold of godes luue. yef þu art euel man,

---

²⁰ he *fehlt* ²⁵ *erstes* þ(e)t ∥ wath. *verb.* M ²⁷ þo *vom rubricator über* and ²⁸(þe) *vom rubricator* ⁴²hadeþ. *verb.* M ⁴³he *f. am anf. e. z.* ⁴⁵uertues *f. am anf. e. z.* ⁴⁷he | he, *verb.* M

50 besech ure lorde, þet he do ine þe his nertu, þet ha þe wende of
euele into gode, and þet he do þe do swiche werkes, þet þu mote
habbe þo blisce of henene. *quod nobis prestare dignetur* ...

XXVII.
AUS DER SAGE VON GREGORIUS.

*Die englische Gregorlegende nach dem Auchinleck Ms. herausgegeben von
Fritz Schulz (Königsberg in Pr. 1876) s. 25. die ergänzungen v. 43—45
u. 62—63 aus Vernon Ms.; vgl. Herrigs Archiv LV 428. hs. fol. 2a.*

Now lete we þis leuedi be, and telle we. hou þe child was founde.
listeneþ now alle to me: y wot, it sauke nouȝt to þe grounde.
al, þat god wil haue, don þan schal be: riȝt as his moder him hadde
                                                           ywounde,
þe winde him drof fer in þe se,   swiþe fer in þilke stounde.
5   To fischers weren out ysent,   þat breþeren were boþe. y wene:
out of an abbay þai weren ysent   wiþ nettes and wiþ ores kene
to lache fische to þat couent: þe monkes þai þouȝt to queme.
þat day was hem no grace ylent   for stormes, þat were so breme.
    Erlich in a morning,   er liȝt com of þe day,
10 þai seye a bot cum waiueing   wiþ þe child, þat in þe cradel lay.
to liue god him wald bring   (his wille in lond wrouȝt be ay!):
þe fischers miri gun sing,   and þider þai tok þe riȝt way.
Þe tonne anon to hem þai nome,   þat was swiþe wele ywrouȝt:
þai no rouȝt, whider þe bot ycom,   þat þe tonn þider brouȝt.
15 to rist riȝt as ȝede þe mone.   þer risen stormes gret aloft:
to lache fische hadde þai no tome: to toun to nim was al her þouȝt.
    Fast þai drowen to þe lond   wiþ ores gode ymade of tre.
for stormes wald þai noþing wond: drenched wende þai wele to be.
þabot com opon þe strond,   þe fischers ȝif he miȝt se:
20 also god sent his sond.   þat child schuld ysaued be.
    Þe abot, þat was þider sent,   biheld þe tonne, was made of tre:
þer on were his eyȝen ylent.   anon seyd þat abot fre:
'whare haue ȝe þis tonne yhent,   and what may þer in be?
no seyȝe y neuer swiche a present   in fischers bot in þe se.'
25 Þe fischers answerd boþe yliche,   to þe abot þai speken anon:
'bi þe king of heuen riche,   our þinges be þer in ydon.'
þat child þan bigan to scriche   wiþ steuen, as it were a grome:
þe fischers were adrad of wreche: þai nist, what þai miȝt done.

XXVI ⁵²uobis

XXVII. AUS DER SAGE VON GREGORIUS.

Þabot bad wiþouten wouȝ vndo þe tonne, þat he þer say:
30 þe fischers were radi anouȝ to don his wille þat ich day.
a cloþ of silk þabot vp drouȝ, þat on þe childes cradel lay:
þo lai þat litel child and louȝ opon þabot wiþ eyȝen gray.
Þabot held vp boþe his hond wiþ hert gode to Crist ywent
and seyd: 'lord. y þank þi sond, þat þou me hast ȝouen and lent.'
35 of yuori tables long þabot fond þer in pressent:
þer to he gan some fong and seyȝe, what þer was writen and dent.
Þabot bad þe fischers boþe ten mark and þe cradel take
and bad, þai schuld nouȝt be wroþ, for þat litel childes sake.
þo was þat siluer alle her owe: þe tresore to hem þai gun take.
40 anon þai were alle biknowe, hou þai fond þat litel knape.
Þat o fischer was riche of wele and hadde halle of lim and ston.
þat oþer was pouer and had children fele: gold no siluer hadde he non.
þabot toke [him] wiþ him to bere ten marke, [whon he wente hom,
heore counseil wel forte hele vndur foote so stille, as ston.
45 Þat oþur mon he bitauhte forte ȝeme] þe litel grome
and bad him telle for non auȝt, in what maner he was ycome,
bot sigge his douhter þat ich nauȝt to bere þat child for god aboue
and bid þe abot, ȝif he mauȝt, cristen him for godes loue.
He tok þat child wiþouten hete and bar it hom wiþouten wrake.
50 a wiman had he sone ygete him to bere cristen to make.
when þe fischer yeten hadde, no wold he no lenger late:
to þabot sone he ladde and fond him redi atte gate.
Þabot wist þer of anouȝ: it no was him noþing loþ.
þe fischer þan þe child forþ drouȝ wiþ salt and wiþ þe crismecloþ.
55 'mi douhter sent ȝou þis child to cristen it, wiþouten oþ'.
þabot louȝ, þat was milde, and wiþ hem to chirche he goþ.
Þabot was cleped Gregorij: þer þe child his name he toke.
prest and clerk stode þer bi wiþ tapers liȝt and holy boke.
and þe child feir and sleye he cristned in þe salt flod,
60 and seþþen baren it vp an heyȝe, offred it to þe holy rod.
Þabot dede, so he schold, þe cloþ he tok wele to hold
[and þe foJur mark of gold and þe tables, þat ich of told.
[þe child was ful milde of] mode, in cloþe fast þai gun him fold.
[þe fisschere was trewe] and god, þe child he tok wele to hold.

---

31 v in vp aus e. a. angef. buchst. 43—45 statt des eingeklammerten hat A nur and A bezeichnet strophenanfang bei v. 47 . 51 . 55 . 59 (und wahrscheinlich 63) 47 but siþen his douhter in þe nihte sent hire is þe luytel sone *C*, bote say þi douȝtere in þat nyȝt sente þe þat lutel sone *C (Archiv LVII 64)* 48 and preyde þou sscholdest with þi myȝt take hit cristendome *C* 60 erstes (it) 62—64 das eingeklammerte in *A* bis auf einzelne obere oder untere enden weg 62 table(s)

XXVIII.
AUS DEM HAVELOK.

The Lay of Havelok the Dane
ed. by the Rev. Walter W. Skeat, London 1868, p. 1.
hs. zu Oxford, Laud MS. 108 fol. 204 r.

Herknet to me. gode men,
wiues, maydnes and alle men,
of a tale, þat ich you wile telle.
wo so it wile here and þer to duelle.
5 þe tale is of Hauelok imaked:
wil he was litel, he yede ful naked.
Hauelok was a ful god gome,
he was ful god in eueri trome,
he was þe wicteste man at nede.
10 þat þurte riden on ani stede:
þat ye mowen nou yhere,
and þe tale ye mowen ylere.
at the beginning of vre tale
fil me a cuppe of ful god ale,
15 and wile drinken, her y spelle,
þat Crist vs shilde alle fro helle.
Krist late vs heuere so for to do,
þat we moten comen him to;
and, wit þat it mote ben so.
20 *benedicamus domino.*
here y schal biginnen a rym.
Krist us yeue wel god fyn.
the rym is maked of Hauelok.
a stalworþi man in a flok:
25 he was þe stalworþeste man at nede,
þat may riden on ani stede.
It was a king bi aredawes.
that in his time gode lawes
dede maken an ful wel holden.
30 hym louede yung, him louede holde,
erl and barun, dreng and þayn,
knict, bondeman and swain,
wynes, maydnes, prestes and clerkes,
and al for hise gode werkes.
he louede god with al his micth 35
and holi kirke and soth ant ricth.
ricthwise men he louede alle
and oueral made hem forto calle.
wreieres and wrobberes made he falle
and hated hem, so man doth galle. 40
vtlawes and theues made he bynde
alle, þat he micthe fynde,
and heye hengen on galwe tre:
for hem ne yede gold ne fe.
in þat time a man, þat bore 45
*
of red gold upon hijs bac
in a male with or blac,
ne funde he non, þat him misseyde
ne with inele on him hond leyde. 50
þanne micthe chapmen fare
þuruth Englond wit here ware
and baldelike beye and sellen:
oueral, þer he wilen dwellen,
in gode burwes and þer fram 55
ne funden he non, þat dede hem
sham.
þat he ne weren sone to sorwe brouth
an pouere maked and browt to
nouth.
þanne was Engelond at hayse:
michel was svich a king to preyse, 60
þat held so Englond in grith:
Krist of heuene was him with.
he was Engelondes blome.
was non so bold lond to Rome,

13 beginnig, verb. M(adden) 15 and y S(keat) 19 wite S 28 were vor gode getilgt von St(ratmann) 29 he vor dede getilgt von St 31 þayn] kayn 33 wydues 37 rirth (oder rirch oder riith?) wise, verb. v. S 46 ergänzt M wel fyfty pundes (pund S), y woth, or more 47 rede S 50 ne M] n || him S] fehlt 61 engelond S

65 þat durste upon his bringhe
hunger ne opere wicke þinghe.
hwan he felede hise foos,
he made hem lurken and crepen in
    wros:
þe hidden hem alle and helden hem
    stille
70 and diden al his herte wille.
ricth he louede of alle þinge,
to wronge micht him no man bringe
ne for siluer ne for gold:
so was he his soule hold.
75 to þe faderles was he rath:
wo so dede hem wrong or lath,
were it clerc or were it knicth,
he dede hem sone to hauen ricth;
and, wo so dide widuen wrong.
80 were he neure knicth so strong,
þat he ne made him sone kesten
in feteres and ful faste festen;
and, wo so dide maydne shame
of hire bodi or brouth in blame,
85 bute it were bi hire wille,
he made him sone of limes spille.
he was te beste knith at nede,
þat heuere micthe riden on stede
or wepne wagge or folc vt lede.
90 of knith ne hauede he neuere drede,
þat he ne sprong forth, so sparke of
    glede.
and lete him knawe of hise handdede,
hw he couþe with wepne spede.
and oþer he refte him hors or wede
95 or made him sone handes sprede
and: 'louerd, merci' loude grede.
he was large and nowicth guede:
hauede he non so god brede
ne on his bord non so god shrede,
100 þat he ne wolde þorwit fede

poure, þat on fote yede,
forto hauen of him þe mede,
þat for vs wolde on rode blede.
Crist, þat al kan wisse and rede,
þat euere woneth in ani þede.
Þe king was hoten Aþelwold:
of word, of wepne he was bold.
in Engeland was neure knicth,
þat betere hel þe lond to ricth.
of. his bodi ne hauede he eyr,
bute a mayden swiþe fayr,
þat was so yung, þat sho ne couþe
gon on fote ne speke wit mouþe.
þan him tok an iuel strong,
þat he wel wiste and underfong,
þat his deth was comen him on,
and seyde: 'Crist, wat shal y don?
louerd, wat shal me to rede?
i woth ful wel, ich haue mi mede:
w shal nou mi douhter fare?
of hire haue ich michel kare:
sho is mikel in mi þouth,
of me self is me rith nowt.
no selcouth is, þou me be wo:
sho ne kan speke, ne sho kan go.
yif scho couþe on horse ride
and a thousande men bi hire syde
and sho were comen intil helde
and Engelond sho couþe welde
and don hem of, þar hire were queme,
an hire bodi couþe yeme:
ne wolde me neuere iuele like.
þou ich were in heueneriche'.
Quanne he hauede þis pleinte ma-
    ked,
þer after stronglike quaked,
he sende writes sone onon
after his erles euereich on
and after hise baruns riche and poure

---

    65 *nach* his *ery. S* menie 66 oþere *Garnett*] here 74 of his soule
S 79 so dide *S*] diden 82 and *steht vor* in 86. 87 he *M*] ke 92 lete]
tete = tehte *St* ‖ knawe *f., erg. S* 113 fo(te) 115 wel *M*] we
132 me] hit? *S* 133 me þou 135 *M ergänzt* he *vor* quaked *und setzt
nach* quaked *einen punkt.*

fro Rokesburw al into Douere.
140 þat he shulden comen swiþe
til him, þat was ful vnbliþe,
to þat stede, þer he lay
in harde bondes nicth and day,
he was so faste wit yuel fest.
145 þat he ne mouthe hauen no rest.
he ne mouthe no mete hete.
ne he ne mouchte no lyþe gete
ne non, of his iuel þat couþe red:
of him ne was nouth. buten ded.
150 Alle. þat þe writes herden.
sorful an sori til him ferden:
he wrungen hondes and wepen sore
and yerne preyden Cristes hore.
þat he wolde turnen him
155 vt of þat yuel. þat was so grim.
þanne he weren comen alle
bifor þe king into the halle
at Winchestre. þer he lay,
'welcome', he seyde, 'be ye ay:
160 ful michel þank kan y yow,
that ye aren comen to me now.'

Quanne he weren alle set
and þe king auedøn igret,
he greten and gouleden and gouen
hem ille,
and he bad hem alle ben stille 165
and seyde: 'þat greting helpeth nouth,
for al to dede am ich brouth.
bute. nov ye sen, þat i shal deye,
nou ich wille you alle preye
of mi douther. þat shal be 170
yure leuedi after me:
wo may yemen hire so longe,
boþen hire and Engelonde.
til þat she be wman of helde
and þat she mowe yemen and welde?' 175
he ansuereden and seyden anon
bi Crist and bi seint Ion,
þat þerl Godrigh of Cornwayle
was trewe man wituten faile.
wis man of red, wis man of dede. 180
and men haueden of him mikel drede:
'he may hire alþer beste yeme,
til þat she mowe wel ben quene.'

XXIX.
AUS DEM CURSOR MUNDI.

Cursor Mundi, a Northumbrian Poem of the XIVth *Century ed. Morris (London 1874 ff) p. 1122 und 1595. hss. Cotton Vesp. A III = C. hs. des Colleye of Physicians in Edinburgh = E, Fairfax 14 in der Bodl. = F, ms. theol. 107 zu Göttingen = G, ms. R 3. 8 des Trinity Colleye. Cambr. = T. mein text folgt in der schreibung E: wenn CEG übereinstimmen. werden etwaige varianten von FT nicht angegeben.*

Saulus soȝte aiquare and prette
al þe cristin. he wiþ mette.
of prince of prestis gat he leue.

and þareon purchaisid he a breue 5
for to sek baþe up ande dune:
if he moȝte finde in ani tun

142 þer S] þe 152 g vor wepen geti'gt 154 wolde erg. S 160 þanke S || y ergänzt M 174 be fehlt, mowe S, der mit M winan st. wman liest 175 þa 176 anon aus onon oder umgekehrt 177 bi Jhesu Crist? S 182 best. verb. S
  XXIX 2 þat all G || þat he GT 3 of prestis] of preste E, of preist G. and prestes F 4 a] þair G, þar C (geändert F) 5 bisek E 6 tun] stun E

cristin man. he suld þaim lede
to Iurselem, to prisun bede.
als he wente þus to seke and aske
10 tilwarde a tune, that hiȝt Damaske,
þe fir of heuin hauis him stund
and braþeli befte unto þe grunde:
blindfelde he was. als he sua lai,
he herde a steuin þus til him sai:
15 'Saul, Saul, þu sai me nu,
quarfore on me sua werrais tu?'
'ande quat ertu, lauerd sua unsene?'
'bot ic hat Iesus Nazarene.
þat tu werrais al, þat tu mai.
20 bot vndirstande, þat i þe sai:
it es to þe oute ouir miȝte
ogain þi stranger for to fiȝte.'
Saul him quoke. sua was he rad,
forglopnid, in his mode al mad.
25 'sai me þan. lauerd, quat i sal do.
þi wil wil i do redi, loo.'
'rise up and gange, þe tun es nere:
quat tu sal do, þare saltu lere.'
þe fole war ferde. þat wiþ him ferde:
30 na man þai saȝ, quat sum þai herde.
of Saul herde þai wel þe steuin,
bot noȝte of þat, þat com fra heuin.
blinde he ras up, als he moȝte,

þat forwiþ þan was blind in þoȝte.
his eien opin baþe hauid he,
and þoȝ a smitte moȝte he noȝt se.
al blind his men to tune him ledde,
and III daiis liuid he þare unfed:
nouþer he ne ete þa III dais time,
na he ne iwis moȝt se a stime.
wiþin þai III niȝte and þre daiis
mikil he lerd, als sum men sais,
of spelling. þat he siþin spac;
for of preching hauid he na make.
In tune of Damnaske þat tim was
a cristin, hiȝte Ananias,
to quam ur lauerd saide in siȝte:
'ga til a strete, þat suagat hiȝte.
in þat hus,' saide he, 'saltu finde
Saul of Tars þare liggand blinde,
liggand laid his heuid dune
ai iþinlic in orisune.'
Ananias him þan ansuerde:
'lauerd', he saide, 'ofte haue i herde
of prisuning tel and of pine,
þat he hauis wroȝte to santis þine,
and pouste hauis to do þaim scam,
til al, þat calis on þi name.'
'do wai,' he saide, 'it nis noȝte sua;
bot, þare i bid þe gange. þu ga.

---

9 seke] speke G, quere T 11 heuin] hell GT || hauis him] þar has him
C, had him G, come in a F, him smot þat T 12 befte] kest C, kest
him GT, him smitin F || to FGT 14 he] and G 15 þu f. ET (F hat
geändert) 16 sua on me G || weirais E (T hat geändert) 18 hat] am GT ||
iesum E 20 bo E 22 þi wranger G þe stranger C (FT geändert)
23 Saulus C || him f. T, þan C 24 forferde T, for gloppning CF || al]
als E, was F 25 þan] þu G, f. FT 26 i redi do nu lo G (FT geän-
dert) 27 and f. E 28 1. sal f. G || here FGT 31 saulus C 32 of þat] þai
sau GT 34 f. þan] bifor FGT 35 bath opin G, liddes open T 36 smitte]
stime G, blenke F (geändert T) 37 his man C, bas men G, men T]
vor him FGT 39 nouþer] noght FGT 39 und 40 ne f. CFGT 42 lered
CT, lernid E, segh F || man E 43 spellis E, spechis F 46 þat hight CF,
man hight (hett T) GT 48 sted C 49 he saide E, f. T 51 lai E, liþ T
52 iþinlic] fast praiand GT 53 þan him G, þen F, hinn T 55 Tel of
pr. EF, Of muchel pr. T 56 don CGT || seruandes GT 57 þaim] all
GT 58 to alle þat F, þat euer GT || apone GT, in F 59 es CG, is FT

þu ga til him: he es me lele,
and of mi chesing he es uessele
for to knaw mi name and bere
baþe bifore king ande kaiser.
baptizing þu sal him bede,
bot of þi lare hauis he na nede:
his maistir of lare i selue sal be.
and mikil sal he þole for me,
himseluc to þole parte of þat pine,
þat he did are to santis mine'.
Ananias soȝte sone þat inne,
and forsaide Saul he fand þarein.
and, quen he laide on him his hende,
'Saul', he saide. 'he me hauis sende,
Iesu, þat him kid to þe
bi wai, to do þe for to se,
wiþin and oute to haue þi siȝte
and haue þe hali gastis miȝte.'
scalis fel fra his eien awai.
and hauid his siȝte forþe fra þat dai.
and, quen he hauid his baptim tane.
he ete and dranke and couerid onane,
to cristin men, als i ȝu tel,
in sinagoge bigan to spel,
and þus sone þan wex he cuþ
wiþ godis wordis of his muþ.

al, þat him herde, him wonderit on.
ilkane saide: 'na es noȝt gion
he, þat we saȝ þis ender dai
gain Iesu name sua fast werrai? 90
and þarfore come he to þis tun
at fotte þe cristin to prisune.'
Saul him couerid in an stunde,
þe iuwis fast gan he confunde
and bad þaim alle to lete and liste, 95
þare was no god, bot Iesu Criste.
sa faste þe iuwis he wiþstode.
þat sare he mengit þaim in mode,
quarefore it was. þai toke þair rede
dernli sone do him to dede. 100
þair redis þarfor gan þai run
wiþ þe kepers of þat tune
nichte or dai to waite þe time.
quen þai moȝte come to murþir him.
þe mair þan dide þe tune be gett, 105
bot Paul it wist, þat he was þrett.
and in a lepe men lete him dune
out ouir þe wallis of þe tune:
wiþoutin ani wonde or wemme
he went him þan to Ierusalem. 110
to þe apostlis he him bede,
bot þai sumdel for him war drede

---

61 gange *E* || he] þu *E* || me] mi *EG* 62 he *f*. *E* 67 i sal selue
E, mi self sal *F*, i shal *T* 69 he self *C* 70 seruandis *GT*, men was *F*
72 saulum *E*, poule *T* || he *f*. *CE* 73 hand *C*, honde *(mit umstellung) T*
75 him] has *G*, him haþ *T* 78 þe *f*. *G* || gast *C* 80 þis *E* 81 and *f*. *ET*
83 men *f*. *CG* || als — 86 muþ] sone wa he cuþe | in sinagoge spel biguþe *E*
84 bigan he *T* 85 and *f*. *T* || þan *f*. *F* || wex þei *T*, wer he *G* 86 word *C*
|| all of *C*. in *T* 87 wonder *C* 88 ilkan þan *C*, and ilkan *G*, and *T* 90 name of
iesu *E* || fast] oft *G*, *f*. *EFT* 91 þarfore] þar *C*, alsua *GT* || he *vor* coom
T, *f*. *E* || unto *E* 92 fett *GT*, focche *F* || cristen men *G* 93 Saulus *C*
|| him *f*. *EGT* 94 fast *f*. *E* 99 it was] þat *G*. *f*. *T* 100 derueli *E*,
derfli *F*, ful derfli *G* || sone *f*. *CET* || to do *CT* || him *vor* to do *C* || to þe
dede *E* 102 all þe *G*, alle þo *T* || þat] þe *E* 103 or *GT*, and *CF*, ouir
E 105 gett] ge *(das übr. beim einbinden weg) E*. keped *C (T geän-
dert)* 106 saul *GT* || it *f*. *FGT* || þrett] þr *(s. zu 105) E* 107 man *E*
108 þat tune *GT* 109 ani *erst vor* wemme *E* 110 him þan *C*] right
þan *G*, þo *T*, him *F*. *f*. *E* || into *EF* 111 sone he *G* 112 war for him
CG, were of him *vor* sumdel *T*

and wende noȝte giet in þat siquare, | talde, hu Crist wiþ him gan mete
þat sikirlic he cristin ware. | and til him spac walcande bi strete,
115 bot Barnabas tiþand þaim talde | and hu he ne blenkid for na blame
and mad þaim of his bunte balde. | in Damaske to spel ur lauerdis nam. 120

XXX.
AUS RICHARD ROLLE DE HAMPOLE.

English Prose Treatises of R. R. de H. ed. by George G. Perry, London 1866. p. 8. vgl. Mätzner, Altenglische sprachproben 2, 126. Thornton MS. (Lincoln Cathedral Library A 5.2) fol. 194 r.

Moralia Richardi heremite de natura apis, vnde est apis argumentosa.

The bee has thre kyndis. ane es, þat scho es neuer ydill and scho es noghte with thaym. þat will noghte wyrke, bot castys thaym owte and puttes thaym awaye. a nothire es, þat, when scho flyes, scho takes erthe in hyr fette. þat scho be noghte
5 lyghtly ouerheghede in the ayere of wynde. the thyrde es, that scho kepes clene and bryghte hire wyngez. thus ryghtwyse men, þat lufes god, are neuer in ydyllnes; for owthyre þay ere in trauayle prayand or thynkande or redande or othere gude doande or withtakand ydill men and schewand thaym worthy to
10 be put fra þe ryste of heuen, for þay will noghte trauayle here. þay take erþe, þat es, þay halde þam selfe vile and erthely, that thay be noghte blawen with þe wynde of vanyte and of pryde. thay kepe thaire wynges clene, that es, þe twa commandementes of charyte þay fulfill in gud concyens, and thay hafe othyre vertus
15 vnblendyde with þe fylthe of syn and vnclene luste.

Arestotill sais, þat þe bees are feghtande agaynes hym, þat will drawe þaire hony fra thaym: swa sulde we do agaynes deuells, þat afforces tham to reue fra vs þe hony of poure lyfe and of grace. for many are, þat neuer kane halde þe ordyre

---

115 þaim tiþand *E*, hem tiþing *T* 119 and *f*. *G* || he *f*. *E* || for] wiþ *E*
120 in *f. CE* || lauerd *C*, goddis *FT*

XXX *die schnörkel am m und* n *und die striche durch* ll *sind nicht beachtet* ⁵wynge *vor* wynde *zu* wynde *gebessert und dann getilgt*

20 of lufe agaynes þaire frendys sybbe or fremede, bot outhire þay
lufe þaym ouer mckill or thay lufe þam ouer lyttill settand thaire
thoghte vnryghtwysely on thaym, or þay luf thaym ouer lyttill, yf
þay doo noghte all, as þey wolde till þam. swylke kane noghte
fyghte for thaire hony, for thy þe deuelle turnes it to wormes
25 and makes þeire saules ofte sythes full bitter in angwys and tene
and besynes of vayne thoghtes and oþer wrechidnes; for thay are
so heuy in erthely frenchype, þat þay may noghte flee in till þe
lufe of Iesu Criste, in þe wylke þay moghte wele forgaa þe
lufe of all creaturs lyfande in erthe; whare fore accordandly Ary-
30 stotill sais, þat some fowheles are of gude flyghyng, þat passes
fra a lande to a nothire, some are of ill flyghynge for heuynes
of body and, for þaire neste es noghte ferre fra þe erthe. thus es
it of thaym, þat turnes þam to godes seruys. some are of gude
flyeghynge, for thay flye fra erthe to heuen and rystes thaym
35 thare in thoghte and are fedde in delite of goddes lufe and has
thoghte of na lufe of þe worlde. some are, þat kan noghte flyghe
fra þis lande, bot in þe waye late theyre herte ryste and delyttes
þaym in sere lufes of men and women, als þay come and gaa,
nowe ane and nowe a nothire; and in Iesu Criste þay kan fynde
40 na swettnes, or, if þay any tym fele oghte, it es swa lyttill and
swa schorte for othire thoghtes, þat are in thaym, þat it brynges
thaym till na stabylnes; or þay are lyke till a fowle, þat es
callede strucyo or storke, þat has wenges, and it may noghte flye
for charge of body: swa þay hafe vndirstandynge and fastes and
45 wakes and semes haly to mens syghte, bot thay may noghte flye
to lufe and contemplacyone of god: þay are so chargede wyth
othyre affeccyons and othire vanytes. — *Explicit.*

---

[20] agaynes] ynesche: *Mätzner behält es und ergänzt dahinter* of
[21] or — lyttil *mit Kölbing zu streichen?*

XXXI.
AUS DAN MICHELS AYENBITE OF INWYT

herausg. von Richard Morris, London 1866, p. 87, 191 u. 238. hs. im Britischen Museum, Arundel 37 fol. 26'r, 59v u. 74v.

Noblesse.

Þe zoþe noblesse comþ of þe gentyle herte. vorzoþe non herte ne is gentyl, bote he louie god: þanne þer ne is non noblesse, bote to serui god an louye, ne vyleynye, bote ine þe contrarie, þet is, god to wreþi and to do zenne. non ne ys ariȝt
5 gentyl ne noble of þe gentilesse of þe bodye; vor ase to þe bodye alle we byeþ children of one moder, þet is, of erþe and of wose, huer of we nome alle uless and blod: of þo zide non ne is ariȝt gentil ne vri. ac oure riȝte uader is kyng of heuene, þet made þet body of þe erþe and ssop þe zaule to his anlycnesse
10 an to his fourme. an, al ase hit is of þe uader ulesslich, þet mochel is bliþe, huanne his children him byeþ ylych, al zuo hit is of oure uader gostlich, þet he wrytinges an he his zondes ne let naȝt ous to somony and bidde, þet we zette payne to by him ilich; and þeruore he ous zente his blissede zone Iesu Crist in to
15 erþe uor to brenge ous þe zoþe uorbisne, huer by we byeþ yssape to his ymage and to his uayrhede, ase byeþ þo, þet wonyeþ ine his heȝe cite of heuene (þet byeþ þe angles and þe halȝen of paradis), huer ech is þe more heȝ and þe more noble, þe more propreliche þet he berþ þe ilke uayre ymage; and þeruore þe holy
20 man ine þise wordle deþ al his herte and al his payne to knawe god and louye and of hire herte alle zenne to wayuye. vor, þe more þet þe herte is clene and þe uayrer, zuo moche he yzyȝþ þe face of Iesu Crist þe more openliche, and, þe more þet he his yzyȝþ openliche. þe more he him loueþ þe stranglaker, þe more he
25 him likneþ propreliche: and þet is þe zoþe noblesse, þet makeþ

---

[1]naȝ(t) [2]to wayny(e). verb. *Stratmann.* towayuye *Varnhagen.*

ous godes zones. and þeruore zayþ riȝt wel saynd Ion þe apostel.
uor þanne we ssolle by godes children. and we ssolle by him
ylich propreliche, huanne we him ssolle yzy, ase he ys, openliche.
þet ssel by ine his blysse, huanne we ssolle by ine paradys; uor
30 hyer ne zyþ non onwryȝe þe nayrhede of god, bote ase hit by ine
ane ssewere, ase zayþ sainte Pauel; vor þanne we him ssolle yzy
face to face elyerlyche.
    Þe zoþe noblesse þanne of man begynþ hyer be grace and
be nertue and is nolueld ine blysse. þise noblesse makeþ þe holy
35 gost ine herte, þet he clenzeþ ine clennesse and alyȝt ine zoþ-
nesse and nolueþ ine charite. þise byeþ þe þri greteste guodes,
þet god yelþ þe angles, ase zayþ saint Denys, huer by hy byeþ
yliche to hare sseppere. and þus workeþ þe holy gost ine þe herten
of guode men be grace and be nertue. huer by hy byeþ ymad to
40 þe ymage and to þe anlycnesse of god. ase hit may by ine þise
lyue. nor he his arereþ zuo ine god and his becleþþ zuo ine his
loue, þet al hare wyl and al hare onderstoundinge is, þet is ....
þet is hare beþenchinge, þet is ywent ine god, þis lone and þis
wylnynge, þet ioyneþ and oneþ zuo þe herte to god, þet he ne
45 may oþer þing wylny. oþer, þanne god wyle (uor hi ne habbeþ
betuene god and ham bote onlepi wyl); and þanne to þe ymage
and to þe anliknesse of god. ase me may habbe in erþe; and þet
is þe gratteste noblesse and þe heȝeste gentilesse, þet me may to
hopye and cliue.
50   A god, hou hy byeþ uer uram þise heȝnesse. þo þet makeþ
ham zuo quaynte of þe ilke poure noblesse. þet hi habbeþ of hare
moder. þe erþe, þet herþ and norysseþ azewel þe hogges, ase
hy deþ þe kinges. and hy ham yelpeþ of hare gentylete. uor þet
hy weneþ by of gentile woze. and þe ilke kenrede hy conne
55 riȝt wel telle, and þe oþre zyde hy ne lokeþ naȝt, huer of ham
comþ þe zoþe noblesse and þe gentil kenrede. hy ssolden loki to
hare zoþe uorbysne Iesu Crist, þet mest louede and worssipede
his moder, þanne eure dede eny oþer man, and alneway, huanne
me him zede: ʿsire, þi moder and þi cosyn þe akseþʾ, he ansue-
60 rede: ʿhuo ys my moder, and huo byeþ myne cosynesʔ huo
þet deþ þe wyl of myne uader of heuene, he is my broþer and

---

    [37] (god) [42] ond. is þet is *auf r., dahinter etwa 20 buchst. r.*
[57] zoþ(e)

my zoster and my moder.' vor þis is þe noble zyde and þe gentyl kende, þer of comþ and wext ine herte zoþe blisse, ase of þe oþren ydele noblesse wext prede and ydele blisse.

Of uertue of merci.

65 Efterward þer wes a poure man, ase me zayþ, þet hedde ane cou, and yhyerde zigge of his preste ine his prechinge, þet god zede ine his spelle, þet god wolde yelde anhondreduald al, þet me yeaue nor him. þe guode man mid þe rede of his wyue yeaf his cou to his preste, þet wes riche. þe prest his nom ble-
70 þeliche and hise zente to þe oþren, þet he hedde. þo hit com to euen, þe guode mannes cou com to his house, ase hi wes ywoned, and ledde mid hare alle þe prestes ken al to an hondred. þo þe guode man yseȝ þet, he poȝte. þet þet wes þet word of þe godspelle, þet he hedde yyolde; and him hi weren yloked
75 beuore his bissoppe aye þane prest. þise uorbisne sseweþ wel, þet merci is guod chapuare; nor hi deþ wexe þe timliche guodes.

Hyer lyþ a tale.

Me ret ine liues of holy uaderes, þet an holy man tealde, hou he com to by monek, and zede, hou þet he hedde yby ane payenes zone, þet wes a prest to þe momenettes; and, þo he wes
80 a child, on time he yede into þe temple mid his uader priueliche. þer he yzeȝ ane gratne dyeuel, þet zet ope ane uyealdinde stole, and al his mayne aboute him. þer com on of þe princes and leat to him. þo he him aksede, þe ilke, þet zet ine þe stole, huannes he com, and he ansuerede, þet he com uram ane londe,
85 huer he hedde arered and ymad manye werren and manye viȝtinges, zuo þet moche uolk weren ysslaȝe and moche blod þer

---

[68]wex(t) [69]u. [71]u *in* cou *auf r*. [71]hi: [75]be(uo)re [82]of þe princes *auf r.*

yssed. þe mayster him acsede, ine hou moche time he hedde þet
ydo, and he ansuerede: 'ine þritti daȝes.' he him zede: 'ine zuo
moche time hest zuo lite ydo?' þo he het. þet ha wer riȝt wel
90 ybeate and euele ydraȝe. efter þan com anoþer. þet alsuo to him
leat, ase þe uerste. þe mayster him acsede, huannes ha com. he
ansuerede, þet he com uram þe ze, huer he hedde ymad manye
tempestes, ncle ssipes tobroke and moche uolk adreynct. þe mai-
ster acsede: 'ine hou long time?' he ansuerede: 'ine tuenti daȝes.'
95 he zayde: 'ine zuo moche time hest zuo lite ydo?' efterward com
þe þridde, þet ansuerede, þet he com uram ane cite, huer he
hedde yby at ane bredale, and þer he hedde arered and ymad
cheastes and strifs. zuo þet moche uolk þer were yslaȝe, and þer
to he hedde yslaȝe þane hosebounde. þe maister him acsede, hou
100 long time he zette þet uor to done. he ansuerede, þet ine ten
daȝes. þo he het. þet he were wel ybyate. uor þet he hedde zuo
longe abide þet to done wiþoute more. ate lasten com an oþer
touore þe prince, and to him he beaȝ. and he him acsede: 'huannes
comst þou?' he ansuerede, þet he com uram þe ermitage, huer
105 he hedde yby uourti yer uor to uondi ane monek of fornicacion,
þet is þe zenne of lecherie, 'and zuo moche ich habbe ydo, þet
ine þise nyȝt ich hine habbe ouercome and ydo him ualle in to þe
zenne.' þo lhip op þe mayster and him keste and beclepte and
dede þe coroune ope his heued an dede him zitte bezide him,
110 and to him zede, þet he hedde grat þing ydo and grat prowesse.
þo zayde þe guode man, þet, huanne he hedde þet yhyerd and
þet yzoȝe, he þoȝte, þet hit were grat þing to by monek; and be
þo encheysoun he becom monek.

---

[83] adreyct, *verb.* M ‖ ma(i)ster [103] he *vor* beaȝ *auf* r. [113] (he)

XXXII.

AUS 'PATIENCE'.

Early English Alliterative Poems ed. by R. Morris, London, 2. aufl. 1869, p. 91. hs. in Br. Mus. Nero A X fol. 83v.

Hit bitydde sum tyme in þe termes of Iude,
Ionas ioyned watz þer inne ientyle prophete:
goddes glam to hym glod, þat hym vnglad made,
with a roghlych rurd rowned in his ere,
65 'rys radly,' he says, 'and rayke forth euen:
nym þe way to Nynyue wythouten oþer speche
and in þat cete my saȝes sogh alle aboute,
þat in þat place at þe poynt i put in þi hert;
for iwysse hit arn so wykke, þat in þat won dowellez,
70 and her malys is so much, i may not abide,
bot venge me on her vilanye and venym bilyue.
now sweȝe me þider swyftly and say me þis arende'.
    When þat steuen watz stynt, þat stowned his mynde,
al he wrathed in his wyt, and wyþerly he poȝt:
75 'if i bowe to his bode and bryng hem þis tale
and i be nummen in Nuniue, my nyes begynes.
he telles me, þose traytoures arn typped schrewes:
if i com wyth þose typynges, þay ta me bylyue,
pynez me in a prysoun, put me in stokkes,
80 wryþe me in a warlok, wrast out myn yȝen.
þis is a meruayl message a man for to preche
amonge enmyes so mony and mansed fendes.
bot if my gaynlych god such gref to me wolde
for desert of sum sake, þat i slayn were.
85 at alle peryles', quod þe prophete, 'i aproche hit no nerre,
i wyl me sum oþer waye, þat he ne wayte after:
i schal tee in to Tarce and tary þere a whyle,
and lyȝtly, when i am lest, he letes me alone'.
    Þenne he ryses radly and raykes bilyue,
90 Ionas, toward port Iaph ay ianglande for tene,
þat he nolde þole for no þyng non of þose pynes:
paȝ þe fader, þat hym formed, were fale of his bele,
'oure syre syttes', he says, 'on sege so hyȝe
in his glowande glorye and gloumbes ful lyttel,

---

62 watz] *M(orris) gibt jedes 3 der handschrift ebenso wider, während ich dafür je nach seiner bedeutung 3 oder z setze* 78 if *f.* 84 for *M*] fof 94 glowande] glwande *M*, g :: wande

XXXII. AUS 'PATIENCE'.

95 þaȝ i be nummen in Xuniue and naked dispoyled,
on rode rwly torent with rybaudes mony.'
þus he passes to þat port his passage to seche:
fyndes he a fayr schyp to þe fare redy,
maches hym with þe maryneres, makes her paye
100 for to towe hym in to Tarce, as tyd as þay myȝt.
then he tron on þo tres, and þay her tramme ruchen,
cachen vp þe crossayl, cables þay fasten,
wiȝt at þe wyndas weȝen her ankres.
sprude spak to þe sprete þe spare bawe lyne,
105 gederen to þe gyde ropes, þe grete cloþ falles,
thay layden in on ladde borde and þe lofe wynnes.
þe blyþe breþe at her bak þe bosum he fyndes.
he swenges me þys swete schip swefte fro þe hauen.
Watz neuer so ioyful a luc, as Ionas watz þenne,
110 þat þe daunger of dryȝtyn so derfly ascaped:
he wende wel, þat þat wyȝ, þat al þe world planted,
hade no maȝt in þat mere no man forto greue.
lo þe wytles wrechche, for he wolde noȝt suffer,
now hatz he put hym in plyt of peril wel more.
115 hit watz a wenyng vnwar, þat welt in his mynde,
þaȝ he were soȝt fro Samarye, þat god seȝ no fyrre;
ȝise, he blusched ful brode, þat burde hym by sure;
þat ofte kyd hym þe carpe, þat kyng sayde,
dyngne Dauid on des, þat demed þis speche
120 in a psalme, þat he set þe sauter withinne:
'o folez in folk, felez oþer whyle
and vnderstondes vmbe stounde, þaȝ ȝe be stape fole:
hope ȝe, þat he heres not, þat eres alle made?
hit may not be, þat he is blynde, þat bigged vche yȝe.'
125 bot he dredes no dynt, þat dotes for elde.
for he watz fer in þe flod foundande to Tarce;
bot i trow, ful tyd ouertan þat he were,
so þat schomely to schort he schote of his ame.
for þe welder of wyt, þat wot alle þynges,
130 þat ay wakes and waytes, at wylle hatz he slyȝtes.
he calde on þat ilk crafte, he carf with his hondes:
þay wakened wel þe wroþeloker, for wroþely he cleped:
'Ewrus and Aquiloun, þat on est sittes,
blowes boþe at my bode vpon blo watteres.'
135 Þenne watz no tom þer bytwene his tale and her dede:
so bayn wer þay boþe two his bone for to wyrk.
anon out of þe norþ est þe noys bigynes:

---

¹²² ȝe] he

when hope breþes con blowe vpon blo watteres,
roȝ rakkes þer ros with rudnyng anvnder,
140 þe see souȝed ful sore, gret selly to here,
þe wyndes on þe wonne water so wrastel togeder,
þat þe wawes ful wode waltered so hiȝe
and efte busched to þe abyme, þat breed fysches,
durst nowhere for roȝ arest at þe bothem.
145 when þe breth and þe brok and þe bote metten,
hit watz a ioyles gyn, þat Ionas watz inne;
for hit reled on roun vpon þe roȝe yþes.
þe bur ber to hit baft, þat braste alle her gere,
þen hurled on a hepe þe helme and þe sterne,
150 furst tomurte mony rop and þe mast after.
þe sayl sweyed on þe see, þenne suppe bihoued
þe coge of þe colde water, and þenne þe cry ryses.
ȝet coruen þay þe cordes and kest al þer oute:
mony ladde þer forth lep to laue and to kest,
155 scopen out þe scaþel water, þat fayn scape wolde:
for, be monnes lode neuer so luþer, þe lyf is ay swete.

XXXIII.
AUS DER ZERSTÖRUNG VON TROJA.

The 'Gest Hystoriale' of the Destruction of Troy ed. by the Rev. Geo. A. Panton and David Donaldson, London 1869 and 1874, p. 1. hs. im Hunterian Museum in Glasgow.

Prologue.

Maistur in mageste, maker of alle,
endles and on, euer to last.
now, god, of þi grace graunt me þi helpe
and wysshe me with wyt þis werke for to ende.
5 off aunters, ben olde, of aunsetris nobill
and slydyn vppon shlepe by slomeryng of age,
of stithe men in stoure, strongest in armes
and wisest in wer to wale in hor tyme,
þat ben drepit with deth, and þere day paste,
10 and most out of mynd for þere mecull age,
sothe stories ben stoken vp and straught out of mynde
and swolowet into swym by swiftenes of yeres

---

141 wrastelt *Wülker* 147 round *M* 152 cloldc, verb. *M* 156 lote? *M*

for new, þat ben now next at our hond.
breuyt into bokis for boldyng of hertis,
15 on lusti to loke with lightnes of wille
cheuyt throughe chaunce and chaungyng of peopull.
sum tru for to traist triet in þe ende,
sum feynit o fere and ay false vnder.
yche wegh, as he will, warys his tyme
20 and has lykyng to lerne, þat hym list after,
but olde stories of stithe, þat astate helde.
may be solas to sum, þat it segh neuer,
be writyng of wees, þat wist it in dede,
with sight for to serche of hom, þat suet after,
25 to ken all the crafte, how þe case felle,
by lokyng of letturs, þat lefte were of olde.
  Now of Troy forto telle is myn entent euyn,
of the stoure and þe stryffe, when it distroyet was.
þof fele yeres ben faren, syn þe fight endid,
30 and it meuyt out of mynd, myn hit i thinke.
alss wise men haue writen the wordes before,
left it in latyn for lernyng of vs.
but sum poyetes full prist, þat put hom þerto,
with fablis and falshed fayned þere speche
35 and made more of þat mater, þan hom maister were:
sum lokyt ouer litle and lympit of the sothe.
amonges þat menye (to myn hym be nome)
Homer was holden haithill of dedis,
qwiles his dayes enduret, derrist of other,
40 þat with the Grekys was gret and of Grice comyn:
he feynet myche fals, was neuer before wroght,
and turnet þe truth: trust ye non other!
of his trifuls to telle i haue no tome nowe
ne of his feynit fare, þat he fore with,
45 how goddis foght in the filde, folke as þai were,
and other errours vnable, þat after were knowen,
that poyetis of prise haue preuyt vntrew:
Ouyde and othir, þat onest were ay,
Virgille þe virtuus verrit for nobill,
50 thes dampned his dedys and for dull holdyn.
but þe truth for to telle and þe text euyn
of þat fight, how it felle in a few yeres,
þat was clanly compilet with a clerk wise,
on Gydo, a gome, þat graidly hade soght,
55 and wist all þe werks by weghes he hade,
that bothe were in batell, while the batell last,
and euþer sawte and assembly see with þere een.

thai wrote all þe werkis wroght at þat tyme
in letturs of þere langage, as þai lernede hade.
60 Dares and Dytes were duly þere namys:
Dites full dere was dew to the Grekys,
a lede of þat lond and logede hom with;
the tother was a tulke out of Troy selfe,
Dares, þat duly the dedys behelde.
65 aither breuyt in a boke on þere best wise,
that sithen at a site somyn were founden,
after at Atthenes, as aunter befell;
the whiche bokis barely bothe, as þai were,
a Romayn ouerraght and right hom hym seluyn,
70 that Cornelius was cald to his kynde name.
he translated it into latyn for likyng to here,
but he shope it so short. þat no shalke might
haue knowlage, by course how þe case felle;
for he brought it so breff and so bare leuyt,
75 þat no lede might haue likyng to loke þerappon,
till þis Gydo it gate, as hym grace felle,
and declaret it more clere and on clene wise.
in this shall faithfully be founden to the fer ende
all þe dedis bydene, as þai done were.
80 how þe groundis first grew (and þe grete hate)
bothe of torfer and tene, þat hom tide aftur.
and here fynde shall ye faire of þe felle peopull,
what kyngis þere come of costis aboute,
of dukes full doughty and of derffe erles.
85 that assemblid to þe citie þat sawte to defend;
of þe Grekys, þat were gedret, how gret was þe nowmber,
how mony knightis þere come and kyngis enarmede,
and what dukis thedur droghe for dedis of were,
what shippes þere were shene and shalkis within,
90 bothe of barges and buernes, þat broght were fro Grese,
and all the batels on bent þe buernes betwene,
what duke þat was dede throughe dyntis of bond,
who fallen was in fylde, and how it fore after.
bothe of truse and trayne þe truthe shalt þu here
95 and all the ferlies, þat fell vnto the ferre ende.
fro this prologe i passe and part me þerwith:
frayne will i fer and fraist of þere werkis,
meue to my mater and make here an ende.

Explicit Prologue.

XXXIV.

ANFANG DES V. BUCHES VON BARBOURS BRUCE.

ausgabe von Skeat I (London 1870) 105.

Þis wes in were. quhen vyntir tyde
vith his blastis hydwiß to byde
wes ourdriffin and byrdis smale.
as thristill and þe nychtingale.
5 begouth rycht meraly to syng
and for to mak in þair synging
syndry notis and soundis sere
and melody plesande to here;
and þe treis begouth to ma
10 burgeonys and brycht blwmys alsua
to vyn þe heling of þar hevede.
þat vikkit vyntir had þame revede,
and all gressis begonth to spryng:
in to þat tyme þe nobill king
15 vith his flot and a few menȝe
(thre hundir, i trow. þai mycht weill be)
wes to þe se furth of Arane
a litill forrow þe evyn gane.
þai rowit fast with all þar mycht,
20 till þat apon þame fell þe nycht.
þat it wox myrk on gret manere.
swa þat þai wist nocht, quhar þai were:
for þai na nedill had na stane,
bot rowit alwayis in till ane
25 stemmand alwayis apon þe fyre,
þat þai saw byrnand licht and schire.

it wes bot auentur. þat þame led.
and þai in schort tym swa þame sped,
þat at þe fyre arivit þai.
and went to land but mair delay. 30
and Cuthbert, þat has seyn þe fyre,
wes full of angir and of ire.
for he durst nocht do it avay.
and he wes alsua doutand ay,
þat his lord suld paß þe se: 35
þarfor þair cummyng vatit he
and met þame at þair ariving.
he wes weill soyne brocht to þe king.
þat sperit at hym, how he had done,
and he with sair hert tald him sone, 40
how þat he fand nane weill willand,
bot all war fais, þat euir he fand,
and at þe lord þe Persy
with neir thre hundreth in cumpany
wes in þe castell þar besyde 45
fulfillit of dispit and pride,
bot mair, þan twa part, of his rout
war herbreit in þe toune þarout,
'and dispisis ȝow mair, schir king,
þan men may dispiß ony thing.' 50
þan said þe kyng in full gret ire:
'tratour. quhy maid þou on þe fyre?'

XXXIV. C = Cambridge MS. (St. John's College vom j. 1487) fol.
34v, E = Edinburgh MS. (vom j. 1489), H = Harts ausgabe 1616.
ich gebe þ für Skeats cursives th an stelle eines handschriftlichen y I were]
ver E 4 thristill] turturis nachträglich E. turtle H 5 meraly] sariely
E, sweetly for H 6 in -- synging] their solacing H 7 syndry] swete E
8 melodys E 11 hevede S(keat)] hede C. hewid E. head H 12 revede]
made H 13 grewis C. gressys E. gersse H 14 in that sweet t. H 16 four
H || weill f. EH 17.18 wes ... gane S] is ... gan E, went ... ar (was
H) gane CH 17 furth] owte E 18 þe f. E 21 it f. EH 24 in till] foorth
in H 25 stemmand] sterand E. steering H || all tyme E 27 þat f. E || þame
ii. getilgtem him C 34 he f. E 35 þe] to E. to the H 41 willand CH]
luffand E 42 euer H, f. E 43 at] þat E || þe lord CE] sir Henry H
47 partis E 48 without E 49 despises H, dyspytyt E 50 despise H, dispyt E

'a schir', he said, 'sa god me se,
þat fyre wes neuir maid on for me,
55 na or þis nycht i wist it nocht.
bot, fra i wist it, weill i thocht,
þat 3he and haly 3our men3he
in hy suld put 3ow to þe se.
forþi i com to meit 3ow her
60 to tell peralis, þat may aper.'
þe king wes of his spek angry
and askit his preue men in hy,
quhat at. þame thoucht. wes best to do.
schir Eduard ferst ansuerd þar to,
65 his broþir, þat wes so hardy.
and said: 'i say 3ow sekirly.
þar sall na peralis, þat may be,
dryve me eftsonis to þe se:
myne auenture heir tak will i,
70 quheþir it be eisfull or angry.'
'broþir', he said, 'sen þou vill sa.
it is gud, þat we sammyn ta
diseß or ese. pyne or play,
eftir as god will vs purvay.
75 and, sen men sais, þat þe Persy
myne heritage will occupy.
and his men3e sa neir vs lyis.
þat vs dispisis mony viß,
ga we wenge sum of þe dispit,
80 and þat we may haf don als tit;
for þai ly trastly but dreding
of vs and of our heir cummyng.
and, pouch we slepand slew thaim all.
repreif vs þarof na nam sall;
85 for veriour na fors suld ma.
quheþir he mycht ourcum his fa
throu strynth or throu sutelte.

bot at gud fath ay haldin be.'
Quhen þis wes said, þai went þare way,
and till þe toun soyn cumin ar thai 90
sa preuely bot noyß making.
þat nane persauit þair cummyng.
þai scalit throu þe toune in hy
and brak vp dures sturdely
and slew all, þat þai mycht ourtak; 95
and þai, þat na defens mycht mak,
full pitwisly couth rair and cry,
and þai slew þame dispitwisly,
as þai, þat war in to gud will
to wenge þe angir and þe ill, 100
þat þai and þairis had to þaim vrocht:
þai with so felloun will þaim socht,
þat þai slew þame euirilkane
outtak Makdowall hym allane,
þat eschapit throu gret slicht 105
and throu þe myrknes of þe nycht.
In þe castell þe lorde Persy
herd weill þe noyis and þe cry;
sa did þe men, þat within wer,
and full effraytly gat þair ger: 110
but off þaim wes nane sa hardy,
þat euir ischyt fourth to þe cry.
in sic afray þai baid þat nycht
till on þe morn, þat day wes licht,
and þan cesit in to party 115
þe noyis, slauchtir and þe cry.
the king gert be departit þen
all haill þe reif amang his men
and duelt all still þair dais thre.
sic hansell to þe folk gaf he 120
richt in þe first begynnyng
newly at his ariwyng.

---

52 on] þan *E* 54 þat| þe *E* ‖ on *f.* *EH* ‖ for] through *H* 55 þis] þe *E*
61 rycht angry *C gegen EH* 67 perell *E* 68 dryve *EH* | draw *C* 71 þat
getilgt *h.* sen *C* ‖ sa *H*] sua *E.* say *C* 73 or *auch vor* pyne *EH* 78 dis-
piß *C*, despises *H.* dispytis *E* 79 we and *E* 80 may we *E* ‖ (haf) *C* 82 and]
or *E* 84 vs *f. E* 85 werrayour *EH.* veriours *C* 88 faith *EH* 97 ceuth] gan
E 98 dispitously *E* 99 in to] in full *E* 101 to *f. E* 102 þai *f. E* 107 þe persi
E 109—112 *EH, f. C* 109 and sa *H* ‖ þat within] with him *H* 110 effraytly]
infrainly *H* 112 and durst ishe foorth to cry *H* 113 effray *E* 116 þe slawch-
tyr *E* 118 reff *E,* spraith *H* 120 þe] þat *E* 122 newlingis *E*

XXXV.
AUS SIR FYRUMBRAS.

Sir Ferumbras edited by Sidney J. Herrtage (London 1879) s. 42. hs.
in Oxford. Ashmole 33, fol. 15 r.

  Torne we aȝen in tour sawes, and speke we atte frome
1105 of erld Olyuer and his felawes, þat Sarazyns habbeþ ynome.
  þe Sarazyns prykyaþ faste away, as harde as þay may hye,
  and ledeþ wiþ hymen þat riche pray, þe flour of chyualarye.
  by hilles and roches swyþe horrible on hur cors þay wente,
  and, er þay come to Mantrible, neuere þay ne astente.
1110 ouer þe brigge þay gunne ride, þat was ful huge of lengthe.
  in þe cite þat nyȝt to abyde, to kep hem þer in strengthe.
  wiþ hure prisouns þay comen in, þat were ytake be chaunce:
  þe draȝtbrigge was drawe vp after hem for drede of þe host of Fraunce.
  sone þay ryse vpon þe morwe, and to Egremoygne þay toke þe way:
1115 god kepe þe prisouns out of sorwe, for carful þay were þat day,
  wanne þay come to þe castel ȝate, hure hornes þay blewe faste:
  þe porter alredi was þer ate and let hym iu an haste.
  Þe heghe amerel, sir Balan, þat was on his halle an heȝ.
  faste þyder þanne he ran, wanne he hymen come yseȝ.
1120 and wiþ hem al so sir Lamazour, a kyng of heþene londe,
  and, wan þay comen doun of þe tour, after tydyngges þay gunne to fonde.
  Bruillant, þe kyng of Mountmirree, of is stede him liȝte adoun,
  þan amyral þanne saluede hee in þe name of sire Mahoun.
  þe amyral of hym axeth sone, wat tydynge þay had ybroȝt:
1125 'tel þou hem me riȝt anone, and for no þyng hele þou noȝt.
  haue ȝe taken duk Roland and Olyuer, his felawe,
  and wyþ Charlis foȝt wyþ hand and hys deþþepers aslawe?'
  'Nay', seyþ he, 'by seynt Mahoun, it is noȝt, as ȝe sayn.
  we buþ discomfyt and sleyn adoun wiþ þe kyng Charlemayn.
1130 and þy sone, sir Fyrumbras, þat fauȝt with a knyȝt of Fraunce,
  be name ne know y noȝt, wat he was, ac þar is betid a chaunce,
  þat Fyrumbras by him ys ouercome, as þay foȝte in felde,
  and to cristendom haþ him nome and to Charlis kyng is ȝelde.'
  Wan þe amyral haþ iherd þe kyng, in sowenyng gan he falle,
1135 ac, wan he awok of his soȝnyng, loude he gan to calle
  and wrong ys hondes and saide: 'alas, ys my sone ynome?
  my ioye ys lost for Fyrumbras: wat man is he bicome?
  Alas, what sorwe haþ he don, þat was so hardy and wiȝt,
  þat he was encombred so for on to yeld him to such a knyȝt?
1140 v. hundred y saw aȝen him gon, and he slow alle in fiȝt,

---

1113 *zweites* of *f.*

and now ys he take among is fon: ylost ys al my miȝt.
and, if he is turnd to cristene lay, alas, þanne is hit wors:
louere me were, by my fay, he were todrawe wyþ hors.'
Þe amyral saide þanne aȝeyn: 'tel me, what is þe knyȝt,
1145 þat was so miȝty man of mayn to ouercome my sone in fiȝt?'
Bruyllant saide: 'so mot y þryue, þes moste man in siȝt.
þat stent ibounde among hem vyne her byfore ȝow riȝt.'
'Aha', quaþ he, 'is þes þe þef? þe deuel him mote forgnaȝe,
þat ouercom my sone, þat was me lef, and broȝt him to is lawe!
1150 by Mahoun, þat is my god in pref, ne schal y noȝt be fawe,
er y sen him haue mischef, anhanged and todrawe.'
Wan þay herd him þrete þus, þe Frenschemen, þar þay stode,
Olyuer saide: 'help, Iesus, þat boȝtest ous wiþ þy blode!
and, felawes', he saide, 'confortiaþ ȝow wel, and for noȝt, þat may befalle,
1155 þat non of ous is name ne tel, anysyeþ ȝow wel with alle.
for, wiste þe ameral sykerly, of þe doþþepers þat we ware,
for al þe gold in cristenty non of ous wolde he spare.
þat we ne scholde to depe gon, be hangid and todrawe,
ouþer be demembrid euerechoun and broȝt of lyues dawe.'

XXXVI.

AUS THE CRAFT OF DEYNG.

Ratis Raving and Other Moral and Religious Pieces ed. by J. Rawson Lumby, London 1870, p. 1. hs. in der universitätsb. zu Cambr. Kk 1, 5 fol. 1.

Sen the passage of this vrechit warlde, the quhilk is callit
dede, semys harde perelus ande rycht horreble to mony men
alanerly for the wnknawlage, at thai have thare of. tharfore this
lytill trety. the quhilk is callyt 'The craft of deyng', is to be
5 notyde and scharply consederyt to thaim, that are put in the fech-
tinge of dede; for to þaim ande to al vthire folk it may awaill
rycht mekle till have a gude ende, the quhilk makis a werk
perfyte, as the ewill end wndois al gud werk before wrocht. the
fyrst chepture of this trety begynnys of the commendacioune of
10 dede. fore ded, as haly wryt sais, is maist terreble of al thing,
that may be thocht. ande, in sa mekle as the saull is mare pre-

---

1142 wers 1156 were
⁵·⁶ fechinge, *verb. Lumby* ¹⁰ sais is mare precioure and worthy (*vgl.* ¹¹) is maist

cious and worthy, than the body, in sa mekle is the ded of it
mare perulus and doutable to be tholyt. ande the ded of synfull
man but sufficiant repentans is euer ill, as the dede of gude men,
how soding or terreble at euer it be. is gude and precious before
gode. for the dede of gnde men is nocht ellis, bot the pasing of
personis. retwrnynge fra banasynge, offputyng of a full hevy byr-
dinge, end of all seknes, eschevyng of perellys, the terme of all
ill, the brekinge of al bandys, the payment of naturell det, the
agan cumynge to the kynde lande ande the entering to perpetuall
ioy and welfare. and tharfor the day of ded o neide men is
better, than the day of thar byrthe. and sa thai, that ar all weill
schrewyne and deis in the faithe ande sacramentis of haly kyrk,
how wyolently at euer thai dee. thai suld nocht dreid thare ded.
fore he, that valde weill de. suld glaidly dee and conforme his
wyll to the wyll of gode; for, sen vs behwys all de o neid and
we wat noþer the tyme nor the sted. we suld resane it glaidly,
that god and nature has ordanyt, and gruche nocht thar wyth.
sen it may nocht be eschewyt. for god, at ordanyt ded, ordanyt
it fore the best, ande he is mare besy fore our gud, than we our
self can ore may be, sen we ar his creaturys and handewerkis.
and tharfore al men, that wald weill de, suld leir to de, the
quhilk is nocht ellys. bot to have hart and thocht euer to god
and ay be reddy to resane the ded but ony murmwr, as he, that
baide the cumyne of his frend, and this is the craft, that al kynd
of man suld be besye to study in, that is to say, to have his
lyf, how velthye or pure that it be, takyne in paciens [that
gode sendis].

---

[14] men? [25] conferme

XXXVII.
AUS JOHN LYDGATES GUY OF WARWICK.

*Sitzungsberichte der phil.-hist. cl. der kais. academie der wiss. LXXIV
s. 661. dort aus O (= Laud 683 zu Oxford). hier sind ausserdem
benützt H = Harley 7333, L = Lansdowne 699 und T = Trinity
Coll. Cambr. R 3. 21.*

59. This thyng confermed by promys ful roiall
passed the boundys and subbarbys of the toun.
at a cros, that stood feer from the wall,
ful devoutly the pilgrym knelith doun
5 to sette a syde all suspecyoun:
'my lord', quod he, 'of feith withouten blame,
your lyge man of humble affeccyoun;
Guy of Warwyk trewly is my name.'
60. The kyng astoned gan chaunge cher and face
and in maner gan wepyn for gladnesse,
and al attonys he gan hym to enbrace
in bothe his armes of royall gentylnesse
5 with offte kyssyng of feithfull kyndenesse,
with grete proffres on the tother syde
of gold, of tresour and of gret rychesse,
withinne his paleys yif he wolde abyde.
61. Alle thes profres meekly he forsook
and to the kynges royall mageste
hym recomaundyng anoon his weie he took.
at his departyng this avouh maad he
5 with pitous wepyng knelyng on his kne
vn to the kyng in full humble entent:
'duryng my lyf, it may noon other bee,
schall i neuer doon of this garnement.'

59, 1 ensurid by promesse and wordis r. *H* 2 þei passid *H* ‖ the
s. a. b. O 3 oute at *H* ‖ feer] for *T* 4 dev.] konyngly (kon 2. *hd. auf r.*)
H ‖ knelyd adowne *HT* 5 all menis s. *H* 8 tr.] sir *H* **60, 1** g. ch.] chaun-
ged *H* 2 g. w.] wepte *H* ‖ for grete gl. *H* 3 and] þan *H* 4 gentylesse *H*
5 w. o. k.] with honde in honde *H* ‖ of] and *L* 6 with *f*. *H* ‖ þat othir
H, the other *T* 7 *zweites* of] and of *H*, and *T* ‖ *drittes* of *f*. *T* ‖ miche
H 8 yf þat *H* **61,** 1 But al þoo profferys Guy þere clene forsoke *H* 2 vnto *H*
3 hym] with *H* ‖ recommaundyd *T* 4 *hinter* 5 *H* ‖ his] þat *H* 5 with]
and *H* 6—8 Duryng Guyes lyf it wil noon oþer be *(bis hierher rot durch-
strichen)* He should neuer were oþer garnamente Til crist ihesu *(so!)* of
mercye and pytee Here in this eorþe have for his soule sent *(die beiden
letzten wörter 2. hd. auf r.)* *H* 6 in] with *L* 8 garlement *L*

62. At ther departyng was but smal langage:
sweem of ther speche made interupcyoun.
the kyng goth hom, Guy took his vyage
toward Warwyk, his castell and his toun.
5 no man of hym hauyng suspecyoun,
where day be day Felyce, his trewe wyf,
fedde poore folk of greet devocyoun
to praie for hir and for hir lordys lyf
63. Thrittene in noumbre, myn auctour writeth so.
Guy at his comyng forgrowe in his vysage,
thre daies space he was oon of tho,
that took almesse, with humble and louh corage:
5 thankyng the contesse in haste took his viage.
nat fer fro Warwyk, the cronycle doth expresse,
of aventure kam to an hermytage,
where he fond on dwellyng in wyldirnesse.
64. To hym he drouh besechyng hym of grace
for a tyme to holde there soiour.
the same hermyte withinne a lytel space
by deth is passed the fyn of his labour;
5 affter whos day Guy was his successour
space of too yeer by grace of Cryst Iesu
dauntyng his flessh by penaunce and rigour,
ay more and more encresyng in vertu.

62, 1 but] ful *L* 2 sw. of th. s.] þeire hevinesse *H* ‖ swem *am
rande von ds. hand (im text s und dahinter eine lücke) T* ‖ þinterrup-
cioune *H* 3 went *T* ‖ took] to *H* 5 man] weyght *H* ‖ hauyng *vor* of *T*
8 lyffe 2. *hd. auf r. H* **63,** 1 my *O* ‖ telleþe *H* 2 erstes his *f. H* 3 by
three *H* 5 in h. t.] made þane *H* 6 from *L*, frome *H* ‖ W.] thens *H*
64, 1 hym] whome *H* 2 as for *H* ‖ there] with him *H* 3 same *f. H* ‖
a *f. H* 4 ende *H* ‖ his] thys *T* 5 whos d.] whome *H* ‖ day] dethe *T* ‖
his] þer *H* ‖ socour *T* 6 wo von two 2. hd? auf r. L* ‖ grace 2. hd. aus
space *T* 8 euer *T*

XXXVIII.

EIN LIED JACOB RYMANS.

Hs. Ee. I 12 der universitätsbibliothek zu Cambridge. vgl. bericht über die sitzung der Berliner gesellschaft für d. stud. d. neueren sprachen vom 29. jan. 1889 (Herrigs Archiv).

Ortus est sol iusticie
ex illibata virgine.

Thre kingis on the XII{th} daye
stella mirante preuia
vnto Betheleem they toke theire way
tria ferentes munera.
5 hym worshyp we now borne so fre
ex illibata virgine.

They went alle thre that chielde to se
sequentes lumen syderis,
and hym they founde in raggis wounde
10 in sinu matris virginis.
hym worship we now born so fre
ex illibata virgine.

For he was king of mageste,
aurum sibi optulerunt.
15 for he was god and ay shal be.
thus deuote prebuerunt.
hym worship we now born so fre
ex illibata virgine.

For he was man, they gave hym than
20 mirram, que sibi placuit.
this infant shone in heven trone,
qui in presepe iacuit.
hym worship we nowe borne so fre
ex illibata virgine.

Warned they were, these kingis, tho 25
in sompnis per altissimum,
that they ayene no wyse shuld go
ad Herodem nequissimum.
hym worship we nowe born so fre
ex illibata virgine. 30

Not by Herode, that wikked knyght,
sed per viam aliam
they be gone home ageyn full right
per dei prouidenciam.
hym worship we now borne so fre 35
ex illibata virgine.

Ioseph fledde thoo, Mary also
in Egiptum cum puero;
where they abode, till king Herode
migrauit ex hoc seculo. 40
hym worship we now born so fre
ex illibata virgine.

That heuenly king to blis vs bringe,
quem genuit puerpera,
that was and is and shall not mys 45
per infinita secula.
hym worship we nowe borne so fre
ex illibata virgine.

[15]and bis be *auf r.* [25]tho] thre (re *auf r.*)

WÖRTERBUCH.

A.

a, ne. ah ach. o.
a s. àn, òd, of, on.
â, aa, me. a, o, oo, adv., immer, stets.
ǽ, me. e, st. f., zeit, leben, durch die zeit befestigte einrichtung, sitte, gesetz, ehe, bibel, testament, religion. glaube.
aa s. â.
aac s. ac.
abbay, ne. abbey abtei.
abbudisse, schw. f., äbtissin.
abeh s. âbûgan.
âberan, me. aberen, ne. vulg. abear, prät. merc. âber, st. v. Ib, ertragen.
âbidan, me. abide, abyde, 3. sg. prs. ind. abit, ne. abide, prät. me. abode, part. me. abide, st. v. II, erwarten, warten, bleiben.
abiggen s. âbycgan.
âbítan, me. abite, st. v. II, erbeissen, zerreissen.
ablendan, prät. âblende, me. ablende, schw. v. Ib, blenden.
abode s. âbidan.
abot, ne. abbot abt.
aboute s. onbûtan.
above s. abufan.
âbregdan, prät. âbrægd, me. abreide. st. v. Ic, wegreissen, rasch entfernen, ausholen (zum schlage).
abufan (Laud-hs. der Sachsenchr. zu 1090), above, ne. above oben, über. darüber.
âbûgan. me. abuȝe, abouwe, prät. abeh, st. v. III, sich beugen.
abuten, abuton s. onbûtan.

âbycgan, me. abiggen, ne. (va.)abuy, schw. v. Ib. bezahlen, büssen.
abyde s. âbidan.
æbylgdu, merc. ebylgdu, f., empörung.
abyme abgrund.
ac, ah, me. ac, acc, hac, ah, ach, ?aac, conj., aber, sondern; abne fragewort.
æc s. êac.
accordandly, ne. accordingly übereinstimmend, demgemäss.
æce s. êce.
âcêlan, me. akele, schw. v. Ib, abkühl'en.
âcennan, prät. âcende. me. akenne, schw. v. Ib, erzeugen, gebären.
âcerran, imper. âcer, schw. v. Ib, abwenden.
æch s. ǽlc.
acsen s. âscian.
âcwedan, prät. âcwæd, part. nh. âcwœden, me. aqueden, st. v. I a, aussprechen, sprechen, nennen.
âcwellan, prät. âcwealde, me. acwelle, schw. v. Ib, töten, umbringen.
âcwencan. me. aquenche, schw. v. Ib, auslöschen.
âcweorna, me. aquierne, schw. m., eichhörnchen, me. eichhörnchenfell, -pelz.
âd, me. ad, od, st. m. (selten n.), scheiterhaufen.
âd, me. ath, oþ, ne. oath, st. m., eid.
ædèavde s. ætẏwan.
ædele, æþþile, me. aþele, aþel, haþel, haitbill, adj., von guter geburt,

æðeling — âgan.

edel, adelig, vornehm; me. auch
subst. mann, ritter.
ædeling, eadeling, me. apeling. st.
m., edler, vornehmer mann, prinz.
ædgeadre s. geador.
âdihtian, prät. âdihtode, me. adihten,
adi3t, schw. v. II, verfassen.
âdilgian, me. adili3ien, part. pass.
pl. âdilgade, schw. v. II, tilgen.
ædlêan s. edlêan.
ædm, me. epem, st. m., atem.
adrad s. ondrædan.
ædre, adv., sogleich.
adreden, s. ondrædan.
âdrencan, me. adrenche, part.
adreynct, schw. v. Ib, ertränken.
adun s. dûn. afanded, âfandian
s. âfondian.
afara s. eafora.
âfæran, merc. âferan, âfîran?, me.
aferen, affere, part. me. afferid,
ne. (va.) afeard, schw. v. Ib, erschrecken.
æfæst, adj., fromm.
æfæstniss, st. f., frömmigkeit, religion.
âfeallan, prät. âfêoll, part. âfeallen,
st. v. V, durch fallen töten,
erschlagen, verfallen.
Afen und Afene, me. Avene, ne.
Avon, f., flussname.
æfen, merc. êfen, nh. êfern, me.
even, evyn, ne. even. eve, st. n.
m., abend.
æfentîd. me. eventid, ne. eventide.
st. f., abendzeit, abend.
affeccyon, affeccyoun. ne. affection
zuneigung. neigung, liebe.
afferid s. âfæran.
afforce anstrengen.
affter. affterr s. æfter.
âfindan, me. afinden, st. v. Ic,
finden, erhalten.
afirde wohl für âfêrde, s. âfæran.
âflýman, me. avleme, schw. v. Ib,
in die flucht schlagen, verjagen.
æfnung, me. evenyng. ne. evening.
st. f., abend.
âfòn, me. avon, imperativ avouh.
st. v. V, empfangen.
âfondian. âfandian, me. afandien,
part. pass. âfandad (verschrieben
afandan), me. afonded, schw. v. II,
versuchen, erproben.
afora s. eafora.

âforhtian, prät. âforhtode, schw. v.
II, in furcht geraten, erschrecken.
afray, effray, ne. affray, fray
schrecken.
æfre, me. ævre, efre, evre, evere,
hevere, ever. evir, ne. ever, adv.,
jemals; immer. zusammensetzungen
æfre ælc, me. evre elc, ævric,
ævrich, everich, evereich, everi, ne.
every; me. evere(i)cho(u)n, everuychone,
evirilkane, ne. every one
jeder; me. ævreumwile von zeit
zu zeit; me. evrema, evermore,
ne. evermore immer, für immer.
æftan, adv., von hinten, hinten.
æfter. merc. efter, me. æfter. affterr,
affter, after. aftur, efter, eftir, ne.
after, adv., nachher, später; präp.,
nach, hinter, gemäss: æfter Samsone
um S. zu fangen, efter eche
strete auf jeder strasse, eftir gold
um gold zu erpressen, æfter þan
hernach. þer after. efter þon darnach;
affterr þatt(tatt) nachdem;
æfter ðan þe, efter dan þet. efter
þet je nachdem; eftir as god will
wie gott will.
æfterfylgend. sb. part., nachfolger.
æftersôna, eftersôna, nh. adv.,
bald, nachher, widerum.
æfterspyrigean, schw. v. Ia,
auf der spur nachgehen, folgen.
æfterweard, me. efterward, aftirward,
ne. afterward, adj. und adv..
später, nachher, ferner; mit
weorðan oder bêon, ben einem
nachkommen, hinter einem her sein,
suchen.
aftur s. æfter.
âfyrhted, pl. âfyrhte, me. afri3t.
ne. va. affright, part. pass., erschreckt.
æg, gen. pl. ægera, mc. ei (ne. egg =
altn. egg), st. n., ei.
âgæfe s. âgiefan. a3aines s.
ongegn.
âgan. me. a3en, owen, owe, ne. owe,
präteritopräs.; präs. sg. âh, me.
ah, ouh; pl. âgon, me. a3en. owen,
owe; prät. âhte, me. ahte. ne.
ought; haben, besitzen, mit inf.
müssen, sollen; altes part. pass.
zum adj. geworden âgen, me. a3en.
a3e, oghe, owun, owe, ne. own
eigen.

ágàn. *part.* ágàn. *me.* agon. *ne.* ago, *defect. v.. hingehen, weggehen, (mit ût) hinausgehen, vergehen.*
agan. agane. agænes. agaynes *s.* ongegn.
ægder *s.* êghwæder.
age, *wie ne., alter.*
aȝe. aȝen *s.* âgan. aȝcan *s.* ongegn.
ágefe *s.* âgiefan.
agen. aȝen, aȝens *s.* ongegn.
ágend, *sb. part., besitzer.*
àgêotan, *me.* aȝeoten, *st. v. III, ergiessen, ausgiessen.*
ægera *s.* æg.
ágêtan. *part.* âgêted, *schw. v. Ib, verletzen.*
ageyn *s.* ongegn.
aȝȝ *s.* ai.
æghwâ, êghwâ, *dat.* êghwæm. *pron.. jeder.*
æghwæder. ægder, *me.* æider, eider, aither. eußer. *ne.* either. *pron., jeder von beiden, beide;* ægder gê... gê. *me.* æider (eider, eußer) ... end *(and) sowohl als auch.*
æghwær. *me.* aihwar. aiquare, *adv.. überall.*
æghwilc. êghwyle, *pron., jeder.*
àgi(e)fan. âgefan. âgæfan. *prät.* âgeaf. âgeâfon. *part.* âgifen, *me.* aȝíven, *st. v. Ia, übergeben, darbringen, widergeben, ausrichten.*
ægsa *s.* egesa.
àgyltan, *me.* agulten, *part.* agult, *schw. v. Ib, sündigen, durch sünde beleidigen.*
ah *s.* ac, âgan.
aha, *ne.* aha *aha!*
âhebban. *prät.* âhôf. *part.* âhafen, *me.* ahebbe. *st. v. IV, erheben, in die höhe heben.*
àhieldan. kent. âbeldan, *part. pass.* âheld. *schw. v. Ib, neigen, ablenken.*
ahne *s.* ac.
àhôn, *prät.* âhêng, *part.* âhangen. âhongen. *me.* ahonge, *st. v. I*, *aufhängen, kreuzigen.*
âhréddan, *part.* âhreded, *me.* aredde, *part.* ared, *schw. v. Ib, erretten.*
àhrinan. *me.* arine, *st. v. II, berühren.*
ahsian *s.* âscian. aht *s.* âwiht.
æht, *me.* æhte, ehte, echte, eitte, auȝt, *st. f., eigentum, besitz, ver-*

mögen, habe. *geld; for non* auȝt *um keinen preis.*
ahte *s.* âgan.
æhtu *s.* eahta.
âhŷdan, *part. pass. pl.* âhŷdde, *schw. v. Ib, verbergen.*
ai. ay. aȝȝ. *ne.* ay, aye *immer.*
æider *s.* æghwæder.
æie *s.* ege.
aihwar. aiquare *s.* æghwær.
aise. hayse, ese. *ne.* ease *behagen, lust, ruhe.*
aithers. êghwæder. akelþ *s.* âcêlan.
aksen *s.* âscian.
al. æl *s.* eall. alane *s.* ân.
alær. *me. ne.* alder, *st. m., erle.*
alas, *ne.* alas *ach, weh!*
ælc. *me.* ælch. elc, elch, helch. ǣch, ech. ealch, ilch. yche. uche, *ne.* each. *pron., jeder;* ilkane *ein jeder.*
ald *s.* eald.
ælde *s.* ielde.
aldor *s.* ealdor. ældrene, ældrum *s.* eald. ale *s.* ealu.
âlecgan, *prät.* âlegde. âlêde, *part.* âlegd. âlêd. *me.* aleggen, *part.* aleigd. *schw. v. Ib, hinlegen, beilegen.*
æled, *me.* eld. *st. m., feuer.*
alese. âlêsed *s.* âlŷsan.
alesten = a lesten.
alife, alive *s.* lif. all *s.* eall.
ællefne *s.* endlufun. alls *s.* ealswâ.
ælmesgeorn, *me.* elmesȝeorn, *adj., mildtätig.*
ælmesse, *me.* elmesse. almesse, ælmes. *ne.* alms, *schw. f., almosen.*
alueway *s.* ealneg.
alod *s.* ealu.
aloft, *ne.* aloft *in der höh, in die höh.*
alone *s.* ân.
alredi. *ne.* already *bereit.*
als, alse, also *s.* ealswâ.
alsuic *s.* eall *und* swele. alswa *s.* ealswâ.
always *s.* ealneg.
âlŷhtan, *me.* alyȝte, *ne.* va. alight, *schw. v. Ib, erleuchten.*
âlŷsan. *kent.* âlêsan, *me.* alesen, *schw. v. Ib, erlösen, befreien.*
alzuo *s.* ealswâ. alþer *s.* eall.
am, æm *s.* êom. amang *s.* gemong.
âmânsumian *(vgl.* mânsumung *Ælfr.* Hom. 1, 370), *me.* amansien, manse, *schw. v. II, aus der ge-*

âmæstan — aren.

meinschaft ausschliessen, excommunicieren, verfluchen.
âmæstan, 3. sg. präs. ind. kent.
âmest, schw. v. Ib, mästen.
ambeht s. ombiht.
ame, ne. aim ziel.
ameral, amerel, amyral, ne. admiral admiral, sultan.
among(e), -es s. gemong. an s. on, ond. unnan.
ân, me. an, ane, on, one, oon, o, a, ne. one, a. zahlwort und unbest. art.. ein, einzig. he ane er allein; on Gydo ein gewisser G.; ore = ae. âure (dat. fem. sg.); anne. cnne = ae. ânne, ænne (acc. m. sg.). me. in till ane in einem fort. me. al one. all ane, ne. alone allein; davon adv. alanerly nur.
anan s. on.
anbîdincges s. onbîdan.
ancor, me. anker. pl. ankres, ne. anchor, st. m., anker.
ancummum nh. gloss. per singula.
and, ænd s. ond. and- s. on-, ond-. ande s. ond, onda. ane s. ân.
æne, me. ene, enes, ne. once, adv., einmal. me. attonys, ne. at once zugleich.
angel, aungel, pl. angles, ne. angel engel; vgl. engel.
ængel s. engel.
Angel- s. Ongel-.
angir, ne. anger kummer, ärger, zorn, unwille.
angry, ebenso ne. kummervoll, ärgerlich, zornig.
angwys, ne. anguish bedrängnis, kummer, angst.
anhange, part. pass. anhanged, anhängen, hängen.
anhete s. onhætan.
anhondr- s. hundr-.
ænig, me. æni, eni, eani, eny. aniȝ, ani. any, ony. ne. any, pron., irgend ein, irgend welch, einig. ænig monn, me. æniman irgend jemand.
anker s. ancor.
ânlâpum s. ânlêpe.
ânlêpe, auch ânlêpig, me. onlepi, adj., vereinzelt, einzeln, cinziȝ. davon nh. dat. pl.? ânlâpum per singula.
anlik-, anlyk- s. onlîc-. annd s.

ond. anon s. on. another s. ân und ôder.
anouȝ s. genôh.
ansiene, ansŷn, ansyne s. onsîen.
ansuer-, answer- s. ondswarian. ant s. ond.
anunder s. under.
ânunga, adv., ganz und gar.
anuppe, -on s. on.
anweald s. onweald.
aper, ne. appear erscheinen, sich zeigen.
apon s. ûp.
apostol. postol, me. apostel, posstell, pl. apostles, apostlis, posstless, ne. apostle, st. m., apostel.
aproche. ne. approach sich nähern.
aquenche s. âcwencan.
aquierne s. âcweorna.
ar s. eart.
âr. me. are, ore, bore, st. f., ehre, huld, gnade. mitleid.
âr, st. m., bote.
âr, me. ore, ne. oar, st. f., ruder.
ǣr, me. ær, er. her, ar, or, arc. ne. ere, früher (vgl. Shakspere) auch ore, or. adv., eher. früher. vordem; präp., vor; conj. (voller ǣr dǣm de, ær þâm þe, me. ær þann) ehe, bevor.
âræcan, me. arechen, schw. v. I b, erreichen. erfassen.
ârædan, kent. âredan, me. areden, schw. v. I b, lesen.
âræman, schw. v. I b, erheben, sich erheben.
âræran, me. arere, schw. v. I b, erheben, errichten; me. laȝhe ar. geben, werren ar. anstiften.
ærcebiscep, me. archebishop, ne. archbishop, st. m., erzbischof.
archangel, ne. archangel erzengel.
ard s. eart.
ǣrdagas, me. aredawes, st. m. pl., frühere tage, vergangenheit, vorzeit.
are s. eart.
ârecceаn, me. arecchen, schw. v. I b, auseinandersetzen. erklären, übersetzen; part. âreaht erstaunt.
ared s. âhreddan. aredawes s. ǣrdagas.
ârefnan merc., prät. ârefnde, schw. v. Ib, ertragen.
arelies s. ârlêas. aren s. eart.

ǽrende — æt. 117

ǽrende, me. arende, ne. errand, st. n., botschaft, auftrag, anliegen.
ǽrendgewrit. st. n., schriftliche botschaft, brief.
ǽrendwreca, schw. m., bote, gesanter.
arest. ne. arrest hemmen, halten. anhalten, bleiben.
ǽrest. nh. ǽrist, me. erest, ne. erst. superl. adj. und adv., der erste, zuerst.
ǽretan, schw. v. I b, erfreuen.
ǽrfæst, adj., gnädig.
ǽrfæstniss. st. j., frömmigkeit.
ǽrfore, adv., vorher, früher.
ǽrhwæt, adj., ehrgierig.
arȝt s. riht. arinen s. ábrinan.
árísan. me. arisen. ne. arise, prät. áráś. st. v. II, sich erheben, aufstehen, auferstehen.
ǽrist, me. ariste, st. f. auferstehung.
arive, prät. arivit. ne. arrive landen, ankommen.
ariving, ariwyng, ne. arriving landung, ankunft.
árléas. me. arelies, adj., unbarmherzig.
ǽrlíce. nh. ǽrlíce. me. erlich, ne. early. adv., früh.
arm s. earm.
armes. ne. arms waffen.
ǽrmorgen, nh. ármorgen, me. armorwe. st. m., früher morgen.
arn s. eart, eornan.
ǽrnemergen. -morgen (on ǽrnem.. me. on ernemarȝen, on arnemorwe am frühen morgen) wohl aus ǽrmorgen, -mergen entstellt; vgl. se ǽrnemorgen (-mergen) bei Ettm. 56. Leechd. 3, 244.
art s. eart.
arun s. eart.
ærwe s. earh. as s. ealswâ.
ǽs, me. es, ees, st. n., aas, leichen.
ásǽgd s. ásecgan. ásald s. ásellan.
ascapen s. escapen.
áscian, áhsian, áxsian, me. axien, escen, aksen, acsen, aske, axe, ne. ask; prät. áhsode, me. escade, aksede, acsede, askit, schw. v. II, fragen, suchen.
æscplega, schw. m., lanzenspiel, kampf.
áscunian, prät. áscunode, me. aschonne, schw. v. II, vermeiden, verabscheuen, hassen.

ase s. ealswâ.
ásecgan. part. ásægd, schw. v. I b, vollständig sagen.
ásellan. part. nh. ásald, schw. v. I b, übergeben.
ásendan, schw. v. I b. schicken.
ásettan, part. áseted, nh. auch ásetted. schw. v. I b, hinsetzen, hinlegen.
aside s. side.
ásingan. prät. ásong, pl. ásungon. st. v. I c, absingen, vortragen.
ásíwan, part. Ép. ásiuuid, schw. v. I b, nähen.
aske s. áscian.
ásléan. me. aslee, part. áslagen, me. aslawe, st. v. IV, erschlagen.
áspringan. me. aspringen, prät. pl. ásprungun, st. v. Ic, ausgehen, versagen.
assa. me. asse. ne. ass. schw. m., esel.
assemble. wie ne., sammeln. sich versammeln.
assembly. wie ne., versammlung.
astate, ne. estate stand, rang, hoher rang.
æstel, st. m., lesezeichen.
ástellan. prät. ástealde, nh. ástelidæ. schw. v. I, hinstellen, gründen.
astente s. ástyntan.
ástígan. me. astiȝe. astye. prät. ástág. ástáh, me. astah, pl. ástigon, -un, st. v. II, herabsteigen, einsteigen, aussteigen.
astone. vgl. ne. astonish; daneben me. astunien, astoun, ne. astound betäuben, erstaunen.
æswíc, merc. eswíc (oder -i- ?), st. m. oder n.?, ärgernis.
ástyntan, me. astente, me. prät. astente, schw. v. I b, einhalt tun, halt machen.
áswebban, part. áswefed, schw. v. I, einschläfern. töten.
æt. me. æt, et, at. att, ne. at, adv., herzu, heran. hinzu, hinan; präpos., an, zu, bei, in, (bei'empfangen, lernen' usw.) von; at alle peryles mag daraus werden, was will. me. atte, ate = at þe; me. conjunction = dass; quhat at was, how.. at ever wie auch immer; the wnknawlage, at thai have die unkenntnis, die sie haben; vor inf., wie to.

æ̂t s. etan.
æ̂t, me. æ̂te, ete, st. m. und f., essen, frass.
ætbrédan. prät. sg. ætbrǽd, st. v. Ic, entfernen, wegnehmen.
âte, Ep. âtæ, me. ôte, ne. pl. oats, schw. f., hafer.
ætêawan. ætêava. ætêowan, ætêuwa s. ætýwan.
æted s. etan.
ateliche s. eatollic.
âtêon, prät. sg. âtêah, pl. âtugon, st. v. III, wegziehen, abziehen, erziehen.
ætforan. me. etforen. adv. und präp., vor.
ætgadere. -gædere. -geadre s. geador.
ath s. âd.
æthrînan, me. atrine. st. v. II, anrühren.
æththa s. odde.
âtor, me. ne. dial. atter. st. n., gift.
ætsamne, -somne s. somen. att, atte s. æt. atter s. âtor.
attonys s. æne. âtuge s. âtêon.
ætýwan. ætêawan, ætêowan. nh. ætêava, ætêuwa. prät. ætýwde, ætêowde, nh. auch ædêavde, eatdêavde, ætênwde, schw. v. I b, zeigen, offenbaren.
auctour, ne. author gewährsmann, verfasser.
auʒt, s. æ̂ht.
aungel s. angel.
aunsetre. ne. ancestor vorfahr.
aunter s. aventure.
auter, ne. altar altar.
availe, awaill. ne. avail nützen.
avard s. âweordan.
avay s. weg. aveden s. habban.
Avene s. Afen.
aventure, aventur, aunter, ne. adventure ereignis, abenteuer; zufall, was einen trifft; of av. zufällig.
avleme s. âflýman.
avouh, ne. veraltet als subst. avow gelübde.
avouh s. âfôn.
avrât s. âwrîtan.
ævre, ævreunmwile, ævric(h) s. æ̂fre.
avysyen, ne. advise refl. sich in acht nehmen.

âwacan?. me. awaken, ne. awake, prät. me. awok, st. v. IV, erwachen, zu sich kommen.
âwǽgan, schw. v. I b, unerfüllt lassen, aufheben.
awai, away s. weg. awaill s. availe. awæl- s. âwyl-.
âwdor. âdor, me. ouþer, oder, oþer, other, owthyre, outhere, or. ore. ne. or, urspr. pron., einer von zweien, me. oder dis eines von diesen zwei dingen, me. conj. oder und verdoppelt entweder ... oder.
âweccan, prät. u. pl. part. pass. âwehte, me. awecche. schw. v. I b, erwecken, ermuntern.
aweg, awei s. weg.
awelte s. âwyltan.
âwendan, prät. âwende, me. awende. schw. v. I b, übersetzen.
âweordan, prät. nh. âward, âvard, part. âworden, st. v. I c, werden, geschehen.
âweorpan, me. aweorpen, part. pass. âworpen, st. v. Ic, herabwerfen, niederschlagen.
awey s. wey.
âwiht, me. aht, ohht, oghte, ne. aught, ought, pron., etwas.
âwirigan, part. âwiriged, schw. v. I b, verfluchen.
æwiscmôd, adj., mit beschämtem sinne.
âwreccan, prät. âwrehte, me. awrecche, schw. v. I b, wecken.
âwrîtan. nh. fl. inf. âvrîttenni, me. awrite, prät. nh. âviât, part. âwriten. ânuriten, nh. âvritten, st. v. II, aufschreiben, schreiben.
âwyltan, nh. âwælta. me. awelten, schw. v. I b, wegwälzen.
âwylwan, merc. âwælwan, prät. âwylede, merc. âwælede, schw. v. I, wegwälzen.
awyten, prät. awyste, merken.
axe, axien, âxsian s. âscian.
ay s. ai.
aye, ayene s. ongegn.
ayere, ne. air luft.
aze s. ealswâ.
âdennan, me. athenne, schw. v. Ia, ausstrecken.
âþiostrian merc., me. aþeostrien, aþestrien. part. pass. pl. âþiostrade, schw. v. II, verdüstern, verfinstern.
æþþile s. ædele.

bâ — bêcnia. 119

B.

bâ *s.* bêgen.
bæc, *merc.* bec, *me.* bac, bak, *ne.* back, *st. n., rücken.*
bad, bæd *s.* biddan.
bæd, *me.* bæd, *ne.* bath, *st. n., bad.*
bædan. *part.* gebæded, *schw. v. I b, zwingen, nötigen.*
bade, baþe, bathe, boþe, boþen, bothe, *ne.* both *beide;* b.... and *sowohl als auch.*
badian, *me.* badie, *ne.* bathe, *schw. v. II, baden.*
bædon *s.* biddan.
baft *s.* beæftan. baide *s.* bîdan.
bak *s.* bæc.
bakbitere, *ne.* backbiter *verleumder.*
bæl. *me.* bal, *st. n., feuer, scheiterhaufen.*
balde *s.* beald. baldelike *s.* bealdlîce.
bŵlfȳr, *st. n. scheiterhaufenfeuer.*
bân, *me.* boon, *ne.* bone, *st. n., bein, knochen, gebein.*
banasynge, *ne.* banishing *verbannung.*
band *s.* bond.
baptim, *ne.* baptism *taufe.*
baptise, baptize, *ne.* baptize *taufen; davon vb.-sb.* baptizing *taufe.*
bar *s.* beran.
bær, *me. ne.* bare, *adj.. nackt, leer, bloss, schmucklos.* twa bare tide *bloss zwei stunden,* for ane bare sunne *bloss wegen einer sünde.*
bêr, *Ep.* beer, *me.* bere, *ne.* bier, *st. f. bahre, sänfte.*
barely *s.* bærlîce.
barg *s.* beorgan.
barge, *wie ne., barke.*
bærlîce, *me. ne.* barely, *adv., nackt, lediglich, ohne weiteres.*
barn *s.* bearn. bæron *s.* beran.
bærnan, *me.* brenne *(prät.* brende, *part.* brent; *vgl. altn.* brenna), *ne.* burn, *schw. v. I b, verbrennen.*
barun, *ne.* baron *baron.*
bæsten, *me.?, ne.* basten, *adj., aus bast gefertigt.*
bât, *me.* bot, boot, bote, *ne.* boat, *st. m., boot, fahrzeug.*
bætan, *schw. v. I b, aufzäumen.*
batell, batel, *ne.* battle *kampf, schlacht.*

bathe *s.* baðe.
bawelyne, *ne.* bowline *buleine.*
bayn *bereit.*
baþe *s.* baðe.
baþiere *badewanne.*
be *s.* bêon, bî.
beado, *st. f.. gen.* beaduwe, beadowe, *kampf.*
beadowæpen. *st. n., kampfwaffe.*
beadoweorc, beadu-, *st. n., kriegswerk.*
beæftan, *me.* biaften, baft, *ne. va.* baft *(vgl. ne.* abaft), *adv., hinten; präp., hinter.*
beaȝ *s.* bûgan.
bêah, bêag, *me. pl.* beies, *st. m., ring.*
bêahgifa, -gyfa, bêag-, *schw. m., ringgeber.*
bêah'hroden, *adj., ringgeschmückt.*
beald, *me.* bold. balde, *ne.* bold, *adj., mutig, kühn;* make balde *überzeugen.*
bealdlîce, *me.* baldelike, *ne.* boldly, *adv., dreist, unbesorgt.*
bêam, *me.* beom, *ne.* beam, *st. m., baum, balken.*
bearn, barn, *me.* barn, bern, *ne. dicht.* barn, bairn, *st. n., kind, sohn.*
bêatan, *me.* beate, byate, *ne.* beat, *prät.* bêot. *me.* bet, *ne.* beat, *part.* gebêaten, *Ep.* gibêatæn, *me.* ybeate, ybyate, *ne.* beat, beaten, *st. v. V, schlagen.*
bebêodan, bebîodan, *prät. s.* bebêad, *pl.* bebudon, *part.* beboden, *st. v. III, befehlen, gebieten, auftragen, darbringen.*
bebod, *pl.* bebodu, *me.* bibode, *st. n., gebot.*
bebr *s.* befor.
bec *s.* bæc.
bêc *s.* bôc.
bêce, *Ep.* bœcæ, *me.* beeche, *ne.* beech, *schw. f. buche.*
becerran, *me.* bicherren, *schw. v. I b, betrügen.*
becleopian, *me.* biclupien, *schw. v. II, anklagen.*
beclyppan, *me.* beclyppen, becleppe, *prät.* beclypte, *me.* beclepte, *schw. v. I b, umarmen, umfassen* (XXXI 41 *frz.* embraser *mit* embrasser *verwechselt*).
bêcnia *nh., prät.* bêcnade, *me.* beknen, *ne.* beckon, *schw. v. II,*

ankündigen (wests. bêacnian und bîecn(i)an).
becuman, me. bicumen, become, ne. become, prät. sg. ae. becôm, me. becom, plur. ae. becômon, -an, me. bicome, st. v. I b, hinkommen, gelangen, treffen, zukommen, zustehen, geziemen; me. auch werden.
bed, ebenso me. ne., gen. beddes, st. n., bett.
bed s. bêodan.
bedǽlan, me. bidelen, schw. v. I b, berauben.
bede s. bêodan. beden s. biddan.
bedîolian kent., schw. v. II., verbergen.
bedu (C. P. 399, 31 for dînre bede), me. beode, ne. bead, st. f., bitte.
bee s. bêo. beer s. bǽr.
befǽstan, schw. v. I b, anvertrauen, mitteilen.
befealdan, me. bifolde. prät. befêold, st. v. V, umhüllen.
befeallan, me. befalle, ne. befall, 3. sg. prs. ind. kent. befeld, prät. me. befell, part. me. bifealle, st. v. V, verfallen, fallen, geraten; sich ereignen, sich treffen.
befeolan, älter* befeolhan. prät. s. befealh, pl. befulgon und befælon, part. befolen, st. v. I c, nach ausfall des h I b, anvertrauen, widmen, sich widmen.
beffe, part. befte, schlagen.
beflêon, me. bifleon, st. v. III, entfliehen (mit acc.).
befôn, nh. bifôa, me. bifon, st. v. V, umfassen, fassen.
befor, Ep. bebr, me. bever. ne. beaver, st. m., biber, biberfell.
beforan, biforan, me. beforen, biforen, bivoren, byvoren, bifore, byfore, bivore, bevore, bifor, ne. before, adv., bevor, von vorn, im voraus, voran, früher, vorher; präpos., vor: þer before davor, vorher; him bivore vor ihm.
befte s. beffe.
befullan, adv., völlig, vollständig.
bêgen, bâ, bû, verstärkt bûtu (vgl. twêgen), gen. bêgea, kent. bǽga, me. beien, bo, zahlwort, beide.
begêotan, bi-, part. begoten, bi-, st. v. III, begiessen.

begietan, begitan, begeotan, bigeotan, me. biʒiten. ne. beget, prät. s. begeat, Ep. bigæt, pl. begeâton, part. me. biʒiten, biʒite, st. v. I a, erlangen, bekommen, zeugen, erbeuten, erobern, verschaffen.
beginnan, me. biginnen, begynnen, bigynne, begyn. ne. begin, prät. sg. begann, me. bigon, bigan, pl. me. bigunnenn, bigunne. me. auch begouth, st. v. I c, beginnen, anfangen, sich an etwas machen, nach etwas streben; mit dem inf. oft nur umschreibend; davon me. biginninge, beginning, begynnyng beginn, anfang.
begiondan, me. beʒeonden, beʒonden. ne. beyond, präp., jenseits.
begyrdan, me. bigirden, prät. begyrde, schw. v. I b, umgürten.
behâtan, me. bihaten. 3. sg. prs. ind. me. bihat, prät. pl. behêton, me. beheten, st. v. V. verheissen, versprechen, geloben.
bêhd, st. f., zeichen?
behealdan, bihealdan, merc. bihaldan. me. bihealde, bihalden, biholde, 3. sg. prs. ind. me. bihalt, ne. behold, prät. behêold, nh. bihêald, me. biheld, behelde, st. v. V, (im auge) behalten, beobachten, achten auf, ansehen, erblicken; intr. sich halten an, beruhen auf (mit bi).
behindan, behindon. me. bihinde, ne. behind, adv., von hinten, hinten; präp., hinter.
behionan, präp., diesseits.
behôfian, me. bihove (3. sg. präs. ind. me. behwys). ne. behove, prät. me. bihoved, schw. v. II, (me. meist mit acc. der pers.) nötig haben, müssen.
behwys s. behôfian.
beien s. bigan. beies s. bêah.
belǽwan, me. belewen, prät. belǽwde, schw. v. I b, verraten.
beleve, byleve, ne. believe, prät. belevede, bylevede, glauben.
beliave, bileve, ne. belief glaube.
belîfan, me. bilifen, bilive, prät. sg. me. bilǽf, bileaf, bilef, st. v. II, bleiben.

belimpan. *prät. pl.* belumpon, *st. v. I c, sich auf etwas beziehen. betreffen (mit tô).*
belongen, *ne.* belong *angehen (mit to).*
belûcan, *me.* biluke, *prät. pl.* belucon, *part.* belocen, *me.* biloken, *st. v. III. umschliessen, einschliessen, verschliessen.*
ben *s.* bèon.
bên. *me.* bene, *st. f., bitte.*
bend, *me.* bend, bende, *pl. me.* bendes, *dat. pl.* bende, *st. m. f., band, fessel.*
bene, *ne. dial. (schott.)* bene, bein, been, bien, *angenehm, bequem.*
beneoďan, *me.* bineoden, *ne.* beneath, *präp., unter.*
beniman, *me.* binimen, binime, *prät. me.* benam, *st. v. I b, benehmen, entreissen, rauben.*
bent *feld.*
bèo. *me. ne.* bee. *schw. f.. biene.*
bèod, biod, *me.* beod, *st. m., tisch.*
bèodan. *nh.* bèada, *me.* beden, bede, *ne.* bid, 3. *sg. prs. ind. me.* beot, *prät. s.* bèad, *me,* bed, bede, *st. v. III. gebieten, befehlen, heissen, entbieten, melden, anbieten, spenden, liefern, refl. sich zeigen; oft ist aus dem zusammenhange ein infinitiv zu ergänzen:* þè ic þè bèad (bringan); dat he bed him to (gon).
beoďe *s.* bedu. beom *s.* bèam.
bèon, bion, *me.* bèon, ben, beo, be, bee, by, *ne.* be, *prs. s.* 1. bèo. bìo, *me.* beo; 2. bist, *me.* bist, best; 3. biď, biþ, byþ, *kent.* bit, *me.* biď, biþ, buď; *pl.* bèoď, bèoþ, bioď, *me.* beoď, beoþ. beod, buþ, bud, byeþ. bied, ben. *be. präs. conj.*, bèo, *me.* beo, be, by, *ne.* be. *imperativ sg.* 2. bèo, *ne.* be. *part. p. p. me.* ibeon, yby. *ne.* been; *def. v., sein (o t juturisch); vgl.* eart, èom, wesan.
b eora *s.* beran.
beorg, *me.* berʒ, *ne.* barrow, *st. m.. berg. hügel.*
beorgan, *me.* bergen, berʒe, berwen, *prät. sg.* bearh, *me.* barg, *part. me.* iboreʒe, *st. v. I c, bergen, schützen, retten.*
beorht, *me.* briht, bricht, bryght, brychte, *ne.* bright, *adj., hell, leuchtend, stralend, licht, rein.*

beorn, *me.* buern. *st. m., held, mann.*
beornan. *me.* beornen, bernen, burnen. byrne. *ne.* burn, 3. *sg. prs. ind.* bir(n)d, *prät. s.* barn, born, *pl.* burnon, *part.* burnen. *st. v. I c. brennen.*
beot *s.* bèodan, ? XIX 126.
bepæcan. *me.* bipeche, *part.* bepæht, *schw. v. I b. betrügen, verführen.*
beran, *nh.* beora, *me.* bæron, beren, bere, *ne.* bear. *prät. sg.* bær, *me.* bar, ber, bore. *p'.* bæron. *me.* baren, *part. me.* iboren, born, borne, *st. v. Ib, tragen. bringen, hervorbringen, gebären; sich stürzen.*
b. witnessing *zeugnis ablegen.*
bernen *s.* beornan.
berrhless *rettung, heil.*
berstan, *me.* bersten, breste, *ne.* burst, *prät. sg.* bærst, *me.* braste, *pl.* burston, *part.* borsten, *st. v. I c, bersten, zerbrechen, zerreissen.*
bescêawian, *schw. II, beschauen, beobachten.*
besciran, *part.* bescoren. *st. v. I b, trans., jemandem die haare schneiden.*
bescunian?, *me.* biscunien, *schw. v. II, vermeiden.*
besêcan, *me.* bisechen, beseche, *ne.* beseech. *prät.* besôhte, *schw. v. I b, ersuchen, dringend bitten.*
besèon, *me.* biseon. bisen, 3. *sg. prs. ind. me.* bisihď, *st. v. I a, auf etwas sehen* (to). *für etwas sorgen* (to), *bestimmen.*
besettan, *me.* bisette, *ne.* beset, *prät.* besette, *part. me.* biset, *schw. v. I b, besetzen, umgeben.*
beslèan, *part.* beslagen, beslægen, beslegen, *st. v. IV, durch schlagen berauben.*
besprengan, *me.* bisprengen, *ne.* dicht. *part. pass.* besprent, *schw. v. I b, besprengen.*
best *s.* gôd.
bestelan, *me.* bistelen, *part. me.* bistolen, *st. v. I b, sich heimlich irgend wohin begeben.*
bestêman, bistêman, *part.* bestèmed, bistêmid, *schw. v. I b, beströmen, begiessen, beflecken.*
besûďan, *präp., im süden von.*
beswîcan, *me.* biswiken, *prät. sg.* beswâc, *pl.* beswicon, *part.* beswicen, *st. v. II, betrügen, überlisten.*

besy s. bysig.
besyde, bezide, ne. beside neben.
besynes s. bisignis.
bet s. wel.
betæcan, me. biteche, prät. me.
 bitauhte, schw. v. I b, zuweisen,
 übergeben.
betan, me. beten, bete, 3. sg. prs.
 ind. me. bet, part. me. ibet, schw.
 v. I b, gut machen, büssen.
betera, betere, betre, bet(e)st
 s. gôd, wel.
betid s. bitiden.
betoken s. bitacnenn.
betwêonum, nh. bitvien, me. bi-
 tweonen, bitwenen, bitwenenn,
 bitwene, betwene, betuene, betwen,
 ne. between, präp. u. adv., zwischen,
 dazwischen.
betwux, me. betwix, ne. betwixt,
 präp., zwischen.
betŷnan, prät. betŷnde, schw. v.
 I b, beschliessen.
bever s. befor.
bewendan, me. bewenden, prät.
 bewende, me. bewente, schw. v.
 I b, umwenden.
bewêpan, me. biwepen, ne. beweep.
 st. v. V, beweinen, beklagen.
bewerian, me. biwerien, schw. v.
 I a, wehren, verteidigen.
bewitan, me. biwiten, witen, prät.
 me. biwiste, wiste, prt.-prs., hü-
 ten, unter sich haben.
bewlitan, prät. bewlāt, st. v. II.
 sich umsehen.
beye s. bycgan. bezide s. besyde.
beþeccan, me. biþecchen, part.
 bedcaht, schw. v. I b, bedecken,
 schützen.
beþencan, me. biþenche, 3. sg. prs.
 ind. me. biþencd, ne. bethink, prät.
 me. biþouhte, part. me. biþoht,
 schw. v. I b, bedenken, für jemand
 sorgen, an etwas (on) denken, refl.
 sich's überlegen. davon me. beþen-
 chinge erwägung, überlegung, den-
 ken.
bî, bîg, bi, be, me. bi, by, bie,
 ne. by, adv., dabei, darnach, davon
 ab; präp., bei, an, über, durch,
 von (beim pass.), zu (be hearpan),
 nach (bî dære bisene, bi one ʒihte;
 vgl. bî ungewyrhtum unverdienter-
 massen, bi ðes ilke wihte gleich
 gross), auf (bi strete; vgl. be wege,

bi wai unterwegs), mit (be name),
 für (word be worde), in (by boot).
bi- s. be-. bid s. bêon.
bîdan, me. bide, byde, ne. bide,
 prät. bâd, me. baide, pl. bidon,
 part. gebiden, st. v. II, erwar-
 ten, ertragen, bleiben.
biddan, me. bidden, bidde, bid, ne.
 bid (me. ind. präs. sg. 2. byst,
 3. byd, biþ, bit), prät. sg. bæd,
 me. bad, pl. bædon, merc. bêdun,
 me. beden, part. gebeden, me.
 ibeden, st. v. I a, bitten, beten
 (mit dat. eth.), heissen.
bie s. bî. bied s. bêon.
bîeode, me. bieode, def. v., ich
 bemühte mich.
bifian, me. bivien, schw. v. II,
 beben.
biforan s. beforan.
bîgan, part. gebîged, merc. gebêged,
 me. beien, bien, schw. v. I b, beugen.
biʒd, bigge s. bycgan.
bigge bauen.
biʒite s. begietan. bihald, bi-
 held s. behealdau.
bikecchen, pz. pass. bikeht, fan-
 gen, überlisten.
biknowe geständig.
bileve s. beliave.
bilevynge unterhalt.
bill, ebenso me. ne., st. n., schwert.
bill-. bilgesleht, -gesliht, -geslyht,
 st. n., schwerterschlacht.
bilyve s. lif.
bindan, me. binde, bynde, ne. bind,
 prät. s. band, bond, pl. bundon,
 part. gebunden, me. ibounde, st. v.
 I c, binden, fesseln, einkerkern.
bîo, biod s. bêon.
bird s. beornan.
biriels s. byrgels. birig s. burh.
birrþ, prät. birrde, burde, es ge-
 bührt, gehört, ziemt sich (im ae.
 nur gebyred); burde hym er
 sollte.
biscop, biscep, biscob, me. biscop,
 bissopp, ne. bishop, st. m., bischof.
biscop-, biscepstôl, st. m., bi-
 schofsstuhl, -sitz.
bisen s. bysen.
bisencan, me. bisenchen, prät.
 bisencte, schw. v. I b, versenken.
bisgu s. bysgu.
bisignis, me. besynes, ne. business,
 st. f., beschäftigung, plage.

bismerian, bysmerian, *nh.* bismǽria, *prät. pl.* bysmeredon, *nh.* bismǽradu, *schw. v. II, verspotten, verhöhnen.*
bisocnie *besuch.*
bíspel, *me.* bispel, *ne. dial.* byspel, *st. n., sprüchwort.*
bit *s.* bêon, biddan.
bitacnenn, betoknen, bitocknen, *ne.* betoken *bezeichnen, bedeuten.*
bítan, *me.* biten, *ne.* bite, *j rät. s.* bât, *pl.* biton. *part.* biten, *st. v. II, beissen, verzehren.*
bitaubte *s.* betǽcan.
bite, *me.* bite, *ne.* bit, *st. m., biss, bissen.*
bitiden. bityde, *ne.* betide, *prät.* bitydde, *j art.* betid, *sich treffen, ereignen.*
bitraye, *ne.* betray *verraten.*
bitter, *me.* biter, bitter, *ne.* bitter, *adj., bitter, schneidend, grausig.*
bitterlíce, *me.* bitterliche. *ne.* bitterly, *adv., auf schmerzhafte weise.*
bitvíen *s.* betwéonum.
bitwih, *präp., zwischen.*
biwinnen, *prät.* biwon, *verschaffen, erwirken.*
biwiste *s.* bewitan. biþ *s.* bêon, biddan. biþoht, biþouhte *s.* beþencan.
blǽc, *me.* blac, *ne.* black, *adj., schwarz.*
blâchléor, *adj., mit glänzenden wangen.*
blǽd, *me.* blead, *st. m.. hauch. erfolg, ruhm.*
blame, *ebenso ne.. tadel.*
blandenfeax, -fex, *adj., wer das haar (mit grau) untermischt hat, ergraut.*
blǽst, *me.* blast, *ne.* blast, *st. m., hauch, wind, sturm.*
blâwan, *me.* blawe, blowe, *ne.* blow, *prät.* blêow, *pl. me.* blewe, *j art.* blâwen. *me.* blawen, blowen, *st. v. V, blasen, wehen, aufblühen.*
blêdan, *me.* blede, *ne.* bleed, *schw. v. I b, bluten.*
blegen, *Ep. cas. obl.* blegnæ, *me.* blaine, *ne.* blain, *st. f., blase.*
blencan, *me.* blenke, *ne.* blench, *prät. me.* blenkit, *schw. v. I b, zurückweichen, sich scheuen.*
blêtsigan, *me.* bletsen, blessen, blisse, *ne.* bless, *prät.* blêtsode, *part.* geblêtsod, *me.* blissed, *schw. v. II, segnen. davon* blêtsung, *me.* blescinge, blessynge, *ne.* blessing, *st. f., segen.*
blewe *s.* blâwan.
bleþeliche *s.* blídelíce.
blícan, *st. v. II, blinken.*
blíde, *me.* blide, bliþe, blyþe, *ne.* blithe, *adj., froh, heiter, lustig, freundlich, gnädig.*
blídelíce, *me.* blideliche, bleþcliche, *ne.* blithely, *adv., freudig, gern.*
blíds, bliss, *me.* blisse, blisce, bliss, blis, blysse, *ne.* bliss, *st. f., freude, wonne, himmelswonne, vergnügen, unterhaltung.*
blídsian. blítsian. blissian. *part.* geblítsad, geblissad, *schw. v. II, erfreuen, sich freuen.*
blind. *me.* blind, blinde, blynde, *ne.* blind, *adj., blind.*
blindfelde *s.* geblindfellian.
blis *s.* blíds.
blisful, *nc.* blissful *voll von freude, selig.*
blisse *s.* blíds, blêtsian. **blissian** *s.* blídsian.
blo *dunkel, blau.*
blôd, *me.* blod, *dat.* blode, *ne.* blood, *st. n., blut.*
blôdig, *me.* blodi, *ne.* bloody, *adj., blutig.*
blôma, *me.* blome, *pl.* blwmys, *ne.* bloom, *schw. m., ae. nur im sinne von metallklumpen belegt, me. blume, blüte, bestes.*
blôstma, *me.* blostme, blosme, *ne.* blossom. *schw. m.,* blume, blüte, *bestes.*
blôtan, *prät.* blêot, *st. v. V, opfern, (als opfer) töten.*
blôwan, *me.* blowen, *ne.* blow, *st. v. V, blühen.*
blowe *s.* blâwan.
blusche *s.* blyscan.
blwmys *s.* blôma. **blynde** *s.* blind.
blyscan, *me.* blusche, *ne.* blush, *schw. v. I b, stralen, blicken.*
blysse *s.* blíds. blyþe *s.* blíde.
bôc, *me.* boc, bok. book, boke, *ne.* book; *dat. sing. merc.* bœc; *nom. acc. pl.* bêc, *nh.* bǽc, *me.* bokess, bokes, bookis, *st. f. (nh. n.), buch, schrift, heilige schrift.* a boke, on boke = ae. on bôcum.
bǽcæ *s.* bêce.

bôcere, me. bocere, st. m., gelehrter.
bod, me. bode. st. n., befehl, gebot.
bodig, Ep. bodæi, me. bodiʒ. bodi, body, dat. bodye, ne. body, st. n., leib, körper.
boga, me. boʒe. bowe, ne. bow, schw. m.. bogen.
bǽga s. bêgen.
boʒte, bohte s. bycgan.
bold, me. bold. st. n., gebäude, haus.
bold s. beald.
bolde ermutigen, stärken, vs. boldyng.
bolla, me. bolle, ne. bowl, schw. m., becher. kanne.
bond, band. ne. bond, band band, fessel, leid, schmerz.
bondeman, ne. bondman bauer.
bonc, ne. boon bitte.
book s. bôc. boot s. bât.
bord, me. bord. ne. board. st. n., brett, tisch, schild, bord.
bordweall, st. m., schildmauer, schlachtreihe.
bore, born(e) s. beran.
bôsom, me. bosum, ne. bosom, st. m., busen, inneres. bausch.
bôt, me. bote, ne. boot, st. f., besserung, busse; cume to bote of büssen.
bot(e) s. bât. bûtan.
bothe s. bade.
botm, me. bothem, ne. bottom, st. m., grund, boden.
bounde, ne. bound grenze, pl. gebiet.
bowe s. bûgan. boþe(n) s. bade.
brâd, me. brad. brod, ne. broad, adj., breit.
brǽd, me. bred, breþ, breth, breþe, ne. breath, st. m., geruch, hauch, wind, sturm.
brâde, me. brode, adv., weit.
brǽde, me. brede. schw. f.?, braten.
braste s. berstan.
braþeli plötzlich.
brêad, me. bried, breed, ne. bread, st. n., stück brot, brot.
brêc, Ep. brœc, me. breech, ne. breech, breeches, f. pl., hosen.
brecan, me. breken, ne. break, prät. bræc, me. brec, brak, pl. brǣcon, me. bræcon, part. brocen, me. ibroken, brokun, st. v. Ib, brechen, erbrechen, verbrechen, zerbrecken (auch intr.), zerreissen; davon me. vb.-sb. brekinge.

bred s. brǣd. bredale s. brýdealu.
brédan, me. breede, 3. sg. prs. ind. breed, ne. breed, schw. v. Ib, brüten, ausbrüten, hervorbringen.
brede s. brǣde. brêder, -dre s. brôdor. bredgume s. brýdguma.
breed s. brêad.
breff, ne. brief kurz.
bregdan, me. breiden. ne. braid, prät. brægd, pl. brugdon, part. brogden, st. v. Ic, schwingen.
brego. bregu. st. m., fürst.
brêmber, me. brembre. st. m.. dorn, pl. gestrüpp.
brême. me. breme, adj.. ae. berühmt, me. herlich. kräftig, wild, heftig.
brendon s. bærnan.
brengan. -en, -e s. bringan.
brent s. bærnan.
brêost, nh. brèst, me. brest, ne. breast, st. n. (selten m.; vielleicht auch f.?) brust; oft im pl. von einer person.
breth s. brǣd.
breve, vgl. ne. brief, schreiben, vollmacht.
breve schreiben. aufzeichnen.
breþ, breþe s. brǣd.
breþre, -þeren s. brôdor.
bricht, briht s. beorht.
bridd, me. brid, bird, byrd. ne. bird. st. m., junges eines vogels. vogel.
briêd s. brêad. brigge s. brycg.
brim, me. brim. st. n., meer, woge.
bringan, breugan. me. bringen. bringe, brenge, bringhe, brynge, bring, bryng, ne. bring. prät. brôhte, me. brohte, brouhte, broʒt. brouʒt, brought, part. brôht, me. ibrocht, ybroʒt. ibrouht, broht, broght, brocht, browt. brouth, unregelm. v., bringen, darbringen, zu etwas bringen (tonouth zugrunde richten, to is lawe bekehren), bestimmen, zu stande bringen, machen (br. breff kürzen); ford br. vorbringen, vortragen, kommen lassen; ut br. befreien; br. of lyves dawe ums leben bringen.
britheren s. brôdor.
brôc, me. brok, ne. brook, st. m., strom, wasser.
brǽc s. brêc.
brocht s. bringan. brode s. brâde.

brôdor — bysen. 125

brôdor, brôdur, *me.* broder, broþer, broþir, *ne.* brother; *dat.* brêder, *pl. me.* bredre, breþre, breþeren, britheren, *urylm. m., bruder, klosterbruder.*
broghte, bro3t, broht, brôhte, brou3t, brouhte, bronth, browt *s.* bringan.
brokun *s.* brecan.
brûcan *(nh.* brûche = brûce), *me.* bruken, *ne.* brook, *prät.* brêac, *pl.* brucon, *part.* brocen, *st. v. III, gebrauchen, geniessen, sich freuen (mit gen.).*
brugdon *s.* bregdan.
brycht, bryghte, bryht *s.* beorht.
brycg, *me.* brigge, *ne.* bridge, *st. f., brücke.*
brydealo, *gen. dat.* -ealod, *me.* bredale, *ne.* bridal, *uryl. n., hochzeit.*
brydguma, *me.* bredgume, *ne.* bridegroom, *schw. m., bräutigam.*
brynegield, *st. n., brandopfer.*
bryng(e) *s.* bringan.
brynige *s.* byrne.
brynk, *dat.* brynke, *ne.* brink *rand, ufer.*
Bryten, *me.* Britene, *st. f., Britannien.*
brytnian, *me.* britnen, *schw. v. II, verteilen.*
brytta, *schw. m., verteiler, spender.*
bryttigean, bryttian, brittigan, *me.* britte, brutte, *schw. v. II, zerteilen, zerreissen.*
bud *s.* bêon.
buern *s.* beorn.
bufan, *me.* buven, *adv. u. präp., über.*
bûgan, *prät.* bûde, *part.* gebûn, *uryl. v., wohnen, bewohnen.*
bûgan, *me.* buwen, bowe. *ne.* bow, *prät.* bêah, *me.* bea3, *pl.* bugon, *part.* bogen, *st. v. III, sich beugen, sich verbeugen, sich fügen.*
buggen *s.* bycgan.
bunte, *ne.* bounty *güte, gute gesinnung.*
bur *wind, sturm.*
bûr, *me.* bur, *ne.* bower, *st. m., gemach.*
burde *s.* birþ. burðe *s.* byrthe.
burgeon *sprosse, knospe.*
burh, burg, *me.* burrh. bureh, bureuh, burw, *ne.* borough, burgh, *gen. dat. sg. ae.* byrg, byrig, birig *(doch gen. auch* burge), *uryl. f., bury, stadt.*
burhgeat, *pl.* burhgatu, *me.* burh3at, *st. n., stadttor.*
burhlêode, burglêode, *st. m. plur., stadtbewohner.*
burhsittende, *st. m. plur., stadtbewohner.*
Burne, *me.* Burne, Bourne?, *ne.* Bourn(e), *st. f., ortsname.*
burnen *s.* beornan.
burw *s.* burh. buryel *s.* byrgels.
busche, *ne.* busk *(sich) rüsten, sich wohin begeben, eilen.*
bûtan, bûton, *kent.* bûto, *me.* buten, bute, but, bote. bot, *ne.* but, *präp., ausser, ohne; conj., ausser, als; wenn nicht, es sei denn dass; sondern, aber; adv. (zuerst mit, dann ohne negation). nur.*
butre, *me.* butere, *ne.* butter, *schw. f., butter.*
bûtu *s.* bêgen *u.* twêgen.
buturfliogæ *Ep., me.* boterflie, *ne.* butterfly, *schw. f., schmetterling.*
buven *s.* bufan. buwe *s.* bûgan.
buxum, *ne.* buxom *biegsam, gehorsam.*
buþ *s.* bêon.
by *s.* bêon, bî.
bycgan, *me.* buggen, biggen, bigge, bi3en, beye, *ne.* buy, *prät.* bohte. *me.* bohte. bo3te, *part.* boht, *schw. v. I b, kaufen, erkaufen.*
byd *s.* biddan. byd, byeþ *s.* bêon.
byde *s.* bîdan.
bydene *zusammen. durchaus.*
byleve *s.* beleve.
bylyve *s.* lif. bynde *s.* bindan.
byrd *s.* bridd.
byrden, *me.* birþene, byrdinge, *ne.* burthen, burden, *st. f., bürde, last.*
byrene, *schw. f., bärin.*
byrgels, *me.* biriels, buryel, *ne.* burial. *st. m., grabstätte.*
byrgen, byrgenn, byrigen, *me.* burien, *st. f. (nh. auch n.?), grab.*
byrig *s.* burh.
byrne, *me.* brynige (=altn. brynja). *schw. f., panzer.*
byrnen *s.* beornan.
byrnhom. *st. m., panzerkleid.*
byrthe, burde, *ne.* birth *geburt.*
bysen, bisen, *me.* bisne, *st. f., gebot, vorschrift, vorlage, muster, vorbild.*

bysgu, bisgu, *me.* bisie, *f., beschäftigung, arbeit.*
bysig, *me.* bisi, busi. besy, besye. *ne.* busy, *adj., geschäftig, beschäftigt.*
byst *s.* biddan.

C.

cable, *ne.* cable *seil. tau.*
cachen. *ne.* catch *fangen;* cachen up *aufziehen.*
cælf *s.* cealf.
calis, calle *s.* ceallian.
cam *s.* cuman.
camb *s.* comb.
camp, *me.* camp, *ne.* camp, *st. m.?, kampf, schlacht.*
campstede, *st. m., kampfstätte, walstatt.*
can *s.* cunnan.
canceler, *ne.* chancellor *kanzler.*
candel *s.* condel.
canon, *me., ne.* ebenso, *st. m., kanon.*
Cantwaraburg, Cantuara-, *dat.* -byrg, *me. ne.* Canterbury, *st. f., name einer stadt.*
carf *s.* ccorfan.
carful *s.* cearful.
carlman, *pl.* carlmen, *mann.*
carpe *rede.*
case, *ne.* case *fall.*
cæse, *me.* cæse, chese, *ne.* cheese, *st. m., käse.*
cæste *s.* cest.
castel, *me.* castel, castell, *ne.* castle, *st. n., später m., schloss.*
castel ʒate, *ne.* castle-gate *schlosstor.*
castelweorc *arbeit beim schlossbau.*
casten, caste, kesten, kest, *ne.* cast *werfen.*
ceald, *me.* chald, schald. cold, chold, *ne.* cold, *adj., kalt.*
cealf, *merc.* cælf, *me. ne.* calf, *n., kalb.*
ceallian, *me.* calle, cal, *ne.* call, *prät. me.* calde, *pz.* callit, callyt, callede, cald, *schw. v. II,* rufen, *nennen;* cal on *anrufen.*
céap, *me.* chep, *vgl. ne.* cheap, *st. m., kauf, geschäft.*
céapmonn, *me.* chapman, *ne.* chapman, *pl.* céapmenn, *me. ne.* chapmen, *unrgl. m., kaufmann.*

cearful, *me.* carful, *ne.* careful, *adj., bekümmert.*
cearian, *me.* karien. *ne.* care, *schw. v. II, sorgen.*
cearu, *me.* kare, *ne.* care, *st. f., sorge.*
céast, *me.* cheaste, cheste, *st. f., streit.*
ceaster, *merc.* cester, cæster, *me.* chestre, chesstre, *ne.* -chester, *st. f., stadt.*
cempa, kempa. *me.* kempe, *schw. m., kämpe, kämpfer, krieger, soldat.*
céne, *me.* kene, *ne.* keen, *adj. kühn, me. auch scharf.*
cennan. *me.* kenne. ken, *schw. v. I b, ne. bekannt machen, erklären usw., me. auch kennen. erkennen.*
ceole, *me.* cheole, *schw. f., kehle, kehlstück.*
ceorfan, *me.* kerve, *ne.* carve, *prät. sg.* cearf, *me.* carf, *pl.* curfon. *me.* corven, *part.* corfen, *st. v. I c, kerben, schneiden, zerschneiden. bilden, schaffen.*
céosan, *me.* cheosen, chese, *ne.* choose, *part.* gecoren. *me.* icoren, *st. v. III, prüfen, wählen, erwählen; vb.-sb. me.* chesing.
cépan, *me.* kepe. kep, *ne.* keep, *schw. v. I b,* halten, hüten; k. out of sorwe *vor kummer schützen.*
cese, *ne.* cease *nachlassen, aufhören.*
cest, cist. *me.* cæste. cheste, chiste, *ne.* chest, *st. f., kiste, schrank.*
cestre *s.* ceaster.
cete *s.* cite. chald *s.* ceald.
chapmen *s.* céapmonn.
chapvare, chaffare, *ne. veraltet* chaffer *handel, waare.*
charge, *ne.* charge *last, schwere.*
charge, *ne.* charge *beladen, belasten.*
charite, charyte, cherite, *ne.* charity *(menschen-, nächsten-)liebe.*
chaste, *ne.* chaste *rein, keusch.*
chaumbre, *ne.* chamber *kammer, zimmer.*
chaunce, *ne.* chance *fall, unglück, zufall, ereignis.*
chaunge, *ne.* change *wechseln, verändern; vb.-sb.* chaungyng.
cheaste *s.* céast. chele *s.* ciele.
chelle *s.* cielle.
cheole *s.* ceole. chep *s.* céap.

chepinngboþe *kauf-, krämerbude.*
chepture, *ne.* chapter *kapitel.*
cher, *ne.* cheer *antlitz, gesicht, miene.*
cherite *s.* charite. chesing *s.* cèosan. chesstre *s.* ceaster.
cheven *zum zicle kommen oder bringen.*
chielde *s.* cild.
chilce *kinderei.*
child *s.* cild. chirche *s.* ciricc.
chold *s.* ceald. christ-. *s.* crist-.
chule *s.* ciele.
chyvalarye, *ne.* chivalry *ritterschaft.*
ciclatun *unten rund zugeschnittenes kleidungsstück; stoff, woraus es verfertigt ward.*
ciele. cyle, *me.* chele, chule, *ne.* chill, *st. m., kühle, kälte.*
cielle, cylle, *schw.f., oder* cyll, *st. f., me.* chelle, *gefäss, rauchfass.*
cierran, cyrran, *me.* cherren, *ne.* char, *schw. v. Ib, kehren, drehen.*
cild, *me.* child, chielde, *dat.* childe, *ne.* child, *pl.* cildru, *me. ne.* children, *st. n., kind.*
cildhâd, *me.* childhad, childhod, *ne.* childhood, *st. m., kindheit.*
ciubân, cimbân, *st. n., kinnbacken.*
cine- *s.* cyne-. cing, cining *s.* cyning.
cirice. *me.* kirke, chirche, kyrk, *ne.* church, *schw. f., kirche.*
cite, site, citee. cete, citie, *ne.* city *stadt.*
clâđ, *me.* cloþ, cloth. *ne.* cloth, *st. m., kleid, tuch, decke, segel.*
clǣne, clêne, *me.* cleane, clene, *ne.* clean, *adj., rein, fein, herlich.*
clǣne, *me.* clene, *ne.* clean, *adv., gänzlich.*
clǣnlîce, *me.* clanly, *ne.* cleanly, *adv., fein, säuberlich.*
clǣnness, *me.* clenenesse, clennesse, cleuesse, *ne.* cleanness, *st. f., reinheit.*
clǣnsian, *me.* clenze, *ne.* cleanse, *schw. v. II, reinigen.*
clêa, clâwu, *me.* clee, clowe, clawe, *ne.* claw, *st. f., klaue.*
cleane, clene *s.* clǣne.
clêofan, *me.* cleven, *ne.* cleave, *prät. sg.* clèaf, *pl.* clufon, *part.* clofen, *st. v. III, spalten.*

cleopian, clypian, *me.* clupien, clepen, clepe, *ne. veraltet* clepe, *prät.* clypode, *me.* clepede, cleped, *part. me.* icluped, icleped. icleped, cleped, *ne. veraltet* ycleped, *schw. v. II, rufen, nennen.*
clere *in klarer, deutlicher weise.*
clerliche, clyerlyche, *ne.* clearly *in klarer, deutlicher weise.*
cleric, clerc, *me.* clerk, clerc, *ne.* clerk, *st. m., kleriker, geistlicher, gelehrter, küster.*
cleven *s.* clêofan.
clif, *me.* clif, *dat.* clive, *ne.* cliff, *st. n., klippe, anhöhe, berg.*
clive *klimmen.*
cloth, cloþ *s.* clâđ.
clûstorloc, *me. pl.* clusterlokan, *st. n., verschluss, schranke.*
clyerliche *s.* clerliche.
clypian *s.* cleopian.
clyppan, *me.* cluppen, clippe, *ne. veraltet* clip, *prät.* clypte, *schw. v. Ib, umarmen, umfassen, hochhalten.*
cnæht *s.* cniht.
cnapa, *me.* knape, *schw. m., knabe, junger mann.*
cnawe *s.* gecnâwan.
cnear, cnearr, *st. m., schiff.*
cneht *s.* cniht.
cnêomǣg, *st. m., verwanter.*
cnêow, cnêo. *me.* kneo, kne, *ne.* knee; *pl. me.* kneon, *st. n., knie.*
cnêowung, *me.* kneouwuuge, *st. f., das hinknien, kniebeugen, flehen.*
cnew *s.* gecnâwan.
cniht, *merc.* cneht, *nh.* cnæht, *me.* knight, kniet, knicth, knith, kny3t, knyght, *ne.* knight, *st. m., knabe, junger mann, knecht, me. ritter, soldat.*
cnoll, *me.* knoll, *ne.* knoll, *st. m., anhöhe, gipfel.*
cnotten, *ne.* knot *mit knoten versehen.*
cocur, *me.* coker, *st. m., köcher.*
coge, cogge, *ne.* cog *fahrzeug, schiff.*
col, *me.* cole, *ne.* coal, *st. n., kohle.*
cold *s.* ceald.
collenferhđ, *adj., mutig.*
com, côm, come, comen, comm, cômon *s.* cuman.
comaunde, *ne.* command, *part.* comaundid, *befehlen.*

comb, camb, me. comb, camb, ne. comb, st. m., kamm.
commandement, ne. commandment befehl, gebot.
commencement, ebenso ne. anfang.
commendacioune, ne. commendation empfehlung.
compile, ebenso ne. zusammentragen, schreiben.
comun s. cuman.
con s. ginnan, cunnan.
conceile, ne. counsel raten.
concyens, ne. conscience gewissen.
condel, candel, me. candele, candle, ne. candle, st. f., licht.
conferme, ne. confirm versichern.
conforme, ne. conform anpassen, übereinstimmend machen.
confortien, ne. comfort stärken, ermutigen.
confunde, ne. confound aus der fassung bringen.
conne s. cunnan.
consedere, ne. consider betrachten, erwägen.
contemplacyone, ne. contemplation betrachtung.
contesse, ne. countess gräfin.
contrarie, ne. contrary gegenteilig, gegenteil.
converte, ne. convert wenden.
coot, dat. coote, ne. coat rock.
corage, ne. courage herz, sinn.
corde, ne. cord seil, strick.
corn, ebenso mc. ne., st. n., korn, getreide.
corounc, krune, ne. crown krone.
cors s. course.
corven s. ceorfan.
coste, nc. coast gegend.
costigan, schw. v. II, auf die probe stellen (mit gen.).
cosyn, ne. cousin vetter.
cou s. cù.
counceil, counseil, ne. counsel rat, beratung, geheimnis.
course, cors, ne. course lauf, verlauf; by c. der reihe nach.
couth s. ginnan. couthe, coupe s. cunnan.
covent, ne. convent kloster.
cover sich erholen.
cradol, me. cradel, ne. cradle, st. m., wiege.

crafian, me. craven, ne. crave, schw. v. II, fordern, verlangen.
cræft, me. craft, crafte, ne. craft, st. m., kraft, kunst, kunde.
cræt, me. karrte, ne. cart, st. n., wagen.
crèad s. crûdan.
creature, creatur, ne. creature geschöpf.
crèopan, me. crepen, ne. creep, st. v. III, kriechen.
cringan (vgl. ne. cringe), prät. pl. crungon, st. v. Ic, fallen.
crismeclop, ne. chrisom cloth taufkleid.
cristen, me. cristen, cristin, christen, ne. veraltet christen, adj., christlich. me. cristenman, christeneman, cristeman, cristen christ.
cristendôm, me. cristendom, crisstenndom, ne. Christendom, st. m., christentum, christliche religion.
cristenty, ne. Christianity christenheit.
Cristescirice, me. Cristeschirche?, ne. Christchurch, schw. f., name der cathedrale zu Canterbury.
cristnian, me. cristene, cristen, ne. christen, schw. v. II, taufen.
cronycle, ne. chronicle chronik.
croos krüge?
cros, ne. cross kreuz.
crossayl kreuzsegel.
crucethus marterhaus.
crucifie, ne. crucify kreuzigen.
crûdan, me. crude, croude, ne. crowd, prät. crèad, st. v. III, dringen, drängen. eilen.
cry, ne. cry geschrei.
cryen, cry, ne. cry schreien.
cû, me. cou, ne. cow, pl. me. ken, urgl. f., kuh.
cubit, ebenso ne. elle.
cucu s. cwic.
cùd. me. cud, cup, adj., kund, bekannt.
cudde s. cýdan.
cûde s. cunnan.
culufre. me. cullfre, ne. culver, schw. f., taube.
cuma, me. cume, schw. m., ankömmling, fremder.
cuman, merc. cyman, nh. cyma, cymma, me. cumen, cumenn, kumen, comen, cumme, cume, come, cum, ne. come, imp. merc. cym, prät. cwom,

cumbolgehnâd — cyrtel.

cvom, cuom, quom, côm, *me.* com, comm, cam, kam, come, *pl.* cwômun, cwômon, cwôman, cvômon, cuômun, cwômu, cômon, côinun, *me.* comen, comenn, come, camen, *part.* cumen, *me.* (i)cunne(n), ikumen, (y)come(n), cumin, comyn, cummen, comun, *st. v. Ib, kommen; me. vb.-sbst.* comyng, cummyng, cumyne; *agan* cumynge *rückkehr.*

cumbolgehnâd *oder* -gehnâst,*st.n., helmzeichenzusammenstoss, kampf.*

cumpany, *ne.* company *gesellschaft.*

cun *s.* cyn.

cunnan, *me.* kunnen, cunne, kunne, *präs. sg.* can, con. *me.* con, kon, can, kan, *ne.* can, *pl.* cunnon, *me.* kunnen, cunne, kunne, conne, kane, kan, *ne.* can, *prät.* cûde, cûde, *me.* kude, cuþe, couþe, *ne.* could, *präteritopräsens, wissen, verstehen, können.*

cunne *s.* cyn.

cunnian, *me.* cunne, *ne.* con, *prät.* cunnode, *schw. v. II, versuchen, prüfen.*

cuom *s.* cuman.

cuppe, *me.* cuppe, *ne.* cup, *schw. f., becher.*

custome, *ne.* custom *gewohnheit.*

cuþ *s.* cûd. cuþe *s.* cunnan.

cvom *s.* cuman.

cwacian. *me.* quaken, *ne.* quake, *prät.* cwacode, *me.* quaked *und* quoke, *schw. v. II, me. auch st. v. IV, zittern.*

cweartern, *me.* quarterne, *st. n., gefängnis.*

cwedan, *merc.* cwæþan, *nh.* cwœda, cveda, cueda, cuoda, *me.* queden, *prät.* cwæd, *nh.* cræd, cvęd, cved, cued, cvœd, cuæd, *me.* cwed, queþ, quaþ, quad, quat. quod, *ne.* quoth, *pl.* cwædun, cwædon, *nh.* cvœdon, cwêdun, *me.* cwæden, *part.* cweden, gecweden, *me.* iqueden, gecwæden, *st. v. Ia, sagen, sprechen, nennen;* cwist þù *oder* cweþe gê *in fragen* = *lat.* num, -ne.

cwellan, *me.* cwellen, quelle, *ne.* quell, *prät.* cwealde, *schw. v. Ib, töten.*

cwêman, *me.* cweman, queme, *pz. me.* icwemed, *schw. v. Ib, zufriedenstellen, gefallen.*

cwên, *me.* kwene, quene, *ne.* queen, *st. f., königin.*

cwencan, *me.* cwenche, *me.* quench, *schw. v. Ib, löschen.*

cwic, cucu, *me.* quik, *ne.* quick, *adj., lebendig, lebend.*

cwice, *Ep.* quiquæ, quicæ, *me.?, ne.* quitch-, couch-(grass), *schw. f., quecke.*

cwiddian, *me.* quidde, *prät.* cwiddode, *schw. v. II, sagen.*

cwide, *me.* quide, *st. m., wort, rede.*

cwist, cwœda *s.* cwedan.

cwom, cwômu(n) *s.* cuman.

cýdan, *me.* kyden, kiþen, kiþenn, cude, kude, *prät.* cýdde, cydde, *me.* cudde, kydde, kid, kyd, *schw. v. Ib, künden, verkünden, zeigen, bekannt machen.*

cýdd, *me.* kiþþe, *ne.* kith, *st. f., kunde, bekannte gegend, heimat.*

cýdde *s.* cýdan.

cýdniss, cýdnis, cýdnisse, *st. f., zeugnis.*

cýgan, *prät.* cýgde, *schw. v. Ib, rufen.*

cym *s.* cuman.

cyme, *me.* kime, *st. m., ankunft.*

cym(m)a *s.* cuman.

cyn, *me.* cun, kun, *ne.* kin, *gen.* cynnes, *me.* cunnes, kunnes, *nh. pl.* cynno, *st. n., geschlecht, art, weise.*

cynd, *me.* kinde, kynde, kende, kynd, *ne.* kind, *st. f.?, natur, natürliche eigenschaft, art, geschlecht.*

cynde, *me.* kynde, *ne.* kind, *adj., natürlich, angeboren, angestammt.*

cynedôm, *me.* kinedom, *st. m., reich, herschaft.*

cynerîce, kynerîce, *me.* kineriche, *st. n., reich.*

cynerôf, *adj., sehr berühmt.*

cynescrûd?, *me.* kinescrud, *st. n., vornehme kleidung.*

cynesetl, *me.* kinesetle, *st. n., thron.*

cynestôl, *me.* kinestol, *st. m., thron.*

cyning, kyning, kyninc, cining, cing, *me.* kyng, king, *ne.* king, *st. m., könig.*

cynlic, *adj., passend.*

cyrran *s.* cierran.

cyrtel, cyrtil, *me.* kirtel, *ne.* kirtle, *st. m. (nh. auch n.?), rock, hemd.*

cyssan, me. kissen, kysse, kesse, ne. kiss, prät. cyste, me. keste, schw. v. Ib, küssen; mc. vb.-sb. kyssyng.
cytee s. cite.

D.

đ- s. þ-.
dǽd, me. dede, ne. deed, st. f., tat, handlung.
dæg, me. dæi, daʒ. daʒʒ, daʒh, dai, day, dei, daye, ne. day, pl. dagas, me. daʒes, daʒhess, dæies. dayes, daiis, dais; dat. pl. dagum, me. dawe (broʒt of lyves dawe), st. m., tag; tô dæge, me. to day, ne. to-day heute.
dægred, me. daired, st. n., tagesanbruch.
dǽl, me. del, dal, dol, ne. deal, dole, st. m., teil, anteil. sum del sehr; never a del nicht im geringsten.
dǽlan, me. deale, ne. deal, schw. v. Ib, teilen, abteilen, scheiden, trennen.
dampne, ne. damn verurteilen.
dar s. durran.
darađ, darečd, daročd, st. m., wurfgeschoss.
dære s. dêore.
dærne s. dyrne.
darrst, darstæ, darste s. durran.
daunger, ne. danger macht, gewalt.
daunte, ne. daunt bezähmen, kasteien.
dawe, day(e) s. dæg.
dæþ s. dêađ.
de s. deien.
dêad, nh. auch dêod, me. dead, died, ded, deed, dede, ne. dead. adj.. tot.
dêađ, dêđ, nh. dêoď, merc. dêad, me. deađ. deaþ, dead, dieđ, deď. dæþ. deeth, deþ, deth, ded, dede, ne. death, st. m., tod.
dêađdæg, nh. dêothdæg. me. deethday, st. m., todestag.
dêadiga, dêodiga nh., schw. v. II, sterben.
deale s. dǽlan. dear s. durran.
dearf nh., me. derf, derff, adj., kühn; dazu me. adv. derfly.
dêaw, me. dew, deu, ne. dew, st. m. n., tau.

deciple s. disciple.
declare, ne. declare, prät. declaret, auseinandersetzen, erklären.
dêd s. dôn.
dede s. dǽd. dêad, dêađ, dôn.
dede s. dêađ.
deden s. þeþen.
dee s. deien. deed s. dêad. deeth s. dêađ. defel s. dêofol.
defend, ne. defend abwehren.
defens, nc. defence verteidigung.
dègol, me. diʒel, adj., heimlich.
dei s. dæg.
deien, deie, deye, de, dee, ne. die sterben; vb.-sb. deyng.
del s. dǽl.
delay, ne. delay verzögerung, aufschub.
delite, ne. delight entzücken, genuss.
delytte, ne. delight ergetzen.
dêma, me. deme, schw. m., richter.
dêman, nh. dœ̂ma, dôma?, me. demen, deme. ne. deem, prät. dêmde, me. demed. part. dœmid. gedêmed. me. idemed, idemd. schw. v. Ib, richten, urteilen über (acc.), verurteilen, erklären, meinen, aussprechen.
demembre, ne. dismember zerstückeln.
dennian, prät. dennade, dennode: nur XII 24. Ettmüller rät lubricum fieri. andere denken an dynnan. vgl. me. dennien verstecken, ne. den in einer höhle wohnen.
dente, ne. dent, pz. dent, auszacken, eindrücken?
dêođ s. dêađ.
dêodiga s. dêadiga.
dêofol, me. deofel, deovel, devell(e). dyevel, devel, ne. devil, gen. me. deofles, dovles, defless, pl. me. deofles, deovles, deoflen, gen. deoflene, st. m. n., teufel.
dêop, me. dep, ne. deep, adj., tief.
dêor, me. deor, der, ne. deer, st. n., tier, rotwild.
dêore, dîore, dŷre, me. deore, dære, dere, sup. derrist, ne. dear, adj., teuer, wert, geschätzt.
dêore, me. deore, dure, adv., teuer.
dêorwurđ, dêorwurđe, me. deorewurđe, adj., teuer, kostbar.
dêoth- s. dêađ-.
deovel s. dêofol.

depart — drapen. 131

depart *verteilen*, departyng *scheiden*.
der *s.* durran. dere *s.* dêore.
dereinen, *ne.* derai(g)n *streitig machen, als eigentum behaupten.*
derf, derfly *s.* dearf.
derian, *me.* derie, *schw. v.* I a, *schaden.*
derne, dernli *s.* dyrne. derrist *s.* dêore.
des, *ne.* dais *hochsitz.*
desert, *ebenso ne. verdienst, verschuldung;* for d. of *zum lohne für.*
dêst *s.* dôn.
det, *ne.* debt *schuld.*
deth. deþ *s.* dēad.
devel *s.* dêofol.
devocyoun, *ne.* devotion *andacht, hingebung.*
devoutly, *ebenso ne. in ehrerbietiger, andächtiger weise.*
dew, *ne.* due, XXXIII 61 *gebührender weise.*
deye, deyng *s.* deien.
diacon, *me.* diakne, dekne, *ne.* deacon. *st. m.. diacon.*
dic, *me.* dich, diche, *ne.* dike, ditch, *st. m.. später f., graben.*
dide, died *s.* dôn. died *s.* dēad. died *s.* dēad.
dihtan, *me.* diȝte, *nc. veraltet* dight, *schw. v.* I b, *bestimmen, anordnen.*
dinges mere? XII 108.
disciple, deciple,*ne.* disciple *jünger.*
discipul, *st. m., jünger, vgl.* disciple.
discumfyten, *ne.* discomfit, *pz.* discomfyt, *besiegen, vernichten.*
diseß, *ne.* disease *unruhe, mühsal, beschwerde.*
dispise, dispiß, *ne.* despise *verachten.*
dispit, *ne.* despite *verachtung, trotz, wut.*
dispitwisly, dispitously, *ne. (veraltet)* despiteously *in wut. wütend.*
dispoyle, *ne.* despoil *entkleiden.*
distroye, *ne.* destroy *zerstören.*
dœd *s.* dôn.
Dofere, *me.* Dovere, *ne.* Dover, *schw. f., stadtname.*
dœg *nh.* = dôgor, *st. n., tag.*
dohtor, *me.* douhter, douther, *ne.* daughter, *unrgl. f., tochter.*
dol, *me. ne.* dull, *adj., töricht.*

dol *s.* dǣl.
dol, *ne. veraltet* dole *(vgl.* doleful) *schmerz.*
dôm, *me.* dom, *ne.* doom, *st. m., urteil, gericht, ruhm;* dômes dæg, *me.* domes dei (dai), *ne.* doomsday *jüngster tag; me.* domes man *richter.*
dôm, dœma *s.* dêman.
dôn, *me.* dou, doon, done, do, doo, *ne.* do, *präs. ind. sg.* 2. dēst, *me.* dest, dost; 3. dœd *(merc.* dod *wohl schreibfehler),* dēd, *me.* ded, deþ, dieþ, dod, doþ, doth; *imper. merc.* dôa; *prät.* dide, dyde, *pl.* dydun, dēdun, *me.* dide, dyde, dede, dude, did; *part.* dôn, *merc.* gedœn, *me.* idon, ydon, ido, ydo, don, done, *unregelmässig. v.. tun. lassen; stellvertr.; umschr.* (ded ihealden); dôn from *entfernen aus; do* to dede *töten;* don to gode (lade) *gutes (böses) tun;* don afurst *aufschieben; do* for to se *sehend machen; do* wai *hör' auf, ach mir;* don milce *gnädig sein;* don justise *strafen;* don of *von sich fern halten, ablegen;* dôn on *anziehen.*
done = done *s.* sē. donne *s.* þonne.
dorste *s.* durran.
dote, *ne.* dote *kindisch sein.*
doughty *s.* dyhtig. douhter *s.* dohtor. doun *s.* dûn.
doutable *furchtbar.*
doute, *ne.* doubt, *prät.* doutide, *zweifeln. fürchten.*
douther *s.* dohtor.
Dovere *s.* Dofere.
dorles *s.* dēofol.
dowellen *s.* dwellan.
doþþepers *(Karls des grossen) zwölf pairs.*
draf *s.* drifan.
dragan, *me.* draȝan, draȝen, drawe, draw, *ne.* draw, *prät.* drôg, trôg, *me.* drog, drouȝ, drouh, drowȝ, drogh, drow, *part.* dragen, *me.* ydraȝe, drawe, *st. v.* IV, ziehen *(trs. u. intr.), erziehen, aufziehen, eilen,* drawe fra *entziehen, wegnehmen* (euele draȝe XXXI 90 *allzuwörtlich für frz.* malmencr).
draȝt brigge *zugbrücke.*
dranke *s.* drincan. drapen *s.* drepan.

9*

dreamen s. drêman.
dreaven s. drêfan.
dreccan, me. drecchen, prät. drehte, schw. v. Ib, quälen, plagen, anfechten.
drede, ne. dread furcht.
drede s. ofdrædd.
dreding s. ondrædan.
drêfan, nh. drœfa, me. dreaven, part. gedrêfed, gidrœfid, me. idreaved, schw. v. Ib, betrüben, beunruhigen, peinigen.
dreid s. ondrædan.
drêman, me. dreamen, ne. dream, schw. v. Ib, jubilieren, sich freuen.
drencan, me. drenche, ne. drench, prät. drencte, schw. v. Ib, tränken, ertränken.
dreng, me. dreng, st. m., mann, vasall.
drêogan, me. dreoȝen, ne. mit dialectischem anstrich dree, prät. pl. drugon, st. v. III, ertragen, leiden.
drêor, st. m. oder n., blut.
drêorig, drêorî, me. dreri, ne. dreary, adj., traurig.
drepan, me. drepe, prät. pl. me. drapen, part. drepen und dropen, me. drepit. st. v. Iab (me. auch schwach), treffen, erschlagen, töten.
drîfan, me. drifen, drive, dryve, ne. drive, prät. me. draf, drof st. v. II, treiben.
drihten, -an, -on, -e s. dryhten.
drinca, me. drynke, schw. m.. trunk.
drincan, me. dringan, drinken, drinche, drynke. ne. drink, prät. sg. dranc. me. dranke, pl. druncun; part. gedruncen, me. idrunke, st. v. Ic, trinken, inf. bei âsendan. me. yeve (auch mit to), bydde.
drof s. drîfan. drœfa s. drêfan.
drog, drogh, drouȝ, drow, drowȝ s. dragan.
dros, me. dros, ne. dross, geschl.?, ohrenschmalz.
druncen, me. drunken, drunke, st. n., trunk, trunkenheit.
druncun s. drincan.
drŷge, kent. drêge. me. druie, drie, dreie, ne. dry, adj., trocken.
dryhten, dryctin, drihten, me. drihtan, drihton, drihten, dryȝtyn, drihte, st. m., herr, gott.
dryncan, prät. dryncte, schw. v. Ib, tränken.

drynke s. drinca, drincan. dryve s. drîfan.
dude s. dôn. duelle s. dwellan.
duerg s. dweorg.
dugan, me. duȝen, dowen, prs. dèah, pl. dugon, prät.-prs., taugen, tüchtig sein; pz. prs. kent. dugunde ausgewachsen?
duk, duke, ne. duke herzog.
dull s. dol.
duly, ne. duly gebührend, genau.
dûn, me. dune, ne. down, st. f., anhöhe, hügel; of dûne, adûn, me. a dune, dune, a dun, dun, adoun, doun, ne. down hinunter, herunter, nieder, hin. me. up end dun auf und ab.
dure s. dêore.
durling s. dŷrling.
durne s. dyrne.
durran, me. durren, präs. ind. sg. 1. dear, me. dar, der, ne. dare. 2. dearst, me. darrst. plur. durron, prät. dorste. nh. darstæ, darste. me. dorste, durste, durst. präteritopräs., wagen, me. auch dürfen.
duru, me. dure, st. f.. tür.
duryng, ne. during während.
dvnvilt = dû ne wilt.
dvsidi XIV, 14 s. 44?
dwellan. me. dwellen, dowellen, dwelle, duelle, dwell, ne. dwell, prät. dwealde, me. duelt, schw. v. Ib, hindern, aufhalten, me., wie ne., sich aufhalten, verweilen, bleiben, wohnen.
dweoluhde. dweolde irrtum.
dweorg, Ep. duerg, me. dwergh, dwerf, ne. dwarf, st. m.?, zwerg.
dwolian, schw. v. II.. irren.
dwollic, adj., töricht, dumm.
dyde s. dôn.
dyevel s. dêofol.
dyhtig, me. ne. doughty, adj., tüchtig, tapfer.
dyngne würdig.
dynnan. me. dinien, ne. din, prät. dynede, schw. v. Iu, tönen, dröhnen.
dynt. me. dynt, ne. dint, st. m., schlag.
dyppan, me. duppen, dippen, ne. dip, schw. v. Ib, eintauchen.
dŷrling, me. durling, ne. darling, st. m., liebling.

dyrne, derne, me. durne, derne, dærne, adj. u. adv., heimlich, versteckt; dazu me. dernli adv.

E.

êac, êec, êç, êc, me. ec, ek, ech, eke, ne. eke, adv., auch, ebenfalls.
êaca, me. eke, schw. m., vermehrung; tô êacan, me. tekenn dazu, obendrein.
ead leicht (vgl. as. îeđe, ŷđe, êade, adj., leicht; besonders aber comp., wie êađfynde leicht zu finden).
êađe, me. cađe, eđe, eþe, adv., leicht.
êađelic, me. eþeli, adj., leicht, unbedeutend, harmlos.
êadhrêdig, adj., glücklich.
êadig, êadeg, me. edi, ʒedi, adj., reich, glücklich, selig.
êadmêdu, me. ædmeden, f. sg. oder n. plur?, leichter sinn, freude.
êadmôdlîce, me. ædmodliche, adv., demütig.
êadmôdniss, me. ead-, edmodnesse, st. f., demut.
eafora, afora, afara, cofora, schw. m., nachkomme, sprössling, kind.
êage, merc. êge, me. eʒe, eie, ey3e, y3e, ec, ne. eye, schw. n., auge.
eahta, nh. æhtu, me. eighte, ne. eight, zw., acht.
eal s. eall.
ealch s. ælc.
eald, kent. gen. pl. eldra, me. eald, ald, old, hold, ne. old; comp. ieldra, yldra, merc. nh. ældra, me. uldre, ældre, eldere, elder, adj., alt; ûre ieldran, me. ure ældrene unsere vorfahren.
ealdgenîđla, schw. m., alter feind.
ealdian, ealdigan, me. ealdien, elde, prät. ealdode, schw. v. II, altern, alt werden.
ealdor, aldor, me. alder, st. m., ältester, oberster, fürst, herr.
ealdor, st. n., alter, leben.
ealdorlang, -long, adj., lebenslang.
ealdormon, nh. aldormonn, me. alderman, ne. alderman, st. m., fürst, vorgesetzter.
ealdorsâcerd, merc. aldur-, st. m., oberpriester.

ealgian, prät. ealgode, schw. v. II, schützen.
eall, eal, all, me. eall, eal, eæll, æll, æl, all, al, ne. all; gen. plur. ealra, me. calre, alre, alþer, adj., all, ganz, vollständig, al þat tu mai mit aller macht.
eall, me. eal, al, alle, ne. all, adv., all, ganz: mê. al one, ne. alone allein.
calles, adverbialer gen., durchaus, ganz und gar.
eallnîwe, adj., ganz neu.
ealmeahtig, allmehtig, allmectig, ælmihteg, ælmihtig, ælmiehteg, almechttig, me. ealmihti3, allmahhti3, almichti, almihti, almihty, ne. almighty, adj., allmächtig.
ealneg = ealne weg, me. alneway, alwayis, ne. alway, always, adv., immer.
êalond, nh. êolond, st. n., eiland, insel.
ealswâ, eallswâ, me. ealswa, alswa, alsua, also, alsuo, alzuo, calse, alse, ase, aze, als, alls, alss, as, ne. also, as, adv., conj., ganz so, eben so, so, auch, etwa; wie, als, da, als ob; me. ase to, ne. as to was betrifft.
calu, ealo, gen. dat. ealođ, alođ, me. ale, ne. ale, urgl. n., bier.
eam s. êom.
êam, me. eom, em, st. m., oheim.
eani s. ænig.
eard, me. erd, st. m., land.
eardi(g)an, me. erdien, schw. v. II, wohnen.
eardung, me. erding, st. f., wohnung.
êare, me. ere, ne. ear, schw. n., ohr.
êargeblond, st. n., meeresgemisch, wogendes meer.
earh, me. plur. erwe, adj., träge.
earm, me. earm, erm, adj., arm, elend.
earm, me. arm, ne. arm, st. m., arm.
carming s. ierming.
earn, me. arn, ern, ne. erne, st. m., aar, adler.
earnung, me. earninge, ne. earning, st. f., verdienst.
eart, nh. arđ, me. ert, art, mit pron. ertu, artu, ne. art, 2. sg. präs. ind., bist; nh. arun, me. aren, arn, are, ere, ar, ne. are,

êast — ende.

pl. präs. ind., sind. seid. def. v., s. bëon. ëom. wesan.
êast. me. est, on est. adv.. im osten.
êastan. me. esten, adv.. von osten.
êasterdæg. me. esterdei. ne. Easter-day. st. m.. ostertag.
eatas s. etan.
eatdëavde s. ætýwan.
eatollic. me. eatelich. atelich. adj., schrecklich, entsetzlich.
eaxl. cxl. me. axle. st. f., achsel.
ebrisegedîode, st. n.. hebräische sprache.
ebylgdu s. æbylgdu.
ec s. ëac.
ece. me. eche, ne. ache, st. m., schmerz.
ëce, ëci, ëce. me. eche. adj., ewig.
eced, st. n. und m., essig.
ecg. ecgg, me. egge. ne. edge. st. f., schneide, schwert.
ech s. ælc. ëac. eche s. ece, ëce.
echte s. æht. ede s. ëade.
êdel, ædel. me. ebel. st. m., erbsitz. erbe, heimat.
edlëan, kent. ædlëan. me. edlen, st. n., vergeltung. lohn.
edlete leicht zu lassen, wertlos, gleichgiltig.
edmodnesse s. ëadmôdniss.
edwit. me. edwit. st. n., vorwurf, hohn.
edwitan, me. edwiten, schw. v. Ib, und st. II, vorwürfe machen, schmähen.
een s. ëage. efen s. æfen.
efencristen. me. emcristen, ne. even Christian, adj. und subst., mitchrist.
êfern s. æfen.
efete, me. evete, newte, me. eft. newt. schw. f.. eidechse.
effray s. afray.
effraytly in schrecken. erschreckt.
eftter s. æfter.
efne, me. evene, even, evyn. ne. even. adv., eben, gerade, just, gleich.
efning. evening, eming person von gleichem rang; mit possessivpronomen, z. b. þin e. = deinesgleichen, dir gleich.
efre s. æfre.
efreni irgend ein.
efsian, me. evesien, part. geefsod. schw. v. II, scheeren, die haare schneiden.

efstan, me. eftin (Anglia I 31), prät. efste. schw. v. Ib, eilen.
eft. me. eft. efte, adv., wider, widerum, zurück. eft sôna, sôna eft, me. eftsone. eftsonis sogleich, wider, bald.
efter, eftir s. æfter.
ege. me. eige, eie, æie, st. m.. schrecken, furcht, scheu.
êge, eʒe s. êage.
egesa, egsa. merc. ægsa, me. eʒese, eise. schw. m., schrecken, furcht, ehrfurcht.
egeslic. me. eislich, adj.; egeslîce, me. eisliche. adv., schrecklich.
egh-. eǵh- s. ægh-.
eglan. me. eilen. ne. ail, schw. v. Ib, belästigen.
egland s. îegland.
ego schrecken XIII. 4 nh. = ege oder = got. (un-)agei.
ëhtan. merc. œhtan. schw. v. Ib, verfolgen.
ehte s. æht.
eider s. æghwæder. eie s. êage, ege.
ëigland s. îegland.
eisfull. me. easeful erfreulich.
cisliche s. egeslic. eitte s. æht.
ek(e) s. ëac. elch s. ælc. eld s. ieldu. elder(e) s. eald. elde s. ieldu. eldra s. eald.
ellen. me. elne, st. n., mut, kraft, tugend.
ellenrôf, adj., stark, mutig.
ellenwôdness. st. f.. eifer.
ellenþríst. adj., kühn, mutig.
elles. me. elles, ellis, ellys, ne. else. adv.. anders. sonst; elles hware anderswo.
elmes-. elmesse s ælm-.
eln. me. elne, elle, ne. ell. st. f., elle.
elþëodig. me. elþeodi, adj., zu einem andern volke gehörig, fremd.
em s. ëom. embe s. ymbe.
embiht s. ombiht. emcristen s. efn-. en s. on. eming s. efning.
enarme waffnen, rüsten.
enbrace, ne. embrace umarmen.
encheysoun grund, veranlassung.
encombre, ne. encumber in verlegenheit, bedrängnis bringen.
encrese. ne. increase wachsen, zunehmen.
end s. endian, ond.
ende, me. ende, end, ne. end, st. m.. ende.

endebyrdnes, -ness, *st. f., reihenfolge, ordnung;* þurh endebyrdnesse *der reihe nach.*
endeléas, *me.* endelies, endles, *ne.* endless, *adj, endlos, ewig.*
enderdai: þis e. *neulich.*
endian. *me.* enden. ende. end, *ne.* end. *schw. v. II, enden. beenden, vollenden, aufhören; vb.-sb.* endung. *me.* ændenge. endinge, endyng. *ne.* ending.
endlufun, endleofen. *merc.* enlefan, *nh.*ællefne. *me.* endleofan. endlefan. enlevene, *ne.* eleven, *zahlw., elf.*
endure, *ebenso ne. dauern, währen.*
ene. enes *s.* æne.
engel. *merc.* ængel, *me.* engel, ængel, *plur. me.* engles, *gen.* engle *und* englene. *st. m.. engel.*
Engle, *nom. plur.. Angeln.*
englisc. *me.* englissc, ennglissh. *ne.* English. *adj., englisch.*
engliscgereorde, *st. n., englische sprache.*
eni *s.* ænig. enlefan. enlevene *s.* endlufun.
enmy. *me.* enemy *feind.*
entent, *ne.* intent *absicht, sinn.*
entering, *ebenso ne. das eintreten, eingehen.*
eny *s.* ænig.
éode. *me.* eode. *def. v.. ging.*
eodorcan, odercan, *part. präs.* eodorcende. *schw. v., widerkauen.*
eodre *s.* oder. éolond *s.* éalond.
eom *s.* éam.
éom, *merc.* eam, *nh.* am, *me.* eom, æm. am, ham, *ne.* am; 2. *sg. s.* cart; 3. *sg.* is, ys. *me.* is, ys. iss, his, es. *ne.* is; *plur.* sind, synd, sint, synt, sindun. syndon, siendon, siondon, siondan, *me.* sunden, sendde (*vgl. unter* eart); *cj. sg.* sie, sî. sig, *nh.* sê. *me.* si, *plur.* sien, sin, *def. v., sein; vgl. auch* béon *und* wesan.
eordbifung, *me.*eordbefunge, eordbefiunge, *st. f.,* erdbeben.
eorde, *me.* eorde, eorþe, erþe, erthe, *ne.* earth. *schw. f., erde; me.* erthe moryng, e. schakyng *erdbeben.*
eordhrærnisse *nh.. f., erdbeben.*
eordlic, *me.* eordlich, erthely, *ne.* earthly, *adj., irdisch.*
eordstyrennis *merc., st. f., erdbeben.*

eorl, *me.* eorl. erl. erld, *ne.* earl, *st. m., edler mann, graf.*
eornan. iornan. *me.* eornen, renne, *ne.* run, *prät.* arn. *me.* orn, ran, *plur.* urnon, *me.* urnen, *st. v. Ic, rinnen. rennen, laufen.*
eornoste. *adv., eifrig. heftig.*
éorodcyst, -cist, *st. f.. schar.*
eorre *s.* yrre.
eorþe *s.* eorde. eoten *s.* etan.
éow, cower *s.* gê. er *s.* hêr, ær.
ere *s.* eare, eart. erest *s.* ærest.
erfewordnis *s.* yrfeweardnes.
erl. erld *s.* eorl.
erlich *s.* ærlice.
erm *s.* earm. ermdu *s.* iermdu.
erming *s.* ierming.
ermine, *ne.* ermine *hermelin.*
ermitage *s.* hermytage.
erninge *s.* earnung.
errour, *ne.* error *irrtum.*
ert, ertu *s.* eart. erthe, erþe *s.* eorde.
es *s.* êom, hê.
escapen, ascapen, eschape, scape, *ne.* escape. *prät.* eschapit, *entlaufen, entrinnen, entfliehen.*
escen *s.* ascian.
escheve, eschewe, *ne.* eschew *vermeiden; vb.-sb.* escheyng.
ese *s.* aise.
esol, *st. m.. esel.*
êst, *me.* este, *st. m. f., gunst, leckerbissen.*
est, -er *s.* éast, -er. éswîc *s.* æswîc. et *s.* æt.
etan, *nh.* eata, *me.* æten, eoten, ete, hete, *ne.* eat. 3. *sg.* ytt, *merc.* ited, *prät.* æt, *me.* ete, *plur.* æton, *me.* æten, *part.* eten, *me.* yeten. etyn, *st. v. Ia, essen, verzehren.*
ete *s.* æt.
etforen *s.* ætforan.
eure *s.* gê. euþer *s.* æghwæder.
evel(e) *s.* yfel(e). even *s.* æfen.
even, evyn *s.* efne.
evening *s.* efning. eventid *s.* æfentîd. evenyng *s.* æfnung.
ever, evere, evereich, everi, everuych, -rych, evre *s.* æfre.
evete *s.* efete.
evyn *s.* æfen. ewill *s.* yfel. exl *s.* eaxl.
expresse, *ne.* express *ausdrücken, erzählen.*

eȝen s. êage.
evr, ne. heir erbe.
eþe s. êaðe.
eþem s. êdm.

F.

fable, plur. fablis, ne. fable *fabel, erdichtung.*
fæc, st. n., *zeitraum, zeit.*
face, ne. face *gesicht, antlitz.*
fâcenlîce, adv., *betrügerisch.*
fâconlêas, adj.. *truglos, echt.*
fæder, me. fæder, feder, fader, faderr, vader, fadir, ne. father, gen. fæder, nh. fadores, me. fæder, fader,faderr,federes,*urgl.m.,vater.*
fæderlèas, me. faderles, ne. fatherless, adj., *vaterlos.*
fæge, me. feȝe, adj., *zum tode bestimmt, dem tode verfallen, tot.*
fægen, me. fagen, fayn, fawen, fawe, ne. fain, adj., *erfreut, willig, gern.*
fæger, kent. sup. fegerest, me. feier, feir, fayr, vayr, veir, ne. fair, adj., *schön; das neutrum davon* fæger, me. veir *schönheit.*
fægere, me. veire, faire, feier, adv., *in schöner, freundlicher, gehöriger weise.*
fægerhâd?, me. vayrhed *schönheit.*
fægnian, fagnian, me. fainen, fawnen, ne. fawn, prät. fægnode, schw. v. II, *sich freuen.*
fâh, schwach (ge)fâ, me. fa, foo, ne. foe, plur. me. fan, fon, fais, foos, adj., *feindlich; subst., feind.*
fâh, fâg, me. fah, foh, fow, adj., *bunt, schillernd; me. sb., buntes pelzwerk.*
faht s. feohtan.
faile, ne. fail *fehl, irrtum.*
failen, ne. fail *fehlen;* faileþ es fehlt an.
faith, feith, fath, fay, ne. faith *glauben, treue.*
faithfull, feithfull, ne. faithful *treu, getreu, zuverlässig.*
faithfully, wie ne., *getreulich.*
fald, Ep. falæd, me. ne. fold, geschl.?, *hürde, stall.*
fale s. fela.
fæle, me. fale, adj., *treu, lieb, gut;* be fale of burgen für?

falle s. feallan.
fals, me. fals, false, ne. false, adj., *falsch, unwahr;* st. n., *unwahrheit.*
falshed, ne. falsehood *falschheit, unwahrheit.*
falu s. fealo.
fan s. fâh.
fand s. findan. fandigan s. fondian.
faran, me. faren, farenn, fare, vare, ne. fare, prät. fôr, me. for, fore, part. faren, st. v. IV, *fahren, gehen, ziehen, verfahren, vergehen;* w shal i fare? *wie wird es mir gehen?*
færan, me. fere, ne. fear, schw. v. I b, *erschrecken.*
fære s. fŷr.
færlic, me. ferli, ursp. adj., *schrecklich, plötzlich, wunderbar;* dann me. subst., *wunder, heldentat.*
færm s. feorm.
færscribæn s. forscrifan.
faru, me. fare, ne. fare. st. f., *fahrt, verfahren.*
fæst, me. fast, fest, ne. fast, adj., *fest, festgehalten.*
fæstan, me. festen, faste. part. me. fest, schw. v. I b, *fest machen, befestigen, fesseln, binden; fasten.*
fæste, me. faste. fast, ne. fast, adv., *fest, rasch, sehr.*
fæsten, merc. festen, me. festen, st. n., *feste; fasten.*
fæstendæg, kent. festen-, me. vestendaȝ, st. m., *fasttag.*
fæstengeat, st. n., *tor einer feste.*
fæstnian, me. fæstnien, ne. fasten, schw. v. II, *befestigen.*
fæt, me. fat. ne. vat. plur. fatu, me. faten, st. n., *fass, gefäss.*
fætels, me. fetles, fetless *(Orm)*, st. m., *behälter, sack.*
fath s. faith.
fætniss, -nyss, me. fatnesse, ne. fatness, st. f., *fettigkeit.*
fætt, kent. fétt, me. fat, fet, ne. fat, adj., *fett, gemästet.*
fauȝt s. feohtan.
fawe s. fægen.
fay s. faith.
fayn s. fægen. fayne s. feyne.
fayr s. fæger. fe s. feoh.
fealdan, me. falden, vyealde, ne. fold, prät. fèold, st. v. V, *falten;* me. vyealdinde stol *fauteuil.*

feale s. fela.
feallan, me. fealle, vallen, falle, valle, ne. fall. prät. fèoll, me. fell, fel, felle. part. fallen, me. fallen. st. v. V, fallen, stürzen, vorfallen, sich treffen; f. apɔn überfallen.
fealo, Ep. falu. me. falow, ne. fallow, adj., fahl.
fealowian, me. valuwen, ne. (veraltet) fallow. schw. v. II, fahl werden. verwelken.
fear- s. feor-.
fearh, Ep. færh, me. pl. faren, ne. (Shaksp.) farrow, st. m., schwein, ferkel.
fearn, me. ne. fern, st. n., farn.
fèa(w), me. feaw. fiew, few, ne. few. adj. wenig. gering.
feccan, me. fecche. ne. fetch, schw. urspr. def. v. I, holen.
fechte s. feohtan.
fèdan, nh. fœda. feoda, me. fede, feede, ne. feed. prät. me. fedde. part. fèded, fèd, me. fedd. fedde, schw. v. Ib, nähren. speisen, weiden.
fède. st. n., gang.
fèdelâst, st. m.. gangspur, gang.
fèdemund, st. f., ganghand, hand, die zum gehen dient.
feder s. fæder.
federfotetd vierfüssig.
feede s. fèdan. feer s. feorr. feet s. fôt. f egerest s. fæger.
feghte s. feohtan. feh s. feoh.
feier, feir s. fæger. feith s. faith.
fel in wælfel, me. fel. fell. felle, ne. fell, adj., grausam. kühn.
fel s. feallan.
fela. feola, me. feole, veole. fele, vele, feale, fale. subst. und adj., viel.
fèlan, me. fele, ne. feel, schw. v. Ib. fühlen, empfinden.
felawe. ne. fellow genosse.
feld, me. feld, fild, fyld, ne. field, st. m.. feld.
feld s. fylgan.
fele s. fela. felede s. fylgan.
fell, ebenso me. ne., st. n., fell.
fell, felle s. feallan. felle s. fel.
felloun, ne. felon unmenschlich, grausam.
fend s. fèond. fêng s. fôn. fêo s. feoh. feod s. fèdan.

fêogan, merc. figan, prät. fiode, schw. v. II, hassen.
feoh, nh. feh, me. feoh, feogh, fe, ne. fee. gen. fèos, dat. fêo, st. n., vieh, geld.
feoht, me. feoht, figt, fiȝt, fight, viht, ne. fight, st. n., kampf.
feohtan, me. feghte. fiȝte, fechte, fyghte, viȝte, ne. fight, prät. fealht, me. faht, fauȝt, pl. fuhton, me. foȝte, foght. part. me. foȝt, st. v. I c, fechten, kämpfen; davon me. viȝtinge, fechtinge kampf.
feola s. fela.
feol'an, merc. präs. conj. fele, me. felen, st. v. Ic, später Ib, haften.
feole s. fela.
fèoll s. feallan.
fèond, fiond. me. feond, fend, ne. fiend, pl. fynd, find, merc. fèond. me. fund. fendes, m., feind, teufel.
fèorða. me. feorðe, ne. fourth, zahlw.. vierter.
feorh. me. vor, st. n. m.. leben.
feorm, fiorm. fyrm. nh. færm, me. veorme, ferme, st. f., gastmal, genuss, nutzen, gebrauch. lýtle fiorme dâra bôca wiston wussten mit den büchern wenig anzufangen.
feorr, feor, nh. fearr, me. feorr, ferr, veor, fer, ver, ferre, feer, ne. far, comp. me. fyrre, adj. und adv., fern, weit, sehr; o fere = ne. afar in die ferne, weithin, in hohem masse?
feorran, nh. fearran. me. ferren, adv., von fern.
fêos s. feoh.
fèower. me. four, fowr, fowwre, ne. four, zahlw.. vier.
fèowertig. me. fowwerrtiȝ, vourti, ne. forty, zahlw., vierzig.
fer s. feorr, fýr.
fêran, nh. fôra, me. feren. prät. fèrde, schw. v. Ib, fahren, gehen.
ferde s. fèran. fere s. feorr.
fergan, ferian, me. ferien. fere, ne. ferry, prät. ferede, schw. v. Ia, bringen, schaffen.
ferli s. fèrlic. fere s. feorr.
fers. uers. st. n., vers.
ferst s. fyrst. fest- s. fæst-.
fet, fette s. fôt.
feter, fetor, me. feter, ne. fetter, st. f., fessel.

few s. fĕaw.
feyne. fayne, ne. feign, prät. fayned. feynet, part. feynit, erdichten.
fier s. fŷr.
fierst, first, me. furst. st. m. f., ɣrist. zeit. aufschub; me. don a furst verschieben, zögern.
fiewe s. fĕaw.
fîf, fl. fîfe, me. fif, five, fyve, vyve, fiwe, ne. five, zahlw., fünf.
fîfta, me. fîfte, ne. fifth, zahlw., fünfter
fîftig, fîfteg, me. fifti, fyfti, ne. fifty, zahlw., fünfzig; psalmenabschnitt.
fîgende s. fêogan.
figt, fight s. feoht. fiȝte s. feohtan.
fil, fillen(n) s. fyllan. fild s. feld.
fin. fyn, ne. fine ende.
find s. fêond.
findan, me. finden, finde, fynde, prät. sg. ae. und me. fond, fand, funde, plur. fundon, part. funden. me. founden, founde, ifunde, st. v. Ic und schw., finden, verschaffen, besorgen, erfinden, dichten; wæs funden existierte.
fîodun s. fêogan.
fîond s. fêond.
fiorm s. feorm.
fir s. fŷr.
fir'as, m. plur., menschen.
firgengât, pl. Ep. firgingætt, f., gemse.
first s. fierst, fyrst.
fisc, fix, me. fix, fixc, fisx, fisc, fisch, fysch, fische, ne. fish. st. m. (doch gen. plur. nh. auch fiscana), fisch; coll., fische.
fiscere. me. fisschere, fischer, ne. fisher, st. m., fischer.
fiscian. nh. fisciga, me. fisschen, fysche, ne. fish, schw. v. II, fischen.
fiscnett, me. fiscnet, -nett, st. n., fischnetz.
five, fiwe s. fif.
fix, fixc s. fisc.
fixoď, -aď, me. fissoď, st. m., fischfang.
flân, me. flon, st. m. f., geschoss, pfeil.
flæsc, me. flec, flessch, flessh, vless, ne. flesh, st. n., fleisch.
flæsclic, me. vlesslich. ne. fleshly. adj., fleischlich.

flæsclîce. me. flesliche, adv., dem fleische nach.
flêah, st. m.?, neben flêa, schw. m., me. flee, ne. flea, floh.
flêam, me. flem, st. m., flucht; mid flêame flüchtig, fliehend.
flec s. flæsc.
*flêdan. me. fleden.prät. me. fledde, ne. fled, schw. v. Ib, strömen, fliehen.
flee s. flêogan. flêman s. flŷman.
flêogan, me. flyghe, flye, flee, ne. fly, prät. flêah, plur. flugon, part. flogen, st. v. III, fliegen; davon verbals. me. fly(e)ghyng(e).
flêon. me. fle, ne. flee, prät. flêah, pl. flugon, me. flugen, part. flogen, st. v. III. fliehen (mischt sich mit dem vorhergehenden).
fless, flessch, flessh s. flæsc.
flicce, me. flicche. ne. flitch, pl. kent. flicca, st. n., schinken.
flittenn, ne. flit ziehen, eilen.
flôc, me. floke, ne. flook, fluke, st. f.?, butte.
flocc, me. flok, ne. flock, st. m., schar.
flôd, me. flod, ne. flood, st. m. n., flut.
flôr, me. flor, ne. floor, st. m. f., flur, boden.
flot, me. flot, ne. float, st. n., schwimmen, seefahrt.
flota, me. flote, flot. schw. m., schiff, ae. auch seeräuber, me. auch flotte.
flour, ne. flower blüte.
flôwan, me. flowen, ne. flow, st. v. V, fliessen.
flugen s. flêon.
flye. fly(e)ghyng(e) s. flêogan.
flŷman, flêman, me. flemen. part. geflêmed, schw. v. Ib, in die flucht schlagen.
fœda s. fêdan.
foght, foȝt s. feohtan. fol- s. full-.
fol, ne. fool tor, narr.
folc, me. folc, folk, follc, volk, folke, ne. folk, st. n., volk, pl. völker, leute, menschen.
folcstede, st. m., volkstätte, kampfplatz.
folctoga, schw. m., volksführer, fürst.
folde, me. folde, schw. f., erde.
foldweg. st. m., erdweg.
fole XXXII 122? s. stape f.

folgian. me. folʒen. follʒhenn, ne. follow, schw. v. II. folyen, verfolgen, durchführen.
folie, ne. folly torheit, sünde.
folk. follc s. folc. follʒhenn s. folgian.
folm. st. f., hand.
fon s. fah.
fôn, me. fon, fong, prät. feng. me. feng. venk. pz. nh. gefœn, st. v. V, fangen, fassen, greifen, empfangen, anfangen. tô ricc í. die regierung antreten.
fond s. findan.
fondian, fandigan, me. fonde. vondi, schw. v. II, versuchen, sich überzeugen; me. fonde after frayen nach, vondi of zu etwas zu verführen suchen.
fong s. fôn. foo s. fàh. foote s. fôt.
for, fore. me. for. forr. vor, fore. ne. for. präp.. vor, für, wegen, um-wilen, anstatt, bei (z. b. beschwören, bitten); for drede aus furcht; for no þyng, for non auʒt um keinen preis; forþâm, fordǽm, fordon, fordŷ. me. forþi. forrþi. forþy, forthy, forrþat deshalb; me. forhwi, weshalb; me. vorzoþe, ne. forsooth fürwahr; me. for vor inf. allein oder mit to zu, um zu; for dǽm (þâm, þon) mit oder ohne þe. me. fordi þe, forrþi þatt, forþi. forr þatt. vor þet, for don und endlich blosses for, conj.. weil, denn; bei Wycliffe auch „dass".
fôr, me. fore, st. f., fahrt.
foran. me. foren, adv., im voraus; foran tô vor; adv. vorher.
forbærnan, me. forbernen, prät. forbærnde. schw. v. Ib, verbrennen.
forbëodan. me. forbeden, ne. forbid, 3. sg. präs. forbŷt, me. forbut. prät. forbëad. me. forbed, st. v. III. verbieten.
forberan. me. forberen. vorberen. ne. forbear, prät. sy. 2 me. vorbere. part. forboren, st. v. Ib, nachsicht haben mit jemandem.
forceorfan, me. forkerven. prät. forcearf, st. v. Ic, zerschneiden, abschneiden.
fordd, me. ford, forþ, forth, fourth, furth, forþe, ne. forth, adv., vor, vorwärts, hin, heraus, hervor, weg; fordd mid zugleich mit; com-

par. furdor. -ur, me. fordere, ne. further fürder, weiter.
fǽrde s. fêran.
fordéman. me. fordemen, schw. v. Ib, verurteilen.
fordgeong, me. vordʒong, st. m., fortschritt, erfolg.
fordôn, me. fordon, ne. fordo, urglm. v., zu grunde richten.
fordon s. furdum, for.
fordrencan, me. fordrenche, schw. v. Ib, trunken machen.
fordsid. me. vordsid, st. m., weggang, hingang, tod.
forê s. for.
forebysn. me. vorbisne, vorbysne, st. f.. beispiel, muster.
forecwedan, pz. kent. forecuæden, st. v. Ia, vorhersagen, -anführen, -bestimmen.
foregenga, schw. m., diener, dienerin.
forelîora nh., schw. v. Ib, vorangehen.
foremǽre, adj., vor anderem besprochen, berühmt.
foresecgan. me. forsay, prät. foresægde, pz. me. forsaide, ne. foresaid. schw. v. Ib, vorhersagen, vorher erwähnen.
forespræc, me. vorespeche, st. f. vorrede.
forgân. me. forgaa, ne. forego, defect. st. v., vorbeigehen, verzichten auf.
forgiefan. forgyfan. me. forʒiven, ne. forgive. prät. forgeaf, part. forgifen. st. v. Ia. vergeben, verleihen, schenken.
forgiefness. me. for-, vorʒivenesse, ne. forgiveness. st. f., vergebung.
forgieldan, -gyldan. me. forʒelden, part. forgolden, ne. Ic, vergelten.
forgietan, forgitan, ne. forʒite, forʒute, ne. forget, part. me. forʒyte, st. v. Ia, vergessen.
forglopnid erschreckt.
forgnagan, me. forgnaʒe, st. v. IV, zernagen, zerreissen.
forgrindan, part. forgrunden, st. v. Ic, vernichten.
forgrôwan, me. forgrowe, st. v. V, verwachsen; forgrowe in his vysage durch einen bart unkenntlich geworden.

forjut s. forgietan.
forgyltan. me. forgulte, part. me. forgult. schw. v. Ib. schuldig machen; pz. pass. schuldig.
forhelan, me. forhele, part. me. forhole, st. v. Ib, verhehlen, verheimlichen.
forhergian, schw. v. II, verheeren.
forhogde s. forhycgan.
forhogdniss, -hogod-, -hogeness. st. f., verachtung.
forhtigan, schw. v. II, fürchten.
forhtmôd, adj., furchtsamen sinnes.
forhtniss, st. f., befärchtung, furcht.
forhwierfan, kent. forhwerfan, schw. v. Ib, verkehren.
forhycgan, prät. forhogde, schw. v. Ib, verachten.
forlǽtan, kent. forlétan, me. forlæte, forlete, 3. sg. prs. ind. kent. forlêt, me. forlet, prät. forlét, st. v. V, verlassen, verlieren, zurücklassen, aufgeben, unterlassen; in forl. hineinlassen.
forlêosan, me. forleosen, forlesen. vorlesen, prät. sg. forléas, pl. forluron, part. forloren, me. forloren, vorloren. st. v. III. verlieren, zugrunde richten; here treothes brechen.
forma, me. forme, schw. zahladj., erster.
forme, fourme, ne. form gestalt.
formen, ne. form, prät. formed, bilden. schaffen.
fornicacion, ne. fornication unkeuschheit.
forrow vor.
fors, force. ne. force gewalt; ma na fors sich nichts daraus machen, sich nicht darum kümmern.
forsacan, me. forsake, vorsake, ne. forsake, prät. forsôc, me. vorsoc, forsook, st. v. IV, entsagen, ausschlagen, aufgeben, im stiche lassen.
forsaide s. foresecgan.
forscrîfan. Ep. part. pass. færscribæn, st. v. II, verurteilen.
forsêon, forsion, 3. sg. präs. ind. kent. forsîod, st. v. Ia, verachten.
forsittan, me. forsitten, prät. forsæt, st. v. Ia, versäumen, unterlassen (mit instr.).

forsoth(e) s. sôð.
forst, me. vorst, ne. frost, st. m., frost.
forstelan, me. forstelen, prät. forstæl, pl. forstǽlon, -an, nh. -stélun, me. -stælen, -stalan, st. v. Ib, wegstehlen.
forstondan, me. forstanden, prät. forstôd, st. v. IV. verstehen.
forswelgan, st. v. Ic, verschlingen.
forswerian, me. forswerien, ne. forswear, prät. forswôr, part. ae. me. forsworen, st. v. IV, falsch schwören, pz. meineidig.
fort, vort, forte, forto bis.
forth, forþ s. forð.
forwiþ vor; forwiþ þan vorher.
forwrêgan, me. forwreȝen, schw. v. Ib, anklagen.
forwundian, me. forwundien, part. forwundod, schw. v. II, verwunden.
forþon s. for.
fôt, me. fot, foot, vot, ne. foot, pl. fêt, merc. nh. fǽt, me. fet, feet, fette, dat. pl. fôtum, me. fote, foote, urghm. m., fuss.
fotte holen.
foundande s. fundian. founde(n) s. findan.
four s. fêower. fourme s. forme.
fourth s. forð.
fowhel, fowl s. fugel.
fowr, fowwerr, fowwres. fêower.
fra, fro, ne. fro, präpos., von; conj., seitdem.
fraist versuchen, prüfen, forschen.
fram s. from.
frâsiga nh., schw. v. II, fragen.
frætewian, me. fretien, ne. fret, part. gefrætewod, schw. v. II, schmücken.
frayne s. fricgan.
fre s. frêo.
frêa, gen. frêan, schw. m., herr.
fream- s. frem-.
frêfran, merc. frǽfran, me. frevren, schw. v. I, trösten.
fremde, fremede, me. fremede, fremde, adj., fremd, unverwant.
fremman, me. fremmen, schw. v. Ia, fördern, vollbringen.
fremsum, merc. freamsum, adj., gütig.
fremsumness, me. fremsomnes, st. f., wohltat.

frenchype s. frèondscipe.
frend s. frêond.
Frenschemen, ne. Frenchmen Franzosen.
frêo, frîo, frî, me. fre, vri, ne. free, adj., frei, edel.
frêodôm, me. fredom, ne. freedom, st. m., freiheit, vorrecht.
frêond. me. freond, vreond, frend, ne. friend. pl. frẏnd. frêond, frêondas. me. frund, freond, vreondes, frendys, urgl. m., freund, verwanter.
frêondlîce, me. frendli, ne. friendly, adv., in freundschaftlicher, freundlicher weise.
freondman, vreondman verwanter.
frêondscipe, me. frenchype, ne. friendship, st. m., freundschaft, verwantschaft.
fretan. me. freten, ne. fret, st. v. I a, fressen.
friegan, friegean. frignan. me. freinen, frayne, prät. sj. frægn, pl. frugnon, part. gefrigen, gefrugnen. st. v. I ac, fragen, erfragen, erforschen.
frið. me. friþþ, st. m. n., friede, ruhe.
fridian. me. fridie, schw. v. II, in frieden erhalten, in ruhe lassen.
frigti furchtsam: frigtifagen fürchterlich (d. h. sehr) erfreut?
frio s. frêo. friþþ s. frið. fro s. fra.
frôd, adj., klug, alt.
frôfor, me. frovre. st. f., trost.
frœfrende s. frêfran.
from, fram. me. from. vrom, vram, ne. from, präp., von; vor (bei âhẏdan).
frome s. fruma.
fromlîce, adv., in tüchtiger weise, mutig, rasch.
frovre s. frôfor.
fruma, me. frome. schw. m., anfang; me. atte frome besonders, vorzugsweise.
frumcenned, me. frumkenned. adj., erstgeboren; mine frumcennedan = primogenita mea meine erstgeburt.
frumgâr, st. m., vorkämpfer, fürst.
frumsceaft, me. frumschaft, st. f., schöpfung.
frund s. frêond.
frute kröte.
frymð, me. frumþe, st. f., anfang.

fugel, me. fuȝel, fowhel, fowl, ne. fowl. st. m., vogel.
fuguldæg, st. m., tag, an dem fleisch gegessen werden darf.
fûl, me. ful, ne. foul, adj., faul, stinkend, unrein.
fuld s. fyllan.
fulde s. fẏlđ.
fulfremman, vgl. me. part. fulfremed, schw. v. I a, vollbringen, bewirken.
full. me. full. ful, ne. full, adj., voll, vollständig (fcond entschieden); adv., sehr.
fulle s. fyllan.
fullendian, me. fulendien, schw. v. II, vollenden.
fullforþenn vollenden.
fullfyllan, me. fulfillen, folvellen, vulvellen. volvelle. fulfill, ne. fulfil, schw. v. Ib, vollfüllen, erfüllen, voll füllen.
fullian, schw. v. II, erfüllen, ausführen.
fulligean, nh. fulwvia, me. fulli. folwe, schw. v. II, taufen.
fullwyrcan. me. fullwirrkenn, part. me. fullwrohht, urglm. schw. v., fertig bauen.
fulne s. full.
fulpinet genug gemartert.
fultum. ebenso me., st. m., hilfe, unterstützung.
fultumian. part. gefultumod, schw. v. II, helfen, unterstützen.
fulwrande s. fulligean.
fund s. fêond.
funde s. findan.
fundian, me. founde, schw. v. II, irgend wohin streben, eilen.
furðor, -ur s. forð. fur(e) s. fẏr.
furðum, forðou, adv., eben. gerade, selbst, auch nur.
furh, dat. pl. Ep. furhum, me. furgh, forw, ne. furrow, f., furche.
furst. s. fierst, fyrst. furth s. forð.
fûs. me. fus, fous, adj., bereit zu gehen, bereitwillig.
fẏfti s. fiftig.
fyghte s. feohtan. fyld s. feld.
fẏlð, me. fulde, fyltbe, ne. filth, st. f., unreinheit, schmutz.
fylgan, fyligan, me. filgen, felgen, felen, 3. sg. präs. ind. kent. feld, prät. fylgde, fylide, me.

fyllan — geâr.

filgede, felgede, felede, *schw. v.
Ib. folgen. verfolgen.*
fyllan, *me.* fillenn, fulle, fille, *ne.*
fill. *prät.* fylde, *me.* fylde. *part.*
gefylled, gefyld. *me.* filledd, *schw.
v. Ib, füllen, erfüllen.*
fyllan, fellan, *me.* felle, fulle. *ne.*
fell, *prät.* fylde. *part.* gefylled,
schw. v. Ib, fällen. töten.
fyllo *(casus obl. gewöhnlich* fylle),
me. fulle, *ne.* fill. *f.. fülle.*
fyn *s.* fin. fỳnd *s.* féond. fynde
s. findan.
fỳr, *me.* fur, fier, fer, fær, fir, fyre,
ne. fire, *st. n., feuer.*
fyrdwic, *f.?, lager.*
fyrhto, fyrhtu, fyrihto, *me.* friʒt,
ne. fright, *f., furcht, schrecken.*
fyrm *s.* feorm. fyrre *s.* feor.
fyrst, *me.* furst, fyrst, first, ferst,
verst, *ne.* first, *adj. u. adv., erster,
zuerst.*
fỳsan, *me.* fusen, *prät.* fỳsde, *schw.
v. Ib, bereit machen, rüsten, sich
rüsten.*
fysch *s.* fisc. fysche *s.* fiscian.
fyve *s.* fif.

G.

gaað *s.* gàn. gad-, gæd- *s.* gead-.
gæde *s.* geêode. gaf, ʒaf, ʒæfenn,
ʒaff *s.* giefan. gæfu *s.* giefu.
gæild *s.* gield.
gain *s.* ongegn.
gal- *s.* geal-. gæliornise *s.* gel-.
gam- *s.* gom-. gan *s.* -ginnan.
gàn, *me.* gan, gon, gaa, ga, go,
ne. go, 1. *sg. prs. ind.* gâ, *nh.*
gæ, 2. gæst, 3. gæð. *kent.* gêð,
me. gaþ. goþ, *pl.* gâð, *me.* gað,
gaa, *imp. sg.* 2. gâ, *me.* ga, g*o*,
pl. 1. *me.* ga we, 2. gâð, *nh.*
gàað, *merc.* gæþ. *me.* gaþ; *pz.
pass.* gegàn, *me.* gon, goon, gane,
gone, *ne.* gone, *def. verb., gehen.*
gane *s.* wona.
gange *s.* gongan.
ʒanne *s.* hwonne.
gâr, *me.* gar, gor, *st. m., geer, speer.*
gær *s.* geâr.
gârlêac, *Ep.* gârlêc, *me.* garlek,
ne. garlic. *st. n., knoblauch.*
gârmitting, *st. f., geerzusammentreffen, schlacht.*

garnement, *ne.* garment *kleidung.*
gæst. *me.* gest, *ne.* guest, *st. m.,
fremdling, gast, feind.*
gàst, *me.* gast, gost, *ne.* ghost, *st.
m., geist, seele.*
gâstcyning, *st. m., geisterkönig.*
gàstlic, *me.* gastliʒ, gastli, gostlich, *ne.* ghostly, *adj., geistlich,
geistig.*
gâstlice, *me.* gostliche, *ne.* ghostly,
adv., im geistigen sinne.
gat *s.* gietan. gæt *s.* giet. gate *s.*
geat, gietan. gave, ʒave(n) *s.*
giefan.
gaynlych *gütig, gnädig.*
ge, *me.* ʒe *und participium s. einfaches verbum.*
gê. *me.* ʒe, ʒa. *conj., und;* (ægðer,
gehueder) gè ... gè (... gè) *so-
wohl' als auch (... und).*
gè. gec, *nh.* giê, *me.* ʒe, ʒhe, ye.
ne. ye, *pers. pr., ihr; gen.* êower,
me. ʒure; *dat.* iow, eow, gêow,
nh. iuh, *me.* eow, ʒuw, ʒou, ʒow,
ʒu, yu; *acc.* êowic, êow, *nh.* iwih,
iuh, *me., wie dat.; vom gen. possessivpronomen* êower, *me.* eure, ʒour,
your, yure.
gè, gcâ *s.* iâ.
geædele, *adj., angeerbt, angestammt.*
geador, *adv., zusammen;* ætgædere,
nh. ætgadre, ædgeadre, *me.* ætgædere, ætgadere, *ferner* tôgædere,
me. togidere, togidre, togeder, *ne.*
together *zusammen, beisammen.*
geadrian, *me.* gaderen, gederen,
gedren, gadere, gadere, gedre, *ne.* gather,
part. me. gaderid, gedrid. *schw. v.
II, sammeln, versammeln, zusammenkommen; davon me.* gadering *versammlung.*
gealga, galga, *me.* galwe, *ne. pl.*
gallows, *schw. m., galgen, kreuz.*
gealgian, *was* ealgian.
gealgtrêo(w), *me.* galwetre, *st. n.,
galgen.*
gealla, *merc.* galla, *me.* galle, *ne.*
gall, *schw. m., galle.*
geæmetigian, *schw. v. II., frei
machen von (mit gen.).*
ʒeanes *s.* ongegn.
geâr, *Ep.* gêr, *me.* gær, ʒer, yer,
yeer, *ne.* year, *st. n. (selten m.),
jahr.* tbỳs gêri *heuer.*

gearcian — geendian. 143

gearcian, *me.* ʒeirken, *schw. v. II, bereiten.*
gearo, *me.* ʒeruh, *ne. (veraltet)* yare, *gen.* gearowes, *adj., bereit.*
gearo, gere, *adv., ganz und gar, genau.*
gearwe, *me.* gere, ger, *ne.* gear, *st. f. pl.,* rüstung, kleidung, einrichtung, gerät.
gearwian, *me.* ʒarwen, *prät.* gearwode, *part.* gegearewod, *schw. v. II, bereiten,* rüsten.
geat, *merc.* get, *me.* ʒet, ʒate, gate, *ne.* gate, *st. n., tor.*
geâxian, *schw. v. II, erfahren.*
gebêacnian, *nh.* gibêcnia, *schw. v. II, anzeigen.*
gebed, *me.* ibede, *st. n., gebet.*
gebêded *s.* bædan. gebêged *s.* bigan.
gebêodan, *st. v. III, gebieten, melden.*
gebeorgan, *mc.* ibureʒeu, *st. v. Ic, schützen.*
gebêorscipe, gebîor-, -scype, *st. m., trinkgelage, gastmal.*
geberan, *me.* iberen, *prät.* gebær, *st. v. I b, tragen.*
gebîdan, *me.* ibide, *prät.* gebâd, *st. v. II, abwarten (mit gen. oder acc.).*
gebiddan, *nh.* gibidda, *me.* ibidde, *prät. pl. merc.* gebêdun, *st. v. I a, bitten, beten.*
gebindan, *me.* ibinde, *prät. pl.* gebundon, *st. v. Ic, binden.*
gebîor- *s.* gebêor-.
gebliđsian, geblîtsian, *me.* iblissien, *schw. v. II, freuen, erfreuen.*
geblindfellian *(Anglia IX, 36, 279), me.* blindfellen, *part.* blindfelde, *vgl. ne.* blindfold, *schw. v. II, die augen verbinden, blenden.*
gebrehtnia, giberhtnia *nh., schw. v. II, verherlichen.*
gebringan, *me.* ibringe, *prät.* gebrôhte, *vrgl. v.. bringen.*
gebrôđor, gebrôþer, gebrôđru, *me.* gebrođre, *m. pl., gebrüder.*
gecnâwan, cnâwan *Haupts Zs. 9, 407 b, me.* icnawen, icnawe, iknowe. cnawen, cnawe, knawe. knowe. knaw, *ne.* know, *prät.* gecnêow, *me.* cnew, knew, *pz.* gecnâwen, *me.* knowen, *st. v. V, kennen, erkennen, verstehen.*

gecoren *s.* cêosan.
gecost. *adj., erprobt.*
gecuman, *me.* ycume, *prät. me.* ycom, *st. v. I b, hinkommen.*
gecwedan, *nh.* gicveda, *me.* iqvepe, *prät. nh.* gicved, *st. v. I a, sprechen, sagen.*
gecwêman, *me.* iqueme, *prät. me.* iquemde, *schw. v. Ib, befriedigen, gefallen.*
gecwême, *me.* queme, *adj., bequem, angenehm.*
gecyndness, *me.* kyndenesse, *ne.* kindness, *st. f., freundlichkeit.*
gecyrran, *nh.* gicerra, *me.* icherran, *prät. nh.* gicerde, *schw. v. I b, wenden, sich wenden.*
gêd *s.* gân.
gedæde *s.* gedôn.
gedafenian, *prät.* gedafenade, *schw. v. II, geziemen.*
gedælan, *kent.* gedêlan, *me.* idelen, *schw. v. Ib, verteilen (tô ælmessan als almosen).*
ʒede *s.* geêode.
gedere *s.* geador. gederen *s.* geadrian. ʒedî *s.* eadig.
gedihtan, *me.* idihten, *prät.* gedihte, *schw. v. I b, verfassen.*
gedih(t)nian, *schw. v. II, anordnen, einrichten.*
gedôn, *me.* idon, *pl. prs. ind.* gedôđ, *merc.* gedôaþ, *nh.* gedôeþ, *prs. cj.* gedôe, *prät. conj.* gedæde, *vrgl. v., tun, machen.*
gedrêfednes, *st. f., verwirrung.*
gedrêfnes, *merc.* gedrœfniss, *st. f. verwirrung.*
gedren. gedrid *s.* geadrian.
gedrœf- *s.* gedrêf-.
gedurran?, *prät. nh.* gidarste, *prt.-prs., wagen.*
gedwimor, *me.* idwimor, *st. n., phantasiebild, einbildung.*
gee *s.* gê *und* iâ.
geêadmêdan, geêad-, *prät.* geêadmêdde, *me.*-medede,-medode, *schw. v. I b, sich demütigen vor (mit dat.), anbeten (mit tô).*
geêcan *s.* geîecan.
geedlǽcan, *kent.* gehydlęcan, *schw. v. Ib, widerholen.*
geendian, *me.* ienden, *prät.* geendode, geendade, *schw. v. II, beenden; vb.-sb.* geendung *ende.*

geeode, *me.* geode, gæde, iede, ʒede, yede. *def. v., ying.* for hem ne yede ihnen half nicht. ʒef, gef *s.* gief. ʒef *s.* giefan.
gefæstnian, *me.* ifastnen, *part. pass. merc.* gefestnad, *schw. v. II, befestigen.* ʒefe *s.* giefu.
gefêa, *schw. m., freude.*
gefeallan, *me.* ifallen, ivalle, *prät.* gefeoll, *me.* ivel, *st. v. V, fallen, sich treffen.* ʒefen *s.* giefan.
gefeoht, *me.* ifiht, *st. n., gefecht.*
gefeohtan, *prät.* gefeaht, *st. v. Ic, kämpfen, erkämpfen.*
gefêon, *prät.* gefeah, gefægon, *part.* gefegen, *st. v. I a, sich freuen (mit gen.).*
gefêra, *me.* ifere, ivere, *ne. (va.)* fere. *schw. m., gefährte.*
gefestnad *s.* gefæstnian.
gefeterian, *me.* ifeterien, *prät.* gefeterode, *schw. v. II, fesseln.*
gefettan, *me.* ifetten, *prät.* gefette, *schw. v. Ib, holen, bringen.*
gefœn *s.* fôn.
gefôn. *me.* ifon, *prät.* gefêng, *pl.* gefêngon, *nh.* gifêngun, *unr. st. v. V, fangen, gefangen nehmen, fassen.*
gefræge, *adj., berühmt.*
gefrêa *s.* gefrêogan.
gefremman, *prät.* gefremede, *schw. v. I a, vollbringen, tun.*
gefrêogan, *me.* ivreoiʒen, *merc. imp.* gefrêa, *schw. v. II, befreien.*
gefrignan, *nh.* gifrægna, gifregna, *me.* ifreinen, *st. v. I c, fragen.*
gefyldæ *s.* fyllan.
gefylled, *part.* von fyllan *oder* gefyllan *durch* fällen, töten berauben (mit gen.).*
gegân *s.* gân.
gegærwan, *schw. v. I, bereiten, zurecht machen.*
gegearwian, *kent.* gegeorwian, *me.* iʒearwien, *schw. v. II, vorbereiten, zurecht machen.*
gegladian, *me.* igladien, *schw. v. II, erheitern, besänftigen.*
geglengan, *prät.* geglengde, *schw. v. I b, zieren, schmücken.*
gegnpæd, *st. m., feindespfad.*
gegnum, *adv., entgegen, hin.*

gegrípan, *me.* igripen, *prät.* gegrâp, *st. v. II, ergreifen.*
gegyrdan, *nh.* gigyrde, *schw. v. Ib, gürten.*
gehala (XIV 16) verschrieben *für* gehald, *s.* gehealdan.
gehâtland, *st. n., das gelobte land.*
gehealdan, *nh.* gehalda. *me.* ihealden, *prät.* gehíold, *nh.* gehéald. *st. v. V, erhalten, hüten, fassen.*
gehîeran, gehŷran. gehíran, *merc.* gehêran, *nh.* gehêra, gihêra, *me.* ihuren, iheren, yhere, yhyere, *schw. v. Ib, hören.*
gehierness, gehŷrness, *st. f., gehör.*
gehiltu?, *st. n. pl., griff.*
gehîran *s.* gehieran.
gehwâ, *nh.* gihuâ, *indef. pron., jeder (mit gen.).*
gehwæder, *kent.* gehueder. *ind. pr., jeder von beiden;* gehueder gê...gê *sowohl als auch.*
gehwær, *me.* ihwer, uwer, *ne.* (ever-)ywhere, *adv., überall.*
gehwelc, gehwylc, *me.* iwhillc, uwilc, uwilch, *indef. pron., jeder; compos. me.* uwilc an *ein jeder.*
gehwerfan, gehwyrfan, *schw. v. Ib, umwenden, verwandeln.*
gehydlęct *s.* geedlæcan.
gehyhtan, *schw. v. Ib, hoffen.*
gehŷr- *s.* gehîer-.
geíecan, *kent.* geêcan, *schw. v. Ib, vermehren.*
ʒeiʒen *schreien.*
ʒeirken *s.* gearcian.
gelæccan, *nc.* ilacchen, lache, *ne. va.* latch, *prät.* gelæhte, *schw. v. Ib, fassen, ergrcifen, fangen.*
gelædan, *kent.* geledan, *me.* ileden, *schw. v. Ib, geleiten, führen.*
gelæran, *kent.* geléran, *me.* ylere, *schw. v. Ib, lehren, me. auch lernen, kennen lernen.*
gelæstan, *me.* ileste, ilaste, 3. *sg. prs. ind. me.* ilest, ilast, *schw. v. Ib, leisten, erfüllen, anhalten, dauern, währen.*
gelæswian, *imp. nh.* gilêswa, *schw. v. II, weiden.*
ʒeld *s.* gield. ʒelde *s.* gieldan.
gelêafa, *nh.* gilêofa, *me.* ileave, ilæfe. læfe, *schw. m., glaube.*
gelêdan *s.* gelædan.

geleornian — gentil.

geleornian, geliorniau, *mc.* ilerne, *schw. v. II, lernen, kennen lernen, studieren.*
gelic, *me.* ilich, ylich, ylych, iliche, lyke, *ne.* like, *adv., gleich, ähnlich; schw. form* gelica, *me.* iliche, -*aleichen (z. b. me.* þin iliche *deinesg'eichen); gleichviel* (of godes lihte).
gelice, *nh.* gilíce, *me.* iliche, yliche, *ne.* alike, *adv., in gleicher weise, gleich.*
gelician, *mc.* ilikien, *part. pass.* gelicad, *schw. v. II, gefallen.*
geliefan, gelýfan, *me.* ileve. *imper. me.* ilef, *prät.* gelýfde, *schw. v. Ib, glauben.*
geliehtan, *nh.* gelihta, *schw. v. Ib, dämmern.*
gelimplic, *adj., geeignet, gelegen.*
geliornis, gǽliornis *nh., st. f., weggang; übers.* Galilaea.
ʒellpenn *s.* gielpan.
gelocian, *me.* ilokien, iloken, *schw. v. II, ansehen, blicken, beobachten, halten.*
gelōme, *me.* ʒelome, ilome, lome, *adv., häufig, beständig.*
gelong, *mc.* ilong, *ne. veraltet* long, *adj., beruhend auf, abhängig von (me.* o, *ne.* of).
gelpan *s.* gielpan.
gelýfan *s.* geliefan.
gelýfed, *part., geschwächt, vorgerückt (vom alter).*
gemaca, *me.* imake, make, *ne. veraltet* make, *schw. m., genosse,* (na make *nicht seinesgleichen).*
gemæded, gemǽdd. *me. ne.* mad, *pz., toll.*
gemǽlan, *me.* imelen, *schw. v. Ib, sprechen, sagen.*
gêman *s.* gieman.
gemâna, *me.* imone, ymone, *schw. m., gemeinschaft.*
gemæne, *me.* ymene, *adj. u. adv., gemeinsam;* him gemǽne *miteinander.*
gemǽnelice, *nh.* gim-, *adv., gemeinschaftlich.*
gemang *s.* gemong.
ʒeme *s.* gieme.
ʒeme(n) *s.* gieman.
gemearc, *st. n., gebiet, gegend.*
gemecca, -mæcca, *me.* macche, *ne.* match, *schw. m., gatte, gattin.*
gemêrsad *s.* mǽran.
gemet, *me.* imet, *st. n., mass, angemessenheit; oft im deutschen durch ein adj. (angemessen) zu übersetzen.*
gemêtan, *merc.* gemœ̂tan, *nh.* gimœ̂ta, 3. *sg. prs. ind.* gemêt, *me.* imeten, imete, ymete, *prät.* gemêtte, *merc.* gemœ̂tte, *nh.* gimœ̂te, *part.* gemêt, *schw. v. Ib, begegnen, treffen, finden.*
gemetegian, *part. pass. pl.* gemetgode, *schw. v. II, mässigen, mildern.*
gemong, gemang, *me.* imong, *st. n., menge, schaar,* on gemang, *me.* geonmang *verschrieben?, präpositionell 'unter', dafür später* gemong, gemang. *me.* imong *oder* onmang, amang, *me.* among, amonge, amonges, amang, *ne.* among, amongst.
gemôt, *me.* imot, *st. n., zusammenkunft, begegnung, beratung.*
gemunan, *me.* imunen, *präs.* gemon, geman, *pl.* gemunon, *cj.* gemyne, *prät.* gemunde, *präteritopr., sich erinnern, gedenken, (mit acc. oder gen.).*
gemynd, *me.* imunde, munde, mynde, mynd, mind. *ne.* mind, *st. f. n., erinnerung, gedächtnis, sinn.*
gemyndgian, gemyn(e)gian, *me.* imuneʒen, *schw. v. II, sich erinnern, im gedächtnis behalten.*
geneâlǽcan, *nh.* geneôlêca, *prät.* geneâlǽhte, *nh.* geneôlêcde, *me.* geneahlacte, genehlahte, geneohlacte, *schw. v. Ib, sich nähern, herankommen.*
genergan, *imp.* genere, *prät.* generede, *schw. v. Ia, retten.*
genêt *s.* genîedan.
genîedan, *kent.* genêdan, 3. *sg. prs. ind. kent.* genêt, *me.* inede, *schw. v. Ib, nötigen, zwingen.*
geniman, *nh.* giníma, *me.* inimen, *prät.* genam, *pl.* genâmon, *nh.* ginômun, -on, *merc.* genômen, *me.* genamen, *st.v. Ib, nehmen, gefangen nehmen, fangen, ergreifen.*
genôh, *me.* inoh, onoh, inouh, inou, anouʒ, *ne.* enough, *adj. und adv., genug.*
gentil, gentyl, *ne.* gentle *(vgl. ne.* genteel) *vornehm.*

gentilesse *vornehmheit.*
gentylete, *ne.* gentility *vornehmheit.*
gentylnesse, *ne.* gentleness *freundlichkeit, gnade.*
genumen *s.* niman.
genyhtsum, *adj., genügend, reichlich.*
geode *s.* geêode.
geogud, giogud, *me.* ʒeoʒede, *nc.* youth. *st. f., jugend.*
geogudenôsl, *st. n., jugendliche nachkommenschaft.*
geômor, *me.* ʒeomer, yemer, *adj., beklagenswert, traurig, kläglich.*
geômormôd, *adj., trauriggestimmt.*
geon, gion, *me.* gion, *ne.* yon, *pron., jener.*
geond, giond, *me.* ʒond, *ne.* yond, *präpos., über, über... hin.*
geondwyrdan?, *prät. nh.* giondvearde, *schw. v. Ib, antworten.*
geong, giung, iung, *me.* ʒeong, ʒung, yung, ʒyng, *ne.* young, *adj., jung, jugendlich; compar. ae.* gyngra, gingra, *nh.* giungra, *me.* gingre, ʒongere, ʒeonger; *davon f.* gingre *dienerin.*
geonga *s.* gongan.
georn, giorn, *me.* ʒeorn, ʒern, *adj., gierig (mit gen.), eifrig.*
georne, *me.* ʒeorne, yerne, *adv., gierig, eifrig, dringend, inständig, sorgfältig, genau.*
geornfullness, *me.* ʒeornfulnesse, *st. f., eifer.*
geornlice, *me.* ʒeornliche, *adv., eifrig, sorgfältig.*
ger *s.* gearwe. gêr, ʒer *s.* geâr.
geræcan, *me.* irechen, *schw. v. Ib, erreichen, erlangen; ge'angen.*
geræstan, *prät.* geræste. *nh.* giræsti, gireste, *schw. v. Ib, rasten, ruhen.*
gere *s.* gearo, gearwe.
geredæ *s.* ongierwan.
gerêfa, *merc.* gerœfa, *nh.* grœfa, *me.* ireve, *ne.* reeve, *schw. m., vorsteher, beamter.*
geregne? gerêne, *nh.* gihrîne, *st. n., schmuck, zierat.*
geregnian, *nh.* gihrînia, *schw. v. II, schmücken.*
gereordian, *nh.* giriordia, gihriordia, *schw. v. II, speisen.*

gerest, *me.* irest, ireste, *st. n.?, rast, ausruhen.*
geriht, *me.* irihte, *st. n., gerade richtung.*
gerisenlic, *adj., passend, geeignet, anständig.*
gerœfe *s.* gerêfa.
gert *s.* gierwan. gertest *s.* gyrdan. ʒeruh *s.* gearo.
gerûma, *schw. m., geräumiger ort.*
gerŷman, *me.* ʒerimen, irumen, *schw. v. Ib, erweitern, ausdehnen.*
gesald *s.* sellan.
gesæld, *me.* yselþe, *st. f., glück.*
gesæliglic, *adj., glücklich.*
gesamnian *s.* gesomnian.
gesætt *s.* gesittan.
gesætte *s.* gesettan.
gesceaft, *me.* ʒesceafte, shaffte, *st. f., schöpfung, geschöpf.*
gesceap, *st. n., schöpfung.*
gesceot, *st. n., geschoss.*
gescieppan, -scyppan, *prät.* gescôp, -sceôp, *st. v. IV, schaffen.*
gescyldan, *me.* ischilde, *schw. v. Ib, schützen.*
gese, gise, *me.* ʒise, *ne.* yes, *adv., ja.*
geseah *s.* geseôn.
geseald *s.* sellan.
gesêcan, *merc.* gesœcan, *nh.* gisœca, *me.* isechen, *prät.* gesôhte, *schw. v. Ib, suchen, aufsuchen, folgen.*
gesegen *s.* sêon (*oder* geseôn).
gesellan, *me.* isellen, *prät.* gesealde, *schw. v. Ib, übergeben, geben.*
gesên *s.* geseôn.
geseôn, gesîon, *nh.* geseˆa, *fl.* gesêanne, *me.* iseon, iseo, gesyen, gese, yzy, 2. *sg. präs. ind.* gesihst, 3. *me.* yzyʒþ, *pl. präs. conj. merc.* gesên, *prät.* geseah, gesch, *nh.* giseh, *me.* iseh, yzeʒ, 2. *sg. me.* iseie. *pl.* gesáwun, -on, *nh.* gisêgun, gesêgon, *me.* gesawen, geseagen, iseʒen, *part.* gesewen, gesegen, *st. v. Ia, sehen, ansehen, erblicken.*
gesetniss, gesettness, *me.* isetnesse, *st. f., festsetzung, bestimmung, testament.*
gesett *s.* gesittan.
gesettan, *me.* isetten, *prät.* gesette. *merc.* gesætte, *schw. v. Ib, hinsetzen, hinlegen, bestimmen, einsetzen.*
gesewen *s.* sêon (*oder* geseôn).

gesibb — gewitness. 147

gesibb. me. isib, adj., verwant.
gesibbian, schw. v. II, versöhnen, verbinden.
gesîd, st. m.. genosse, gefährte.
gesihd, gesyhd, me. isihde, sihte, sijte, syhte, sighte. sijt. sight. ne. sight. st. f., gesicht, augen, schkraft, anblick. vision.
gesihst s. gesêon.
gesingan. st. v. Ic, singen, lesen (von der messe).
gesîon s. gesêon.
gesittau, prät. nh. gesætt. merc. gesett. st. v. Ia, sitzen. besitzen.
geslêan. prät. pl. geslôgon, st. v. IV, erkämpfen.
gesmidian, nh. prät. gismiodade. schw. v. II, schmieden.
gesœcan s. gesêcan.
gesoden s. sêoðan.
gesomnian. gesamnian. me. isomnie, schw. v. II, versammeln, sich versammeln.
gesomnung, gesommnuncg. me. isommnunge. st. f.. versammlung, vereinigung.
gespôwan, prät. gespêow, st. v. V, von statten gehen, gelingen.
gestîgan. nh. gistîga, me. istijen, prät. gestâh, st. v. II, steigen, ersteigen.
gestondan. me. istonden. prät. gestôd. pl. gestôdon. nh. gistôddun, urgl. st. v. IV, stehen, sich stellen.
gestrîenan, gestrŷnan, me. istreonen, schw. v. Ib. gewinnen.
gestrongian. schw. v. II, stärken.
gesufl, adj., zur zukost gehörig.
geswencan, me. iswenchen, schw. v. Ib, plagen, quälen.
geswîcan, me. iswiken, st. v. II, nachlassen, sich legen.
geswinc, me. iswinch, st. n., arbeit, erarbeitetes, gewinn.
geswutelian, me. isutelien. schw. v. II. offenbaren. verherrlichen.
gesyhd s. gesihd. get s. giêt. 3et s. geat, giêt.
getæcan, me. itechen, schw. v. Ib, zeigen.
getæl, me. itel, st. n., zahl, erzählung.
gete s. geat, gietan.
gete, pz. gett, hüten, bewachen.
geteald s. tellan.

geteld, st. n., zelt.
getêon, nh. getêa, gitêa, me. iteon. prät. pl. getugun, st. v. III, ziehen, erziehen.
getîdan, me. itiden, 3. sg. prs. ind. itit. schw. v. Ib, sich treffen, geschehen.
getrêowan, -trîowan, -trŷwan, nh. getrêwa, schw. v. Ib, glauben, vertrauen (gibt XIII 14 suadere wider).
getrymman, nh. gitrymma. schw. v. Ia, befestigen, bekräftigen.
gett s. gete. 3ette s. giêt.
getwêogan, prät. nh. getwîede, schw. v. II, zweifeln.
geunrôtsian, prät. nh. giunrôtsade. pz. geunrôtsad, nh. giunrôtsad, schw. v. II, betrüben, sich betrüben.
3eve s. giefu. 3even s. giefan.
gewær (Laud- hs. der Sachsenchr. zu 1095)?, me. iwer, ne. aware, adj., gewahr.
gewelt s. gewyldan.
geweordan, gewurdan, me. iworþe, prät. geweard, merc. geward, st. v. Ic, werden, geschehen, eintreten; him geweard sie kamen überein.
geweordian, geuueordian, me. iwurdien, schw. v. II, feiern.
gewiht, me. iwicht, wiht, ȝiht, ne. weight, st. n.. gewicht.
gewildan s. gewyldan.
gewill, selten will, me. iwill, iwil, ywil, will. wil, wyll, wyl, ne. will, st. n., wille, freude.
3ewilleliche gern. willig.
gewinn, me. iwinn, iginn. st. n., streit.
gewintrod, nh. givintrad, giwin(trad). adj. (pz.), alt geworden, bejahrt.
gewislîce, me. iwisliche, adv., gewiss.
gewiss, me. iwis, adj., me. iwis, wiss, iwysse, mid (inyd) iwisse, ne. va. I wis, adv., gewiss, fürwahr; mid nane iwisse durchaus nicht.
gewitan, me. iwiten, prt.-prs., wissen, kennen.
gewîtan, 3. sg. präs. ind. gewît, me. iwiten, prät. gewât, pl. gewiton, st. v. II, gehen, sich begeben.
gewitness, -nyss, me. iwitnesse, witnesse, ne. witness, st. f., zeug-

10*

nis; davon me. verb witnesse, ne. witness zeuge sein, bezeugen und hievon me. vb.-sb. witnessing zeugnis.
geworht s. wyrcan oder gewyrcan.
gewrit, ne. iwrit, st. n., schrift, schriftstück, brief.
gewuldrian, pz. nh. givvuldrad, schw. v. II, verherlichen.
gewunian, nh. gewuniga, giwuniga, gevuni(ga), me. iwunie, iwone, prät. gewunode, gewunade, part. gewunod, me. iwuned, iwoned, ywoned, schw. v. II, sich aufhalten, bleiben, pflegen; me. is iwuned pflegt.
gewurdan s. geweordan.
gewyldan. gewildan, kent. geweldan, 3. sg. präs. ind. gewelt, me. iwelden, welde, ne. wield, prät. gewylde, gewilde, part. gewyld, schw. v. Ib, bewältigen, bezwingen, beherschen.
gewyrcan, me. iwerche, prät. geworhte, schw. v. Ib, ins werk setzen, veranstalten (fyrme), dichten (lêoð).
gewyrdan, me. iwreden, schw. v. Ib, vernichten.
geþafian, me. iðavien, schw. v. II, zulassen, gestatten, sich in etwas finden.
geþeahtung, merc. geþæhtung, st. f., beratung.
geþencan, gedencean, me. iðenche, iþenchen, prät. geþôhte, urg'm. schw. v., gedenken, denken, sich erinnern, erwägen.
geþêodan. prät. geþêodde, schw. v. Ib, verbinden, zufügen, einfügen.
geþêode, gediode, gedêode, st. n., sprache.
geþêodniss, st. f., verbindung (XI 8 gibt es appetitus wider).
geþêon, me. iðeon, iþeo, prät. geþeah, me. iþeʒ, pl. geþugon, part. geþogen, me. iþoʒen, st. v. II und III, gedeihen; ich ideo es geht mir gut.
geþolian, me. iðolien, schw. v. II, dulden, ertragen.
geþonc, me. iðanc, iþank, st. m. n., gedanke.
geþring, me. þryng, dat. þrynge, st. n., gedränge.

geþungen. part., erwachsen, vollendet, vollkommen.
ʒhe s. gê, iâ. gi- s. ge-.
gibæn s. giefan.
gibêlde nh. (p. 50), covered nach Skeat, der es mit ae. bold zusammenbringt; strengthened (von beald) nach Bosworth-Toller.
giberht- s. gebreht-.
gicel, Ep. gecel, me. ikil, ns. (ic)icle, st. m.?, ciszapfen.
gicerde s. gecyrran.
gidarste s. gedurran.
gidere s. geador.
giê s. gê.
gief, gif, gyf. merc. gef, me. ʒief, gif, ʒif, ʒef, ʒif, yef, if, yf, iff, ne. if, conj., wenn, ob.
giefan, me. ʒieven, gyven, ʒiven, ʒyve, ʒive, yive, ʒefen, ʒeven, yeve, ne. give, prät. geaf, me. ʒef, ʒaf, ʒaff, yeaf, gaf, pl. geâfon, me. iafen, yeauen, ʒæfenn, ʒaven, ʒave, gave, goven, part. giefen, Ep. gibæn, me. ʒiven, ʒoven, ʒovun, st. v. Ia, geben, schenken, hingeben, opfern. goven hem ille benahmen sich untröstlich. mit inf. lassen.
giefede?, gifede, me. ʒevede, adj., verliehen, bestimmt.
giefu, gifu, k. gæfu, me. ʒefe, ʒive, st. f., gabe, geschenk, gnade.
gield, gild, gyld, me. gæild, ʒeld, st. n., bezahlung, vergeltung, steuer. abgabe.
gieldan, gyldan, me. ʒelde, yelde, yeld, ne. yield, pz. golden, me. yyolde, ʒelde, st. v. Ic, bezahlen, vergelten.
gielpan, gylpan, me. ʒellpenn, yelpe, ne. yelp, st. v. Ic, (sich) rühmen.
gîeman, gêman, gŷman, me. ʒemc(n), yeme(n), schw. v. Ib, acht geben, hüten, halten, regieren, nach etwas streben.
gieme, me. ʒeme, schw. f., sorgfalt, obacht.
gierwan, me. gere, prät. gierede, me. gert, schw. v. I, rüsten, machen lassen.
giêt, gŷt, gît, giêta. gŷta, gita, me. giet. ʒyet, get, gæt, ʒut, ʒet. yet, ʒette, yete, ns. yet, adv., noch, immer noch, schon.

gietan, gytan, gitan *in compos., me. selbst.* gete, *ne.* get, *prät. me.* gat, gate, *pz. me.* ygete, *st. v. Ia, bekommen, erlangen, ergreifen, besorgen.*
gif, ʒif *s.* gief.
ʒif, ʒifð *s.* giefan.
gif- *s.* gief-.
gifengun *s.* gefon.
gîfre, *me.* ʒivre, *adj., gefrässig, gierig.*
gihâmadi hine *p.* 50 'made himself at home with' *oder* 'made himself familiar with' *Skeat;* 'commendare?' *Bouterwek.*
gihrînia *s.* geregnian.
gihrîno *s.* geregue.
ʒiht *s.* gewiht. gihuæs *s.* gehwâ.
gim(m), *me.* ʒimm, *st. m., edelstein.*
gimstân, *me.* ʒimstou, *st. m., edelstein.*
gin, *gen.* ginnes, *adj., weit, geräumig, gross.*
gindwadan, *prät.* gindwôd. *st. v. IV, überschreiten, durchschreiten, durchwandern.*
ginfæst, *adj., gross.*
gingra, -e *s.* geoug.
ginnan *in compos., me. selbst.* giune, *prät. me.* gan, gon, can, con, *pl.* gunne, gun, gau, *anfangen, oft (namentlich* can, con*) rein auxiliar: es findet sich auch* couth *in demselben sinne.*
giô *s.* iû. gio- *s.* geo-. girde, girte *s.* gyrdan.
girên *merc., st. n. und f., schlinge.*
ʒise *s.* gese.
git, *me.* ʒit, *gen.* incer, *dat.* inc, *acc.* incit, inc, *persön. pr.* 2. *pers. dual., ihr beide.*
gît(a) *s.* giêt.
gîtsere, *me.* ʒyscere (witteres = witceres=ʒitceres), *st. m., geizhals.*
giû *s.* iû. giung *s.* geong. Gius *s.* Jue. ʒiv- *s.* gief-.
giðrŷde *nach Bouterwek von* 'geðrya, operculo, loculo uel cista instruere'; *vgl. dazu* 'operire geþrya', 'expilatam aþryid' *in glossen.* Skeat 'made firm, bound', *der es dann =* giðrŷdde *nehmen muss.*
giðynge, *pl.* giðyngo, *nh. st. n., gedeihen.*

glæd, *me.* gled, *ne.* glad, *adj., heiter, froh.*
gladian, *me.* gladien, *schw. v. II, sich freuen.*
glædlîce, *me.* glaidly, *ne.* gladly, *adv., gern.*
glædmôd, *adj., heiteren sinnes.*
glædnis, *me.* glednesse, gladnesse, *ne.* gladness, *st. f., heiterkeit, freude.*
glædscipe, *me.* gledscipe, gledschipe, *st. m., freude.*
glaidly *s.* glædlîce.
glam *stimme, ruf.*
glêaw, *me.* gleu, *adj., klug.*
glêawhŷdig, *adj., klug.*
glêawmôd, *adj., klug.*
gled- *s.* glæd-.
glêd, *nh.* glœd, *me.* glede, *ne. veraltet* gleed, *st. f.. (glühende) kohle.*
glengan, *part. pl.* glengede, *schw. v. Ib, zieren, schmücken.*
glêo, *Ep.* glîu, *me.* gleo, *ne.* glee, *st. n., freude, unterhaltung, musik.*
glêobêam, *me.* gleobeam, *st. m., freuden-, musik-holz, harfe.*
glêsan, *nh.* glœsa, *merc.* gleosan, *prät.* glœsde. *merc.* gleosede, *schw. v., glossieren.*
glîdan, *me.* gliden, glide, *ne.* glide, *prät.* glâd, *me.* glod, *st. v. II, gleiten, gehen, kommen.*
glîu *s.* glêo.
glœd *s.* glêd.
glôf, *Ep.* gloob, *me. ne.* glove, *st. f., handschuh.*
glorifie, -ye, *ne.* glorify *verherlichen.*
glorye, *ne.* glory *glorie.*
gloumbe *finster drein sehen, zornig sein.*
glôwan, *me.* glowe, *ne.* glow, *st. v. V, glühen, stralen.*
gnagan, *me.* gnaʒen, *ne.* gnaw, *st. v. IV, nagen.*
gnêað, *me.* gnede, *adj., karg.*
gnornung, *st. f., trauer.*
go *s.* gân.
god, *me.* god, godd, gode, *ne.* god, *st. m., gott.*
gôd, *me.* god, good, guod, gud, gude, *ne.* good, *adj., gut; comp.* betra, betera, *me.* betre, betere, better, *sup.* betest, betst, *me.* betst, best; *st. n., gut, vermögen, gutes.*

godcund, me. goddcunnd, adj., göttlich, geistlich.
godcundlice, adv., von gott.
godcundniss. me. godcunnesse, st. f., göttlichkeit, gottheit.
godléas, me. godlies, ne. godless, adj., gottlos.
godness, me. godnesse, ne. goodness, st. f., güte.
godspell, me. godspell, goddspell, godspel, ne. gospel, st. n., evangelium. me. goddspellbok evangelienbuch; me. goddspellwrihhte evangelist.
gold, ebenso me. ne., st. n., gold.
goldhring?, me. ne. goldring, st. m., goldring.
goma, me. gome, ne. gum, schw. m., gaumen.
gome s. guma.
gomen, gamen, me. gamen, gome, game, ne. game, st. n., freude, spiel, musik.
gomolferhd. gamol-, adj., alt.
gon s. gân, ginnan. gone s. gân.
gongan, gangan, nh. gonga. geonga, me. gonge, gange, prät. gêng, gêong, part. gegangen, st. v. V. gehen.
good s. gôd. goon s. gân.
gôs. me. goos, ne. goose, pl. gês, k. gœs, st. f., gans.
3 ost- s. gâst-.
gou- s. gê.
goulen, ne. dial. gowl heulen, wehklagen.
goven, 30ven, 30vun s. giefan.
grace, ne. grace gnade, erlaubnis, glück.
grædan, me. grede, prät. me. gradde, schw. v. Ib, rufen, schreien.
grædig, Ep. grêdig, me. gredi, ne. greedy. adj., hungrig, gierig.
græg, grêg, me. græi, gray, ne. gray, grey, adj., grau; me. sb. grauwerk.
graidly, graiply bereitwillig, eifrig.
gram- s. grom-.
grânian, me. granien, ne. groan, schw. v. II, klagen, jammern.
grâpian, me. grapien, gropien, ne. grope, schw. v. II, tasten, anfassen, befühlen.
græs, me. gras, gress, ne. grass, st. n., gras.
grat s. grêat.

graunt, ne. grant gewähren.
gray s. grêg.
grêat, me. gret, greet, grat, gratt, grete, ne. great, adj., gross.
grêcisc, adj., griechisch.
grede s. grædan. grêdig s. grædig.
greet s. grêat.
gref, ne. grief gram, leid.
grêne, me. grene, ne. green, adj., grün.
gress s. græs.
gret(e) s. grêat.
grêtan, me. grete, ne. greet, prät. grêtte, part. me. igret, schw. v. Ib, grüssen, begrüssen, anrufen; davon verbalsubst. me. gretunge, gretinge begrüssung, anrufung.
grêtan, me. greten, graten, groten, prät. me. gret, urspr. schw. v. Ib, me. (unter dem einfluss von altn. gráta) gewöhnlich st. v. V, weinen, davon verbals. me. greting.
greve. ne. grieve beschweren, ein leid antun.
grew s. grôwan.
grewis 'growing things' Warton ed. Hazlitt 2, 288. nach Skeat = grevis haine (ae. græf?).
greyþi vorbereiten, besorgen.
grid. me. grid, griþþ, grith, st. n., friede, ruhe.
grim, ebenso me. u. ne., gen. grimmes. adj., grimmig. schlimm.
grindan, me. grinden, ne. grind, st. v. Ic, zermalmen, mahlen.
grith, griþþ s. grid. græfa s. gerêfa.
grom, gram, me. gram, adj., zornig.
groma, grama, me. grame, st. m., zorn, gram.
grome, ne. groom knabe.
gromian, gramian, me. gramien, schw. v. II, erzürnen, grämen.
ground s. grund.
grôwan, me. growe, ne. grow, prät. grêow, me. grew, st. v. V, wachsen, entstehen.
grucchen, gruche, ne. grudge murren, unzufrieden sein (mit wyth).
grund, me. grund, grunde, ground, ne. ground, st. m., grund.
3u s. gê. gud s. gôd.
gûd, st. f., kampf.
gûdfana, schw. m., kriegsfahne.

**gûdfreca, **schw. m., kampfheld.
gûdgemôt. st. n., zusammentreffen im kampf.
gûdhafoc, st. m., kampfhabicht.
gul- s. gyl-.
guma, me. gome, schw. m., mensch, mann.
gun, guune s. ginnan.
3ung s. geong. **guod** s. **gôd. 3ut** s. **giêt. 3uw** s. **gê.**
gyde rope, ne. guy rope anhalter.
3yet s. giêt. **gyf** s. gief.
gyldan s. gieldan.
gylden, me. gulden, adj., golden.
gylpan s. gielpan.
gylt, me. gult, ne. guilt, st. m., schuld, sünde.
gyltan, me. gulte, schw. v. Ib, sündigen, fehlen.
gŷman s. gieman.
gyn, ne. gin maschine (vom schiffe).
3yng s. geong.
gyrdan, nh. gyrda, me. gurde, girde, ne. gird, 3. sg. prs. ind. gyrded, gyrt, prät. gyrde, me. girte, gerte, girdede, schw. v. Ib, gürten, umgürten.
gyrdels, st. m., gürtel.
gyrn, st. m.?, trauer, leid, unglück.
3yscere s. gîtsere. **gŷt** s. giêt.
gyr-, 3yv- s. gief-.

H.

ha s. hê.
habban, me. habben, hafen, haven, hafe, have, ave, haf, ne. have; 1. sg. präs. ind. hæbbe, hafu, me. habbe, habb, hafe, have, 2. hæfst, hafast, me. hest, havest, 3. hæfđ, hafađ, me. haved, hafđ, hefđ, haþ, hath, has, hatz, hafeþþ', haveđ, havet, havis, pl. habbađ, nh. habbas, mit pron. habbe (hæbbe) gê, me. han, cj. hæbbe, imp. hafa, nh. hæfe, prät. hæfde, me. haffde, arede, hevede, hefde, hadde, hedde, havid, hade, had, part. me. iheved, urgl. v., haben, innehaben, behalten, erhalten, finden.
hac s. ac.
hâd, me. had, hod, st. m., person, stand.

hæ̂đ, Ep. bæth, me. heeþ, ne. heath, st. m. u. n., haide, haidekraut.
hæ̂đen, nh. hæ̂den, me. hæden, heþen, hethen, ne. heathen, adj., heidnisch; nh. hæ̂dno = ws. hæ̂đnan.
hadde, haf-, hæfe s. habban.
hæfen, -e, me. havene, haven, ne. haven, st. und schw. f., hafen.
hafettan, schw. v. Ib, klatschen.
haga, me. hawe, ne. haw, schw. m., hecke, zaun.
hagol, hægel, me. hawel, hail, ne. hail, st. m., hagel.
haill s. hâl. **haithill** s. æđele.
hâl, me. hal, hol, heil (unter skand. einfluss), haill, ne. whole, hale, hail, adj., heil, gesund, ganz; hâle wese gê, me. heil 3e heil sei euch.
hæ̂lan, me. hælen, healen, helen, ne. heal, schw. v. Ib, heilen; davon urspr. part. präs. hæ̂lend, hæ̂lynd, me. hælennd, haleud, heleud, st. m., heiland.
halb s. healf.
hælda s. hyldan. **halda, halde** s. healdan.
hæleđ, me. heleđ, nom pl. hæleđ, m., held.
hâlettan, prät. hâlette, schw. v. Ib, begrüssen.
half s. healf.
hâlgian, me. hali3en, ne. hallow, part. gehâlgod, schw. v. II, heiligen, weihen.
hâlig, hâleg, schw. hâlga, me. hale3, hali3, hali, haly, holi, holy, hooly, schw. hall3he, ne. holy, vgl. Allhallows, adj., heil, ganz, heilig, geweiht.
hâligdæg, me. hâliday, ne. holiday, st. m., feiertag.
hâligness, me. holinesse, ne. holiness, st. f., heiligkeit.
halle s. heall.
hæ̂lo, hæ̂lu, k. hêla, me. heale, hele, schw. f., heil, sicherheit, gesundheit.
hals s. heals.
ham s. êom, hê.
hâm, me. hom, ne. home, st. m., heimat, wohnung. æt hâm daheim; hâm, me. hom, home nach hause.
hamor s. homor. **han** s. habban.
hand- s. hond-.
handselen, me. hansell, ne. han(d)sel, st. f., handgeld.

hangen s. hongian.
hâr, me. hor, ne. hoar, adj., grau.
hêr, hêr, me. har, her, ne. hair, st. n., haar.
hêr s. hêr. hard s. heard. harde s. hearde.
hardy, ebenso ne. mutig.
hare s. hê.
hære, merc. hêre, me. here, schw. f., härenes gewand.
hæring, Ep. hering, me. hering, ne. herring, st. m., häring.
hærnes. ne. dial. harns gehirn.
hart s. heorte. has s. habban.
hâs, me. hoos, hors, ne. hoarse, adj., heiser.
hæs, me. hese, heste, ne. (poet.) hest. st. j., geheiss, befehl.
hæsel, Ep. hæsil, me. hasel, ne. hazel, st. m.. haselnussstrauch.
hasopâd, hasupâd, adj., mit aschfarbenem kleid.
hæst, hêst, st. f., streit, heftigkeit.
haste, ebenso ne. hast, eile.
hasteliche rasch.
hât, me. hat, hot, comp. hattre, ne. hot, adj., heiss.
hâtan, me. haten, hote, hat, hiʒte, highte, ne. dicht. hight. 3. sg. prs. ind. me. hot, hiʒte, prät. heht, het. me. hiʒt, highte, het. part. gehâten, me. ʒehatenn, ihaten, hoten; rest eines alten mediums hâtte, me. hatte im sinne des präsens und präteritums, st. v. V, heissen, nennen, befehlen.
hate s. hete. hath s. habban.
hâthcortnisse, st. f., eifer.
hatian, me. hatien, hate, ne. hate, schw. v. II, hassen.
hæto, me. hete, ne. heat, f., hitze.
hatz, have, havid, havis, haþ s. habban.
hæved s. hêafod. haven s. hæfen.
hayse s. aise.
hê, me. he, hee, hi, heo, ha; f. hêo, hio, me. heo, hye, hi, hy, sho, scho, she; n. hit, byt, me. hit, it, itt; gen. (poss.) m. n. his, hys, is, me. his, hiss, hijs, hys, hise, is, ys, f. hire, hyre, me. hire, hyre, here, hare, hore, hyr; dat. m. n. him, hym, me. him, hym, himm, f., wie genitiv; acc. m. hine, hyne, hiene, merc. nh. hiuæ, me. anfangs bine, dann, wie dat., f. hîe, hî,

hêo, nh. hia, me., wie dat., und his. hise, hes, es (þus = þu's, þu es XIX, 129); hes, his = he his, vgl. var. zu XIX, 40); n., wie nom. plural nom. hîe, hîg. hî, kent. hio, kent. merc. hîæ, nh. hia, hêa, me. hye. heo. hyo, hi, hy, ha; (vgl. altn. þeir) þeʒʒ (teʒʒ), þey, þay, thay, þai, they, thei, thai, þe; gen. (u. poss.) hira, heora, hiora, merc. heara, me. here, hare, hore, heore, hure, hur, her, hor; þeʒʒre (teʒʒre), þeire, theyre, theire, þere, thero, þair, thair (thairis = ne. theirs), þar, thar, thare; dat. him, hêom, me. hym, hem, hemm, heom, ham, hom, hymen; þaim, þaym, thaim, theym. þam, thaim, þame, thame; acc. ae., wie nom., me. hi und, wie dat., u. hes, his, es; geschlecht. pers. pru., er, sie, es.
headolind, st. f., kampfschild.
headorine, st. m., kampfheld.
hêafo d, me. heaved. havved, hefed, heved, hevid, ne. head, gen. hêafdes, st. n., haupt.
hêafodman, me. hevedman, urgl. m., hauptmann, vornehmer mann.
heafun s. heofon.
hêah, me. heaʒ, heh, heʒ, hegh, heih, heiʒ, heyʒ, hiʒ, hyʒ. hei, hey, ne. high; gen. hêas, schw. hêau, acc. sg. m. hêanne (1. n gutt.?) = hêahne; comp. hîera, hîerra, adj., hoch. an heʒ (heʒe) oben, nach oben. adv. hêage, me. heye, hiʒe, hyʒe.
hêahengel, me. hehengel (= hehangel), st. m., erzengel.
hêahness, hêanis, me. beʒnesse, ne. highness, st. f., höhe.
healdan, nh. halda, me. healden, hcalde, hialde, halden, halde, holden, holde. hold, ne. hold, prät. hiold, hêold, me. heold, held, heeld, hold. hel, part. me. ihialde, halde, haldin, holden, holdyn, st. v. V., halten, erhalten, besitzen, zurückbehalten, hüten, wachen, weiden; uvele b. schlecht behandeln.
heale s. hælo. healen s. hælan.
healf, me. healf, ne. half, adj., halb.
healf. Ep. halb, nh. half, me. half, ne. half, st. f., hälfte, seite.
heall, me. halle, ne. hall, st. f., halle, haus.

heals, hals, *me.* hals, *st. m., hals.*
hêan, *me.* heane, hene, *adj., niedrig.*
hêanisse *s.* hêahness.
hêanne *s.* hêan, hêah.
hêap, *me.* hep, hepe, *ne.* heap, *st. m., haufen.*
heara *s.* hê.
heard, *me.* heard, hard, herd, *ne.* hard, *adj., hart, mutig, schwer.*
hearde, *me.* harde, herde, *ne.* hard. *adv., hart, schwer, sehr.*
hearm, *me.* hearm, herm, *ne.* harm, *st. m., harm, leid.*
hearpe, *me.* harpe, *ne.* harp, *schw. f., harfe.*
heaved *s.* hêafod.
hêawan, *me.* hewen, *ne.* hew, *prät.* hêow, *st. v. V, hauen.*
heben *s.* hcofon. heddes. habban.
heden, heþenn *von hier.*
hee *s.* hê. heelds. healdan. hefæns. heofon-. hefd, hefde *s.* habban. hefed *s.* hêafod.
hefelþrǣd, *st. m., weberfaden, faden.*
hefen, heffen *s.* heofon.
hefig, *me.* hevy, *ne.* heavy, *adj., schwer, traurig.*
hefigness, *me.* hevynes, *ne.* heaviness, *st. f., schwere.*
he3, hegh, heh *s.* hêah, hehangel, -eugel *s.* hêahengel. heht *s.* hâtan. hei, heih *s.* hêah. heil *s.* hâl. heir *s.* hêr. hel *s.* healdan. hêla *s.* hǣlo.
helan, *me.* helen, hele, *prät. pl. me.* helen, *st. v. Ib;* helian, *me.* helien, hele, *sch. v. Ia, hehlen, verbergen, davon vb.-sb. me.* heling *bedeckung, bekleidung.*
helch *s.* ælc. held(e) *s.* healdan. helde *s.* ieldu. hele *s.* hǣlo.
hell, *me.* helle, *ne.* hell, *st. f., hölle.*
hellecyning?, *me.* helleking, *st. m., höllenfürst.*
helleduru, *me.* helledure, *st. f., höllentür.*
hellefŷr, *me.* hellefur, *st. n., höllenfeuer.*
hellegeat, *me.* helleʒet, *st. n., höllentor.*
hellegrund, *me.* hellegrund, *st. m., höllengrund.*
hellepine *höllenpein.*
helm, *ebenso me. und ne., st. m., helm.*

helma, *me.* helme, *ne.* helm, *schw. m., steuerruder.*
help, *me.* helpe, help, *ne.* help, *st. f. n., hülfe.*
helpan, *me.* helpen, helpe, *ne.* help, *part. me.* iholpen, *st. v. Ic, helfen.*
hem(m) *s.* hê. hende *s.* hond.
hengen *hängen, hangen.*
hengen *s.* hôn.
henne *s.* heonon.
hennfugol, *st. m., huhn.*
hentan, *me.* henten, hente, *ne. bei Shakspere* hent *(vgl.* hint), *part. me.* yhent, *schw. v. Ib, ergreifen, nehmen.*
henu *s.* heonu. hêo, heo *s.* hê.
heofon, -fun, -fen, *nh.* heben, heafun, *me.* heofen, heoven, hefen, heffen, heven, hevin, *ne.* heaven, *st. m., daneben ae.* heofone, -ene. *me.* hcovene, hevene, heffne, *schw. f., himmel.*
heofoncyning, *me.* heoven-, heven-, heveking, *st. m., himmelskönig.*
heofonlic, *me.* hevenlich, hevenly, *ne.* heavenly, *adj., himmlisch.*
heofonrîce, *nh.* heffenrîci, *me.* heofene-, hevene-, heven-, heove-, heveriche, *st. n., himmelreich.*
heold *s.* hold. hêold *s.* healdan.
heolfrig, *adj., b'utig.*
heom *s.* hê.
heonon, *me.* henne, hens, *ne.* hence, *adv., von hinnen, von hier.*
heonu, henu, *merc. nh. interj., siehe.*
heora, heore *s.* hê.
heord, *me.* herde, *ne.* herd, *st. f., obhut, herde.*
heorte, *me.* heorte, herte, herrte, hert, hart, *ne.* heart, *schw. f., herz.*
heorteblod *herzblut.*
heoven *s.* heofon.
heovene kwene *himmelskönigin.*
hêow, hîw, *me.* heow, hew, *ne.* hue, *st. n., aussehen, farbe.*
hêowon *s.* hêawan. hepe *s.* hêap.
her *s.* ǣr, hê.
hêr, *k.* hǣr, *me.* her, er, here, hyer, heir, *ne.* here, *adv., hier, hierher; me.* her efter, *ne.* hereafter *hernach; k.* hǣr beforan, *me.* her bifore *vorher, oben.*
hêr *s.* hǣr.

hêra — hlâfording.

hêra s. hîeran.
herd s. heard, hîeran. herde s. hearde.
here, me. here, gen. herges. heriges, st. m., heer, menge.
heres. hê, hêr, hîeran. hêres. hûre.
herebeorgian (Sachsenchr. ed. Earle s. 175, anm. 8), me. herberȝen, herbre, ne. harbour, part. me. herbreit, schw. v. II, beherbergen.
hereflêma, -flŷma, schw. m., der flüchtige.
herefolc, st. n., heervolk, kriegsvolk.
herelâf, st. f., heerüberbleibsel.
hereness, st. f., lob, preis.
herewǣða, schw. m., heerweidmann, feldherr.
hergan s. herian.
herge-, herige- s. here.
herian, herigean, herigan, hergan, me. herien, herie, prät. herede, schw. v. I a, loben, preisen.
hering s. hæring.
heritage, wie ne., erbe.
herknen s. hîercnian.
herm s. bearm.
hermytage, ermitage, ne. hermitage einsiedelei.
hermyte, ne. hermit, eremite einsiedler.
herrde s. hîeran.
her(r)te, hert s. heorte. hêrsumian s. hîer-.
herteli herzlich, innig.
hes s. hê.
hese s. hǣs. hespð s. hyspan.
hest s. habban. hêst s. hǣst.
heste s. hǣs.
het, hêt s. hâtan.
hete, me. hete, hate, ne. hate, st. m., hass.
hete s. etan, hǣto.
hetheu s. hǣðen.
hettend, hetend, subst. part. präs. im plur., feinde.
heve- s. heofon-.
heved s. hêafod. hevedes. habban.
heven, -in s. heofon. hevere s. ǣfre. hevid s. hêafod. hevy s. hefig. hey, heye, heyȝe s. hêah.
heþenn s. heðen. hi, hîa, hîæ s. hê. hidden s. hŷdan.
hider, bieder, me. hider, ne. hither, adv., hierher.

hîe, hîenes. hê.
hîera, hîerra s. hêah.
hîeran, hŷran, nh. hêra, merc. bœ́ran, me. heren, here, ne. hear, prät. me. herde, herrde, herd, part. merc. gehœ́red, nh. gehêred, me. iherd, iherð, yhyerd, herd, herde, schw. v. I b, hören.
hîercnian?, hŷrcnian, me. herknen, ne. hearken, schw. v. II, horchen, zuhören.
hierdebôc, st. f., hirtenbuch.
hîersumian, hêr-, hŷr-, me. hersumien, schw. v. II, gehorchen.
hiȝ s. hêah.
hîga, pl. k. hîgon, gen. hîgna, schw. m., (kloster)genosse.
hige s. hyge. hiȝt s. hâtan.
hîgian, me. hye, ne. hie, schw. v. II, eilen.
hijs s. hê. hil s. hyll.
hildelêoð, st. n., kriegslied.
hildenǣdre, schw. f., kampfnatter, geschoss.
hildepîl, st. m., kampfpfeil, -geschoss.
hilderinc, st. m., kriegsheld.
hill s. hyll. him, hinæ s. hê.
bindan, adv., von hinten.
hine, ne. hind diener (vgl. hîga).
hines. hê.
hingong, nh. hiniong, st. m., hingang, tod.
hiera, hîo s. hê. hîra s. îras.
hird s. hîred. hire s. hê.
hîred, nh. hîorod, me. hird, st. m., hausgenossenschaft, klostergemeinschaft.
his s. êom. his, hise, hit s. hê.
hladan, me. lhaden, laden, ne. lade, st. v. IV, laden, schichten.
hlâf, nh. lâf, me. lhaf, lof, ne. loaf, st. m. (nh. auch n. ?), laib, brot.
hlǣfdige, me. lhevedi, levedi, lavedi, lefdi, leafdi, lafdi, ne. lady, gen. hlǣfdigean, -gan, schw. f., herrin, frau, gebieterin.
hlâford, nh. blâfard, hlâfærd, hlâferd, me. hlavord, hlaverd, laferrd, laverd, laverð, loverd, lorverd, lord, lorde, ne. lord, st. m., herr, gebieter.
hlâfording (Wulfstan 298, 7), me. lording, ne. lording, st. m., (kleiner) herr.

hlanc, me. lonc, ne. lank, adj., mager, schlank.
hlêapan, me. lheape, lepen, ne. lcap, prät. hlêop, me. lhip, lep. st. v. V, laufen, springen.
hleonian, hlinian, hlingan, me. hlenien, lenien, ne. lean, schw. v. II, sich lehnen, liegen.
hlêor, me. leor, ler, ne. leer. st. n., wange, backe.
blid, me. lid, pl. liddes, ne. lid, st. n., deckel, (augen)lid.
hliebhan, blehhan, hlihhan, hlyhhan, me. lhe33e, la3he, laghe, ne. laugh, prät. hlôh, me. lou3, st. v. IV. lachen, lächeln, sich freuen.
hlífian, hlífigan, schw. v. II, ragen.
hlibhan s. hliehhan.
hlimman, prät. pl. hlummon, st. v. Ic, rauschen, tosen.
hlingendi, hlinode s. hleonian.
hlîsa, me. blise, schw. m., ruf.
hlûde, me. lude, loude, ne. loud. adv., laut.
blŷdan, prät. hlŷdde, schw. v. Ib, laut sein, schreien, lärmen.
blystan, me. blusten, lusten, liste, ne. list, schw. v. Ib, zuhören, hören auf (mit gen. u. dat.), gleichbedeutend ist das erst me. (doch vgl. ae. hlysnan) nachweisbare listene, ne. listen.
hnesce, me. nesche, ne. dial. nesh, adj., weich, zart.
hnígan, prät. hnág, hnâh, st. v. II, sich neigen.
hnitu, me. nite, ne. nit, f., niss, lausei.
hôd, hood, me. ne. hood, st. m.?, kapuze.
hof. st. n., hof, haus.
hog, ebenso ne., p!. me. hogges, schwein.
hogian, me. howe, pz. gehogod, schw. v. II. denken.
hold, me. hold, heold, adj., hold, ergeben, treu.
hold s. eald. hold(e) s. healdan.
holegn, holen, me. holin, holi, ne. holm, holly, st. m., stechpalme.
holi, holy s. hâlig.
holocaust, holocaustum, ne. holocaust brandopfer.
hom s. hê, hâm, hwâ. home s. hâm.
homor, homer, hamor, me. hamer, ne. hammer, st. m., hammer.

hôn. me. hon, hangen, ne. hang, prät. hêng, me. heng, part. hongen, hangen, urgl. st. v. V, hängen, kreuzigen.
hond, hand, ebenso me., ne. hand, pl. honda, handa, nh. hôndo, me. honde, hande, hond, hondes, handes, hondis, hende. dat. pl. me. honden, st. f., hand: i habbe en hande lastet auf mir.
hondewyrn, hand-, st. f., handmühle.
honddǣd, ne. handdede, st. f., tat der hand.
hondgeweorc, me. handewerk, ne. handiwork, st. n., werk der hand.
hondlian, handlian, me. handlen, ne. handle, schw. v. II, in die hand nehmen, berühren.
hondplega, schw. m., spiel der hand, kampf.
hondred s. hundred.
hongian, me. hangen, hange, ne. hang, schw. v. II, hangen, hängen.
hony s. hunig. hood s. hôd.
hooly s. hâlig.
hopian, me. hopie, hopye, hope, ne. hope, schw. v. II, hoffen (auf to).
hor s. hê. hǣran s. hieran.
hord, me. hord, ne. hoard, st. n., später m., hort, schatz; leggen an (en) horde aufsparen, zurücklegen.
hordom, ne. whoredom hurerei.
hore s. âr. hê.
horling ehebrecher.
horn, ebenso me. ne., st. m., horn.
hornboga, schw. m., hornbogen, gekrümmter bogen.
horrible, horreble, ne. horrible entsetzlich, schrecklich.
hors, me. hors, ne. horse, st. n., ross, pferd.
hosebounde s. hûsbunda.
hosp, st. m., hohn, übermut.
host. wie ne., heer.
hot s. hât. hot, hoten s. hâtan.
hou, how s. hwâ.
hrâ, hrǣ s. hrâw. hræbn s. hræfn.
hrađe, hræđe, me. rađe, compar. hrađor, me. raþer, redþer. ne. rather, adv., schnell; comp., eher, lieber.

hrædlice — hwæðer.

hrædlice, *merc.* hredlice, *me.* redliche, rædlice, radly, *adv.*, *rasch, schnell.*
hræfn, hrefn, *Ep.* hræbn, *me.* raven, reven, *ne.* raven, *st. m.*, *rabe;* hræbnæs foot *Ep.*, *me.* revenfoot, *ne.* ram's-foot?
hrægl, *merc.* hregl, *nh.* rægl, *me. ne.* rail. *st. n.*, *kleid.*
hráw, hréw, hrá, hré, *st. n.*, *leib, leiche.*
hre- *s.* hræ-. hreconlîce *s.* recenlice.
hréman, hrýman, *schw. v. I b*, *sich rühmen, freuen (mit gen., dat., instr.).*
hrêmig, *adj.*, *sich rühmend, freuend.*
hréowan, *me.* reowe, ruwen. *ne.* rue, *st. v. III, unpersönl., reuen.*
hréowful?, *me.* rewful, *ne.* rueful, *adj.*, *kläglich, bejammernswert.*
hréowlîce, *me.* reowliche, rwly, *adv.*, *kläglich, jämmerlich.*
hricg *s.* hrycg.
hrider, hrider, hreoðer, *me.* reoþer, reþer, ruþer, *ne. va.* rother, *st. n.*, *rind.*
hrieman?, hréman, hrýman, *me.* remen, *schw. v. I b*, *schreien.*
hrînan. *me.* rinen, *st. v. II, berühren, angreifen (mit acc., gen., dat.).*
hrincg, *me. ne.* ring, *st. m.*, *ring.*
hriordað *s.* reordian.
hrôc, hrooc, *me. ne.* rook, *st. m.?*, *satkrähe.*
hrôf, *me.* rof, *ne.* roof, *st. m.*, *dach, spitze, gipfel.*
hrycg, hricg, *me.* rig, rug, *ne.* ridge, *st. m.*, *rücken.*
hrýman *s.* hréman. hû *s.* hwâ.
hu- *s.* hw-. huannes *s.* hwonon.
huer *s.* hwær.
huge, *ne.* huge *sehr gross.*
hull *s.* hyll.
humble, umble, *ne.* humble *demütig, bescheiden.*
Humber?, *dat.* Humbre, *me.* Humbre, *ne.* Humber, *st. f.*, *flussname (anderwärts auch* Humbre *schw. f.)*
hund, *me.* hund, *zahlw. n.*, *hundert.*
hundred, *me.* hondred, hundreth, hundrid, hundir, *ne.* hundred, *zahlwort n.*, *hundert.*

hundredfealde, anhondredvald, *ne.* a hundred-fold *hundertfältig.*
hundtéontig, *nh.* hun(d)téantig, *zahlw. n.*, *hundert.*
hundtwelftig, *zahlw. n.*, *hundert und zwanzig.*
hungor, *me.* hungær, hunger, *ne.* hunger, *st. m.*, *hunger.*
hunig, *me.* hony, *ne.* honey, *st. n.*, *honig.*
huntoð, *me.* honteþ, *st. m.*, *jagd, jagdbeute.*
huo *s.* hwâ. hur, hure *s.* hê.
hurlen, hurle, *ne.* hurl *werfen, schleudern.*
hûru, *me.* hure, hwure, *adv.*, *wenigstens.*
hûs, *me.* hus, hous, *ne.* house, *st. n.*, *haus.*
husberner *mordbrenner.*
hûsbunda, *me.* husbonde, hosebounde, *ne.* husband, *schw. m.*, *hausherr, gatte.*
hv- *s.* hw-.
hw *s.* hwâ.
hwâ, *me.* hwa, hwo, huo, who, wo, *ne.* who, *neutrum* hwæt, *nh.* huæt, hvæt, hvæd, *me.* hwat, hwet, what, whet, whatt, quat, wet, wat, *ne.* what; *gen.* hwæs, *me.* hwes, hwas, whos; *dat.* hwâm, hwæm, *me.* hwam, quam, whom, hom, *mit präp. auch* hwan, hwon, *me.* auch whan; *acc. m.* hwone, hwane, *me.*, *wie dat., neutr., wie nom.; instr. n.* hû, *me.* hu, hw, w, hou, *ne.* how *wie?* • hwî, hwý, *me.* hwi, *ne.* why *warum? fragepr.*, *wer? was?* hwæt eart þû, *nh.* hvæd arð, *me.* hwat artu, quat ertu *wer bist du?* huæt gôdæs = *quid boni; auch indefinit., irgend wer; ae.* swâ hwâ swâ, *me. mit* ever(e), so, sum, þet, at u. *dgl. wer immer, jeder der. ae.* hwæt! *fürwahr!* hwæt tô ðê? *was geht es dich an?* *me.* what, wat, *adj.*, *was für (ein)?* *me.* wat, *präp., bis.*
hwæðer, *nh.* hveðer, *k.* hwæder, *me.* wheðer, quhethir, wher, *ne.* whether, *pron., wer von zweien? das ntr. als fragepartikel* = *lat.* utrum, *num.* hwæðer... þê, *me.* quhethir... or, *ne.* whether... or, *conj.*, *ob*... *oder; sei es dass*...

hwæðere — jangle. 157

oder dass. swǽ hw. swǽ *welcher von beiden immer.*
hwæðere, hwæðre. *nh.* hweþræ, hreðre. hwedre. *me.* þohh wheþþre, þeh wheðer, *adv. u. conj., doch, dennoch.*
hwǽg, *me.* whei, *ne.* whey, *m. oder n. ?. molken.*
hwan *s.* hwâ.
hwan, hwænne *s.* hwonne.
hwǽr. hwâr, *me.* hwer, hwar, hner, hware, qnhar, quar, quor, whare. where, wer, *ne.* where. *adv., wo?* *(woher* XXIV, 1311. XXVII, 23); *irgendwo, (nach verbis der wahrnehmung) wie da;* wel hwǽr *überall; me. zusammensetzungen:* hucrof. huerbȳ, quoron. quaron, wharfore. quarfore, nowhere.
hwat, hwæt *s.* hwâ.
hwǽte, *me.* whete, *ne.* wheat, *st. m., weizen.*
hwǽten, *k.* huǽten, *me.* hueten, *ne.* wheaten, *adj., von weizen.*
hwæthwugu, *pron. neutr., irgend etwas.*
hwætlíce. *me.*whattlike, *adv., rasch.*
hwealf, *adj., gewölbt.*
hwearfian, *me.* wharrfenn. *schw. v. II. ae. sich wenden, sich verwandeln, me. trs. verwandeln, wechseln.*
hweðer *s.* hwæðer. hwedre *s.* hwæðere.
hwelc, hwylc, hwilc. *nh.* hvelc. *me.* hwilc, hwilch, quhilk, whilch, which, wych, wylk, *ne.* which, *fragepron., me. (selbständig oder mit vorgesetztem* þe. the) *auch relat., welcher;* whilch .. se evre *welcher auch immer.*
hwelp, *me. ne.* whelp, *st. m., junges tier, junges.*
hwenne *s.* hwonne.
hwêol. *me.* whel, *ne.* wheel, *st. n., rad.*
hwer *s.* hwǽr. hwet *s.* hwâ. hweþræ *s.* hwæðere.
hwí *s.* hwâ.
hwider, *nh.* hvidir, *me.* whider, whidir, *ne.* whither, *adv., wohin?*
hwíl, *me.* hwile, hwule. while, whyle, qwile, quile, wile, wil, *ne.* while, *st. f., zeit, stunde.* þâ hwile þe, *me.* (þa, ðe, þe) hwile (þe, þet), ðor quiles, qwiles *so lange als, während, als,* hwilum, *me.* hwylem, *ne.* poet.

whilom *bisweilen, einst;* hwilum . . . hw. bald . . . bald. *me.* oþer whyle *mitunter.*
hwilc, hwilch *s.* hwelc.
hwît, *me.* hwit, wit, with, *ne.* white. *adj., weiss.*
hwíta sunnan dæg *(Laudhs. der Sachsenchr. zu 1067), me.* witsnnnedei. *ne.* Whitsunday, *m., pfingstsonntag.*
hwo *s.* hwâ.
hwon *s.* hwâ.
hwonne, hwanne. hwænne. *me.* hwenne, huanne, hwon, hwan. quanne, whanne. wanne. ʒanne. wenne, whon, when, quhen, quan. quen. wan, *ne.* when, *adv., conj., wann? wann, wenn, da, als.*
hwonon, *me.* huannes, *ne.* whence. *adv., woher?*
hwule *s.* hwíl. hwure *s.* hûru.
hwylc *s.* hwelc. hwylem *s.* hwíl. hȳ *eile.*
hȳ *s.* hê.
hȳdan, *me.* huden, hide. *ne.* hide, *prät.* hȳdde, *me.* hidde, *part. me.* ihud (ni hud = ne ihud), *schw. v. Ib. verbergen, verstecken.*
hȳdwiß. *ne.* hideous *schrecklich.*
hȳe *s.* hîgian. hȳer *s.* hêr.
hȳʒe *s.* bêah.
hȳgeþoncol, hige-, *adj., nachdenklich, klug.*
hȳht. *me.* hiht, *st. m., hoffnung.*
hȳldan, *nh.* hælda, *me.* helden, *ne.* heel, *schw. v. Ib, neigen, sich neigen.*
hȳldo, *schw. f., huld, gunst.*
hȳll, *me.* hull, hill. hil, *ne.* hill, *st. m., später f., hügel.*
hȳm, hȳmen, hȳne, hȳr. hȳra, hȳre *s.* hê.
hȳrnedneb, *adj., mit gehörntem, d. h., gekrümmtem schnabel.*
hȳs *s.* hê.
hȳspan, *kent.* hespan, *schw. v. Ib, höhnen, tadeln.*
hȳt *s.* hê.

I. J.

i *s.* in, ic. i- *s.* ge- *oder einf. verb.*
iâ, geâ, *nh.* gee, gê, *me.* ʒe, ʒa, ʒhe, *ne.* ȳea, *adv., ja.*
iafen *s.* giefan.
jangle, *ne.* jangle *schwatzen, schimpfen.*

ibede s. gebed. ibeden s. biddan.
ibeon s. bêon.
ibet s. bêtan. iboreʒe s. beorgan.
iboren s. beran. ibounde s. bindan.
ibrocht, ibrouht s. bringan.
ibrokeu s. brecan.
ibureʒen s. gebeorgan.
ic, me. ic, icc. ich, i, y, ne. I, gen. (possess.) mîn, me. min, myn, mi, my. mine, myne (dat. sg. des poss. im fem. mire), dat. ae. mê, me. me, acc. ae. mec, mê, me. me. personal pr., ich, ic de der ich.
ich s. ic, ylca.
icleped, -d, icluped s. cleopian.
icnawen s. gecnâwan.
icoren s. cêosan.
idavien s. geþafian.
îdel, gen. îdles. me. ydel, ydill, ne. idle. adj., eitel, müssig.
îdelness, me. idelnesse, ydillnes, ne. idleness, st.f., eitelkeit, müssigkeit.
idem(e)d s. dêman.
ideo s. geþêon.
ides, st. f., weib, frau.
ido s. dôn. idolien s. geþolian.
idon s. dôn. idrunke s. drincan.
iede s. geeode.
îegbûend, subst. part. pl., inselbewohner.
îegland, êg-, êig-, îg-, me. iland, ne. island, st. n., insel.
ielde, nh. ælde, st. pl., menschen.
ieldra s. eald.
ieldu, yldo, yld, kent. eld, held, me. ylde, ulde, elde, helde, eld, ne. poet. eld, f., alter.
jentyle. ne. gentile heidnisch: j. prophete heidenprophet.
iermdu, merc. ermdu, me. ermþe, f., elend.
iërming, earming, me. erming, earming, st. m., elender mensch, me. auch adj. elend.
if. iff s. gief. ifere s. gefêra.
ifunde s. findan. iginne s. gewinn. îgland s. îegland. igret s. grêtan. ihateu s. hâtan. ihealden s. gehealdan. iherd, iherd s. hîeran. iheved s. habban. ihialde s. healdan. iholpen s. helpan. ihud s. hŷdan. ihuren s. gehîeran. iknowen s. gecnâwan. ilæd s. lædan. ilast s. gelæstan. ilch s. ælc. ilca s. ylca.
ilef, ileve s. gelîefan.
iliche s. gelîce. ilkane s. ælc. ilke s. ylca.
ille, ill, ne. ill böse, schlecht, schlimm, übel, das übel.
illke s. ylca. ilokien s. gelôcian.
ilome s. gelôme. ilong s. gelong.
image, ymage. ne. image bild.
imelen s. gemælan. imengd s. mengan. imeteu s. gemêtan.
imone s. gemâna.
in, me. in, inn, ine, i, ne. in, präp. und adv., in, an, auf; darin, ein, hinein, herein, in to (in tour = in to our) in (auch auf die frage 'wo?'), bis; me. in til, inntill, intill in, bis; me. in sa mekle as in sofern als.
in (gen. innes). me. in, inne, ne. inn, st. n., gemach, zimmer, wohnung.
inbryrdniss s. onbryrdness.
inc, incit s. git.
infant, ebenso ne. kleines kind.
ingong, me. inʒong, st. m., eingang.
inlâd. st. f.; einführung.
inlihtan merc., schw. v. I, dämmern.
inn s. in.
innan, inne, me. innan, innen, inne, adv. und präp., innen, innerhalb, in.
innanbordes, adv., im innern.
inne s. in.
inoh, inou, inouh s. genôh.
interupcyoun, ne. interruption unterbrechung.
intill s. in.
intinga, schw. m., ursache.
inwidda, inwitta, schw. m., feind, widersacher.
iornan s. eornan.
iow s. gè.
joye, joie, joy, ne. joy freude.
joyful, wie ne., freudenvoll.
joyles, ne. joyless freudenlos, traurig.
joyne, ne. join fügen, binden, beauftragen, einsetzen.
iqueden s. cwedan.
iqueme s. gecwêman.
Îras, Ŷras, Hiras, st. pl., Iren.
ire, ebenso ne. zorn, hass.
îren, me. iren, ne. iron, st. n., eisen.
irest, ireste s. gerest.
ireve s. gerêfa.

ís, *me.* is, *ne.* ice, *st. n., eis.*
is *s.* hê. is, iss *s.* ĉom. isched *s.*
seeâdan.
ische, *ne.* issue, *prät.* ischyt, *herausgehen, kommen.*
ischilden *s.* gescyldan. ischrud *s.* scrȳdan. ised, iseid *s.* secgan.
iseʒé(n), iseh, iseie, iseo, iseye *s.* geseôn. sĉon. iselþe *s.* geseǽld. iset, iscyd *s.* secgan.
ispend *s.* spendan. isprungen *s.* springan. iswinch *s.* geswinc.
it *s.* hê. iteđ *s.* etan. itit *s.* getídan. itt *s.* hê.
iû. giû, giô, *adv., schon, einmal. einst.*
Jue. *pl.* Gius, Juþewess, juwis. *ne.* Jew *Jude;* judaysse. judisskenn *jüdisch.* Judelond *Judäa.*
íuh *s.* gê. iung *s.* geong.
jurne, *ne.* journey *tagereise.*
justise. *ne.* justice *gerechtigkeit, recht; richter.*
ivel *s.* gefeallan, yfel. ivere *s.* gefêra. iwent *s.* wendan. iwer *s.* gewǽr. iwhillc *s.* gehwelc.
iwih *s.* gê. iwill *s.* gewill. iwis.
-isse, -ysse *s.* gewiss. iwoned, iwuned *s.* gewunian. iwrat *s.* wyrcan. iwreden *s.* gewyrdan.
iwryten *s.* wrîtan. iþank *s.* geþonc. iþenchen *s.* geþencan. iþeo *s.* geþêon.
iþinlic *fleissig, eifrig.*

K.

kaiser *kaiser.*
kam *s.* cuman. kan, kane *s.* cunnan.
kare *s.* cearu. karien *s.* cearian.
karrte *s.* crǽt. kempa *s.* cempa.
ken *s.* cû, cennan. ken- *s.* cyn-.
kende *s.* cynd. kene *s.* cêne.
kenrede, *ne.* kindred *geschlecht, verwantschaft.*
kep *acht, obacht;* k. nimen *achtgeben, hinblicken.*
kep, kepe *s.* cêpan.
kepere, keper, *ne.* keeper *hüter, wächter.*
kesse *s.* cyssan.
kest, kesten *s.* casten.
kid *s.* cȳdan.
kinde *s.* cynd. kine- *s.* cyne-.

king *s.* cyning. kirke *s.* cirice.
kisseu *s.* cyssan.
kiþenn *s.* cȳdan.
knape *s.* cnapa.
knawe, knaw *s.* gecnâwan.
kne *s.* cnêow.
knelen, knele, *ne.* kneel *knien.*
kneon *s.* cnêow.
knict, knicth, knight, knith *s.* cniht.
knowen *s.* gecnâwan.
knowlage, *ne.* knowledge *kenntnis.*
knyght, knyʒt *s.* cniht.
kon *s.* cunnan.
krune *s.* coroune.
krune, *ne.* crown, *part.* ikruned. *krönen.*
kuđe *s.* cunnan, cȳdan. kun *s.* cyn.
kuning, *ne.* coney *kaninchen, kaninchenfell.*
kunne *s.* cunnan.
kwene *s.* cwên. ky- *s.* cy-, kyd, kydde *s.* cȳdan.
kyndenesse *s.* gecyndness.
kyng *s.* cyning. kyrk *s.* cirice.

L.

l = vel *oder* odđe.
lâ, *me.* la, lo, loo, *ne.* lo, *interj., o! siehe!*
labour, *wie ne., arbeit, mühsal.*
lâc, *me.* lac, *st. n. f., geschenk, opfer.*
lǽce, *me.* leche, *ne.* leech, *st. m., arzt.*
lache *s.* gelǽccan.
lâd, *me.* lode. *st. f., weg, lebensweg, leben (vgl.* liflâd, *me.* liflode, *ne.* livelihood).
lâđ, *me.* lađ, lath, lođ, loþ, *ne.* loath. *adj., leid, verhasst. feindlich; st. n., leid, unrecht.*
lǽdan, *me.* lǽden, lǽde, *ne.* leden, leede, lede, *ne.* lead, 3. *sg. prs.* ind. lǽt, *nh.* lǽdes, *me.* let, *prät.* lǽdde, *me.* ledde, ladde, led. *pz. me.* ilǽd, *schw. v. Ib, leiten. führen: bringen, behandeln* (XX, 52. 54).
lǽđđ, *me.* leđđe, laþþe, *f., leid, kränkung.*
ladde, *ne.* lad *bursche.*
ladde *s.* lǽdan.
ladde borde,? *ne.* larboard *backbord.*
lǽden, *me.* leden, *st. n., latein, sprache.*

lædengedîode, st. n. lateinische sprache.
lædenspræͫc, st. f., lateinische sprache.
Lædenware, pl. m., Latciner, Römer.
lâdgewinna, schw. m., verhasster gegner, feind.
lâdlic, me. ladlich. **ne.** loathly, **adj.,** verhasst, abscheulich.
lâf. me. lave, **ne.** dial. lave, **st. f.,** überbleibsel, rest; daroda lâf was die wurfgeschosse übrig gelassen haben; hamora lâf schwert.
læfan, me. leve. **ne.** leave, prät. læfde. **me.** lefte. levyt. part. me. left. lefte, schw. v. Ib, lassen, hinterlassen.
lafdi s. hlæfdige.
læfe s. gelêafa. **laferrd s.** blâford.
lafian, me. lave, **ne.** va. lave (vgl. lavish), schw. v. II, laben, waschen, ausgiessen, wasser ausschöpfen.
laȝ, louh, ne. low, schw. pl. me. laȝen, niedrig, bescheiden.
laȝelies. ne. lawless ohne gesetz, ohne glauben.
læg s. licgan.
lagu, me. laȝe, laȝhe. lawe, **ne.** law, **st. f.,** gesetz, glaube.
lai. ne. lay lied, gedicht.
lai s. licgan. **laide, læiden s.** lecgan.
lâm, me. loom, **ne.** loam, **st. n.,** lehm, schlamm.
lamb, lambren s. lomb.
lǣn, me. lene, lane, lone, **ne.** loan, **st. f.,** das leihen; tô lǣne bêon ausgeliehen sein.
lǣnan, me. lenenn, lene, **ne.** lend, prät. lǣnde, **me.** lende, part. me. ylent, lent, schw. v. Ib, leihen, verleihen.
land s. lond.
langage, ne. language sprache, das reden.
lange s. longe.
lâr, me. lare, lore, **ne.** lore, **st. f.,** lehre. belehrung, gelehrsamkeit, kenntnis, einsicht, rat.
lǣran, k. lêran. **me.** lærenn. lere, leir, prät. lǣrde, **me.** lerde, lerd. pz. gelǣred. kent. gelêred, pl. gelǣr(e)de, schw. v. Ib, lehren,

raten, auffordern, **me.** auch lernen, erfahren.
lârêow, me. larew, larþeu, **st. m.,** lehrer.
large, wie ne., freigebig.
last tadel. fehler.
lâst, st. m., fussspur, schritt; on lâst hinter, nach.
læstan, me. lesten, leste, lasten, last, **ne.** last, prät. læste, **me.** lastede, last, schw. v. Ib, dauern, bleiben.
lǣste s. lýtel. **lasten s.** lǣstan und læt.
læt, schw. lata. **me. ne.** late, adj., langsam, spät; spl. latost, me. latest, latst, last; ate lasten, ne. at last zuletzt.
lǣtan, me. letenn, lete. late. 3. sg. prs. ind. let, ne. let, prät. leort. lêt, me. let, st. v. V. lassen, unterlassen, aufgeben; hêo lêt swâ sie liess es dabei bewenden; lǣtan þæt nett das netz auswerfen; lute let of kehrte sich wenig an; lete (and liste) still sein.
late, ebenso me. ne., adv., langsam, spät.
lath s. lâd.
latian, me. late, schw. v. II, zögern.
latin, latyn, ne. Latin latein. lateinisch.
lave s. lafian.
lavedi s. hlæfdige.
laverd, -ds. hlâford. **lawe s.** lagu.
lâwerce, Ep. lâuueræ. me. larke, **ne.** lark, schw. f., lerche.
lay religion.
lay s. licgan. **layden s.** lecgan.
lêaf, me. leve, **ne.** leave, **st. f.,** erlaubnis.
leafdi s. hlæfdige.
lêan, me. lien, **st. n.,** lohn, wohltat.
lêap, me. lepe, **st. m.,** korb.
lêas, me. leas, **ne.** -less, adj., unwahr, verlogen.
lêasung, me. leasunge, leasinge, **ne.** (va.) leasing, **st. f.,** lüge, erdichtung.
leat s. lûtan.
lecgan, me. leggen, leȝe, **ne.** lay, prät. legde, lægde, **me.** læide, leide, leyde, laide, layde, laid, part. me. yleid, leid, schw. v. Ib, legen, setzen; on lâst lecgan nachsetzen; layden in stiessen ab?

leche *s.* lǽce.
lecherie, *ne.* lechery *wollust.*
lechur, *ne.* lecher *wollüstling.*
led, lede *s.* lêod. lędan, leden, leede *s.* lǽdan.
lef *s.* lêof.
lêfan, lýfan, lífan. *me.* lefenn, leven, leve, *prät.* lêfde, lifde, *schw. v. Ib.* erlauben, gestatten, lassen, glauben.
lefdi *s.* hlǽfdige. left *s.* lǽfan.
lêg, lig, *me.* lei, leie, *st. m.*, lohe, flamme.
legde, leggen *s.* lecgan. legen *s.* lêogan.
lêget, legt, lêht *s.* lieget.
leid *s.* lecgan. leie *s.* lêg. leir *s.* lǽran. leit *s.* lieget.
lele. *ne.* loyal *treu.*
lendan. *me.* lenden, lende. *part. me.* ylent, *schw. v. Ib*, landen, in den hafen bringen, richten.
lenenn *s.*lǽnan. lenode *s.*hleonian.
leng, -er *s.* longe.
lengđ, *me.* lengthe, *ne.* length, *st. f.*, länge.
lengra *s.* long. lent *s.* lǽnan.
lêo, *gen.* lêon, *me.* leo, le, *schw. f.,* löwe.
lêod, *me.* leod, led, lede, *pl.* lêode, *st. m., sg.* mann, *pl.* leute.
lêod, *me.* leode, lede, *st. f.,* volk.
lêodđ, *me.* leodđ, leđ. *st. n.,* lied.
lêodcræft, *st. m.*, dichtkunst.
lêodsong, *st. m.*, gesang, lied.
lêof, *me.* leof, lief, lef, lof, loof, *ne.* lief, *flectiert me.* leove, loove; *comp.* lêofra, *me.* leovre, levere; *sup.* lêofost, *me.* leovest, adj., lieb; *sb.*, liebe(r), liebste(r) = *me.* leofmon; *pl.* leofemen *(anrede des predigers an die zuhörer.)*
lêogan, *me.* leoʒen, legen, *ne.* lie, *prät.* lêag. *pl.* lugon, *me.* luʒen, *part.* logen, *st. v. III*, lügen.
lêogere, *me.* liʒere, *ne.* liar, *st. m.*, lügner, lügnerin.
lêoht, *me.* liht, ligt, liʒt, *ne.* light, *st. n.,* licht.
lêoht, *me.* liʒt, licht, *ne.* light, adj., licht, hell.
lêohte, *me.* lihte, licht, adv., hell.
lêoma, *me.* leome, leme, *schw. m.,* licht, glanz, stral.
leomu *s.* lim.
leornere, *st. m.*, gelehrter.

leornian, liornian, *me.* lerne, *ne.* learn, *schw. v. II*, lernen, erfahren, studieren.
leorning, liornung, *me.* lernynge, *ne.* learning, *st. f.*, belehrung, studium.
leorningeniht, -cnyht, *me.* lerninngenihht. *st. m.,* schüler, jünger.
lêosan *in comp.*, *me.* selbst. liese, lese, lose, *ne.* lose, *prät.* lêas, *me.* les, leste, *pl.* luron, *part.* loren, *me.* auch lest, lost, ylost, *st. v. III*, verlieren, zu grunde richten; ļest verschollen.
leove, leovre *s.* lêof. lep, lepen *s.* hlêapan. lepe *s.* lêap. lerd, lerde, lere *s.* lǽran. lerne *s.* leornian.
lerninng- *s.* leorning-.
lêsan, lýsan, *me.* lusen, lesenn, lese, *pz. me.* lusd, *schw. v. Ib*, lösen, befreien.
lesse, lest *s.* lýtel. lest *s.* lêosan.
lesten *s.* lǽstan *u.* lystan.
let *s.* lǽdan, lǽtan, lettan. lete *s.* lǽtan.
lettan, *me.* letten, lette, *ne.* va. let, 3. *pers. sg. präs. ind.* let, *prät.* lette, *schw. v. Ib*, zurückhalten, hindern.
lettre, lettur, *ne.* letter buchstabe, schrift. brief *(auch pl.)*
leve *s.* lêaf, lêfan. leve, levere *s.* lêof.
levedi *s.* hlǽfdige. levyt *s.* lǽfan.
leyde *s.* lecgan. leyt *s.* lieget.
lhip *s.* hlêapan.
libban, lifian, lifgan. *me.* libben, libbe, livien, live, lyfe, *ne.* live, 3. *sing. präs. ind.* liofađ. *prät.* lifde, lifode, *me.* livid, *schw. v. Ib u. II*, leben.
libr *s.* lifer.
líc, *me.* lic, lik, lich, *st. n.*, leib.
líca *in compos.*, *me.* liche, *schw. m.*, gestalt.
licame *s.* lichoma.
licgan, *me.* liggen, lien, lie, ly, *ne.* lie, *part. präs. me.* liynge, liggand, *prät.* læg, *me.* lai, lay, *pl.* lǽgun, lâgon, *st. v. Ia*, liegen.
liche *s.* líca.
líchoma, *me.* lichame, licame, licome, *schw. m.*, leichnam, leib.
licht *s.* lêoht, lêohte.

lícian, lýcigan, me. licen, liken, like, lyke, ne. like, prät. licode, me. licede, schw. v. II, gefallen; davon vb.-sb. me. likinge, likyng, lykyng vergnügen, lust.
licome s. lichoma.
lid, st. n., fahrzeug, schiff.
liddes s. hlid.
lîds, liss, me. lisse, st. f., ruhe, linderung, freundlichkeit, gnade.
lief s. léof.
*lîeget, lýget, ligit, ligyt, merc. lêget, nh. lêht, me. legt, leit, leyt, st. n. m., blitz.
lien s. lêan, licgan. liese s. lêosan.
lîf. me. lif, lyf, nc. life, gen. me. lives, lyves, st. n., leben; on life, me. on live, alife, alive am leben, lebend; me. bi live, bilyve, bylyve, blive lebhaft, rasch.
lifan s. lêfan.
lifer, Ep. libr, me. livere, ne. liver, st. f., leber.
lifgan s. libban. lift s. lyft.
líg s. lêg. liʒere s. lêogere.
liggen s. licgan. lîgit s. lîeget.
ligt, liʒt, liht s. lêoht.
liht, leoht, me. liht, ne. light, adj., leicht.
líhtan, me. liʒte, ne. light, prät. me. liʒte, schw. v. I b, vom pferde steigen.
lihting s. lýhtan.
líhtlíce, me. lihtliche, lyʒtly, lyghtly, ne. lightly, adv., leicht, vielleicht.
lihtnesse, lightnes, ne. lightness leichtigkeit, freudigkeit.
like s. lîc, lícian.
liknen, ne. liken gleichen.
lilic, me. lilie, ne. lily, schw. f., lilie.
lim, me. lim, ne. limb, pl. limu, leomu, me. limes, st. n., glied.
lîm, me. lim, ne. lime, st. m., leim, mörtel.
Liminas? = Lemynge in Kent? VIII 16.
limpan, me. limpen, st. v. I c, gehören, sich belaufen auf, betragen (mit tô).
limwêrig, nh. limwǽrig, adj., mit müden gliedern, tot.
Lincol s. Lindcyln.
lind, me. linde, ne. lind, lime, va. line, st. f., linde, (linden-)schild.
Lindcyln, me. Lincol, ne. Lincoln, st. f., ortsname.

Lindisfearnêolonding, nh. st. m., bewohner der insel Lindisfarn.
liofad s. libban.
liorn- s. leorn-.
liss, lisse s. lids.
list s. lystan. liste, listene s. hlystan.
lite, litel, litill s. lýtel.
live, lives s. lif. live, livien s. libban.
liynge s. licgan. lo s. lâ.
loc, me. ne. lock, pl. loccas, st. m., locke, haar.
lôcian, me. lokien, locan, lokenn, loki, loke, ne. look, schw. me. lokede, lokyt, schw. v. II, schauen, blicken, zuschauen, anschauen, achten auf, beobachten, bewahren, wahren, erhalten; davon me. lokyng das anschen, aussehen (zu XXXI 74 vgl. e li furent ajngices im orig.).
lod s. lâd. lode s. lâd.
lof, me. lof, st. n. (selten m.), lob.
Lof s. lêof.
lofe, ne. loof, luff windseite.
lofsong, ebenso me., st. m., lobgesang.
loge, ne. lodge wohnen, sich aufhalten.
loke, lokien, lokyng s. lôcian.
lomb, lamb, lombor, me. lomb, lamb, ne. lamb, pl. lombru, me. lambren, st. n., lamm.
lome s. gelôme.
lond, land, ebenso me., ne. land, st. n., land, boden, erde.
londbûende, part., landbewohnend.
long, lang, ebenso me., ne. long. adj., lang; comp. lengra.
longe, lange, me. longe, lange, lannge, ne. long, adv., lange, comp. ae. leng, me. lenger länger, weiter.
longian, me. longen, ne. long, schw. v. II., verlangen, sich sehnen (unpersönl.).
loo s. lâ. loove s. lêof. lord s. hlâford.
lore s. lâr. lorverd s. hlâford.
lost s. lêosan. loth s. lâd.
loude s. hlûde. louʒ s. hliehhan.
louh s. laʒ. love s. lufe, lufian.
loverd s. hlâford.
lovie, lovye s. lufian.
loþ s. lâd. lude s. hlûde.
luđer, luđernesse s. lýđre.

lufe und lufu. *me.* lufe, luve, love.
ne. love, *schw. u. st. f., liebe;*
for... lufon (luve) *um* ... *willen.*
lufian, lufigan, lufigean. *me.* luvien,
lufe, lovie, lovye, love. *ne.* love.
prät. lufode, lufade, lufede. *me.*
luvede, lovede, *schw. v. II, lieben.*
luflice. *me.* loveliche, *ne.* lovely,
adv., in liebe.
luft *s.* lyft. luʒen *s.* léogan.
lune. *ne. dialect.* lun. loun *ruhe.*
lungre. *adv., sofort.*
lurken. *ne.* lurk *sich verstecken.*
lusd *s.* lësan.
lust, *ebenso me. ne., st. m., lust,
freude.*
lusten *s.* hlystan.
lusti. *ne.* lusty *erfreulich.*
lustlice, *adv., mit lust, vergnügen.*
lûtan. *me.* luten, lonte. *prät.* lëat.
me. leat. *st. v. III, sich beugen,
verbeugen (vor to).*
lute, lutel *s.* lýtel.
luve *s.* lufe. luvien *s.* lufian.
ly, lye *s.* liegan. lýcigan *s.* lician.
lýdre. *me.* luder, luþer, *adj., lie-
derlich, schlecht, elend; davon me.*
ludernesse *schlechtigkeit, elend.*
lyf *s.* lîf. lyfe *s.* libban.
lyft. *me.* luft, *st. m. f. n., luft.*
lygeman, *ne.* liegeman *lehnsmann.*
lýget *s.* lieget.
lyghtly, lyʒtly *s.* lihtlice.
lýhtan. *me.* lihten. *ne.* light, *schw.
v. I b. leuchten, dämmern; davon
me.* lihting *dämmerung.*
lyk- *s.* lic-.
lyke *s.* gelîc.
lympe. *ne.* limp. *prät.* lympit.
hinken; 1. *of abkommen von, ver-
lassen.*
lynis, *me.* lins, *ne.* linch(pin). *st.
m., lünse.*
lýsan *s.* lësan.
lystan, *me.* liste, lesten, 3. *pers.
sg.* präs. list, *schw. v. I b, gelüsten
(unpers., nach me.* to, *after).*
lýtel. litel, *me.* litel, lutel, lyttel,
lyttill, litill, lytill, litle. lute, lite,
fl. litle, *ne.* little, *adj., klein, we-
nig; adv., durchaus nicht; comp.,*
læssa, *me.* lesse; *superl.,* læst, læsd,
me. lest.
lyve, lyves *s.* lîf.
lyþe *linderung.*

M.

ma, mà *s.* micel. ma, maad *s.*
macian.
machen. mache, *ne.* match *gesellen
zu* (with).
macian, macigan, *me.* makien,
maken, make, mak, ma, *ne.*
make, *prät.* macode, *me.* macod,
makede, made, mad, maad, maid,
part. macod. *me.* imaked, maked,
ymad, mad, maad, made, maid,
*schw. v. II. machen, bereiten,
schaffen, verfertigen, bauen, her-
vorbringen* (burgeonys, blwmys),
wirken (miracles), *abhalten* (ga-
dering), *feiern* (bredale), *leisten*
(maured), *darbringen* (offrende);
makes her paye *befriedigt sie, be-
zahlt sie; mit inf. (mit oder ohne
for to) lassen, bewirken dass;* m.
on (a fyre) *anzünden.*
mæcti *s.* meaht. mad *s.* gemæded.
made *s.* macian.
madelian, *me.* maþelien, *schw. v.
II, reden.*
mâdum, *me. pl.* madmes, madmes,
st. m., kleinod.
mǽg, *me.* mæi, mei, *pl.* mægas,
mágas. *st. m., verwanter, auch
vom sohne gebraucht.*
*magan. *me.* muʒhenn, mowe, *präs.
sg.* 1. 3. mæg. *me.* maʒʒ, mai, mei,
may. *sg.* 2. meaht, miht, *me.* miht.
mihht, mai, *pl.* magon. *me.* maʒen,
muʒen, muʒe, muʒhenn, muwen(n),
mowen, may, *cj.* mæge, *nh.* mægi,
me. maʒe, muʒe, muhe, *prät.* meahte,
mvahte, mihte, *nh.* mæhte, *me.*
mihte, michte, myhte, myʒte,
mihhte, micthe, moʒte, mouchte,
mouthe, moghte, micht, miʒt, myʒt,
mycht, might, mauʒt; *präterito-
präs., können, im stande sein,
geeignet sein* (X 60).
mǽgburh, *gen.* -burge, *st. f.,
familie.*
mægd. *pl.* mægd, *f., magd, jung-
frau.*
mǽgd, *nh.* mêgd, *me.* maʒʒþe, *st. f.,
verwantschaft, geschlecht, stamm.*
magdalenisc, -esc, *adj., aus Mag-
dala.*
mægden, *me.* meiden, mayden,
meide, *dat. s.* maydne, *n. pl.*

11*

māge — medʒeorn.

maydnes, *gen.* meidene, *ne.* maiden, maid, *st. n.. mädchen, jungfrau.*
māge, *me.* maʒe, maʒhe, *schw. f., verwante.*
mægen, *merc.* megen, *me.* mayn, *ne.* main, *st. n.. kraft.*
mageste, *ne.* majesty *majestät.*
mago, *st. m., sohn, mann.*
maʒt *s.* meaht.
mǣgester, *me.* meister, maister, mayster, maistur, maistir *(mischt sich mit dem aus dem frz. entlehnten* maistre), *ne.* master, *pl.* mǣgestras, *me.* meistres, *st. m., meister, aufseher, herr,* m. of lare *lehrmeister.*
mǣgwlite, *nh.* mêgwlit, *st. m., aussehen.*
maht, mæht, mahht(e) *s.* meaht.
mæhte, mai *s.* magan. mæi *s.* mǣg.
maid *s.* macian.
mair, *ne.* mayor *bürgermeister.*
mair, maist *s.* micel.
maister = mester, mister *notwendigkeit, not*; þan hom maister were *als es für sie nötig war.*
maister, maistir, maistur *s.* mǣgester.
make *s.* gemaca.
make, -en *s.* macian.
maker, *wie ne., schöpfer.*
mǣlan, *me.* mele, prät. mǣlde, *schw. v. I b, reden. sprechen.*
male, *ne.* mail *mantelsack, felleisen, sack.*
malt *s.* mealt.
malys, *ne.* malice *bosheit.*
man *s.* mon.
mǣnan, *me.* mene, mane, mone, *ne.* mean, moan, *schw. v. I b, meinen, mitteilen, erwähnen, klagen, beklagen.*
māndǣd, *me.* mandede, *st. f., übeltat.*
maneg *s.* monig.
maner, *ne.* manner *art, weise, grad*: in maner = *ne.* in a manner *gleichsam, gewissermassen.*
manig, mænig *s.* monig. manke *s.* moncus.
manred *s.* monrǣden.
manse *s.* âmânsumian. many *s.* monig. mâra *s.* micel.
mǣran, *part.* gemǣred, *schw. v. I b, bekannt, berühmt machen.*
marc, *pl.* marc, *me.* mark, *pl.*

mark, *dat.* marke, *ne.* mark, *st. f., mark.*
mǣrd, *st. f., kunde, ruhm, ruhmvolle tat.*
mare, mâre *s.* micel.
mǣre, *me.* mere, *adj., wovon gesprochen wird, berühmt, herlich.*
mark, marke *s.* marc.
mǣrsian, *part.* gemǣrsad, *nh.* gemêrsed, *schw. v. II, bekannt, berühmt machen.*
martre, *vgl. ne.* marten, *marder.*
martyr, *ebenso me. ne., st. m., blutzeuge.*
martyrian (vgl. martyrung), *me.* martren, *ne.* martyr, *part. me.* martird, *schw. v., martern.*
marynere, *ne.* mariner *seemann.*
mâse, *Ep.* mâsæ, *me.* mose, *ne.* (tit)mouse, *schw. f., meise.*
mæsse, *k.* messe, *me.* messe, masse, *ne.* mass, *schw. f., messe.*
mæsseprêost, -prîost, *k.* messeprîost, *st. m., priester.*
mæst, *me. ne.* mast, *st. m., mast, mastbaum.*
mǣst *s.* micel.
mater, *ne.* matter *sache, gegenstand.*
mauʒt *s.* magan.
mâwan, *me.* mowen, *ne.* mow, *st. v. V, mähen.*
may *s.* magan. mayden *s.* mǣgden.
mayn *s.* mǣgen.
mayne, menʒe, menʒhe, *ne. va. (Sh. Lear 2, 4, 35)* meiny *hausdienerschaft, gefolge.*
mayster *s.* mǣgester.
me, mê *s.* ic. mon.
meaht, miht, *nh.* mǣct, *merc. nh.* mæht, *me.* mihte, miʒte, mahht. mahhte. maʒt, mycht, micth, miʒt. *ne.* might, *pl. nh.* mǣhto, *st. f.. macht, kraft. eigenschaft.*
meahte *s.* magan.
meahtig, mihtig, *me.* mihty, miʒty, *ne.* mighty, *adj., mächtig.*
mealt. *Ep.* malt, *me. ne.* malt, *st. n.?, malz.*
mec *s.* ic.
mêce, *me.* meche, *st. m., schwert.*
mecull *s.* micel.
mêd, *me.* mede, *ne.* meed, *st. f., belohnung.*
mêder *s.* môdor.
medʒeorn *bestechlich.*

medmicel, *adj., mittelgross, unbedeutend.*
medoburh, *dat. -byrig. f., stadt, wo met getrunken wird.*
medowêrig, *adj., müde von met, trunken.*
meekly, *wie ne., sanft.*
mégd *s.* mǽgd. **megna** *s.* mǽgen.
mégwlit *s.* mǽgwlite. **mei** *s.* mǽg, magan. **meiden** *s.* mǽgden.
meisterdeovel, *pl.* -deoflen, *oberteufel.*
meistres *s.* mǽgester.
meit *s.* métan. **mekel**, **mekill** *s.* micel.
melody, *wie ne., melodie, lied.*
men, **mene**, **menn** *s.* mon. **mene** *s.* mǽnan.
mengan, *me.* mengen, menge, *prät. we.* mengit. *pz. me.* imengd, imaingd, meind, meynd. *schw. v. Ib, mengen, mischen, verwirren.*
menje *s.* mayne.
menig *s.* monig.
menigeo, menigeu, menigu, menigo, mænigu, mænigeo, mengu, *me.* mænige, manige, menye. *ne.* many, *schw. f., menge.*
menniscness, *st. f., menschwerdung.*
menye *s.* menigeo.
meotod *s.* metod.
meraly *s.* murge.
merci, *ne.* mercy *erbarmen, gnade, mildtätigkeit.*
mere, *ebenso me. ne., st. m., meer.*
mere *s.* mǽre.
mervayl message *wunderbare (seltsame) botschaft.*
messe, -p- *s.* mǽsse, -p-.
mest *s.* micel.
métan, *me.* mete, meit. *ne.* meet, *prät.* mètte, *me.* mette, met. *schw. v. Ib. begegnen, treffen, zusammentreffen (me. mit acc. oder wiþ).*
mete, *nh.* mett, *me.* mete. *ne.* meat. *st. m., speise, gericht, essen.*
meteniding *wer mit speise kargt.*
metod, metud, meotod, *st. m., schöpfer.*
meven, meve, move, *ne.* move, *prät.* mevyt, *bewegen, mischen, sich bewegen, sich begeben, entschwinden; vb.-sb.* movyng.
mi *s.* ic.

micel, micul, mycel, *nh.* micil, *gen.* miceles, micles, miccles, *me.* mikel *(fl.* miccle), mikil, mikell, mecull, mekel, mekill, michel, mychel, michil, muchel, mochel, mekle, *adj., gross, viel, wichtig. entscheidend; neutr. (adv.), viel, sehr; verkürzte form me.* miche, moche, myche, much; *instrum.* micle, miccle, *me.* muchele *beim comparativ, ebenso me.* mucheles *um vieles; comp.* mâra, *me.* mare, more, mar, mair *grösser, mehr, daneben als subst. neutr. u. adv.* mâ, *me.* ma, mo, *im frühesten ne.* mo *mehr; superl.* mǽst, *me.* mest, most, maist *grösst, meist, am meisten; me.* mest al = *ne.* almost all.
micelness. *st. f., menge, fülle.*
miche *s.* micel.
micht *s.* magan, meaht.
miclian, *me.* miklen, muchelen, *schw. v. II., vergrössern, verherlichen.*
micth(e) *s.* magan. meaht.
mid, *Ep. merc. nh.* mid, miþ, *me.* mid, myd, *präp., adv., mit, bei; mid þâm þe, nh.* middý *da, als; me.* mid þan ðe *mit dem was,* mid þon da, *nun.*
mid. **midd**. *ebenso me., adj., mittel-;* on midre nihte *mitten in der nacht, um mitternacht; subst. n.,* mitte, tô middes *inmitten.*
middaneard, *me.* middaneard, middeneard. *st. m., erde.*
middangeard, *nh.* middungeard, middengeord, *st. m., erde.*
middeleard, middellǽrd *erde.*
middeweard, *me.* middeward, *adj., mittel-;* inne middewarde helle *mitten in der hölle.*
miʒt, miʒte, mihht(e), miht(e) *s.* magan. meaht. **mihtig** *s.* meahtig. **mikel(l)** *s.* micel. **milce** *s.* milds. **milcien** *s.* mildsian.
milde, *me.* milde, mylde, mild, *ne.* mild, *adj., mild, freundlich, nachsichtig, gnädig.*
mildelîce, *me.* mildelice, mildeliche, *ne.* mildly, *adv., mild, sanft.*
mildheortness, -nis, *me.* mildheortnesse, *st. f., mildherzigkeit, barmherzigkeit.*

milds, milts, *nh. acc.* milsæ, *me.* milce, *st. f., milde, gnade.*
mildsian, miltsian, *me.* milcien, *schw. v. II, gnädig sein.*
min *s. ic.* mind *s.* gemynd.
miracle, myracle, *ne.* miracle *wunder.*
mire *s. ic.*
miri *s.* murge.
mischef, *ne.* mischief *unheil. leid.*
misdǽd, *me.* misdede, *ne.* misdeed, *st. f., missetat, sünde.*
misdôn, *me.* misdon. *ne.* misdo, *prät. me.* misdude. *vrgl. v., unrecht tun, fehlen, sündigen.*
mislic, *me.* mislich, *adj., verschieden.*
mislician, *me.* mislichen, *ne.* mislike, *schw. v. II, missfallen.*
miss *(Lives of Saints 504, 271). me.* misse, *ne.* miss, *st. f.?, mangel; me. m.* habben *vermissen.*
missan, *me.* missen, mys. *ne.* miss, *prät.* miste, *schw. v. Ib, missen, verfehlen, fehlen, nicht da sein; me.* he ne mei m. of *es kann ihm nicht fehlen an.*
misseyen, *ne.* missay *schlecht sprechen, schmähen.*
mist, *ebenso me. ne., st. m., nebel, finsternis.*
mitta, *schw. m., mass, scheffel.*
moche, mochel *s.* micel.
môd, *me.* mod, mode, *ne.* mood, *st. n., mut, sinn, herz.*
môdgebanc. *nh.* -gidanc, *st. m., herzensgedanke.*
môdig, *me.* mody, *ne.* moody, *adj., mutig, grossmütig, übermütig.*
môdor, môdur, *me.* moder, moderr, *ne.* mother, *gen.* môdur, *merc.* mæder, *dat.* mêder, *f., mutter.*
môdorlic, *me.* moderlich, *ne.* motherly, *adj., mütterlich.*
môdweleg. *adj., sinn-, gedankenreich.*
moghte, moʒt(e) *s.* magan.
momenette, *ne. va.* mawmet *götze.*
mon, man, mann. *me.* mon, man, mann, *ne.* man, *dat. sg.* men, menn, *pl.* men, menn, *me.* men, menn, mene, *gen.* monna, manna, *dat.* monnum, *me.* manne, monne, *vrgl. m., mensch, mann, diener, pl. leute; ae. auch als indef. pr.,*
ebenso *me.* mon, man, me *(gew. mit sg.) man;* cumen to manne *erwachsen.*
môna. *me.* mone, *ne.* moon, *schw. m., mond.*
mônandæg, *me.* monedei, *ne.* Monday, *st. m., montag.*
monay *s.* monei.
moncus, monces, mances, *pl.* moncessas, *me.* manke, *st. m., mancus = ¹/₈ pfund.*
moncyn, mancyn, *me.* moncun, mancunn, mannkinn, *st. n., menschengeschlecht.*
monei, money, monay, *ne.* money *geld.*
monek *s.* munuc.
monian, *me.* monien, mone, *schw. v. II, mahnen, ermahnen.*
monig, manig, maneg, mænig, menig, *me.* moni, mony, mani, many, *ne.* many, *adj., manch, viel.*
monigfeald, manig-, -fald, *me.* monifold, -vold, *ne.* manifold, *adj., mannigfach.*
monigfealdian, *merc.* -faldian, *me.* monivolden, *part. pass. pl. merc.* gemonigfaldade, *schw. v. II, vervielfältigen.*
monkes *s.* munuc. monn- *s.* mon-.
monræden, man-, *me.* manred, *st. f., huldigung.*
monslyht, *me.* manslecht, *st. m., mord.*
môr, *me.* mor, *ne.* moor, *st. m., moor, berg.*
mordor, *me.* morþer, *ne.* murder; *st. n. m., mord, qual.*
more *s.* micel.
morgen, *gen.* morge(n)nes, *me.* morʒen, morn, morwe, morewe, *ne.* morrow, *st. m., morgen.*
morgentîd, *me.* moreʒetid, *st. f., morgenzeit.*
morn *s.* morgen.
morning, *wie ne., morgen.*
most *s.* micel.
môtan, *me.* moten, mote, *präs. sg.* môt, *me.* mot. 2. môst, *me.* most (mostu = most þu), *pl.* môton, *me.* moten, mote, *cj.* môte, *me.* mote, *prät.* môste, *me.* moste, *ne.* must, *präteritopräs., dürfen, mögen, können.*

môtian — name. 167

môtian, *me.* motien, mote, *ne.*
moot, *schw. v. II, verhandeln,
discutieren, streiten.*
mouchte, mouhte, mouthe *s.*
magan. mouþ *s.* mûđ. move,
movyng *s.* meven. mowen *s.*
magan, mâwan. much, muchel
s. micel.
mûđ, *me.* mud, mudh, muþ, mouþ,
ne. mouth, *st. m., mund.*
muʒe, muʒen, muhe *s.* magan.
multitude, *wie ne., menge.*
mund, *me.* mounde, *st. f., hand.*
muneʒ(e)ing *s.* mynegung.
munt, *me. ne.* mount, *st. m., berg.*
munuc, *me.* munuch, monek, *pl.*
monkes, *ne.* monk, *st. m., mönch.*
munuchâd, *st. m., mönchtum.*
murcđe *s.* myrhđ.
murge. *me.* murie, miri, *adv., lustig;
dasselbe me.* meraly. *ne.* merrily.
murmwr, *ne.* murmur *murren.*
murnan, *me.* murnen, *ne.* mourn,
prät. mearn *u.* murnde, *st. v. I c
u. schw. v. Ib, trauern, klagen.*
muruhđe *s.* myrhđ.
murþir *s.* myrđrian.
muwen *s.* magan. my *s.* ic.
myche, mychel *s.* micel.
mycht *s.* meaht. mycht, myʒte,
myhte *s.* magan. myd *s.* mid.
mylde *s.* milde.
mylenscearp, *adj., mühlstein-
scharf, auf einem mühlstein (=
wetzstein? vgl.* lima mylenstân,
fêol *Wright-Wülker 273, 1 und
430, 28) geschärft?*
myn *s.* ic.
myn *eingedenk sein, gedenken,
nennen, erzählen.*
mynd, myndes.gemynd.myne *s.* ic.
mynegung, *me.* muneʒing, munc-
ʒeing, *st. f., erinnerung.*
mynster, *me.* munster, *ne.* min-
ster, *st. n., münster, kloster.*
myracle *s.* miracle.
myrce, *me.* myrk, *ne. (veraltet)*
mirk, *vgl.* murky, *adj., finster.*
Myrce, *pl., bewohner von Mercia.*
*myrđrian (for-, of-), *me.* murþir,
ne. murder, *schw. v. II, morden.*
myrhđ, *me.* murhđe, murcđe, mu-
ruhđe, *ne.* mirth, *st. f., freude.*
myrknes *dunkelheit.*
mys *s.* missan.

N.

n- *s.* ne.
nâ, nô, *me.* ua, no, *ne.* no, *adv.;
niemals, nimmer, nicht; me.* auch
'noch', na... na, no... no *weder
...noch,* nâ þŷ læs, *me.* nethelees,
ne. (dicht.) nathless *nichts desto
weniger, indessen.*
na *s.* nân.
nabæ *s.* nafu.
nabban, *me.* nabbe = ne habban
nicht haben; me. navest *hast nicht,*
nafđ *hat nicht.*
nàbfo- *s.* nafo-.
nacht *s.* nâwiht.
næcht *s.* neaht.
nacod, *me.* nakod, naked, nakid,
ne. naked, *adj., nackt, bloss.*
nađer *s.* nâhwæđer.
nædl, *Ep.* næđl, *me.* nedle, nedill,
ne. needle, *st. f., nadel, magnet-
nadel.*
nædre, *me.* nadre, neddre, *ne.* adder,
schw. f., natter.
nafđ *s.* nabban.
nafogâr, *Ep.* nabfogâr, *me.* nave-
gor, nauger, *ne.* auger, *st. m.,
bohrer.*
næfre, *me.* nævre, nevre, nefre,
nevere, neaver, never, nevir, *ne.*
never, *adv., niemals, nimmer;
nevre* so strong, *wie ne.* never
(ever) so strong, *noch so stark.*
nafu, *Ep. gen.* nabæ, *me. ne.* nave,
st. f., nabe.
næglan, *me.* neilen, *ne.* nail, *schw.
v. I, nageln.*
nægledcnearr, *st. m., genageltes
schiff.*
naʒt, naht *s.* nâwiht. næht *s.*
neaht.
nâhwæđer, nôhwæđer, nâwđer,
nâđor, *me.* nouþer, nađer, noþer,
nor, *ne.* nor, *pron., keiner von
beiden;* nôhwæđer nê... nê, *me.*
nouþer (nađer) ne...ne (na), no-
þer... nor *weder... noch.*
nâhwær, *me.* nohwere, nowhere,
ne. nowhere, *adv., nirgends.*
naked, nakid *s.* nacod.
nalde, nallas, -đ *s.* nyllan.
nalles, nales, nalæs, næs = ne
alles (ealles), *adv., durchaus nicht,
keineswegs.*
nam, nama, name *s.* noma.

nammore = na more *nicht mehr, nichts mehr.*

nân, *acc. sg. m.* nænne *neben* nânne, *me.* nan, na, non, no, nane, none, noon, *acc. sg. m.* nanne, nenne, *ne.* no, none, *indef. pron., kein, keiner, niemand;* nân þing, *me.* naþing, noþing, noþyng, nothing, *ne.* nothing *nichts, gar nicht.*

nǣnig, *indef. pron., kein, niemand.*

nǣren *s.* næs.

nareu, nærew *s.* nearo.

nǣron, -un *s.* næs.

næs, *me.* nass, nes = ne wæs, ne wass, ne wes *war nicht* (þe nes naht of *die sich nicht kehrten an), pl.* nǣrun, nǣron, *me.* neren, nere *waren nicht, cj.* nǣre, *me.* nere *wäre nicht, pl.* nǣren.

næs *s.* nalles.

næsi *s.* nese.

nat *s.* nâwiht.

nat, nât *s.* nytan.

*nætenes, kent. nêtenes, st. f., schande.

nature, *wie ne.. natur.*

naturell, *ne.* natural *natürlich.*

naturelliche, natureliche, *ne.* naturally *natürlicher weise, von natur.*

nauȝt *s.* neaht. naut *s.* nâwiht.

navene *s.* nê. navest *s.* nabban.

nævre *s.* nǣfre.

nâwiht, nâuht, nôht, nâht, *me.* nawiht, nawihht, nowiht, nawhiht, nawhit, nowicth, nouht, nouȝt, noht, nohht, noȝt, nocht, naht, nacht, naȝt, nouth, nout, nowt, naut, nawt, noȝte, noghte, not, nat, *ne.* naught, nought, not, *indef. pron., dann adv., nichts, keineswegs, nicht.*

nay, *ebenso ne. nein.*

naþing *s.* nân.

ne, *nh.* ni, *me.* nc, *adv., nicht. oft verbindet es sich mit dem folgenden worte, wobei ne das e und das folgende wort ein anlautendes* h *oder* w *verliert: s.* nabban, nalles, næs, nis, nyllan, nytan; nicnawað *s.* gecnâwan, nilest *s.* gelǣstan, niseȝen *s.* geseôn.

nê, *me.* ne, *conj., und nicht, noch;* nê ... nê, *me.* ne ... ne *weder ... noch. me. manchmal mit einem folgenden voc. anlautenden wort unter wegfall des* e *zusammengezogen:* navene = ne Avene, ni hud = ne ihud (*s.* hŷdan).

nêad, -be- *s.* nîed, -be-.

nêah, *me.* neh, neyh, nyȝ, *ne.* nigh; *comp.* nêar, *me.* nerre, nere, neir, *me. oft, wie ne. near, ohne comparative bedeutung; superl.* next, *me.* next, *adj. adv., nahe; me.* neyh honde *nahe bei der hand,* æt nêxtan *zuletzt.*

nêahlǣcan, nêalêcan, *me.* ney(h)lechen, *prät.* nêalǣhte, -leahte, *me.* neyhleyhte, neylehyte, *schw. v. I b, sich nahen, nahe kommen.*

neaht, niht, *merc. nh.* næht, *me.* nauȝt, niht, niȝt, nigt, nyht, nyȝt, nycht, nicth, nichte, *ne.* night, *pl.* niht, *me.* niȝte, *ne.* (fort)night, *f. (doch gen. sy. auch* nihtes, nihtys, *me.* nyhtas *nachts), nacht.*

*nеahtegale, nihtegale, Ep. nectægalæ, *me.* nychtingale, *ne.* nightingale, *schw. f., nachtigall.*

*neahthræfn, *Ep.* næchthræbn,*me.?, ne.* night -raven, *st. m., nachtrabe.*

*neahtrest, nihtrest, *st. f., nachtruhe.*

nêal- *s.* nêahl-. nêar *s.* nêah.

nearo, *me.* nareu, narew, nærew, *ne.* narrow, *gen.* nearwes, nearowes, *adj., eng, schmal.*

nêat, *me.* net. *ne.* neat, *st. n., rind.*

neaver *s.* nǣfre.

nêawist, *me.* neweste. *st. f., nähe, nachbarschaft. gegend.*

neb, nebb, *ebenso me., ne.* neb, nib, *st. n., schnabel. gesicht.*

nect- *s.* neaht-. neddre *s.* nǣdre.

nede *s.* nîed.

nedill *s.* nǣdl.

nefa, *me.* neve, *schw. m., neffe.*

nefre *s.* nǣfre.

neh XIV 4 *s.* 40 *in Ru.* = ne hwedre?

neh *s.* nêah. neid *s.* nîed. neide *s.* nîedig. nêidfæræ *s.* nîedfaru.

neiȝe, *prät.* neiȝede *nahen, nahe kommen.*

neilen *s.* næglan. neir *s.* nêah.

neither, *ne.* neither *auch nicht, nicht einmal* (= ne und either *s.* ǣghwæðer).

nele, nelle, nelt *s.* nyllan.

nemnan, me. nemnen, nemmnenn, prät. nemnde, nemde, part. genemned, me. nemmnedd, schw. v. Ib, nennen.
nenne s. nân. neode s. nied.
neomen s. niman.
nere s. næs, nêah.
nergan, prät. nerede, schw. v. Ia, retten; part. präs. nergend heiland.
nerre s. nêah. nes s. næs.
nese, nh. næsi, me. næse, adv., nein.
nest, me. nest, neste, ne. nest, st. n., nest.
nest, st. n., lebensunterhalt, mundvorrat.
net, nett, me. net. nett, nyt, ne. net, st. n., netz.
nêten, st. n., tier, rind.
nêtenes s. nêtenes.
nethelees s. nâ.
neve s. nefa.
never, -vir, -vre s. næfre.
newe s. niwe. newly s. niwelîce.
neyh, s. nêah.
ney(h)lechen s. nêahlæcan. next, next s. nêah.
ni s. ne, nê. nichte. nicth s. neaht.
nîdfull, me. nidfull, adj., boshaft.
nîdhycgende, part., feindlich gesinnt.
nîding, me. niþing, st. m., geizhals.
nîdsceada, schw. m., feindlicher schädiger, feind.
nîed, nêd, nêad, me. nede. neode, ned. neid, ne. need, st. f., not, bedürfnis; me. havis na nede braucht nicht.
nîedbeþearf, adj., notwendig.
nîedfaru, nh. nêidfaru. dat. nêidfæræ, st.f., notwendige fahrt, tod.
*nîedig (vgl. unnîedig Cura P. 51, 25), me. nedi, neide, ne. needy, adj., notleidend.
nigoda, me. nizede, ne. ninth, zahlw., der neunte.
nigt, niʒt, niht s. neaht.
niman, me. nimen, neomen, nyme, nim, prät. sg. nom, nam, me. nom, nam, pl. nâmon. nômon. me. namen, nome, part. genumen, me. inumen, ynome, nummen, nome, st. v. Ib. nehmen, gefangen nehmen, annehmen, erhalten; me. (mit ellipse von þe wai und mit oder ohne eth. dat.) sich begeben.
nis, nys = ne is, ys ist nicht.

nist, niste s. nytan.
nîwe, nîowe, nêowe, me. niwe, newe, new, ne. new, adj., neu; davon adv. niwan, nêowan, me. newenn neuerdings, aufs neue, wider.
nîwlîce, me. ne. newly, adv., neulich, binnen kurzem.
niþing s. niding.
no s. uâ, nân.
noble, nobill, ne. noble edel, adlich.
noblesse adel.
nocht, noght, noʒt, noʒte, nohht. nôht, noht s. nâwiht.
nôhwæder s. nâhwæder.
nohwere s. nâhwær.
noise, noys, noyis, ne. noise lärm; noyßmaking das lärmmachen, lärmen.
nolde s. nyllan. nom s. niman.
noma, nama, me. nome, name, nam, ne. name, schw. m., name.
nome s. niman.
nomeliche, ne. namely namentlich, besonders.
nôn, me. non, ne. noon, st. m., drei uhr nachmittag.
non, noon s. nân. nor s. nâhwæder.
nord, me. norþ, ne. north, adv., nach norden.
nordêast, me. northest, ne. northeast, ae. adverb., me. auch sb., nordosten.
norderne, me. norþerne, ne. northern, adj., nördlich.
Nordmann, pl. Nordmenn, eigenn., Skandinavier.
norysse, ne. nourish ernähren.
not s. nâwiht.
note, wie ne., pl. notis, note, ton.
note, part. notyde, ne. note bemerken, beachten.
nothing s. nân.
nothire s. ôder.
notu, me. note, st. f., nutzen, verwendung.
nou s. nû.
noumbre, nowmber, ne. number zahl, anzahl.
nouth s. nâwiht. nouþer s. nâhwæder. nov, now, nowe s. nû.
nowhere s. nâhwær. nowicth s. nâwiht.
nowiderwardes nach keiner richtung hin.
nowiht s. nâwiht.

nowmber s. noumbre. nowt s. nâwiht.
nowwt *rind.*
noyis, noys, noyß s. noise.
noþer *s.* nâhwæđer.
noþing *s.* nâu.
nû, *me.* nu, nou, now, nowe, *ne.* now, *adv., nun, jetzt; conj., nun, da;* nû þâ, nûþa, *me.* nude, nuþe, nuþen *jetzt; me.* nuge *schon (ae.* nû gên *oder Orms* nuʒʒu = nû geô?)
nude, nuge, nuþe(n) *s.* nû.
nuđerhelde *neigung nach unten, senkung.*
nule, nulle *s.* nyllan. nummen *s.* niman.
nuste, nuten *s.* nytan.
nycht *s.* neaht.
nye, *pl.* nyes, *beschwerde, kummer.*
nyʒ *s.* nêah. nyʒt *s.* neaht.
nyllan, nellan, *nh.* nalla, *me.* nullen, nellen = ne willan *nicht wollen; me.* nelle ich *ich will nicht, ae.* nelt *willst nicht, ae.* nele, *me.* nule, nulle, nele *will nicht, me.* nulen *wollen nicht, nh.* nallađ, nallas, *me.* nyle ʒe *wollet nicht; ae.* nolde, *nh.* nalde, *me.* nolde, nalde *wollte nicht.*
nym *s.* niman. nys *s.* nis.
nyste *s.* nytan. nyt *s.* net.
nytan, *me.* nuten = ne witan *nicht wissen; ae.* nât. *me.* nat *weiss nicht. me.* nuten *wissen (wisst) nicht, ae.* nyste, *me.* nuste, niste *wusste nicht, me.* nusten, nuste, nist *wussten (bemerkten) nicht.*
nytt, *me.* nut, *adj., nützе, nützlich;* n. gedôn *zum besten jemandes (dat.) verwenden.*

O.

o *s.* ân, of, on.
oc *und, auch; aber, sondern.*
occupy, *wie ne., in besitz nehmen.*
ôđ, *nh.* ôđđ, *me.* ođđ, ođđe, *präpos., conj.* (= ôđ þæt, *me.* a þet, a þa), *bis.*
ôđbregdan, *part. pass.* ôđbroden, *st. v. Ic, entreissen.*
ođđe, *k.* ođđa, *nh.* æđđa, æththa, *conj., oder.*

æđel *s.* êđel. ođer *s.* âwđor.
ôđer, *nh.* ôđer, *me.* ođer, eoder, oþer, oþerr, other, oþir, othyr, oþur, othere, uthire, *ne.* other, *zahlwort und indef. pron., der zweite, der andere, ein anderer, me.* a nothire, the tother = an othire *(auch* another), thet (= that) other. noon (non) other *nicht anders.*
ođercende *s.* eodorcan.
ôđerlîce, *me.* oþerlike, *comp.* oþerluker, *adv., anders.*
ôđfæstan, *part.* ôđfæst, *schw. v. Ib, übergeben, widmen.*
ôđfeallan, *st. v. V, verfallen.*
ôđþringan. *prät.* ôđþrong, *st. v. Ic, entreissen.*
of, *me.* of, off, *ne.* of, off, *adv., ab, weg; präpos., von, aus, vor* (eic of; of alle þinge), *mit* (merci of, follvelle of). *in betreff, wegen* (preye of); be of *gehören zu;* off þatt *mit beziehung darauf dass. abgekürzt zu* a, o: adun (*s.* đûn), o neide men.
of *s.* oft.
ofdrædd, *me.* ofdred, drede, *pl.* ofdredde, *part. pass., erschreckt, in angst.*
ofen, *me.* oven, *ne.* oven, *st. m., ofen.*
ofer, *me.* over, ovir, *ne.* over, *präpos., über, über hin, auf, an; me.* over all *überall; adv.* vor *adj. und anderen adv., all zu.*
ofercuman, *me.* overcome, ourcum, *ne.* overcome, *prät. sg. me.* overcom, *pl.* ofercômon, *part. me.* overcome, *st. v. Ib, überwinden, besiegen.*
oferdrîfan, *me.* ourdrive, *part. me.* ourdriffen, *st. v. II, vertreiben, besiegen, überstehen.*
oferglæsia, *nh., prät. nh.* oferglæsade, *schw. v. II, glossieren.*
ofergyldan, *me.* overgilde, *ne.* overgild, *schw. v. Ib, übergolden.*
oferhîgian, *me.* overbeghe, *part. me.* overheghed, *schw. v. II, überwältigen.*
oferreccan, *me.* overrecche, *prät.* oferreahte, *me.* overraght, *schw. v. Ib, übersetzen.*
ofersêon, *me.* overseon, *ne.* oversee, 3. *sg. prs. ind. me.* oversihđ, *st. v. Ia, überschauen.*

ofersettan — ondrǽdan. 171

ofersettan, me. oversette, ne. overset, prät. ofersette, ps. oferseted, nh. ofersetted, schw. v. Jb, darüber setzen, legen.
uferweorpan, me. oferrwerrpenn, pröt. me. oferrwarrp, st. v. Ic, umwerfen.
oferwrēon, me. overwreon, prät. oferwrāh, st. v. II, überdecken, verhüllen.
ofest s. ofost.
off s. of.
offerenda (C.C.C.C. 201 s. 2 þone offerendan), me. offrende, ofrende, offrande, schw. m., opfer.
offputyng das ablegen.
offrande, offrende s. offerenda.
offrian, me. offrien, offren, offre, ne. offer, schw. v. II, opfern.
offte s. oft.
ofgiefan, prät. ofgeaf, st. v. Ia, aufgeben.
ofost, ofest, me. oveste, st.f., eile; dat. pl. ofstum, ofestum in eile.
ofostlīce, ofest-, adv., eilig, rasch.
ofrende s. offerenda.
ofserve verdienen.
ofslēan, prät. ofslōh, st. v. IV, erschlagen, töten.
ofspring, me. ofspring, ne. offspring, st. m., nachkommenschaft.
ofstigan, prät. pl. ofstigun, st. v. II, absteigen.
oft, me. oft, of, ofte, offte, ne. often, (poet.) oft, adv., oft, häufig; comp. oftor, me. ofter; sup. oftost.
oftesythes oftmals.
ofþyncan, me. ofpinche, ofdinche, prät. ofþūhte, me. ofdufte, urgl. schw. v. Ib, bereuen (urspr. unpers. mit dat. der pers. u. gen. der sache; me. he ofþincheþ hit und hit ofþincheþ him).
ofþyrst, me. ofþurst, aþirst, ne. athirst, part. prät., verdürstet, durstig.
ogain s. ongegn. oghe s. āgan.
oghte, ohht s. āwiht. œhtan s. ēhtan.
ōlǽcung. vgl. me. ollnunge, st. f., schmeichelei.
old s. eald.
ombiht, nh. ambeht, ambeh. embeht, st. m., diener, jünger.
ombor, pl. ombras. st. m., ein flüssigkeitsmass = ¹/₂ mitta.

on, an, me. on, onn, onne, an, en, o, a, adv. und präpos., an, in, auf, über; on gesyhde vor den augen, bid on ist wert. onuppan, me. onuppon. anuppan, onuppe, anuppe auf, über, anunder unter, darunter; ae. on ān, me. anan, anon, anoon, onon, onane, anone, ne. anon in einem fort, beständig, sofort, sogleich.
on s. ān.
onǽlan, me. anelen, ne. anneal, part. onǽled, schw. v. Ib, anzünden.
onbærnan, part. pl. onbærnde, schw. v. Ib, entzünden.
onbīdan, gen. des part. präs. kent. anbīdincges?, st. v. II, warten.
onbindan, un-, me. unbinden, unnbindenn, 3. sy. prs. ind. me. unbint, prät. me. unband, st. v. Ic, entbinden, aufbinden, befreien, zerstören.
onblōtan, prät. onblēot, st. v. V, opfern.
onbryrdness, inbryrdness, st. f., andacht.
onbūtan, abūtan, me. abuton, abuten, aboute, ne. about, adv., umher, herum (sogh a. sǽe aus); präp., um, um...herum.
oncra, nh. oncræ, me. ancre, ne. va. (Sh. Ham. 3, 2, 229) anchor, schw. m., einsiedler.
oucwedan, prät. oncwæd, st. v. Ia, antworten.
ond, and, nh. end, me. and, ænd, end, aund, ant, ande, an, ne. and, conj., und, auch (in glossen und bei Wycliffe).
onda, me. ande, schw. m., ärger, neid.
onder- s. under-.
ondfong, st.m., empfang, aufnahme.
ondgiet, and-, -git, st. n., verstand, sinn.
ondgietfullīce, and-, -git-, adv., verständlich.
ondlong, andlang, adj., der ganzen länge nach, ganz.
ondrǽdan, adrǽdan, merc. ondrēdan, nh. ondrēda, ondrēde, me. adrede, drede, dreid, ne. dread, urspr. st. v. V, fürchten (mit oder ohne refl. dat.), me. part. adrad erschreckt, be adr. sich fürchten (vgl. ofdrǽdd); me. vs. dreding befürchtung,furcht.

ondrysne, *adj.*, *furchtbar*, *ehrwürdig*.
ondswarian, andswarian, *nh.* ondswaria. *me.* andswerien, ouswerien, answere, ansuere, *ne.* answer, *prät.* ondswarode, andswarode, andswarade, ondswarede, andswarede, *nh.* ondsworade, *me.* andswerede, onswerede, onswerde, answerde, ansuerede, answeride, ansuerde, answerd, ansuerd, *schw. v. II, antworten.*
ondswaru, andswaru, *k.* andswore. *me.* anndswere, *ne.* answer, *st. f., antwort.*
ondweard, andweard, andwerd, *merc.* ondward, *adj., gegenwärtig;* him andweardum *in ihrer gegenwart.*
ondwlita, *schw. m., antlitz.*
ondwyrdan, andwyrdan, andwirdan, *me.* andwurden, *prät.* andwyrde, andwirde, *schw. v. I b, antworten.*
one *einen, verbinden.*
onest. *ne.* honest *ehrlich.*
on'ettan, *prät.* on'ette, *schw v. I b, eilen.*
onfindan, *st. v. I c, auffinden.*
onfön, 3. *sg. prs. ind.* onfêhđ. *me.* onfon, onfangen, *prät.* onfêng, *me.* onfeng, onfeong. *part.* onfongen, -fangen, *st. v. V, empfangen, erhalten, aufnehmen, übernehmen (mit dat. oder acc.).*
ongegn, ongeân, *merc.* ongægn, *me.* onnʒæn, aʒein, aʒeyn, ageyn, ogain, agen, aʒen, aʒean, agan, agænes, agaynes, aʒaines, aganes, aʒens, ayene, aye, ʒeanes, gain, *ne.* again, against, *adv., präp., entgegen, gegen, verglichen mit, wider, widerum, zurück.*
Ongelþêod, *st. f.*, Angelcynn, -kynn, *st. n., volk, stamm der Angeln; England.*
ongemang *s.* gemong.
ongierwan, ongyrwan, *prät.* ongyrede, *nh.* ongeredæ, *schw. v., entkleiden.*
ongietan, ongiotan, ongitan, *me.* onʒiten, *prät.* onget, *pl.* ongeâton, *nh.* ongêtun, ongêtton, *st. v. I a, wahrnehmen, bemerken, fühlen, verstehen, erkennen.*

onginnan, 3. *sg. prs. ind.* onginđ, *prät.* ongann, ongan, ongon, *pl.* ongunnon, *st. v. I c, beginnen, anfangen.*
onhǽle, *adj., versteckt, verborgen.*
onhalsien *beschwören, dringend bitten.*
onhǽtan, *me.* anhete, 3. *sg. prs. ind.* anhet, *part. me.* anheet, *schw. v. I b, erhitzen, erwärmen.*
onhrêodan?, *prät.* onhrêad, *st. v. III, schmücken?*
onlêon, *prät.* onlêah, *st. v. ursp. II, dann III, verleihen.*
onlepi *s.* ânlêpe. onlêsan *s.* onlîesan.
onlicness, *me.* anliknesse, anlycnesse, *st. f., ähnlichkeit, ebenbild, bild.*
onlîesan, *merc.* onlêsan, *prät. merc.* onlêsde, *schw. v. I b. auflösen.*
onlîehtan, onlẏ́htan, -lihtan, *schw. v. I b, dämmern.*
onlûcan, *Ep.* andl., *prät. Ep.* andlêac, *st. v. III., aufschliessen.*
onlûtan, *st. v. III. sich neigen.*
onn, onne *s.* on.
onoh *s.* genôh. onon *s.* on.
onscunian, *schw. v. II, verabscheuen, sich scheuen.*
onsecgan, *schw. v. I b, opfern.*
onsegednes, *st. f., opfer.*
onsendan, *schw. v. I b, entsenden, schicken.*
onsîen, onsêon, ansẏ́n, *merc.* onseone, *me.* ansyne, ansienc. onsene, *st. f., anblick, angesicht.*
onsittan, *st. v. I a, sich entsetzen vor, fürchten (mit oder ohne refl. pr.).*
onslǽpan, *prät.* onslæ̂pte, -slêpte, *schw. v. I b, entschlafen, einschlafen.*
onstal, *st. m., einrichtung, anfang.*
onstellan, *prät.* onstealde, *schw. v. I b, einrichten;* ôr onst. *anfangen.*
onswerien *s.* ondswarian.
outful *neidisch.*
onuppan, -e, -on *s.* on.
onweald, onwald, anweald, *st. m., gewalt, macht.*
onwrêon, *part.* ouwrigen. *me.* unwriʒen. onwryʒe, *st. v. II u. III, enthüllen; pz. unverhüllt.*

onwridan, *st. v. II, aufdrehen, enthüllen.*
onwry3e *s.* onwrêon.
ony *s.* ænig. oon *s.* ân.
op, ope *s.* ûp.
open, *me.* opin, *ne.* opeu, *adj., offen.*
opėnian, *me.* oppne, *ne.* open, *schw. v. II, öffnen.*
openlice, *me.* openliche, -lich, -li3, *ne.* openly, *adv., offen, deutlich.*
opon *s.* ûp. or *s.* âwđor, ǽr.
òr, *st. n.?, anfang.*
òra, *schw. m., dänisches geldstück, öre.*
ord, *me.* ord, *st. m. n., anfang, spitze, fussspitze.*
ordeyne, ordane, *me.* ordain, *prät. u. part.* ordanyt, *einrichten, anordnen, bestimmen.*
ordyre, *ne.* order *befehl, gebot.*
ore *s.* ân, âr.
or'etmæcg, *st. m., kämpfer.*
orgeilus, *ne. Sh. Troil. prol.* 2 orgilous *stolz.*
origt *s.* riht. orisune *s.* ureisun.
orn *s.* eornan.
orsorh, *pl.* orsorge, *adj., sorglos, unbekümmert.*
ôsle, *Ep.* ôslæ, *me.* osel, *ne.* ousel, ouzel, *schw. f., amsel.*
otêcan *merc., prät. merc.* otêcte, *schw. v. Ib, hinzufügen.*
other *s.* âwđor, ôđer.
otr, *me.* oter, *ne.* otter, *st. m., otter.*
otsperninc *kent., st. f., anstoss.*
ouh *s.* âgan. our- *s.* ofer-. ourtak *s.* overtake.
our(e), ous *s.* wé.
out(e) *s.* ût. outhire *s.* âwđor.
outtak *ausgenommen.*
ouþer *s.* âwđor.
oven 's. ofen. over, ovir *s.* ofer.
overtake, ourtak, overta, *ne.* overtake, *pz.* overtan, *einholen, erreichen.*
owe(n), owun *s.* âgan.
owt, owte *s.* ût. owthyre *s.* âwđor.
Oxnaford, *me.* Oxeneford, *ne.* Oxford, *st. m., name einer stadt.*
oþ *s.* âđ. oþer *s.* ôđer, âwđor.
oþur *s.* ôđer.

P.

paciens, *ne.* patience *geduld.*
padde, pade, *vyl. ne.* paddock, *kröte.*
paie, *ne.* pay *befriedigen.*
paleys, *ne.* palace *palast.*
pâpa, *me.* pope, *ne.* pope, *schw. m., pabst.*
paradis, paradys, *ne.* paradise *paradies.*
part. parte, *ne.* part *teil, abteilung.*
part, *wie ne., teilen;* p. wyth *sich trennen von.*
party, *wie ne., teil;* into party *zum teil, teilweise.*
passage, *wie ne., überfahrt;* p. of das *weggehen von, verlassen.*
passe, paß, pas, *ne.* pass, *prät.* passed, *part.* passed, paste, *passieren, ziehen, sich begeben, weitergehen, vergehen, hinübergehen;* is passed (*ne.* past) *hat überstanden; vb.-sb.* pasing.
passion. *st. f., passion, leidensgeschichte.*
passkeda33 *ostertag.*
paye *befriedigung, bezahlung.*
payen *heide.*
payment, *wie ne., bezahlung.*
payne, *ne.* pain *mühe, anstrengung.*
penaunce, *ne.* penance *busse.*
pending. pening, *me.* peni, *ne.* penny, *st. m., pfennig.*
peopull, *ne.* people *volk, leute.*
peral, perell, peril, peryl, *ne.* peril *gefahr.*
perelus, perulus, *ne.* perilous *gefährlich.*
perfyte, *ne.* perfect *vollkommen.*
perpetuall, *ne.* perpetual *beständig.*
persave, *ne.* perceive, *prät.* persavit, *bemerken.*
persone, *pl.* personis, *ne.* person *person.*
pic, *me.* pich, *ne.* pitch, *st. n., pech.*
pilgrym, *ne.* pilgrim *pilger.*
pîn?, *me.* pine, pyne, *ne. (va.)* pine, *st. f., pein, leiden, leid.*
pînian, *me.* pinie, pinen, pyne, *ne.* piue, *prät. me.* pined, *pz. me.* pined, ipined. *schw. v. II, peinigen, martern; pein dulden.*
pinung, *me.* pining, *st. f., peinigung.*

pitous, ne. piteous *mitleid erregend*.
pitwisly. ne. piteously *in mitleid erregender weise*.
place, *wie ne., ort, stelle*.
plantian, me. plante, ne. plant, prät. me. planted, schw. v. *II, pflanzen, schaffen*.
plega, me. pleie, play, ne. play, schw. m., *spiel, freude*.
plegan, me. pleie, ne. play, prät. plegode, st. v. *Ia? und schw. v. II, spielen (mit gen.)*
pleinte, ne. plaint *klage*.
plentevous, ne. plenteous *reichlich*.
plese, ne. please *gefallen; pz. prs.* plesande *angenehm, gefällig*.
pliht, me. plyt, ne. plight, st. m., *zustand*.
plûme, *Ep.* plûmæ, me. ploume, ne. plum, schw. f., *pflaume*.
poore s. povere.
popig, papig, *Ep.* popæg, me. popi, ne. poppy, *geschl.?, mohn*.
port, me. port, ne. port, st. m. n., *hafen*.
porter, ne. porter *pförtner*.
post, me. ne. ebenso, st. m., *pfosten*.
posstell s. apostol. poure s. pure.
pouste *macht*.
povere, povre, pover, poore, pure, ne. poor *arm*.
power, *wie ne., macht*.
poyete, pl. poyetis, ne. poet *dichter*.
poynt, ne. point *punkt*; at þe p. *im augenblick*.
praie, praye s. preyen.
pray, ne. prey *beute*.
prechie, preche, ne. preach *predigen; vb.-sb.* prechinge, preching *predigt*.
precious, preciouxe. ne. precious *kostbar, wert*.
prede s. prŷte.
prêost, me. prest, ne. priest, st. m., *priester*.
present, ne. ebenso, *geschenk, gegenstand*.
present, ne. preseut *gegenwart*; in present *gegenwärtig, vor*.
prest s. prêost.
pref *probe, beweis*; in pref *erprobt?*
presedent, ne. president *landpfleger*.
preve, ne. prove, part. prevyt, *beweisen, erweisen*.

preve, ne. privy *geheim, vertraut*.
prevely s. priveliche.
preyen, preye, praye, praie, ne. pray *bitten, beten*.
preyse, ne. praise *preisen, loben*.
prician, me. prykye, ne. prick, schw. v. *II, (das pferd mit den sporen) stechen, reiten*.
pride s. prŷte.
prince, *wie ne., fürst;* pr. of prestis *hohepriester*.
prise, ne. price *preis, wert*; of pr. *anerkannt*.
prise, ne. prize, part. prist, *preisen*.
prisun, prisoun, prisune. prysoun, ne. prison *gefängnis, gefangener*.
prisuning *einkerkerung*.
priveliche, prevely, ne. privily *im geheimen*.
proffer, pl. proffres, profres, ne. proffer *anerbieten*.
prologe, prologue, ne. prologue *vorrede*.
promys, ne. promise *versprechen*.
prophete. ne. prophet *prophet*.
propreliche, ne. properly *eigentlich. genau*.
prowesse, ne. prowess *tapferkeit, heldentat*.
prût. me. prut, prud, ne. proud, *adj., stolz*.
prykye s. prician.
prysoun s. prisun.
prŷte, prŷde, me. pryde, pride, prede, ne. pride, schw. f., *stolz*.
psalme s. sealm.
pund, me. pund, ne. pound, st. n., *pfund*.
punderngeon(d), kent., sb. part., *einer der wägt*.
pupplisse, ne. publish *verkündigen*.
purchaise, ne. purchase *sich verschaffen*.
pure, poure, ne. pure *rein*.
pure s. povere.
purvay, ne. purvey *versorgen*.
putte, put, ne. put, prät. puttide, put, part. put, putt *setzen, legen. bringen, schaffen*, put fra *ausstossen aus*; *refl. sich begeben, an etwas machen*; to be put *sich befinden*.
pyne s. pîn, pînian.

Q.

qu- s. cw-, hw-. quad s. cweďan.
quake s. cwacian. quam s. hwâ.
quan, quanne s. hwonne.
quar s. hwǣr.
quarterne s. cweartern. quat s. cweďan, hwâ.
quaynte, ne. quaint kundiɣ, schmuck, eingebildet (original zu XXXI 51: cil qui se font si cointe de cele povre noblesce).
quaþ s. cweďan.
quaþþrigan viergespann.
queadschipe schlechtigkeit.
queme s. gecwême, cwêman.
quen s. hwonne.
quene s. cwên.
querfaste 'transversely' Morris.
queþ s. cweďan.
quhar s. hwǣr. quhen s. hwonne.
quhethir s. hwæďer. quhilk s. hwelc. quhy s. hwâ. quicæ, quiquæ s. cwice. quik s. cwic. quiles s. hwîl. quod s. cweďan.
quoke s. cwacian. quom s. cuman. quor s. hwǣr. qwiles s. hwîl.

R.

rac, pl. rakkes, ne. (Sh. und prov.) rack dunst, nebel, wolke.
racentêah, racetêag, me. rachentege, raketeʒe, st. f., ketté, fessel.
rad furchtsam, erschreckt.
rǣd, k. rêd, me. red, reďe, ne. va. read, st. m., rat, weisheit, klugheit, beschluss, vorteil, ausweɣ, abhilfe; me. whet sceal us (wat shal me) to rede? was wird uns (mir) helfen? swâ mǣst rêd sîe wie es am vorteilhaftesten ist.
rǣdan, me. rede, st. v. V, raten. beherschen, für jemanden sorgen.
rǣdan, me. rede, reden, ne. read, präs. 3. sg. me. rǣt, ret, schw. v. Ib, lesen.
raďe s. hraďe.
rædiʒ, redi, radi, redy, reddy, ne. ready bereit, gern; davon redynesse, ne. readiness bereitschaft.
rædlice, radly s. hrǣdlîce.
ræfter, Ep. pl. reftras, me. ne. rafter, st. m., balken.

ragge, pl. raggis, ne. rag lumpen.
rægl s. hrægl. rair s. rârian. rakkes s. rac. rau s. eornan. rand- s. rond-.
râp. me. rop, ne. rope, st. m., strick, seil, tau.
rârian, me. rair, ne. roar, schw. v. II, schreien, brüllen.
ras s. rîsan.
ræsta s. restan.
rǣswa, schw. m., beherscher, herr.
rath berater (vgl. rǣd).
ræveden s. rêafian.
rayke, ne. prov. reike, rake sich umhertreiben, gehen, sich beɣeben.
rêad, me. read, red, ne. red, adj., rot.
rêaf, me. ref, reif, st. n., beute, kleid.
rêafian, me. ræven, reve, ne. (be-) reave, prät. rêafade, me. rævede, daneben refte, pz. mc. revede, schw. v. II, rauben; me. reaving raub.
rêcan, reccan, me. recche, recke. 3. sg. präs. ind. recþ, ne. reck, prät. rôhte, me. rouʒt, schw. v. Ib, sich kümmern; ic recche es liegt mir an etwas.
rêcan, reccan, me. reken, ne. reek, schw. v. Ib, rauchen.
reccan, me. recchen, ruchen, prät. reahte, rehte, schw. v. Ib, entwickeln, in ordnung bringen, erklären, übersetzen.
reccclêas, rêcelêas, me. recheles, ne. reckless, adj., sorglos, nachlässig.
recene, adv., sogleich.
recenlîce. nh. hreconlîce. me. rekenli, adv., sogleich.
recomaunde, ne. recommend empfehlen.
red, rede s. rǣd.
reddy s. rædiʒ. rede s. rǣdan.
rêďe, me. reþe, adj., wild, grausam.
redi, redy s. rædiʒ. redliche s. hrædlîce. redþer s. hraďe.
refte s. rêafian. reftras s. ræfter.
reʒʒsenn, ne. raise erheben, aufrichten, stiften.
regn, me. rein, ne. rain, st. m., regen.
reɣollic, -lec, reogol-, adj., von der regel vorgeschrieben.
rehte s. reccan. rehtw- s. rihtw-.
reif s. rêaf.

rele, ne. reel rollen, wanken, schwanken.
religiun, ne. religion religion.
remens. hrîeman, renne s. eornan.
rêodan, prät. rêad, st. v. III, röten.
reog- s. reg-.
reogolward, k. -weord, st. m., regelwart (lat. praepositus).
reord, me. rurd, st. f., rede, ton.
reordian, riordigan, nh. hriordia. schw. v. II, reden, speisen.
reowen s. hrêowan.
reowliche s. hrêowlîce.
repentans, ne. repentance reue.
repreve, repreif, ne. reprieve, reprove tadeln.
resave, ne. receive empfangen.
rest, me. reste, rest, ryste, rist, ne. rest, st. f., rast, ruhe, ruhestätte.
restan, nh. ræsta, me. resten, reste, ryste, ne. rest, prät. ae. me. reste. me. restide, schw. v. Ib, rasten, ausruhen, ruhen.
restedæg, me. restedaig, restesdaig, st. m., ruhetag.
ret s. rǣdan.
retwrnynge, ne. returning rückkehr.
reve s. rêafian.
rêwett, me. reowett, st. n., das rudern, schiff.
rewful s. hrêowful.
rîce, nh. riici, me. riche, ne. rich, adj., mächtig, reich.
rîce, me. riche, ne. (bishop)ric, st. n., reich, regierung.
rîdan, me. riden, ride, ne. ride, st. v. II, reiten.
right, ri3t s. riht.
rigour, wie ne., strenge.
riht, me. riht, ri3t, ribht, richt, rigt, rycht, ryht, ricth, rith, ne. right. adj., recht, richtig, grade; subst. n., recht; on riht, me. o rigt, arijt ordentlich, recht; me. to ricth in ordnung; rihte, riht, me. rihte, riht, right, ne. right, adv., richtig, recht, ganz, durchaus, grade u. dgl.
rihtan, me. righte, ne. right, prät. me. right, schw. v. Ib, richten, bearbeiten.
rihtlǣcan, me. ryhtleche, schw. v. Ib, belehren.

rihtspell, ryhtspell, st. n., rechte, wahre kunde.
rihtwîs, merc. rehtwîs, me. ryghtwys, ricthwis, ne. righteous, adj., gerecht, rechtschaffen.
rihtwisness, merc. rehtwîsnis, me. rihtwisnesse, ne. righteousness, st. f., gerechtigkeit.
rinc, me. rink, renk, st. m., mann, diener.
riordigan s. reordian.
rîpan (oder ripan?, merc. riopan). me. ripen, ne. reap, st. v. II, ernten.
risan, me. risenn, rise, ryse, ne. rise, prät. râs, me. ras, ros, roos, pl. rison, me. risen, ryse, ros, part. risen. me. risenn, risun. rise, st. v. II, sich erheben (oft mit up, upp), aufstehen, auferstehen.
rist s. rest. risun s. rîsan.
rith s. riht.
rixlen regieren.
robbere,? wrobbere, ne. robber räuber.
roberie, ne. robbery räuberei.
roche, ne. rock felsen.
rôd, me. rode, rod, ne. rood, rod. st. f., kreuz.
rôdetrêo, me. rodetre, st. n., kreuzesstamm.
rodor, gen. rodres, roderes, st. m., himmel.
rôdor, Ep. rôthor, me. roþer, ne. rudder, st. n., ruder.
ro3. rogh s. rûh.
roiall, royall, ne. royal königlich.
Rokesburw, ne. Roxburgh, ortsname.
rom, romm, me. ne. ram, st. m., widder.
Rôm, me. ne. Rome, st. f., Rom.
Rômware, pl. m., Römer.
rondwiggend, subst. part., schildkämpfer.
roos s. risan.
rop s. râp. ros s. rîsan.
rôse, me. rose, ne. rose, schw. f., rose.
rou3t s. rêcan.
round, roun, ne. round rund; on roun(d), ne. around im kreise, herum.
rout, wie ne., rotte, schar.

rôwan, nh. rôva. me. rowe. ne. row, prät. rëow. me. reow. rowit. st. v. V. rudern, zu schiffe jahren: vb.-sb. nh. rôving, me. rowyng fahrzeug.
rowned s. rûnian.
royall s. roiall.
ruchen s. reccan.
rudnyng rōte (blitz? gebrüll??).
rûh. gen. rûwes. me. ro3, ne. rough. adj., rauh; me. auch als subst.
*rûhlic, me. roghlych, ne. roughly rauh.
rûn. me. rune. st. f.. geheimnis. geheime unterredung.
rûnian. me. rowne, run. ne. (veraltet) rown. round. schw. v. II. raunen. flüstern.
rurd s. reord. rûw- s. rûb. ruwen s. hrêowan. rwly s. hrêowlice.
rybaud, ne. ribald wüstling. schurke.
rychesse. ne. riches reichtum.
rycht, ryght s. riht.
ryge, Ep. rygi, me. rie, ne. rye, st. m., roggen.
rym, ne. rhyme reim, gedicht.
rŷman. me. rumen, remen, rimen = gerŷman.
ryse s. risan. ryste s. rest, restan.

S.

sa s. swâ.
sǽ, me. se. see, sea, ze, ne. sea, st. m. u. f., see.
sabeline zobel.
saboth, ne. sabbath sabbath.
sǽc. sec. gen. sǽcce, secce, st. f., streit.
sâcerd. st. m., priester.
sæcg- s. secg-.
sacléas, me. sakles. ne. dial. sackless. adj., schuldlos.
sacrament, wie ne.. sakrament.
sacu, saku. me. ne. sake, st. f., streit, streitsache, schuld, sünde; me. for ... sake, wie ne.. um ... willen.
sæd, me. sed, sead. ne. sad, adj., satt.
sǽd, merc. sêd, me. ne. seed, st. n., same.
sǽde, sǽgde s. secgan.
sag. sa3, sǽ3henn s. sêon.

sagu, me. sa3e. sawe, ne. saw, st. f., ausspruch, wort. erzählung, sage.
sahh s. sêon.
sahtnyss, me. sahhtnesse, st. f., versöhnung.
sai. saide u. dgl. s. secgan.
saint s. sanct. sair s. sâr. sake s. sacu.
sæl. nh. sêel, me. sel, sele, st. m. u. f., glück.
sal, sall s. sculan.
sǽld, me. sellþe, seldhe, st. f., glück.
saldæ, salde s. sellan.
sallıne-, salme- s. sealm-.
salowigpâd, saluwig-, adj., mit dunkelem kleide.
salt s. sealt.
salt, saltu s. sculan.
saluen grüssen.
sam- s. som-.
same. ne. same (der) selbe.
sanct. nh. sancti. me. sancte, sainte, scinte. seynte, sannte, saint, seint, saynt. seynt. saynd. sant. ne. saint, sb. u. adj.. heilig, heiliger.
sande s. sond.
sang s. song.
sâr. me. sar. sair. sor. ne. sore, adj.. schmerzlich, schwer; st. n., schmerz, qual, leid, gram.
Sarazyn Sarazene.
sâre, me. sare, sore. ne. sore, adv., schmerzlich, sehr.
sârgian, me. sarigen, schw. v. II, traurig sein.
sârig, me. sori. ne. sorry, adj., traurig, betrübt.
sârigness, me. sorinesse. ne. sorriness, st. f., traurigkeit.
sat, saten, sǽtenn s. sittan.
sǽterndæg, sǽterdæg. me. saterdei. ne. Saturday. st. m.. sonnabend.
sâul, saule, sârl s. sâwol.
sauter psalter.
save. wie ne.. part. ysaved, retten.
saw s. sêon.
sâwan, me. sowen, sogh, ne. sow. prät. sêow, pl. sêowon, me. seowen. st. v. V, säen, ausstreuen.
sawe s. sagu.
sâwol, sâwul, sâul, nh. sârl, me. sawle, saule, soule, zaule, saull, ne. soul, st. f., seele.
sawte angriff.

say s. secgan, sêon. swâ.
sayl s. segl.
saynd s. sanct.
seal, scæl s. sculan.
scale, ne. (dialekt.) scale, prät.
scalit, sich zerstreuen.
scalu. me. ne. scale, st. f., schale, schuppe.
scam- s. sceom-.
scape s. escapen.
scærp s. scearp.
scæt s. sceatt.
scateren, ne. scatter, shatter, prät. scatered, zerstreuen, verschwenden.
scawien s. scêawian.
scaþel schädlich, gefährlich.
sceacan, me. schake, ne. shake, st. v. IV, sich rasch bewegen, zittern, beben; me. vb.-sb. schakyng.
sceað, me. sheþe, ne. sheath, st. f., scheide.
sceada, me. scaþe, schw. m., schädiger, feind.
sceâdan, me. schede, ssede, ne. shed, prät. scêd, me. shedde, part. me. isched, yssed. st. v. V, ae. scheiden, me. (auch, zuletzt nur) vergiessen (= ae. forsceâdan C. P. 469, 11).
scêaf, Ep. scêab, me. scheef, ne. sheaf, st. m., garbe.
sceal s. sculan.
scealc, me. shalk, shalke, st. m.. knecht, mann, mensch.
sceamu s. sceomu.
scean s. scînan.
sceâp, scæp, scêp, nh. scíp. me. shep, scheep, sep, ne. sheep, st. n., schaf.
sceard, adj., beraubt (mit gen.).
scearp, me. scærp, scharp, ne. sharp, adj., scharf, spitz.
scearplice, me. scharply, ne. sharply, adv., scharf, eindringlich.
scêat, me. sciet, st. m., schoss, decke.
sceatt, Ep. scæt, st. m., münze, geld (oft im pl.).
scêawere, me. ssewere, ne. shower, st. m., späher, me. gewöhnlich spiegel.
scêawian, me. sceawien, scawien, shæwenn, shewe, ssewe, schewe, ne. shew, show, prät. scêawode, me. sceawede, schewide, sceaude, part. me. shæwedd, schewid, schw.

v. II, ae. schauen, me. gewöhnlich schauen lassen, zeigen.
scel s. sculan.
scenc, me. scench. st. m., becher.
scencan, me. schenchen, schw. v. I b, einschenken.
scendan, me. schenden, ne. (veraltet) shend, schw. v. I b, schänden, beschimpfen, zu grunde richten.
scene s. scîene. sceolde s. sculan.
sceomian, scomian, sceamian, me. scamian, ne. shame, schw. v. II. persönl. und unpers., sich schämen.
sceomlíce, me. schomely, adv., in beschämender weise.
sceomu, scomu, sceamu, scamu, me. scame, shame, scam, sham, ne. shame, st. f., scham, schande; tô sceame schmachvoll.
sceóp s. scieppan.
sceopgereord(e), scop-, st. n., dichterische sprache.
sceort, me. scort. schort, short. schorte. ne. short. adj., kurz; me. auch adv., to short he schote of his ame er verfehlte das ziel.
scêotan, me. shete. ne. shoot, prät. scêat, scêt, me. sceat. schote, part. sceoten, scoten, st. v. III, schiessen, sich stürzen.
scêp, scęp s. sceâp.
scepen s. scieppend.
schakyng s. sceacan. schal(t) s. sculan. schald s. ceald.
scharp s. scearp.
sche- s. sce-. scheep s. sceâp.
schewe s. scêawian. schip s. scip.
schir s. sire. schire s. scire.
scho s. hê. scholde s. sculan.
schomely s. sceomlîce. schort s. sceort. schote s. scêotan.
schrewe s. scrêawa. schrewyne s. scrîfan. schrifte s. scrift.
schruden s. scrŷdan. schulen s. sculan. schyne s. scînan. schyp s. scip.
sciene, scŷne, me. scene, shene. ne. sheen, adj., schön.
scieppan, scyppan, me. scheppen, schapen. ne. shape. prät. scêóp. scôp, me. scop, ssop, shope, pz. me. yssepe. st. v. IV, schaffen, machen (XXXI 15 orig. reformé).
scieppend, scyppend, nh. scepen, me. shippend, st. m., schöpfer.
sciet s. scêat.

scild — sealt. 179

scild, scyld, sceld, me. sheld, ne. shield, st. m., schild.
scildan, me. shilden, sculden, sculde, ne. shield. schw. v. Ib, schützen (wid, of. fro vor).
scînan, me. scinen, schyne, ne. shine. prät. me. scean, shone, st. v. II, scheinen, leuchten.
scip, scyp, nh. scipp, me. shipp, schyp, ssip, ne. ship, st. n., schiff.
scip s. sceáp.
scipflota, scyp-, schw. m., seefahrer, wiking.
scîr, me. shir, adj., glänzend, hell.
scîre, me. schire, adv., hell.
scîrmǽled, adj., mit glänzender verzierung.
scittisc s. scyttisc.
scofl, me. schovele, nc. shovel, st. f.?, schaufel.
scom- s. sceom-.
scôp s. scieppan.
scop- s. sceop-.
scopen, ne. scoop schöpfen.
scort s. sceort.
Scott, Sceott, me. ne. Scot, st. m., Schotte.
scrêade, me. shrede, ne. shred, schw. f., abgeschnittenes stück, bissen.
screncan, me. screnche, schw. v. Ib, ein bein stellen (mit acc.), betrügen.
scrêawa, me. schrewe, ne. shrew (shrew-mouse), schw. m., spitzmaus, me. schurke, schelm.
scribun s. scrîfan.
scriche, ne. screech, screak, shriek schreien.
scrîfan, me. shriven, ne. shrive, prät. pl. Ep. scribun, part. scrifen, me. schrewyne, st. v. II, bestimmen, beichte hören, absolvieren.
scrift, me. scrift, schrifte, ne. shrift, st. m. (auch f.?), beichte.
scrûd, me. scrud, ne. shroud, st. n., kleid.
scrýdan, me. schrude (vgl. ne. shroud), prät. scrýdde, part. me. ischrud, schw. v. Ib, bekleiden.
sculan, me. sculen, präs. sg. sceal, scel, me. sceal, scel, scal, schal, shal, ssel, sal, shall, sall, pl. sculon, sceolon, sculan, sceolan, nh. scylun, me. sculen, scullen, scule, sculle, schulen, sullen, ssolle, sull, shall, sall, prät. sceolde, scolde, me. scolde, sculde, schulde (schuldi

= schulde i), shulde, shollde, scholde, ssolde, sulde, schuld, shuld, schold, suld, präteritopräs., schuldig sein, sollen; auch zur umschreibung des fut. und cond.
scûr, me. schowr, ne. shower, st. m., schauer, regen.
scýan, merc. schw. v. Ib, raten.
scyld, me. sculd, st. f., schuld, sünde.
scyld s. scild. scylun s. sculan.
scypen, me. shipne, shipun, ne. shippen, shippon, st. f., schuppen, stall.
scyppend s. scieppend.
scyttisc, scittisc, adj., schottisch.
sê, se. nh. auch ðe, fem. sîo, sêo, nh. auch diu, div, ntr. þæt, me. se, þe, f. syo, si, þeo, neutr. þat, det, þet, þatt, that, tatt, zuletzt m. f. n. für alle casus þe. the, te; urspr. gen. þæs, þǽre (k. dêre, nh. thére, dǽr), þæs, me. þes (des), þare (pere, dere, þer, dor), þes; dat. þǽm (dêm, þâm), me. þan, þon, f.. wie gen.; acc. þone (done), þà, þæt, me. þane (þene, dene, þanne, þenne, þan), þa (þo), þat (þet); instr. m. n. dý (pý), me. þi (di, þe, thy, beim comparativ 'desto', verstärkt þes þe); pl. þâ, me. þo (þa, ta, þai, þeo, tho), gen. þǽra (þâra, deara), me. þare, dat. þǽm (þâm, dêm); me. þam (þan), demonstr., rel. (mit und ohne þe, me. zuletzt nur þat. that), artikel, der; me. þe verliert vor vokalischem anlaut oft das e und verschmilzt mit dem folgenden worte, þerl, þabot = þe erl, þe abot.
se, sea s. sǽ. sê s. com. se s. sêon.
sead s. sǽd.
sêad, me. seaþ, sǽþ, st. m., brunnen, grube.
seagen s. sêon.
sealh, Ep. salch, me. salwe, ne. sallow, st. m., weide.
sealm, me. salm, sallm, psalme (doch vgl. XXXII 120 die allitteration). ne. psalm, st. m., psalm.
sealmwyrhta, me. sallmewrihhte, salmewrihte, schw. m., psalmist.
sealt, me. ne. salt, st. n., salz.
sealt, me. ne. salt, adj., salzig, gesalzen; me. salt flod vom taufwasser, bei dem salz in anwendung kommt; salt weter meerwasser.

12*

Searoburh, *me.* Serebevi, *ne.* Salisbury, *st. f., name einer stadt.*
searoþonc, *st. m., kluger gedanke, klugheit.*
searoþoncol, *adj., klug.*
Seax, Sex, Sexa, *st., resp. schw. m., Sachse.*
sécan, sêcean, *merc.* sœcan, *nh.* sœca, *me.* seke, seche, sek, *ne.* seek, *prät.* sôhte, *me.* soʒte, socht, *part. me.* soʒt, soght, *schw. v. Ib, suchen, aufsuchen; gehen.*
sécet *s.* sýcan.
secg, *me.* seg, segge, *st. m.,* mann.
secgan, secgean, sæcg(e)an, *nh.* sægca, *me.* seggen, seggenn, segge, siggo, zigge, seie, seye, saye, sai, say, *ne.* say, 3. *sg. präs. ind.* seged, *me.* seid, seʒʒþ, seyþ, seith, seid, seit, zayþ, sais, says; *prät.* sægde, sǣde, *me.* seʒʒde, seide, seyde, saide, sayde, said, seid, seyd, zayde, sede, zede, *part. me.* iseyd, ised, iset, *schw. v. Ib, sagen, erzählen, nennen.*
seche *s.* sêcan. sed *s.* sǣd. séd *s.* sǣd. sede *s.* secgan. see *s.* sǣ. see, seeth *s.* sêon. seel *s.* sǣl.
sefa, *schw. m., sinn, geist.*
sèfte, *später auch* sôfte, *me.* softe, *ne.* soft, *adj., sanft, freundlich.*
seʒ *s.* sêon.
sege, *ne.* siege *sitz.*
seʒʒde, seggen, seʒʒþ *s.* secgan.
segh, seghe, seh *s.* sêon.
segl, *me.* sayl, *ne.* sail, *st. m. n., segel.*
seglgyrd, *Ep.* segilgærd, *me.* seilʒerd, *ne.* sail-yard, *st. f., segelstange.*
segne, *nh.* segni (segna = *ws.* segnan), *me.* seine, *schw. f., netz.*
seid, seid, seide, seie, scit, seith *s.* secgan.
seinte *s.* sanct. seke *s.* sêcan.
sekirly *s.* sicor.
seknes *s.* sêocness.
seldan, *me.* selde, *ne.* seldom, *adv., selten.*
seldcûd, selcûd, *me.* seolcud, selkud, selcouth, *adj., seltsam, wunderbar, me. auch subst., wunder.*
seldhe *s.* sǣld.
seldlic, sellic, *me.* sellich, selly, *adj., seltsam, wunderbar, me. auch subst., wunder.*

seldlîce, *me.* sellic, -lik, *adv., auf wunderbare weise.*
self *s.* seolf. sèlest *s.* sêlra.
selkud *s.* seldcûd.
sellan, syllan, sillan, *me.* sellen, *ne.* sell, *prät.* sealde, *Ep.* saldæ, *kent. merc. nh.* salde, *me.* salde, *pz.* geseald, *merc.* gesald, *schw. v. Ib, übergeben, geben, schenken, verkaufen.*
sellic, sellich, selly *s.* seldlic, -lîce. sellþe *s.* sǣld.
sêlra, *comp.;* sêlest, sêlost, *k.* sœlest, *nh.* seolost, *sup.; me. auch* sel, *pos., adj., gut.*
selve *s.* seolf.
seme, *ne.* seem *scheinen.*
sen *s.* sêon, siddan.
sencan, *me.* senchen, *schw. v. Ib. senken, versenken.*
sendan, *me.* senden. sende, send, 3. *pers. sg. präs. ind. ae. u. me. auch* sent, *prät.* sende, *me.* sende, sente, zente, sent, *part.* sended, *me.* isend, ysent, sent, sende, *schw. v. Ib. schicken, senden, schleudern, werfen, stürzen;* (sawle) *aufgeben.*
sent *s.* sendan.
sêoc, *me.* sec, sic, *ne.* sick, *adj., krank.*
sêocness, *me.* seknes, *ne.* sickness. *st. f., krankheit.*
sêodan, *me.* seþe, *ne.* seethe, *prät.* sêad, *pl.* sudon, *part.* gesoden. *st. v. III, sieden, kochen.*
seoddan, seodþan *s.* siddan.
scofoda, *me.* seofeþe, *ne.* seventh, *zahlw., der siebente.*
seofon, seofan, *fl.* seofone, seofene, *me.* seofen, seofe, seove, *fl.* seovene, *ne.* seven, *zahlwort, sieben;* seofon niht, *me.* seoveniht *(jen. -nihtes), ne.* sennight *woche.*
seolc, *me.* selk, silk, *ne.* silk, *st. n., seide.*
seolcud *s.* seldcûd.
seolf, self, sylf, silf, *me.* seolf, sulf, self, sellf, silf, *fl.* -lve, -lven, *ne.* self, *pron., selbst; me.* mi sulven, me self. i selve = *ne.* myself; de (þe) sulven (sulf) = *ne.* thyself; him sulfne (selve, selven *u. s. w.)* = himself, ourself = ourselves, hym selvyn = themselves.

seolfor — silver. 181

seolfor, *nh.* seŏlfor, svvlfor, *me.* seolver, sillferr, silver, sylver, *ne.* silver, *st. n., silber, geld.*
seolost *s.* selra.
sêon, *me.* seon. sen. seo, se. see, zy. *imp. pl. me.* seeth, *prät. sg.* seah, *me.* sahh, sa3, sag. saw, seh, se3, segh, sy3, say, sey3e. *pl.* sǽgon. *me.* sa3henn, seagen, sy3en, sayn, seghe. seye, sa3. saw, see, *part.* gesegen. gesewen, *me.* iseye, seyn, yzo3e. sen, *st. v. Iu, sehen. schützen, ersinnen* (XXXV 1151).
seoruwe *s.* sorh. seov- *s.* seofon.
seowen *s.* sâwan. sep *s.* sceâp.
sepulcre, *ne.* sepulchre *grab.*
serche, *ne.* search *suchen, untersuchen.*
sere *verschieden, verschiedentlich.*
Sereberi *s.* Searoburh.
serganz, *pl.* von sergant. *ne.* serjeant, sergeant *diener.*
serve, servi, *ne.* serve, *prät.* servede, *part.* iserved, *dienen, bedienen, auftragen (mit* of*).*
servise, servys, *ne.* service *dienst.*
set *s.* sittan.
setl, *me.* setel, *ne.* settle, *st. n., sessel, sitz;* sigan tô setle *(von der sonne) untergehen.*
settan, *me.* sette, zette, *ne.* set, *imper. ae. me.* sete, *prät.* sette, *me.* sette, zette, set, *part.* geseted, *me.* sett, set, *schw. v. I b, setzen, daransetzen, festsetzen, aufsetzen, aufzeichnen;* wæs geseted in *gehörte an;* gesettnesse settan *bestimmung treffen;* weren set *hatten sich gesetzt.*
sêtun *s.* sittan.
sexe *s.* six. sey, seyd(e), seyn *s.* secgan.
seye, sey3e, seyn *s.* sêon.
seynt, seynte *s.* sanct. seyst, seyþ *s.* secgan.
seþþen *s.* siddan.
shaffte *s.* gesceaft. shal(l) *s.* sculan.
shalke *s.* scealc. sham, shame *s.* sceomu.
shæwenn *s.* scêawian. she *s.* hê.
shene *s.* scîene. shep *s.* sceâp.
ship *s.* scip. shlepe *s.* slǽp.
sho *s.* hê. shollde *s.* sculan. shone *s.* scînan. shope *s.* scieppan.
short *s.* sceort. shrede *s.* scrêade.

shuld(e) *s.* sculan.
si *s.* sê. sî, si *s.* êom.
sib, sibb, *me.* sib, sibbe, *st. f., verwantschaft, freundschaft, liebe, frieden.*
sib. sibb. *me.* sibb, sybbe, *ne. (veraltet, s. Nares)* sib, sibbe, *adj., verwant.*
sic *s.* swelc, sêoc.
sîcan, *me.* siken, sike, *ne. dialektisch* sike. *st. v. II, seufzen.*
sicor, *me.* siker, sikir, *adj., me.* sikerliche, sicerlic, sykerly, sekirly, *adv., sicher.*
sid, *me.* sid, *st. m., weg, reise; mal.*
sîd, *me.* sith. *adv., später.*
siddan, sydďan, *me.* seodþan, seoddan, sydden. seþþen, siden, sithen, siþin, sidde, sudde, syn, sen, *ne. since seitdem, adv.. sodann, nachher, conj. (me. auch unter hinzufügung von* þat), *nachdem, sobald, da, da ja.*
side. *me.* side, syde, zide, sidě, *ne.* side, *schw. f., seite;* on sîdan, *me.* a syde, *ne.* aside *bei seite.*
sidhinges land 'terra visionis'; sidhinge *vb. - sb. von* si(g)dhen, *dies zu* gesihd?
sîdian, *me.* siþien, *schw. v. II, reisen, gehen.*
sido, siodo, *me. in* side-, sedefull, *st. m., sitte.*
sie, siendon, sîg *s.* êom.
siftan, *me.* siften, *ne.* sift, *schw. v. Ib, sieben.*
sîgan, *me.* si3en, *prät.* sâh, *st. v. II, sinken, sich senken.*
sigefolc, *st. n., siegesvolk.*
sigerôf, *adj., siegreich.*
sigeþûf, *st. m., siegesfahne.*
sigge *s.* secgan. sigbt *s.* gesihd.
signefiance, *ne.* significance *bedeutung.*
signifie, signyfye, *ne.* signify *bedeuten, andeuten.*
sigor, *st. m., sieg.*
sigorlêan, *st. n., siegeslohn.*
si3t, si3te, sihte *s.* gesihd.
sike *s.* sicor.
siker, sikerliche, sikir, sikirlic *s.* sicor.
silf *s.* seolf. silid *s.* sellan.
silk *s.* seolc.
sillferr, silver *s.* seolfor. silve *s.* seolf.

simle, synle, me. simle, adv., immer.
sin, possessivpr., sein, ihr.
sinagoge, ne. synagogue synagoge.
sincan, me. sinke, ne. sink, prät. me. sanke, st. v. 1 c. sinken.
sind, sindon, -un s. com.
singal. adj., beständig.
singan, me. singen, singge, sing. syng, prät. sg. sang, song, pl. sungun, sungon, part. me. isungen, st. v. 1c, singen, dichten; vb.-sb. me. synging.
sint s. com.
sintostente = sint tôsten(e)te.
sinu, sconu. me. sinewe, ne. sinew, dat. pl. seonwum oder sinum, st. f., sehne.
siodo s. sido.
siondan s. côm.
siquare zeit.
sire, syre, sir, schir, ne. sire, sir herr.
siste s. sixta. site s. cite. sithen, siþin s. siddan.
sittan, me. sitten, sitte, sytte, zitte, ne. sit. imper. site, prät. s. sæt, me. set, zet, sat, pl. sæton, mere. sêtun, me. sætenn, saten, st. v. Ia, sitzen, sich setzen.
six, me. six, sexe, ne. six, zahlwort, sechs.
sixta, mo. siste, ne. sixth, zahlw., der sechste.
slǽp, me. slep, shlepe, ne. sleep, st. m., schlaf, vergessenheit?
slǽpan, mere. slêpan, nh. slêpa, me. slepen, slepe, ne. sleep, prät. slêp, mere. slêpte, nh. slêpde, me. slep, sleap, slepte, st. v. V (angl. schw. v.) schlafen.
slauchtir, ne. slaughter gemetzel.
slâwian, me. slawen, ne. (bei Shakspere) slow, schw. v. II, langsam sein, zögern.
slêan, me. slen, slon. ne. slay, imper. sleah, prät. slôh, me. slow, 2. sing. slôge, pl. slôgon, me. slew, part. slagen, slægen, me. ysslaʒe, slayn, sleyn, st. v. IV, schlagen, erschlagen, töten.
slege, me. sleʒe, st. m., schlag.
slepe, slêpun s. slǽpan.
sleye in schlauer, kundiger weise.
sleyn, slew s. slêan.

slicht, sly3t. ne. sleight schlauheit, geschicklichkeit, list, kniff, mittel.
slîdan, me. sliden, slyde, ne. slide, part. me. slydyn, st. v. II. gleiten.
slitan, me. slite, st. v. II, zerreissen.
slôge, slôgon, slon, slow s. slêan.
slûmerian (wo?), me. slomere, ne. slumber schlummern; verbals. slomeryng.
slydyn s. slîdan. sly3t s. slicht.
smæl, me. smal, ne. small, adj., schmal, klein, gering.
smech s. smoca.
smêde. me. smethe, smoþe, ne. smooth. adj., glatt.
smelt, ebenso me. ne., st. m., stint.
smelt s. smylte.
smeorte, ne. smart schmerz.
smitta, me. smitte, schw. m., fleck, kleinigkeit.
smoca, me. ne. smoke. schw. m., und smêc, smŷc, me. smech, ne. (dialektisch) smeech, st. m., rauch, dunst.
smocian, me. smoken, ne. smoke, schw. v. II, rauchen, räuchern.
smorder, ne. smother dunst, rauch.
smylte, kent. smelt(e), adj., heiter.
snaca, me. snake, pl. snaken und snakes. ne. snake, schw. m., schlange.
snægl, Ep. snegl, me. ne. snail, st. m., schnecke.
snâw, mere. snâu, nh. snâ, me. snaw, snow, snou, ne. snow, st. m.. schnee.
snegl s. snægl.
snel, snell, me. snell, adj., schnell. mutig.
snoter, me. snoter, adj., klug.
snou, snow s. snâw.
snûde, adv., schleunig, schnell.
snyttro, schw. f., klugheit.
so s. swâ. sœca(n) s. sêcan. socht s. sêcan.
sôd, me. sod, sop, soth, zoth, ne. sooth, adj., wahr; st. n., wahrheit; tô sôde, me. to soþe; for sôde, me. for sode, vor zope, forsothe, ne. forsooth in wahrheit; vgl. sôdlice.
sôdcyning, st. m., wahrer könig.
sodein, soden, soding, ne. sudden plötzlich.

sôdfæst, me. sothfast, adj., wahrhaft, gerecht.
sôdfæstnes, merc. sôdfestnis, me. soþfastnesse, st. f., wahrheit.
sôdlice, me. soþliche, sodlice, sothli, ne. soothly, adv., in wahrheit, gibt allerlei lat. conjunctionen wider (in glossen öfter nur durch sod. soþ angedeutet).
sodnesse. zoþnesse wahrheit.
softe s. sêfte. sogh s. sâwan.
soght, so3t, so3te, sôhte s. sêcan.
so3nyng s. swôgan.
sojour, ne. sojourn aufenthalt; holde soj. sich aufhalten.
solas, ne. solace trost, freude, vergnügen.
solde s. sculan. solest s. sélra.
some, same, adv., in gleicher weise, ebenso.
somen (XIV 2 s. 38). me. samenn, somyn, sammyn, adv., zusammen = ae. ætsomne, tôsomne.
somod, somud, me. somed, adv., zusammen, zugleich; erhält an manchen stellen conjunctionale kraft (= und).
somony, ne. summon mahnen.
sôna, me. sone, soone, soyne, son, suyn, ne. soon, adv., sogleich, bald; sôna swâ sobald als.
sond, me. sonde, sande, zonde, sond, st. f., sendung. botschaft. schickung. fügung. gnade.
sone s. sôna, sunu.
song, me. song, sang, ne. song, st. m., gesang, lied.
song s. singan. -
songcræft, st. m.. sanges-, dichtkunst.
soone s. sôna.
sor s. sâr. sore s. sâre.
sorful s. sorhfull.
sorh, sorg, me. sor3e, sorhe, sorewe, sorwe, seoruwe, ne. sorrow, st. f., sorge. kummer.
sorhfull, me. sorful, ne. sorrowful, adj., sorgenvoll.
sorhlêas, me.?, ne. sorrowless, adj., kummerlos, sorgenfrei.
sori s. sârig.
sorwe s. sorh.
soth s. sôđ.
sothli s. sôdlîce. ·
sotlice in törichter weise.

sott, me. sot, adj., töricht (vgl. ne. sot, sb).
sou3ed s. swôgan.
soule s. sâwol.
sound, wie ne., ton, laut.
souper, ne. supper abendmahl.
soupynge s. sûpan.
sowenyng s. swôgan.
sowwþ schaf.
soyne s. sôna.
spac, spacc s. sprecan.
space, ebenso ne., raum, zeitraum.
spæche s. spræc.
spadu, me. ne. spade, schw. f., spaten.
spak rasch.
spak s. sprecan.
spare, ne. spar sparren.
sparian, me. ne. spare, schw. v. II, sparen, schonen.
spearca, me. sparke, ne. spark, schw. m., funken.
spêc, speche s. spræc.
spêd, merc. spœd, me. spede, ne. speed, st. f., erfolg, möglichkeit, mittel.
spêdan, me. spede, ne. speed. prät. spêdde, me. sped, schw. v. I b, erfolg haben, eilen; refl. sich beeilen.
spek s. spræc. spek, speke s. sprecan.
spell. ebenso me. u. ne., st. n., kunde, erzählung, evangelium.
spellian, me. spellenn, spelle, spel, schw. v. II, reden, erzählen, predigen, verkündigen; me. vb.-sb. spelling.
spendan (Lives of Saints 500, 200), me. spenden, ne. spend, part. me. ispend, schw. v. I b, ausgeben.
spêow s. spôwan.
spere, me. spere, ne. spear, st. n., speer.
sperit s. spyrian.
sperren einsperren.
spert s. spræ̂dan.
spillan, me. spille, ne. spill, schw. v. I b, vernichten, berauben (mit of).
spôd s. spêd.
spor, me. spor, st. n., spur.
spôwan, prät. spêow, st. v. V, glücken, gelingen.
spræ̂c, sprêc, spæ̂c, kent. spêc, me. spræce, sprece, spæche, speche, spek,

ne. speech, *st. f., sprache, rede, ansprache, unterredung.*
sprǽdan, *me.* sprede, ?sprude, *ne.* spread, 3. *sg. präs. ind. me.* spert, *schw. v. Ib, ausbreiten, ausstrekken; sich ausbreiten, erstrecken.*
sprecan, *nh.* sprecca, *me.* speken, speke. *ne.* speak, *prät. s.* spræc, *me.* spræc, sprac, spac, spacc, spak, spek, *pl.* spræcon, *me.* spækenn, speken, *part.* sprecen, *st. v. Ia, sprechen, reden, sagen.*
sprede *s.* spréedan.
sprêot, *me.* sprete, *ne.* sprit, *st. m., spriet.*
springan, *me.* springen, spryng, *ne.* spring, *prät. sg. ae. me.* sprong, *part. me.* isprungen, *st. v. Ic, springen, entspringen, spriessen.*
sprude *s.* spréedan.
spusbreche *ehebruch.*
spuse, *ne.* spouse *gattin.*
spyrian, *me.* spere, *prät. me.* sperit, *schw. v. Ia, spüren, fragen,* (*mit* at).
ssel *s.* sculan.
sseperc *schöpfer.*
ssewe *s.* scêawian.
ssewere *s.* scêawere.
ssip *s.* scip. ssolde, ssolle *s.* sculan.
ssop *s.* scieppan.
stabylnes, *ne.* stableness *festigkeit, stätigkeit.*
stæf, *me.* staf, *pl.* staves, *ne.* staff, stave, *st. m., stab, buchstab, pl. schrift.*
stalu, *me.* stale, *st. f., diebstahl.*
stælwierđe, *me.* stalworþe (*vgl.* stalworþi), *ne.* stalworth, -wart, *adj., brauchbar, wertvoll. schätzbar, trefflich.*
stân, *me.* ston, stoon, stane, *ne.* stone, *st. m., stein.*
standan, -de *s.* stondan.
stǽne? (*vgl. ahd.* steinna), *me.* stene, *schw. f.?, steingefäss.*
stǽnen, *me.* stonen, *adj., steinern.*
Stânhâmstede, *me. ?, ne.* Stanstead, *st. m., ort in Kent.*
stape fole '= stapeful = high' *Morris; der zusammenhang verlangt die bedeutung 'sehr töricht'.*
stêr, *st. n., erzählung, geschichte.*

starian, *me. ne.* stare, *schw. v. II, starren, fest blicken.*
stêap, *me.* step, *ne.* steep, *adj., steil, hoch.*
stecan?, *me.* steke, *part. me.* stoken, *st. v. Ia, später Ib, stechen, stecken. einstecken, verschliessen; me.* stoken up *verdrängt.*
stêda, *me.* stede, *ne.* steed, *schw. m., hengst, ross.*
stede, *me.* stede, stude, sted, *ne.* stead, *st. m., stätte, stelle, ort.*
stedeheard, *adj.,* ἅπαξ εἰρημένον *fest in der stelle, sicher? stark?*
stefn, stemn, *me.* stevene, steven, stevin, *st. f., stimme.*
stefn, stwfn, *me. ne.* stem, *st. m., stamm, steven, vorderschiff.*
steked *s.* stician.
stelan, *me.* stelen, *ne.* steal, *prät. pl. me.* stelen. *part. me.* stolen, *st. v. Ib, stehlen.*
stemme, *ne.* stem *stemmen, richtung nehmen.*
stemn *s.* stefn.
stenc, *me.* stench, stunch, *ne.* stench, *st. m., geruch, duft, gestank.*
stene *s.* stǽne. stent *s.* stondan.
steoren *s.* stêran.
steorfan. *me.* sterven, *ne.* starve, *prät. pl. me.* sturven, *st. v. Ic, sterben (namentlich vor hunger).*
steorra, *me.* steorre, *ne.* star, *schw. m., stern.*
steppan, *me.* steppe, *ne.* step, *prät.* stôp, *st. v. IV, schreiten, gehen.*
stêran, *me.* steoren, *schw. v. Ib, räuchern.*
stercedferhđ, *adj., starken sinnes.*
sterne, *ne.* stern *steuerruder, schiffshinterteil.*
steven. -ne *s.* stefn. sticce, sticche *s.* stycce.
stician, *me.* stiken, steken, *ne.* stick, *schw. v. II, stecken.*
stíđ, *me.* stith, *adj., fest, hart, mutig.*
stíđhýdig, *adj., festgesinnt.*
stíđmôd, *adj., festen sinnes.*
stîg, *ne.* stiȝe, stie, *st. f., weg, steg.*
stîgan, *me.* stiȝe, *prät.* stâh, *me.* stiȝede, *urspr. st. v. II, steigen.*
stigu, *me.* stie, *ne.* sty, *st. f., schweinestall.*
stille, *me.* stille, still, *ne.* still, *adj. und adv., still, ruhig.*

stilness, me. stillnesse, ne. stillness. st. f., stille, ruhe.
stime kleinigkeit, bisschen.
stincan. me. stinken. ne. stink, st. v. Ic. stinken, riechen.
stiorc s. styric.
stith s. stid.
stocc, me. stokk, ne. stock. st. m., stock; pl. me. stokkes, ne. stocks, wie nhd. stock (vgl. stockhaus und Ælfrics Lives of Saints 142, 387. 402).
stód s. stondan. stoken s. stecan.
stól, me. stol, ne. stool, st. m., stuhl, sitz.
stolen s. stelan. ston s. stân.
stondan, standan, me. stonden. stande. ne. stand, 3. sg. prs. ind. ae. me. stent, prät. stód, me. stod. stood, st. v. IV. stehen, treten; me. me stent sie ich habe scheu.
stoon s. stân. stôp s. steppan.
storc, me. storke, ne. stork, st. m., storch.
storie, ne. story geschichte, erzählung.
storm, ebenso me. ne., st. m., sturm.
stounde s. stund.
stoure kampf.
stów, nh. stóu, me. stowe. st. f., ort, stelle.
stowne s. stune.
stræl, nh. strél, me. stral, st. m. f., pfeil.
strand s. strond.
strang s. strong.
stranglaker s. stronglíce.
stræt, me. strete, stret, ne. street, st. f., strasse, weg.
straught s. streccan.
strêam, me. striem, strem, ne. stream, st. m., strom.
streccan, me. strecche. ne. stretch, 2. sg. prs. ind. strecst, prät. streahte, strehte, me. straughte, part. me. straught, schw. v. Ib, strecken, dehnen; straught out of mynde aus der erinnerung geschwunden.
strêl s. stræl. strem s. strêam.
streng, me. streng, ne. string, st. m., strang, strick.
strengd, me. strengde, strencđe, strengthe, strynth, ne. strength,

st. f., stärke, kraft, gewalt, gewahrsam.
strengre s. strong.
strengþen, ne. strengthen, part. istrengþed, stärken, kräftigen.
stret, strete s. stræt.
strica, me. strike, streke, ne. streak, schw. m., strich, tüttel.
strîdan, me. striden, ne. stride, st. v. II., schreiten.
striem s. strêam.
strif, stryffe, ne. strife streit, kampf.
strond. strand, me. strond. strand, ne. strand, st. n. (Ælfr. Hom. 2, 288), strand, ufer.
strong, strang. me. strong. strang, ne. strong, adj., stark, anstrengend, schwer; compar. me. strengre, sup. me. strongest; me. þi stranger ein stärkerer, als du.
stronglíce, me. stronglike, ne. strongly, adv., stark, sehr; comp. me. stranglaker.
strucyo lat. struthio.
stryffe s. strif. strynth s. strengđ.
stude s. stede.
study, ebenso ne., studieren (mit in).
stunch = ae. *stync? s. stenc.
stund, me. stunde, stund. stounde, st. f., zeit, kurze zeit; me. umbe st. manchmal.
stune, stowne, ne. stound, stun, prät. stowned, part. pass. stund, betäuben, in erstaunen setzen.
stunt, gen. pl. kent. stunra, me. stunt, adj., stumpf, dumm.
Stûr, me. Sture, Stoure, ne. Stour, st. f., flussname.
sturdely, ne. sturdily stark, gewaltsam.
Sture s. Stûr.
sturven s. steorfan.
stycce, sticce, me. stucche, sticche, st. n., stück.
styd nh., st. n., ort.
styntan in compos. (â-, for-, ge-). me. stynte, stinte, ne. stint, part. me. stynt, schw. v. Ib, hemmen, einhalt tun; me. be stynt aufhören.
styric, stîrc, kent. stîorc, me. ne. stirk, st. n., junges rind, kalb.
styrman, me. sturmen, prät. styrmde, schw. v. Ib, stürmen, lärmen.
styrnmôd, adj., grimmigen sinnes.
sua, suæ s. swâ.

sungat *so, so und so.*
sualuuæ *s.* swealwe.
subbarb, *ne.* suburb *vorstadt.*
successour, *ne.* successor *nachfolger.*
such *s.* swelc.
sûd, *me.* souþ, *ne.* south, *adv., im süden, nach süden.*
sûđan, *me.* suþen, *adv., von süden.*
sudde *s.* siddan.
sue, *ebenso ne., prät.* suet, *folgen.*
suê *s.* swâ. suehor *s.* swèor.
suelce *s.* swelc.
suencten *s.* swencan.
suês- *s.* swæs-.
sufel *s.* sufl.
suffer, *ebenso ne. leiden, dulden.*
sufficiant, *ne.* sufficient *hinlänglich.*
sufl, sufol, *me.* sufel, sovel, *st. n., zukost, zukostportion.*
suic *s.* swelc.
suide *s.* swîde.
suikes *s.* swica.
suilc *s.* swelc.
suld, sulde *s.* sculan.
sulf *s.* seolf.
sum, *nh.* summ, *me.* sum, summ, some, *ne.* some, *pron., irgend ein, ein, manch, einig;* sume þâ weardas *einige von den wächtern; me.* sum hwat *etwas;* sum del *sehr;* sum þing *einigermassen.*
sum, summ *wie;* quat sum *was auch immer.*
sumor, *me.* sumer, *ne.* summer, *st. m., sommer.*
sunden *s.* ĉom.
sunezen *s.* syngian. sunfull *s.* synfull. sungun *s.* singan.
sunne, *me.* sunne, *ne.* sun, *schw. f., sonne;* sunnan dæg, *me.* sunne dei, sunedei, *ne.* Sunday, *st. m., sonntag.*
sunne *s.* sunu, syn.
sunu, *me.* sune, sunne, sone, zone, *ne.* son, *gen. dat. sg. ae.* suna, sunu, *nom. acc. pl.* suna, sunu, suno, *gen. pl.* suna, sunena, *st. m., sohn.*
suoren *s.* sweriau.
sûpan, *me.* soupe, *ne.* sup, *st. v. III (mischt sich mit frz.* souper), *schlürfen; vb.-sb. me.* soupynge; *s. thing zukost, speise.*
suppe, *ne.* sip *schlürfen, trinken.*

sure, *ne.* sure *sicher;* þat burde hym by sure *dessen sollte er sicher sein.*
suspecyoun, *ne.* suspicion *verdacht.*
suster *s.* sweostor.
suteliche *s.* sweotollîce.
sutelte, *ne.* subtlety *schlauheit. list.*
suyde *s.* swîde. svich *s.* swelc.
svvlfre *s.* scolfor.
swâ, swǽ, svâ, suâ, svǽ, suê, swê, suê, *me.* swa, sua, swo, suo, zuo, so, sa, say, se, *ne.* so, *adv., so; conj., wie, sowahr als;* swǽ oftost *so oft nur;* swâ hwâ (swâ) *jeder der* = *me.* hwa se; *öfter verstärkend vor* þeah.
swæd, *st. n.,* swadu, *st. f., me.* swathe, *ne.* swath, *spur.*
swain, *ne.* swain *junger mann, bursche, knecht.*
swallt *s.* sweltan.
sware *antwort.*
swæs, *adj., eigen, lieb, traut.*
swæsendu, *kent.* suêsenda, *n. pl., speisen, mahl.*
swât, *me.* swot, swet, *ne.* sweat, *st. m., schweiss, blut.*
swê *s.* swâ.
swealwe, *Ep.* sualuuæ, *me.* swalwe, *ne.* swallow, *schw. f., schwalbe.*
sweart, *me.* swiert, *ne.* swart, *adj., schwarz, dunkel.*
sweem *sorge, trauer.*
swefn, swefen, *me.* sweven, *st. n., schlaf, traum.*
swefte *s.* swiftc.
swêgan, *me.* sweic, sweze, sweye, *prät.* swêgde, *me.* sweyed, *schw. v. Ib, tönen, rauschen, dahin rauschen, sich rasch bewegen.*
swegl, *st. n., äther, himmel.*
swelc, swylc, swilc, suilc, *me.* swilc, swylk, swille, swilch, swich, swiche, suic, svich, swuch, such, sic, *ne.* such, *pron., solch, welch (rel.); adv. und* (= swylce swê) *conj.,* swelce, svelce, suelce, swylce, swilce, *me.* swilc, swylch *ebenso, ebenso wie, als ob, gleichsam.*
sweltan, *me.* swelten, *ne. (veraltet)* swelt, 3. *sg. prs. ind.* swylt, swelt, *prät.* swealt, *me.* swallt, *st. v. Ic, sterben, schmachten.*

swencan, me. swenken, suenchen, swenche, *prät.* swencte, *me.* suencte, *schw. v. Ib, quälen, plagen.*
swengan, *me.* swenge, *ne.* swinge, *schw. v. Ib, schlagen, treiben.*
sweopu, *me.* swepe, *schw. f., peitsche, geissel.*
swëor, *Ep.* suchor, *me.* sweor, *st. m., schwiegervater.*
swëora, swûra, *me.* sweore, *schw. m.. hals.*
sweord, swurd, swyrd, *me.* swerd, *ne.* sword, *st. n., schwert.*
sweostor, *me.* suster, zoster *(vgl. ne.* sister), *f., schwester.*
sweotole, sweotollîce, *me.* suteliche, *adv., klar. deutlich.*
sweotolian, swutolian, *me.* swutelien, *schw. v. II, offenbaren.*
swepe *s.* sweopu.
swer, *me.* sweor, *st. m., säule.*
swerd *s.* sweord.
swerian, *me.* swerien, suerien, swere, *ne.* swear, *prät.* swôr, *me.* swor, *part. me.* suoren, *st. v. IV, schwören.*
swês- *s.* swǣs-.
swête, *me.* swete, *ne.* sweet, *adj., süss, angenehm, köstlich, lieb, innig.*
swêtlîce, *me.* sweteli, *ne.* sweetly, *adv., süss, innig.*
swêtniss, *me.* swetnesse, swettnes, *ne.* sweetness, *st. f., süssigkeit, anmut.*
sweye *s.* swêgan.
swica, *me.* suike, *me. pl.* suikes, *schw. m., verräter.*
swîcan, *me.* swiken. *prät. pl. me.* swiken, *pz. me.* swiken, *st. v. II, nachlassen, aufhören, im stich lassen, betrügen, verraten.*
swicdôm, *me.* swikedom, *st. m., betrug, verrat.*
swich *s.* swelc.
swicol, *me.* swikel, swichel, *adj., betrügerisch, verräterisch.*
swid. *me.* swiþ, *adj., stark, comp.* swîdra, *nh.* svîdra, *me.* swiddre, swidere *recht.*
swîde, swŷde, *me.* swide, swiþe swyþe, suyde, swude, *adv., geschwind, sehr, gar; compar.* swidor, swŷdor, *nh.* svîdur, *me.* swuþra.
swîdlic, *adj., stark, gross.*
swîdlîce, *me.* swiþeliche, *adv., sehr.*

swicrt *s.* sweart.
swift, *ebenso me. ne., adj., schnell.*
swifte?, *me.* swefte, *adv., schnell.*
swiftlîce, *mc.* swyftly, *ne.* swiftly, *adv., schnell.*
swiftness, *me.* swiftenes, *ne.* swiftness. *st. f., schnelligkeit.*
swik- *s.* swic-.
swile, swille *s.* swelc.
swîma, *me.* swime, swym, *schw. m., schwindel, vergessenheit.*
swîn, *me.* swin, swun, *ne.* swine, *st. n., schwein.*
swinc, *me.* swine, swink, swinch, *st. m. oder n.* (= geswinc)?, *arbeit, anstrengung, mühe.*
swincan, *me.* swinken. swinke, swynke, *prät. sg. me.* swanc, *pl. me.* swunche, *st. v. I c.* arbeiten, *sich anstrengen, sich bemühen, gehen.*
swindan, *me.* swinden, *st. v. I c, hinschwinden.*
swinsung, *st. f., klang, wohllaut, rhythmus.*
swiþe *s.* swîde.
swôgan, *me.* swowen, souʒe, swoune, soʒne, sowene, *ne.* sough, swoon *(veraltet* swoun, swound, sound), *st. v. V (aber später schw.), tönen, lärmen. mit geräusch hinstürzen, ohnmächtig werden; me. vb.-sb.* soʒnyng, sowenyng *ohnmacht.*
swolowe, *ne.* swallow *verschlingen.*
swor *s.* swerian.
swude *s.* swîde.
swuluncg *k., st. n., 120 englische morgen.*
swun *s.* swîn.
swûra *s.* swêora. swurd *s.* sweord.
swut- *s.* sweot-.
swýde *s.* swîde.
swyftly *s.* swiftlîce.
swyle, -ce, swylk *s.* swelc.
swylt *s.* sweltan.
swynke *s.* swincan.
swyrd *s.* sweord. swyþe *s.* swîde.
sybbe *s.* sib.
sýcan, *kent.* sêcan, *schw. v. Ib, säugen.*
syddan, -en *s.* siddan.
syde *s.* sîde. syʒ(en) *s.* sêon. syhte *s.* gesihd.
sykerly *s.* sicor.
sylf *s.* seolf.
sylle *s.* sellan.
sylver *s.* seolfor.

symbel, gen. symbles, symles, st. n., mahl, gelage.
symle s. simle.
syn, gen. synne, me. sunne, zenne, syn, ne. sin, st. f., sünde.
syn s. siddan. synd s. êom.
synderlîce, me. sinderliche, adv., besonders.
syndon s. êom.
syndrig, me. syndry, ne. sundry, adj., abgesondert, einzeln, verschieden.
synfull, me. synfull, sunfull, ne. sinful, adj., sündig.
syng s. singan.
syngian, me. sunezen, prät. me. sunezude, schw. v. II, sündigen.
syngne, ne. sign zeichen.
synne s. syn.
syre s. sire.
syrwung, st. f., hinterlist, nachstellung.
sytte s. sittan.

T.

t- nach t, d, s s. auch þ-.
ta s. taken, þâ, sê.
table, wie ne., tafel; tables schreibtafel.
tac s. taken.
tæcan, me. techen, tegen, teche, ne. teach, prät. tæhte, nh. tahte me. tauhte, tehte. part. me. tauzt, schw. v. Ib, zeigen, lehren, mitteilen, sagen.
tâcen, me. takenn, pl. tacness, ne. token, st. n., zeichen, wunder.
tâcnian, me. tacnien, prät. tâcnode, tâcnude, me. tacnede, part. getâcnod, schw. v. II, bezeichnen, andeuten, vorherverkündigen.
tahte s. tæcan.
taken, take, tak, ta, ne. take, imp. tac, prät. tok, toc, took, toke, part. taken, takun, takyne, ytake, take, tane, nehmen, ergreifen, fassen, erhalten, übernehmen, bestehen; verschaffen, geben; (mit way) einschlagen.
tald s. tellan.
talu, me. ne. tale, st. f., erzählung, nachricht.
tane s. taken.
tapor, me. ne. taper, st. m., kerze.

tær s. þær.
tary s. tyrgan.
tat(t) s. sê, þæt.
tauzt, tauhte s. tæcan.
taunen, tawnen, prät. tawnede, zeigen.
te s. sê.
teagor, têar, me. ter, ne. tear, st. m., zähre, träne.
tealde s. tellan.
teale, teala, tela, adv., gut, recht.
teche(n) s. tæcan.
têd s. tôd.
tee, tecn s. têon.
tefor s. tôforan.
tegen, tehte s. tæcan. tezz(re) s. sê. teh s. têon. tckenn s. êaca.
tellan, me. tellen, telle, tell, tel, ne. tell, prät. tealde, me. tealde, talde, tolde, tald, told, part. teald, geteald, me. told, schw. v. Ib, zählen, erzählen, reden, für etwas halten.
temen s. tîeman.
Temes, me. Temese, ne. Thames, st. f., flussname (daneben Temese schw. f.)
tempeste, ne. tempest sturm.
tempel, me. temple, temmple. ne. temple, st. n., tempel.
tên, me. ne. ten, zahlw., zehn.
tene s. têona.
tênhund, zahlw., tausend.
tenserie schutz, schutzgeld.
*têogan, prät. têode, nh. tîadæ, schw. v., schaffen.
têon, me. teen, tee, prät. têah, têh, me. teah, pl. tugon, tugun, me. tugen, part. togen. st. v. III, ziehen, sich ziehen, begeben.
têona, me. teone, tene, ne. (noch bei Shaksp.) teen, schw. m., anklage, ärger, verdruss, kummer, leid.
têonræden, -rædden, gen. -n(n)e, st. f., leid.
teran, me. teren, ne. tear, st. v. Ib, zerreissen.
teres s. teagor.
terme, ne. term gränze, ende; pl. termes gebiet.
terreble, ne. terrible schrecklich.
teru, me. tere, ne. tar, st. n.?, teer.
text, ebenso ne. text.

th- s. þ-. thai, thaim, thair, thairis, tham s. hê. than s. þonne.
thanke s. þoncian. thanne s. þonne.
thar(e) s. hê, þær. tharf s. þearf.
that s. sê, þæt. thay, thaym s. hê. the s. sê. thedur s. þider.
thee s. þû. thei, theire s. hê. then s. þonne. ther, there s. þær. thêre s. sê. thes, these s. þes. theves s. þéof. they s. hê.
thilke s. ylca. thin s. þû. thing s. þing. thinke s. þencan. this s. þes. tho s. sê, þâ. thocht s. þencan, þôht. thôhæ s. þô. thoo s. þâ. thou s. þû. thought s. þyncan. thousande s. þûsend. thre s. þrî. thridde s. þridda. thristill s. þrostle. thrittene s. þrêotyne. throu s. þurh. thus s. þus. thy s. sê. thyng s. þing. thynkande s. þencan.
thyrde s. þridda. thŷs s. þes.
tîadæ s. têogan.
tîber, st. n., opfer.
ticcen, tyccen, pl. -u, me. ticchen, st. n., zicklein.
tid. me. ne. tide, st. f., zeit, stunde, fest.
tid, tyd, tit rasch, schnell; as tyd, als tit so schnell, sehr schnell.
tîdan, me. tide, prät. me. tidde, tide, schw. v. Ib, sich ereignen, passieren.
tiding s. tiþennde.
tîeman, tŷman, me. temen, nc. teem, schw. v. Ib, zu gewähr ziehen, vorbringen.
tihte s. tyhtan.
til, adj., gut.
til nh.. me. till, til, ne. till, adv., hin; präpos., zu, bis zu, bis, in; conj. (allein oder mit þat), bis.
tild, me. tilde, ne. tilth, st. f., bearbeitung des bodens, saat, frucht.
tilian, me. tilien, tile, ne. till, prät. tilode, part. me. tiled, schw. v. II, erzielen, verschaffen (mit gen.), arbeiten, acker bestellen.
tilwarde auf ... zu.
tima, me. time, tyme, tym, tim, ne. time, schw. m., zeit; mal; þa III dais time während dieser 3 tage; any tyme jemals.

timbrau, me. timbren, ne. timber, pl. part. pass. timbrede, schw. v. I, zimmern, bauen.
tîmlic, me. timlich, ne. timely, adj., zeitlich, irdisch.
tintreg, st. n., tintrega, me. tintrehe, schw. m., qual, marter.
tintregian, me. tintraȝen, schw. v. II, martern.
tintreglic, adj., marternd, qualvoll.
tîr, tŷr, me. tir, st. m., ruhm, ehre.
tirhd s. tyrgan.
tit s. tid.
tiþennde, tyþynge, tiþand, tydynge, tydyngge, tiding. tyding, ne. tiding zeitung, kunde, nachricht.
to s. twêgen.
tô, me. to, tu, te, ne. to, too, adv.. präp., zu, hinzu, an, heran, um zu, bis zu, bis nach, im verhältnisse zu, für, nach u. dgl.; tô dæm zu dem zwecke.
tôberstan, me. toberste, prät. pl. tôburston, st. v. Ic, zerbersten, zerbrechen, zerreissen.
tôbrecan, me. tobreke, prät. tôbræc, part. tôbrocen, nh. tôbroccen, me. tobroken, tobroke, st. v. Ib, zerbrechen, zerreissen, zerschmettern.
tôbregdan, tôbrêdan, me. tobreiden, prät. tôbrǣd, st. v. Ic, auseinanderreissen, zerreissen.
toc s. taken.
tôclêofan, me. tocleve, st. v. III, zerspalten.
tôð, me. toþ, ne. tooth, dat. sg. têð, st. m., zahn.
tôdælan, me. todelen, todealen, prät. me. todeld, schw. v. Ib, zerteilen, verteilen, trennen.
tôdragan?, me. todrawe, pz. me. todrawe, st. v. IV, zerreissen.
tôforan, me. tovore, tefor, präp., vor.
tôgædere, togeder, togid(e)re s. geador.
tôgegnes, tôgeânes, nh. tôgægnes, me. toȝeines, toȝeanes, adv.u. präp., entgegen, zu, im vergleich zu.
tôhopa, me. tohope, schw. m., hoffnung.
tohte, schw. f., zug, auszug, kampf.
toke s. take.
told(e) s. tellan.

tôm, me. tom. tome. adj., frei, leer; me. auch als subst., musse, zeit.
tômertan (wo?), me. tomurte, prät. me. tomurte, schw. v. Ib, zerschneiden, zerreissen, zerbrechen.
tômiddes s. mid.
tonn, tonne s. tunne. too s. twêgen. took s. taken.
tôrendan. me. torende, part. me. torent, schw. v. Ib, zerreissen.
torfer mühsal.
torht, torhtlic, adj., glänzend, stralend.
torne s. turnian.
tôsǽlan, schw. v. Ib, entgehen (unpers. mit dat. der pers. und gen. der sache.)
tôsâwan, st. v. V, aussäen, ausstreuen.
tôscerian kent., schw. v. Ia, trennen.
tôslîtan, me. toslyten, pz. tôsliten. st. v. II, zerschleissen, zerreissen.
tôstencan, part. pass. pl. kent. tôstente, schw. v. Ib, zerstreuen, vereiteln.
tôteran, me. totere, prät. conj. sg. tôtǽre, st. v. Ib, zerreissen.
tother s. ôder.
toun s. tûn.
tour, ne. tower turm.
tour = to our.
tovore s. tôforan.
towe, ne. tow ziehen.führen, bringen.
tôweard, tôward. me. ne. toward, adj., künftig, bestimmt; tôweardes, me. towardes, toward, towarrd, ne. towards, toward. adv., präp., entgegen, gegen, auf ... zu, auf, zu.
traist, trust, ne. trust trauen, glauben.
traitour, traytour, tratour, ne. traitor verräter.
tramme, ne. tram? gerät?
translate, ebenso ne. übersetzen.
trastly vertrauensvoll.
tratour s. traitour.
travayle, ne. travail, travel arbeit.
travayle, ne. travail, travel arbeiten.
trayne, ne. train verrat.
traytour s. traitour.
tre s. trêow.
trega, me. treȝe, treie, schw. m., schmerz, kummer, leid.
trêo(w), me. tre, pl. treon, tres, treis, ne. tree. st. n., baum, holz; me. pl. auch deck?
trêowd, me. treuthe, treothe, truthe, truth. ne. truth, troth. st. f., treue, treuversprechen. wahrheit.
trêowe, me. trewe, trowwe, tru, ne. true, adj., treu, wahr.
trêowian, me. trowwenn, trow, ne. (noch bei Shakspere) trow, schw. v. II, vertrauen, glauben.
trêowlîce. me. treuli, trewly, ne. truly, adv., fürwahr.
tres s. trêow.
tresor, tresour. tresore, ne. treasure schatz.
trety, ne. treaty traktat, abhandlung.
treuli, trewly s. trêowlîce. trewe s. trêowe.
trie. ne. try versuchen, erproben.
triful, ne. trifle kleinigkeit, posse.
trigg treu.
trine, prät. tron, treten, gehen.
trôg s. dragan.
trome s. truma.
tron s. trine.
trone, ne. throne thron.
trow s. trêowian.
trowwe s. trêowe.
trowwenn s. trêowian. tru s. trêowe.
truma, me. trome, schw. m., schar.
trumlic, adj., fest.
truse. ne. truce waffenstillstand.
trust, ebenso ne. vertrauen.
trust s. traist.
truthe s. trêowd.
tu s. tô, twêgen, þû. tu- s. tw-.
tuǽlf- s. twelf-.
tûcian, me. tuken, touken, prät. tûcode, schw. v. II, quälen.
tugon, -un s. têon.
tulke mann.
tûn, nh. tvvn, me. tun, toun, tune, toune, ne. town, st. m., gehöft, ort, stadt; me. to toun nach haus.
tunece, me. tunice, schw. f., unterkleid.
tunge, me. tunge, ne. tongue, schw. f., zunge.
tüngerêfa, schw. m., gutsverwalter.
tungol, st. n. m., gestirn.
tunne, me. tonne, tonn, ne. tun, schw. f., tonne.

turnian — unêaðe.

turnian, *me.* turnen, turrnenn. turne. turne, *ne.* turn. *me. pz.* turnd. *schw. v. II.* wendm. *verwandeln, bekehren, verdrehen. rollen, sich wenden;* t. of *befreien.*
tuss *s.* þus.
twêgen *(k.* tuǽgen. *nh.* twǽge. tröge). twâ (tuâ). tû (tvr), *me.* tweien (twega. tweye), twa (to. too). *ne.* twain. two, *zahlwort.* zwei, *gen.* twêgra. twêga, *dat.* twâm. twǽm. *me.* twam.
twelf. *fl.* twelfe. *me.* twelf. twelve, *ne.* twelve. *zahlwort.* zwölf.
twelfmônað, *k.* tuælf-. *me.* twelfmonþ, *ne.* twelvemonth, *m. pl.. ein jahr.*
twelfta, *me.* twelfte, twelfth. *ne.* twelfth, *ordin., zwölfter.*
twentig. *me.* tuenti. *ne.* twenty. *zahlwort, zwanzig.*
twêogan. *prät.* twêode, *schw. v. II, zweifeln.*
twêonian. *me.* tweonien. *schw. v. II. zweifeln.*
twœ̂- *s.* twê-.
tyccen *s.* ticcen. tyd *s.* tid. tyding(ge) *s.* tiþennde.
tyhtan. *me.* tihten. *schw. v. Ib, anreizen.*
tym, **tyme** *s.* tima. týr *s.* tír.
typped *erz-, haupt-.*
tyrgan. tirgan, 3 *sg. prs. ind.* tirbð, *me.* tary. *ne.* tarry. *schw. v. Ib, quälen, reizen, verhöhnen; me. auch aufhalten, verweilen.*
typþynge *s.* tiþennde.

U.

uard *s.* weard. uch, uche *s.* ǽlc.
ûðe *s.* unnan.
ûðwita, *me.* uþwite. *schw. m.. weiser mann.*
uéle *s.* fela.
uerc *s.* weorc. uers *s.* fers.
nfan. *adv.. von oben.*
ufel *s.* yfel.
ufeweard. *adj.; der obere.*
ulde *s.* ieldu.
uldre *s.* eald.
um *s.* ymb.
umble *s.* humble.
unable. *ne.* unable *ungeschickt. plump.*

unancomned *unbenannt, unbestimmbar.*
unâsédenlic, *adj.. unersättlich.*
unbindan *s.* onbindan.
unbisorʒeliche *rücksichtslos.*
unblendyde. *ne.* unblended *unvermischt, nicht vermischt.*
unbliðe. *me.* unbliþe, *adj., unfroh, traurig.*
unboht. *me.* unboht. *ne.* unbought, *part., ungekauft, unbezahlt, ungebüsst.*
unc. **uncer** *s.* wit.
unclǽne. *me.* unclene, *ne.* unclean. *adj.. unrein.*
uncûð, *me.* unkuþ. *ne.* uncouth. *adj., unbekannt, fremd; ae.* uncûd *mit folgendem indirectem fragesatze absolut. 'da man nicht weiss'.*
undêop, *me.* undep. *adj., nicht tief, niedrig.*
under, *me.* under. undur. *ne.* under. *adv. und präp., darunter. unter; gleichbedeutend me.* anunder.
underfôn, *me.* underfo, *prät.* underfêng, *me.* underfong, *part. ae. me.* underfangen, *st. v. V. empfangen, aufnehmen, merken.*
undergietan. -gytan. *me.* undergeten, *prät.* undergeat, *pl.* undergǽton. *me.* undergǽton. *st. v. Ia, merken.*
underling. *ebenso ne. untergebener.*
understondan. -standan. *me.* -stonden. -stonde. -stande. undirstande. unnderrstanndenn. *ne.* understand, *prät.* -stôd. *me.* -stod. *part.* -stonden. *me.* -stonde. *st. v. IV. verstehen, wissen. erfahren, hören (auf* to), *aufnehmen; me.* beo understonde *lass dir sagen; verbals. me.* undirstandynge. onderstondinge *verständnis, verstand.*
underþêodan. *part.* underþêoded. *schw. v. Ib. unterwerfen; ergeben.*
undir- *s.* under-.
undôn, *me.* undo, wndo, *ne.* undo, *unregelm. v., auftun, öffnen, lösen, vernichten.*
undur *s.* under.
unêaðe. *me.* unieðe. uneðe, unneþe. *ne.va.* unneath *(Sh. H6 B2, 4, 8),*

adv., unleicht, mit mühe, mit not, kaum.
unfed, ne. unfed ohne nahrung.
unfeor, adv., unfern.
unforʒolde unvergolten.
unfremu, me. unfreme, st. f., schaden.
ungelêafulic, adj., ungläubig.
ungelîc, me. unilich, ne. unlike, adj., ungleich, unähnlich.
ungemetegad, neg. part. pass., ungemässigt.
ungemetlîce, adv., über die massen.
ungerẏdelîce, me. unnriddliʒ, adv., ungestüm.
ungesǽld. me. uniselde, unsealþe, st. f., unglück.
ungesêne (Oldest Texts 608a), me. unsene, ne. unseen, adj., unsichtbar.
ungewyrht, st. n., fehlen von verdienst oder schuld.
unglǽd, me. unglad, adj., unfroh, traurig.
ungléawnes, kent. ungléaunes, st. f., unerfahrenheit.
unhǽld, me. unhelde, unhelþe, st. f., krankheit.
unhold. ebenso me., adj., unhold, nicht freundlich gesinnt.
unîede, unêade. unẏde, me. uniede, adj., nicht leicht, unbehaglich.
uniede s. unêade.
uni- s. unge-.
unket s. wit.
unknowlage, wnknawlage unkenntnis.
unknþ s. uncûd.
unlifigende, unlyfigende, neg. part., tot. .
unmihtig, me. unmiʒti, ne. unmighty, adj., machtlos, kraftlos.
unn- s. un-.
unnan, me. unnen, präs. sg. ann, an, pl. unnon, prät. ûde, präteritopräs., gönnen, gewähren, gestatten, schenken (mit gen. der sache); lassen (mit inf.).
unnriddliʒ s. ungerẏdelîce.
unnyt, me. unnut, adj., unnütz.
unriht, ebenso me., st. n., unrecht, ungerechtigkeit.
unrihtwîslic, merc. unrehtwîslic, adj., ungerecht.

unrihtwîslîce, me. unryghtwysely, ne. unrighteously, adv., unrechter weise.
unrihtwisness, merc. unrehtwîsniss, me. unriʒtwisnesse, ne. unrighteousness, st. f., ungerechtigkeit.
unrim, st. n., unzahl, grosse menge.
unrôt. adj., unfroh, traurig.
unsealþe s. ungesǽld.
unsele unglücklich.
unsene s. ungesêne.
unslagen unerschlagen, nicht getötet, am leben.
unsôfte. adv., unsanft.
unstedefest, ne. unsteadfast wankelmütig, vergänglich.
untellendlic unsäglich.
unto, ebenso ne. hin...zu, zu, an.
untrêowe, me. untrew, ne. untrue, adj., untreu, unwahr.
untruwnesse untreue,treulosigkeit.
untẏmende, me. unteminde, neg. part. präs., unfruchtbar.
unwǽr, me. unwar, adj., unvorsichtig, töricht.
unweaxen, neg. part., unerwachsen.
unwine, ebenso me., st. m., feind.
unwîsdôm, me. ne. unwisdom, st. m., unklugheit, torheit.
unwriʒen s. onwrêon.
unwunne gegenteil von wonne, leid.
unþêaw, me. undeaw, st. m., unsitte, sünde.
ùp, upp, me. upp, up, op,ne. up,adv., auf, hinauf, in die höh; upp on, me. uppon, upponn, uppon, upon, opon, apon, upo, ope, ne. upon, präp., oben auf, auf, an. in.
ûpâhafenes, st. f., überhebung.
ûpâstîgnes, st. f., himmelfahrt.
ûpflôr, dat. ûpflôra, st. f., oberer flur, söller.
ûpo, upon, upp s. ûp.
ûre, ure s. wê.
ureisun, orisune, ne. orison gebet.
ûrigfedera, schw. adj., mit feuchten federn.
urnon, urnen s. eornan.
ùs, us, uss s. wê.
ût, me. ut, out, owt, oute, owte. ne. out, adv., hinaus, heraus, nach aussen hin, ganz und gar; ût of, me. ut of, ut off, out of, owt of, ne. out of. präp., aus.
ûtan, nh. ûta, me. uten, adv., von aussen.

ûtanbordes. adv.. von aussen her. von auswärts.
ûte, adv., draussen, im auslande.
ute s. witan.
ûtgong, st. m., auszug.
uthire s. ôder.
ûtlaga, me. utlawe, ne. outlaw, schw. m., der geächtete.
uu- s. w-. uuaren, uuæren s. wesan.
uuel s. yfcl. uuenden s. wênan.
uuerse s. yfcl.
uuiurthit s. weordan.
uuldur- s. wuldor-.
uundra s. wundor.
uut. s. witodlîce.
uvelespeke verleumder.
uwer s. gehwær.
uwil(ch) s. gehwelc. upe s. ýd.

V.

v- s. f, u, w.
væ s. wesan.
vader s. fæder. vair s. fæger.
valde s. willan. vallas s. willan.
valle(n) s. feallan.
valuwen s. fealowian.
vanyte, ne. vanity eitelkeit.
vare(n) s. faran. væs s. wesan.
vatit s. waite.
vayn, vayne. ne. vain eitel.
vayr, veir s. fæger. velc s. fela.
velthye s. welþi.
venge, wenge rächen.
venk s. fön.
venym, ne. venom gift, giftigkeit, tücke.
veole s. fela. veor, ver s. feorr.
ver. were frühling.
vêri s. wesan.
veriour s. werriour.
vêron s. wesan.
verre, part. verrit, anerkennen.
verste s. fyrst.
vertu, vertue, ne. virtue tugend, wunder.
vertuus, virtuus, ne. virtuous tugendhaft.
vessele, ne. vessel gefäss.
viage. vyage. ne. voyage weg.
vi3te s. feohtan. viht s. feoht.
vikked s. wicked.
vilanye, vyleynye, ne. villany gemeinheit, niedrigkeit, niederträchtigkeit.

vile. ne. vile niedrig, gemein.
violently. wyolently, ne. violently gewaltsam.
virtuus s. ver-.
viß s. wise.
vith s. wid. vless s. flæsc.
vol- s. full-. volk s. folc.
vondi s. fondian.
vor. vore s. for. vorbisne,-bysne s. forebysn. vord s. ford.
vorst s. forst. vort s. fort. vote s. fôt.
vourti s. feowertig.
vram s. from. vrechit s. wrecca.
vreond s. frêond. vri s. frêo.
vrocht s. wyrcan. vrom s. from.
vulvelleu s. fulfyllan.
vvt. s. witodlice. vyage s. viage.
vyealdinde s. fealdan.
vyleynye s. vilanye. vyn s. winnan.
vyntir s. winter.
vysage, ne. visage gesicht.
vyve s. fîf.

W.

w s. hwâ.
wâ, me. wa, wo, ne. wo, woe, interj. u. adv.. me. ne. auch sb., weh; me. ich am wo = me is wo.
wâc, me. wac, woc, vgl. ne. weak, adj., schwach.
wæccende. me. wacchende, ne. watching, part. präs., wachend.
wacian. me. wake, ne. wake, schw. v. II, wachen.
wæcnian in âwæcnian, me. wakcue, ne. waken, schw. v. II, erwachen, sich erheben.
wæd. st. f., wæde, nh. wêde, st. n., me. wede, ne. weed(s), gewand, kleid.
wadan, me. ne. wade, st. v. IV, waten, gehen.
wâfung. st. f., schauspiel, schaugepränge.
wæg, uuæg. me. weie. ne. wey, weigh, st. f., wage, gewicht (jetzt wey of cheese gewöhnlich zwei zentner).
wægan, kent. wêgan, schw. v. Ib. betrügen.
wagge, ne. wag bewegen, schwingen.
wa33nenn, waynye in einem wagen führen. bringen (vgl. ae. part. bewægned).

wægn, me. wa33n, ne. wain, st. m., wagen.
wâh. me. wah, st. m., wand.
wai s. weg.
waite, wayte, vat, ne. wait wachen. acht geben, erwarten (mit acc. oder after). abwarten.
waive. wayvye. ne. waive umherirren. treiben. schwanken; entfernen.
wake s. wacian.
wakene s. wæcnian.
wæl, st. n., gesammtheit der gefallenen.
walcande s. wealcan.
wald s. weald, willan.
wald gewalt, macht (vgl. ae. geweald).
waldan, wælde s. wealdan.
walde s. willan.
wale wählen, aussuchen, erkennen, finden; wisest to wale die weisesten, die zu finden waren.
wælfeld, st. m., walstatt.
wælgîfre, adj., leichengierig.
wælgrimm. adj., mordgrimmig.
wælhwelp. st. m., mörderischer hund.
walked s. wealcan.
wall s. weall. wallad s. willan.
walle brunnen (ae. weall in diesem sinne nicht belegt).
wælstôw, st. f., walstatt.
waltere, ne. welter, prät. waltered, sich wälzen, rollen.
wambe s. womb. wan s. hwonne.
wandrian, me. wandre, ne. wander, prät. me. wandride. schw. v. II, wandern.
wane s. wene u. wona.
wânian, me. wanen, wonen, schw. v. II, weinen, klagen; me. vb.-sb. wanunge.
wanna s. won.
wanne s. hwonne.
wæpen, me. wepen, wepne, ne. weapon, st. n., waffe.
wæpengewrixle, st. n., waffenwechsel, kampf.
wæpnedmon, wæpmann, me. wepmon, wepman, weppmann, pl. wepmen, st. m., mann.
wapolian, schw. II, sprudeln.
war s. wesan.

wær. comp. wærra, werra, me. war, ne. va. (Sh.) ware, adj., vorsichtig, klug, gewahr.
ware s. waru.
ware. wære, waren s. wesan.
wærfæst. adj., wahrhaft, treu.
warian, me. warie, ware. schw. v. II. wahren. behaupten, innehaben, me. auch anwenden.
wârig. me. wori. adj.. schmutzig.
warlde s. weorold.
warlok fussfessel.
wêron, wæron s. wesan. warp, warrp s. weorpan.
waru. me. ne. ware, st. f., waare.
warud, nh. vard. word. me. warþ, st. m., ufer.
was. wæs s. wesan.
wascan. me. wassche, ne. wash, prät. wôsc. me. wesch. pl. wôscon, me. wesse, st. v. IV. waschen, baden, reinwaschen (mit of).
wâse (Wright-Wülker), me. wose, woze. ne. ooze, schw. f., schlamm.
wass s. wesan.
wâst, wât s. witan. wat s. hwâ.
wæter, merc. weter. me. water, waterr, weter, watter. ne. water, gen. merc. wetres, pl. merc. weter, gen. merc. wetra, st. n., wasser.
wæterscipe. st. m., wassermasse, wasser.
watz s. wesan.
wâwa. me. wawe. schw. m., weh, leid.
wawe woge.
way, waye s. weg. waynye s. wa33nenn.
wayte s. waite.
wayvye s. waive.
wê, nh. vê, me. ne.we; gen. (possess.) ûser, ûre. me. ure. oure, ur, ne. our. dat. ûs. me. us. uss, ous, acc. ûsic, ûs, me., wie dat., personalpron., wir; we de die wir.
wealcan, me. walken. walc, ne. walk, st. v. V, wälzen, sich wälzen, gehen.
weald, wald, me. wald, ne. weald, wold. st. m., wald, bewaldetes land.
wealdan, waldan, me. wealden, wælden, welde, st. v. V, gewalt haben. stark sein, in der gewalt haben, beherschen; sbst. part. wealdend, waldend herscher, herr.

Wealh, *gen.* Weales, *st. m., der nichtdeutsche, fremde, wälsche.*
wealhstod, *st. m., übersetzer, dolmetscher.*
weall, *me. ne.* wall, *st. m., wall, mauer.*
weallan, *me.* weallen. *st. v. V, wallen, kochen.*
weallgeat, weal-. *dat.* -gate, *st. n., mauer-, stadttor.*
wealtan? *(vgl. nh.* gewælteno *Matth. 17, 14). me.* walte, *prät. me.* welt, *st. v. V?, sich wälzen;* welt in his mynde *kam ihm in den sinn.*
weard. *nh.* uard. *mc.* ward. *st. m., wart, hüter, herr.*
weard. *me.* warde, *nc.* ward, *st. f., wache.*
weard *s.* weordan.
wearnian. *me.* wearnen, warnie, werni, warne, *ne.* warn, *schw. v. II. warnen (vor wid), versagen.*
wearte, *Ep.* uueartæ, *me.* warte, werte. *ne.* wart, *schw. f., warze.*
weax, *mc. ne.* wax, *st. n., wachs.*
weaxan. *me.* wexe, *ne.* wax. *me. 3. pers. sg.* präs. *ind.* wext, prät. weox. weoxs *(ursp.* wöx), *me.* wox, wex, *st. v. IV, später V, wachsen, erwachsen, zunehmen, werden.*
weccan, *me.* wecchen, *prät.* we(a)hte, *schw. v. Ib, wecken, erwecken, hervorrufen, hervorbringen, erzeugen; (vom feuer) anzünden.*
wede *s.* wæd. wee *s.* wiga.
weg, *merc.* wæg, *me.* wei, wai, way, weie, waye, *ne.* way. *st. m., weg, wandel;* on weg. aweg, *merc.* awæg, *me.* awci, awey, awai, away, awaye, avay, wai, *ne.* away *hinweg, weg.*
weg, weoh. *st. m., heiligtum, altar.*
wegan, *me.* wezen, *ne.* weigh, *st. v. Ia, tragen, bewegen, wiegen, wägen;* w. ankres *die anker lichten.*
wêgan *s.* wêgan.
unege *s.* wæg.
wegh *s.* wiga.
wei, weie *s.* weg.
weiweri *vom wege müde.*
wel, well, *nh.* rel. *me.* wel, wele, well, welle, weill. *ne.* well, *adv., wohl, gut, leicht, füglich, sehr, weit;* *comp.* bet. *me.* bet. betere, *sup.* betst. wel hwær (gehwær) *überall.*
wela, *mc.* wele, *nc.* weal, *schw. m., reichtum, wohlstand, freude, glück.*
welcome *s.* wilcuma.
welde *s.* wealdan, gewieldan.
welder *walter, herr.*
weler, *st. m. f., lippe.*
welesc, nuelesc. *me.* welsch, *ne.* Welsh, *adj., wälsch.*
welfare, *ebenso ne. wohlfahrt, wohlergehen.*
well *s.* wel.
welle, wielle, wylle, *me.* welle, *st. m. und schw. f., quelle, brunnen.*
wellspryng, *me.* welsprung, *ne.* wellspring. *st. m., quell, urquell.*
welm, wylm, *me.* welm, *st. m., flamme, eifer.*
welt *s.* wealtan.
welpi, velthye. *ne.* wealthy *reich.*
wemme *flecken, schaden (vgl. ae.* womm).
wênan. *me.* wenen, wene, *ne. (bei Shakspere)* ween, *prät.* wênde, *me.* wende. *schw. v. Ib. wahnen, glauben, denken, hoffen, fürchten; vb.-sbst. me.* wenyng.
wendan, *me.* wenden, wende. *ne. (jetzt nur to* wend *one's way und im prät.)* wend. *prät.* wende, *me.* wente. went. *ne.* went, *part.* iwent, ywent, *schw. v. Ib, wenden, übersetzen, verwandeln, sich wenden, gehen.*
wene, wane *unglück, elend.*
weng, wing, wyng, *ne.* wing *flügel.*
wenge *s.* venge.
wenne *s.* hwonne. went, wente *s.* wendan.
wenyng *s.* wênan.
wêop. weopen *s.* wêpan.
weorc, *nh.* uerc, *me.* weorc, weork, weorch. werk, werke, *ne.* work, *st. n., werk.*
weord *s.* word.
weordan. *me.* wurden. worþen, 3. *sg.* präs. *ind.* weorþed, *nh.* uuiurthit, *me.* wurd, wurþ. *prät.* weard, *me.* ward, wurd, *pl.* wurdon. *part.* geworden, *me.* geworden, *st. v. Ic, werden;* (þe king,) þat wurþ *der sein wird.*
weordian, *nh.* wordiga, *me.* wur-

13*

dien. wurþien. wurden, wurdie.
part. geweordad. schw. v. II. wert
halten. verehren, auszeichnen.
weordlic, me. wurdlich, adj., wertvoll, ausgezeichnet.
weordscipe. me. wurdscipe, wurdschipe. wurschipe, wurchipe. ne.
worship. st. m., ehre. verehrung.
davon v. me. worssipe, worschipe.
worship, -shyp, ne. worship, prät.
me. worssipede, worschipide, verehren.
weorod, werod, me. were, st. n.,
schar.
weorold. weoruld. werld, worold,
woruld, k. uueorold. me. woruld.
woreld, werld, world, worlde. warlde. werlde, wordle, werde. ne.
world, st. j. (doch nh. gen. woruldes).
welt.
weoroldcund, woruldcund, adj.,
weltlich.
weoroldhâd, weoruldhâd, st. m.,
laienstand.
weoroldwela. me. woruldwele.
schw. m., irdischer reichtum.
weoroldþing. woruldding, st. n.,
weltliche angelegenheit.
weorpan. me. werpen, ne. warp,
prät. wearp, me. warp, warrp, st.
v. I c, werfen.
wêox. wêoxs s. weaxan.
wêpan, me. wepen, weopen, wepyn,
wepe, ne. weep. prät. wêop, me.
weop, wep, st. v. V, weinen; verbals. me. wepyng.
wêpen. wepne s. wæpen.
wep(p)man. -mon s. wæpnedmon.
wer, me. wer. were, st. m., mann,
jüngling. ehemann.
werde s. weorold. werdi s. wyrdig.
werdnes s. wierdnes.
were s. ver, wer. weorod, werre,
wesan.
wêre, weren s. wesan.
werian, me. werien, schw. v. I a,
wehren, verteidigen. schützen (mit
wid).
wêrig, me. weri, ne. weary, adj.,
müde, matt.
werk(e) s. weorc. werlde s. weorold.
wermôd, Ep. uuermôd, me. wermod,
ne. wormwood. st. m., wermut.
werni s. wearnian.
werod·s. weorod. wêron s. wesan.

werra s. wær.
werrai, ne. war kämpfen (mit acc.,
gain, on).
werre. were. wer. ne. war krieg.
kampf.
werriour. veriour, ne. warrior krieger.
werses. yfel. werts.wyrt. wêrun.
wes s. wesan.
wesan, nh. wosa, 2. pl. imp. wese
gê, nh. wosad giê, prät. sg. wæs,
Ep. uuæs, merc. wes, nh. væs, me.
was, wass, watz, wes, 2. wære, nh.
wêre, vêre, me. wære, were, was;
pl. wæron, merc. nh. wêrun, nh.
wêron, vêron, vœron, me. wæron.
wæren, uuæren, wærenn, wereu.
uuaren, wære, were, ware, war.
wer; conj. wære, merc. nh. wêre,
nh. vêre, vêri (væ XIV 4 s. 40 zu
vêri zu erg.), me. wære, were,
ware, st. v. I a, sein.
wesch, wesse s. wascan. weste
s. witan.
wêste, merc. wœste, fem. merc.
wœstu, me. weste, adj., wüste.
wêsten. me. westen, st. n. m. f.,
wüste.
Westseax, Wes-, -sex, -sexa, -seaxa,
st., resp. schw. m., Westsachse.
wet s. hwâ. weter s. wæter.
wex(e), wext s. weaxan. wh- s. hw-.
whanne s. hwonne.
whare s. hwær.
wharrfenn s. hwearfian.
what, whatt s. hwâ. whattlike
s. hwætlîce.
wheðer s. hwæðer, hwædere. whel
s. hwêol. when s. hwonne.
wher s. hwæðer. where s. hwær.
whet s. hwâ.
wheþþre s. hwædere.
which(e) s. hwelc. whider, -ir s.
hwider. whilch s. hwelc. whom
s. hwâ. whon s. hwonne. whos
s. hwâ. whyle s. hwîl.
wi wehe!
wîc. me. wik. urglm. f., wohnstätte,
ort (oft pl.).
wicke, wykke ruchlos. schlimm.
wicked, wikked, vikkit, ne. wicked
ruchlos, schlimm.
wict s. wiht.
wid, me. wid, ne. wide, adj., weit.
wið, me. wid. wiþ, wiþþ, with, wyþ,
wit, wyth, vith, ne. with, præp.,

wider, gegen, gegenüber, mit, bei, von *(beim passiv)*; **withalle,** *ne.*
withal, *adv., durchaus*; **wid þām þe, me. wid dau þe, wit þat wofern,** *damit.* **widinnan,** *me.* **widinnen, widinne, within,** *ne.* **within,** *adv. u. präp., drinnen, innerlich, innerhalb, unter;* **widūtan,** *me.* **widuten, wiþoutin, widute, widouten, wythouten, wituten,** *ne.* **without,** *adv. u. präp., draussen, ausserhalb, ohne.*
widde, *me.* **wiþþe,** *ne. va.* **with,** *schw. f., strick.*
wide, *me.* **wide,** *ne.* **wide,** *adv., weit, weithin.*
widhogian, *prät.* **widhogode,** *schw. v. II, verachten, vernachlässigen.*
widmærsian, *pz.* **gewidmærsod, -sud,** *schw. v. II, verbreiten.*
widstondan, *me.* **wiþstande,** *ne.* **withstand,** *prät. me.* **wiþstode,** *st. v. IV, widerstehen, gegenübertreten.*
widtaken, **withtake** *mitnehmen, tadeln.*
widuwe, *me.* **widewe, widue, wydue,** *ne.* **widow,** *pl. me.* **wydues,** *(dat.)* **widuen,** *schw. f., witwe.*
*****wierdnes, wurdnes,** *kent.* **werdnes,** *me.* **worþnesse,** *st. f., würde.*
wif, *me.* **wif, wyf.** *gen. me.* **wyves,** *dat. me.* **wife, wive, wyve,** *ne.* **wife,** *st. n., weib, gattin.*
wifmon, wifman, wimman, *pl.* **wimmen,** *me.* **wifman, wymmon, wummon, wyman, wiman, woman,** *pl.* **wifmen, wimmen, wymmen, wummen, women,** *ne.* **woman,** *pl.* **women,** *st. m., weib.*
wig, wigg, *me.* **wiʒ. wi,** *st. n., kampf.*
wiga, *me.* **wiʒe, wyʒ, wegh, wee,** *schw. m., kämpfer,** *me. mann, wesen (von gott).*
wigend, wiggend, *sbst. part. präs., kämpfer.*
wiglung, *kent.* **wilung,** *me.* **wiʒelunge,** *st. f., wahrsagung.*
wigsmid, *st. m., kampfschmied, kämpfer.*
wiht, wuht, *me.* **wiht,** *ne.* **wight, whit,** *f. n., wesen, ding, irgend etwas, acc. adv., irgend;* **nân wuht** *nichts.*
wiht, wiʒt, wyʒt, wict, *superl.* **wictest,** *mutig; adverbiell schnell.*

wiht *s.* **gewiht. wikked** *s.* **wicked.**
wil *s.* **hwil, gewill.**
wilcuma, *me. nc.* **welcome,** *schw. m., wer jemandem zu willen kommt, willkommen.*
wilde, *me.* **wilde,** *ne.* **wild,** *adj., wild.*
wile *s.* **willan, hwil. will** *s.* **gewill.**
willa, *me.* **wille,** *ne.* **will,** *schw. m., wille, wunsch, wohlgefallen, freude. wonne;* **at wylle,** *ne.* **at will** *nach wunsch.*
willan, *nh.* **walla, valla,** *präs. sg.* 1. 3. **wille, wylle, wile,** *nh.* 1. **willo, villo,** *me.* 1. 3. **wulle, wule, wole, wile, wyle, will, wil, wyl.** 2. **wilt, wylt,** *nh.* **vilt,** *me.* **wult, wolt, vill,** *pl.* **wyllad.** *nh.* **wallas, vallas,** *me.* **willed, wulled, wuled, wilen, will, wil,** *prät.* **wolde.** *nh.* **walde, valde,** *me.* **wolde, wollde, wulde, walde, valde, wold, wald,** *unregelm. verb., wollen, wünschen, pflegen; dient auch zur umschreibung des futurs und conditionals; part. me.* **weill willand** *wohlwollend.*
wilnian, *me.* **wilnien. wylny,** *schw. v. II, wünschen, begehren (mit acc. oder efter).*
wilnung, *me.* **wylnynge,** *st. f., wunsch, sehnsucht.*
wilung *s.* **wiglung.**
wim(m)an, -en, -on *s.* **wifmon.**
win, *k.* **uuîn,** *me.* **wyn,** *ne.* **wine,** *st. n., wein.*
Winchestre *s.* **Wintanceaster.**
wind, *me.* **wind, wynde, winde,** *ne.* **wind,** *st. m., wind.*
windan, *me.* **winde,** *ne.* **wind,** *part. me.* **ywounde, wounde,** *st. v. Ic, winden, umwinden, einwickeln.*
windas, wyndas, *ne.* **windlass** *winde.*
wine, *me.* **wine,** *st. m., freund.*
wing *s.* **weng.**
winnan, *me.* **winnen, wynne, vyn,** *prät.* **won,** *st. v. Ic, sich mühen, sich anstrengen, kämpfen,** *me. gewinnen, bekommen.*
Wintanceaster, *me.* **Winchestre,** *ne.* **Winchester,** *st. f., stadtname.*
winter, *me.* **winter, winnterr, vyntir,** *me.* **winter,** *st. m., winter, jahr.*
wintertide, vyntirtyde *winterzeit.*
Wiogoraceaster, *me.* **Wirecestre,** *ne.* **Worcester,** *st. f., name einer stadt.*

wiota s. wita.
wiotonne s. witan.
wirigan, wyrgan, wergan, me. werye.
  schw. v. Ib, fluchen.
wirignys, st. f., fluch.
wis, me. wis, ne. wise, adj., weise.
wisdôm, nh. visdôm, me. ne. wisdom, st. m., weisheit.
wise, me. wise, wyse, wiß, ne. wise.
  schw. f.. weise, art. sache (XI 58 'suscepto negotio'); ae. on nâne wisan, me. no wyse, ne. nowise durchaus nicht.
wiss s. gewiss.
wissian, me. wisse, wysse, wysshe, schw. v. II, lenken, führen: mit inf. bewirken dass, lassen: verbals. me. wyssynge unterweisung.
wisste, wiste s. witan, bewitan.
wit, me. wit, gen. (poss. acc. sg. fem. unce) uncer, dat. unc, acc. uncit (nh. unket). unc, pron., wir beide.
wit, me. wit, witt, wyt, wytt, ne. wit, st. n., witz, verstand.
wit s. wid.
wita, wiota, me. wite, schw. m., weiser.
witan, wioton, me. witen, ne. wit. präs. sg. 1. 3. wât, me. wat, wot, woot, woth. 2. wâst, nh. vâst, me. wost, woost, pl. witon, nh. wutun, me. witen, wyten, wited, wat; me. part. präs. witinge; prät. wiste, weste, nh. viste, me. wiste, wisste, wist; partic. me. wist, präteritopräs., wissen, erfahren, kennen lernen. kennen.
witan, me. witen. wite, 3. sg. präs. ind. me. wit, cj. wit (XIX 122) für wite, st. v. II, sehen, beobachten, behüten, sorgen (vgl. auch bewitan). 1. pl. präs. conj. wûton, ûton, me. ute mit inf. = frz. allons. wohlan, lasst uns.
wite, pl. witu, me. wite, st. n., strafe, höllenstrafe.
witega, me. witeʒe, schw. m., weissager, prophet.
witer, witter kundig, sicher.
witerliche, witterlike kundig, gewiss, genau.
with s. wid, hwit.
witian, part. witod. me. witien. schw. v. II, bestimmen.

witléas (wo?), me. wytles, ne. witless, adj., witzlos, unverständig.
witnesse, -ssing s. gewitness.
witodlice, witud-, witot-, wytod-, nh. wutudlice, abgekürzt vvt., vut., uut., adv., conj., wahrhaftig, fürwahr (für lat. autem. enim usw.).
witsunnedei s. hwita.
witter s. witer.
witterlike s. witerliche.
wiþþe s. widde.
wliteg, me. wliti, adj., schön.
wlonc, wlanc, ebenso me., adj., stattlich, stolz.
wman s. wifmon, wn- s. un-.
wo s. hwâ, wâ, woc s. wâc.
wôd, me. wod, ne. veraltet (Shaksp.) wood, adj., wütend, toll.
wôgian, me. wohen, wowen, ne. woo, schw. v. II, werben; me. rb.-sb. wohunge, ne. wooing.
wôh, me. woh, wouʒ, st. n., unrecht.
woke s. wucu.
wolde, wole, wollde, wolt s. willan.
womb, wamb, me. wambe, ne. womb, st. f., bauch.
women s. wifman.
won s. wuna.
wona, me. wane, gane, ne. wane, schw. m., mangel; me is wane mir fehlt.
wonde s. wund.
wonder- s. wundr-.
wondian, wandian, me. wond, schw. v. II, zögern.
wone, wonie s. wunian.
wonn, wann, me. wonne, ne. wan, adj., dunkel.
wonten, wante, ne. want fehlen.
wonye s. wunian.
woost, woot s. witan.
wôp, me. wop, st. m., weinen, klagen.
word, k. nuord, nh. vord, me. word, weord, ne. word, st. n., wort, rede, wovon geredet wird, ding.
word s. warud, wordadun s. weordian, wordle, woreld s. weorold, wori s. wârig, worke s. wyrcan, world, worlde s. weorold, wormes s. wyrm (oder wyrms?)
worn, st. m., menge.
worold, woruld s. weorold, wors s. yfele, worschipe, worship, worshyp, worssipe s. weord-

scipe. worthy s. wyrdig. wosad s. wesan. wose s. wâse.
wost s. witan. wæste s. wéste.
wot, woth s. witan. wou3 s. wóh.
wounde s. windan.
wox s. weaxan. woze s. wâse.
wræc. me. wreche. wreke, wrake, ne. (noch bei Shakspere) wreak; ae. wracu. me. wrake. st. f., verfolgung, rache, strafe.
wrâd, me. wroþ, ne. wroth, adj.. zornig. böse.
wrædan in gewrædan zürnen, me. wrede. wreþi, schw. v. Ib (doch me. prät. wredede). erzürnen.
wrâdian in gewrâdian erzürnen, me. wrathe, schw. v. II, zornig sein.
wrâdlîce, me. wroþely. comp. wropeloker. adv., zornig. heftig.
wrancwis s. wrongwis.
wrang (Wulfstan 298, 20. 1), me. wrang, wrong, ne. wrong. st. n?, unrecht.
wræstan, me. wrast, ne. wrest, schw. v. Ib, drehen, bohren.
wræstlian (Wright-Wülker 431, 25), me. wrastel, ne. wrestle, schw. v. II, ringen, kämpfen.
wrecan, me. wreke. ne. wreak, st. v. Ia, rächen.
wrecca, me. wrecce, uurecce, wrecche, wrechche, ne. wretch. schw. m., me. auch adj., vertriebener. elender, wicht; elend, unglücklich; dasselbe me. wrecched, vrechit, ne. wretched.
wreccan, prät. wrehte, schw. v. Ib, wecken.
wreccehed elend.
wrecche s. wrecca.
wreche s. wræc.
wrechidnes, ne.wretchedness elend.
wrede s. wrædan.
wredful, ne. wrathful zornig.
wrêgere (Wright-Wülker 332, 1), me. wreiere, st. m., ankläger, angeber.
wrenc, me. ne. wrench, dat. pl. me. wrenche, st. m., list. pl. ränke.
wrêon, me. wrien, prät. pl. me. wri3en, st. v. II (III), verhüllen, verdecken.
wreþi s. wrædan.
wrîdan. me. uurythen, wryþe. ne. writhe, prät. pl. wridon, me. uurythen, st. v. II, drehen, winden, binden, zusammenschnüren.
wri3en s. wrêon.
wringan. me. wringen, ne. wring, prät. me. wrong, pl. me. wrungen, st. v. Ic, drehen. ringen.
writ. me. writ. wryt, ne. writ, st. n., schrift, brief. botschaft.
writan, me. writen. ne. write. prät. wrât, me. wrot, wroot, pl. writon, me. write, wrote, part. writen, me. writen, writun, iwriten, iwryten. st. v. II, schreiben; vb.-sb. me. wrytinge, writyng das schreiben. schrift.
wrîtere, me. writere, ne. writer, st. m., schreiber.
wro winkel, ecke.
wrobbere angeber? doch s. róbbere.
wrocht, wroght, wro3te, wrohht, wrohhte s. wyrcan.
wrong s. wrang.
wrong s. wringan.
wrongwis, wrancwis, schottisch wrongous unrecht, ungerecht.
wroot, wrote s. wrîtan. wrou3t s. wyrcan.
wroþ s. wrâd. wrungen s. wringan. wryt s. writ. wrythen wryþe s. wrîdan.
wrytinge s. writan.
wucu. me. woke, ne. week, schw. f., woche.
wudu, me. wude, ne. wood. st. m., holz. gehölz. wald.
wuht s. wiht. wulde s. willan.
wuldor, gen. wuldres, st. n.. glorie, ehre, herlickkeit, herlichster.
wuldorblæd, st. m., herlicher ruhm.
wuldorfæder, nh.gen. uuldurfadur, st. m., ruhmreicher vater.
wuldorgâst, st. m., ruhmreicher geist.
wuldortorht,adj.,herlich glänzend.
wule, wuled s. willan.
wulf, me. wulf, ne. wolf, st. m., wolf.
wulle, wulled. wult s. willan.
wummen, -mon s. wîfmon.
wuna (Ælfr. Gramm. 252, 6 var.) für älteres gewuna, me. wune, won, st. m. wont, schw. m., gewohnheit, art. me. auch wohnung. ort; in kindes wune in geschlechtes (verwanten) art.
wund. me. wunde, wonde, pl. wunden, ne. wound, st. f., wunde.

wunderearvedhalde *wunderbar (sehr) schwer zu halten.*
wundernesse *wunderlichkeit.*
wundian, *me.* wunde. *ne.* wound, *part. nh.* giwundad. *schw. v. II, verwunden.*
wundor, *gen. pl.* wundra. *nh.* nundra. *me.* wunder, *ne.* wonder. *st. n., wunder, wundertat. untat. böses.*
wundorlic, *me. sup.* wunderlukest, *adj.. wunderbar, seltsam.*
wundorlice, *me.* wunderliche, *adv., wunderbar, sehr.*
wundrian, *me.* wundren, wonder, *ne.* wonder. *prät.* wundrode, -ade, *me.* wundrede, wonderit, *schw. v. II, sich wundern (mit gen., me.* on).
wunian, wunigan, *nh.* vvniga, wunige, *me.* wunien, wunyen, wonye, wone, *prät.* wunode, wunude, wunede, *me.* wunede, *schw. v. II, wohnen, weilen. bleiben, leben, existieren; me. vb.-sbst.* wununge.
wurchipe *s.* weordscipe. wurd(e) *s.* weordan. wurde *s.* wyrde.
wurdie(n) *s.* weordian.
wurdsc(h)ipe, wurschipe *s.* weordscipe.
wurs *s.* yfele. wurse. wurst(e) *s.* yfel.
wut- *s.* wit-.
wych *s.* hwele. wydue *s.* widuwe.
wyf, wyve *s.* wif. wyʒ *s.* wiga.
wykke *s.* wicke. wyl *s.* gewill.
wyl(e) *s.* willan.
wyldernesse, *ne.* wilderness *wildnis.*
wylk *s.* hwelc. wyll *s.* gewill.
wyllad *s.* willan.
wylle s. willa.
wylm *s.* welm. wyln- *s.* wiln-.
wyman. wym(m)on, -en *s.* wifmon.
wyn *s.* win. wyndas *s.* windas.
wynde *s.* wind.
wyng *s.* weng. wynnes *s.* winnan.
wynsum, *me.* winsom, *ne.* winsome, *adj.. wonnesam. wonniġ. lieblich.*
wyolently *s.* vio-.
wyrcan, *me.* wyrke. wyrk. worke. *ne.* work, *prät.* worhte (worht XIV 25 *s.* 48), *me.* wrohhte, *part.* geworht, *me.* wrohht, wrouʒt, wrocht, wroght, vrocht, wroʒte, iwrat, ywrouʒt, *unregelm. schw. v. Ib, wirken, arbeiten. verfertigen, machen, tun, dichten.*

wyrde. *me.* wurde. *adj., würdig, wertvoll.*
wyrdig *(in comp.), kent.* werdi, *me.?, ne.* wordy, *adj., wortreich.*
wyrdig *(Oros. 256, 11), me. ne.* worthy. *adj., würdig, wertvoll.*
wyrm, *me. ne.* worm, *st. m., wurm.*
wyrms, *me.* wirrsenn, wursum, worsum, *nach Kluge auch* wormes. *ne. dial.* wirsom, *st. m. (Ælfr. Hom. 2, 452) u. n. (Elfr. Gramm. 29, 1), eiter, gift.*
wyrnan, *me.* werne. *prät.* wyrnde, *schw. v. Ib, verwehren. vorenthalten.*
wyrt, *kent.* wert. *me.* wirte, wurt, *ne.* wort, *st. f., kraut, gemüse.*
wyse *s.* wise.
wysshe, wyssynge *s.* wissian.
wyt, wytt *s.* wit. wyten *s.* witan.
wyth *s.* wid.
wyv- *s.* wif.
wyþ *s.* wid.
wyþerly *feindlich, zornig.*

Y.

y *s.* ic, y- *s.* ge-, y *und part. s. einf. verb.*
ybroʒt *s.* bringan.
yby *s.* bêon. ybyate *s.* bêatan.
ycau, *me.* eken. *ne.* eke, *schw. v. Ib, vermehren.*
ych, yche *s.* ælc. ycom *s.* gecuman.
yd, *me.* uþe. yþe. *st. f.. woge.*
ydel. ydill *s.* idel.
ydo(n) *s.* dôn. ydraʒe *s.* dragan.
ydre *wasserkrug.*
ye *s.* gê. yeaf, yeave *s.* giefan.
yede, *s.* geêode. yeer *s.* geâr.
yef *s.* gief. yef, yefþ *s.* giefan.
yelde *s.* gieldan.
yelpe *s.* gielpan. yemen *s.* gieman.
yemer *s.* geômor. yerne *s.* georne.
yer *s.* geâr. yet(e) *s.* giêt.
yeten *s.* etan. yeve *s.* giefan. yf *s.* gief.
yfel, *me.* yfel, yvel, ufel. uvel. evel. ivel. ewill. *ne.* evil, *adj., übel. böse, schlimm; comp.* wyrsa, *me.* werse, wurse. *sup.* wyrst, *me.* wurst. werst; *st. n., übel, schlimmes, krankheit.*

yfele, *me.* yvele, ivele, evele, *adv.,* übel, schlimm; *comp.* wyrs, *me.* wurs, wers, wors, *sup.* wyrst.
y3e *s.* êage.
ygete *s.* gietan. yhent *s.* hentan.
yhere *s.* gehieran. yhyerd *s.* hieran, gehieran. yif *s.* gief.
ylca, ilca, *ma.* ilca, ilke, illke, ich, *ne.* schott. ilk, *pron.,* stets schwache form mit artikel oder demonstr., derselbe. derjenige, dieser; *mc.* þilke, thilke = þe ilke, the ilke.
yldo, ylde *s.* ieldu.
yldra *s.* eald.
yleid *s.* lecgan.
ylent *s.* lænan, lendan.
ylere *s.* gehèran.
yliche, ylych *s.* gelic(e).
ylost *s.* lèosan. ymad(e) *s.* macian.
ymage *s.* image.
ymb. ymbe, embe, *me.* umbe, um *(vgl. altn.* um), *präp., um. bei, in betreff, nach;* (simle) ymb tuælfmònað *jedes jahr. jährlich;* umbe stounde *von zeit zu zeit, manchmal.*
ymbcerran, prät. ymbcerde, *schw. v. Ib. sich umkehren.*
ymbclyppan, *me.* um(be)clippe, prät., ymbclypte, *schw. v. Ib, umarmen, umfassen.*
ymbhycggan, *schw. v. Ib, bedenken, überlegen.*
ymbsellan, *nh.* -sella. *prät. nh.* ymbsalde, *schw. v. Ib, umgeben.*
ymene *s.* gemǽne.
ymete *s.* gemêtan.
ymone *s.* gemâna.
ynome *s.* niman.
you, your, yow *s.* gê.
yrfeweardnes, *merc.* erfewordnis, *st. f., erbschaft.*
yrre, ierre, eorre, *me.* eorre, *adj., zornig.*
yrre, ierre, eorre, *me.* eorre, *st. n., zorn.*
ys *s.* êom, hê. yse3 *s.* gesêon.
yselþe *s.* gesǽld. ysent *s.* sendan. ysla3e *s.* slêan.
yssape *s.* scieppan.
yssed *s.* sceâdan. yssla3e *s.* slêan.
ytt *s.* etan.
yu, yure *s.* gê.
yung *s.* geong. yvel *s.* yfel.
yvori. *ne.* ivory *elfenbein.*

ywent *s.* wendan.
ywil *s.* gewill.
ywoned *s.* gewunian. ywounde *s.* windan. ywrou3t *s.* wyrcan.
yyolde *s.* gieldan. yzo3e *s.* sêon.
yzy *s.* gesêon.
yþe *s.* ýð.

Z.

z- *s.* s-. zaule *s.* sâwol. zayde, zayþ, zede, zeede *s.* secgan.
ze *s.* sǽ.
zenne *s.* syn. zente *s.* sendan.
zet, zitte *s.* sittan.
zette *s.* settan.
zigge *s.* secgan. zone *s.* sunu.
zoster *s.* sweostor.
zuo *s.* swâ. zy *s.* sêon.

Þ.

Þ = þæt. *me.* þat *(ebenso* ð XVIII, XIX).
þâ. *nh.* thâ. *me.* þa, þo, tho, thoo, ta, *adv., conj., da, als.*
þâ, þa *s.* sê.
þa *s.* þæt.
þabot = þe abot.
þafian, *me.* þavien, þave, *prät.* þafode. *schw. v. II, sich zu etwas verstehen. auf etwas eingehen (mit acc.).*
þa3, þah *s.* þèah. ðæhtung *s.* þeahtung.
þai *s.* sê.
þai, þaim *s.* hê. þair *s.* hê, þǽr.
þǽm, þâm, þan *s.* sê. þam(e) *s.* hê.
þan, þanne. þænne *s.* þonne.
þanc, ðanc *s.* þonc. þanon *s.* þonon. þane *s.* sê. ðanne *s.* þonon.
þar *s.* hê.
þǽr, þâr, *merc. nh.* þêr, ðêr, *me.* þær, ðer, þer. ther, þar, thar, ðor, þor, tær, þair, thair, þǽre, ðere, þere, þare, there, thare, ther, *adv., da, dort;* wo, wohin. þǽrtô, þârtô *dazu; me.* þerafter *darnach;* þerate *daran;* þerfore, þarfor(e), therfore *deshalb;* þerfram *entfernt davon;* ðerinne, þarein *darin;* þarof *deshalb;* þareon, theron

14

þǽra — þinchen.

darüber, darauf; þarout *ausserhalb;* þorwit, þerwith, tharwyth *damit.*
þǽra. þǽre *s. sĉ.* þærf *s.* þurfan.
þas *s. sê.*
þæt. dæt, *k.* det, *me.* dat. þet, þat, þatt, that, tatt, *ne.* that; *oft* þætte, *k.* dættæ. dette, *nh.* þætti = þǽt þe, *conj., dass. damit; ae.* ôd þæt. *me.* a þet, a þa *bis;* quan dat *wann.*
þatt *s. sĉ.* þæt.
þauh *s.* þêah. þay *s.* sê. þayn *s.* þegn.
þê, dê, þe. *me.* þe, the. *relativum. oft nach demonstrativen, aber auch sonst.* þǽra þe *oft mit dem präd. im sing.;* dë...hiora *deren;* þê... on *worin, wohin;* ic þe *der ich;* þæs þe *nach dem was, wie.*
þê, *conj., oder;* hwæder...þê *ob... oder.*
dê *s.* þû.
þêah. dêah. þêh. *nh.* dǽh. *me.* þeh, deh, þah, þaჳ. þohh, þoჳ. þeyh. þouh. þouch, þou, þof. *me.* though. *adv., conj.. doch, obgleich; vgl.* swâ.
þeahtung. *nh.* dæbtung. *st. f., beratung.*
þearf, *nh.* tharf. *me.* þerf. þarrfe. *st. f.. bedürfnis. notwendigkeit.* him is þearf *er hat es nötig.*
þearf *s.* þurfan.
þearfa. *me.* þearfe. *schw. m., armer.*
þearle. *adv.. heftig. ungestüm.*
þêaw, dêaw. *me.* þew, *ne. dicht.* thew. *st. m.. gebrauch. gewohnheit, sitte.*
dec *s.* þû.
þede *s.* þêod.
deden *von da.*
þef *s.* þêof. þeჳჳ(re) *s.* hê.
þegn. þegen. *me.* þeogn. þeign, þein, þayn. *ne.* thane. *st. m., diener, mann, jünger, soldat.*
þegnung, þênung, þêning, *st. f., dienst. officium.*
þeh, þêh *s.* þêah.
þeign-, þein *s.* þegn.
þeire *s.* hê.
þen *s.* þonne.
den = de en.
þên- *s.* þegn-.
þencan, *me.* þenchen, denche, þenchæ, thinke, thynke, *ne.* think. *prät.*

þôhte, *me.* þoჳte, þohhte, þoჳt, þouჳt. thocht, *unregelm. schw. v. I b, denken. gedenken, beabsichtigen.*
þene, dene *s.* sê.
þene, þenne *s.* þonne.
þenne = þende, þe ende.
þêo *s.* sĉ.
þêod, dîod, *me.* þede, *st. f.. volk. land.*
þêoden. *st. m.. herr, könig, gott.*
þêodguma. *schw. m., mann aus dem volke.*
þêodscipe, *st. m., gesetz, disciplin.*
þêof, *me.* þeof. þef. *dat.* þeove. *pl.* theves. *ne.* thief, *st. m., dieb.*
þeonne *s.* þonne.
dêos *s.* þes.
þeow, dîow. *me.* þew. *st. m., diener.*
þêowdôm, *me.* þeoudom. *st. m., dienst. knechtschaft, herrschaft.*
þêowian, *me.* þeowen, *schw. v. II, dienen.*
þêowot, *dat.* þêowte. *st. n., dienst. knechtschaft.*
þêowotdôm, diowot-. *st. m.. dienst.*
dêr, þer(e) *s.* þǽr. þer(e), dêre *s. sĉ.*
derh *s.* þurh.
þes, des. *fem.* þêos, dêos, *n.* þis, dis; *me.* þes. þis, þiss, this. þise. *fem.* deos; *gen. m. n.* þisses, *me.* dises, *fem.* þisse, dysse. deosse; *dat. m. n.* þissum, þysum, þyson. *f.* þisse, *me.* þissan, þissen. þisse, þise. dusse. des? (XIX 212). *acc. m.* þisne. þysne, *nh.* diosne, *me.* desne. *f.* þàs. *me.* das, þas. *n.* þis; *instr. m. n.* þy̆s, thy̆s; *pl. nom. acc.* þàs, dâs, *me.* þas, þos, þose. þise. these, þes. thes. *gen.* þissa, disra, *dat.* þissum, *me.* disse. *pron., dieser.*
þes, des *s. sĉ.* þet *s.* þæt, sê.
þeyh *s.* þêah. dh- *s.* þ-. þi
s. þû.
þi. di *darum, deshalb; s. sê.*
þicgan. *me.* þygge. *schw. v. I, annehmen, zu sich nehmen. essen.*
þider. þyder. *nh.* diddir, *me.* þider, dider, þyder, duder, þuder, thedur, *ne.* thither. *adv., dorthin, wohin.*
þiderweard. *me.* þiderward, *ne.* thitherward, *adv., nach dort zu.*
dierf *s.* þurfan.
þilke *s.* þylc, ylca. dîn, þîn *s.* þû.
þincan. þinchen *s.* þyncan.

þînen, þignen, st. f., *magd.*
þing, ðing, *me.* ðing, ðinȝ, þing, thing, þingh, þyng, thyng, þink, *ne.* thing, *st. n., ðing, sache, gegenstand, wesen.*
þîod *s.* þêod. þios- *s.* þes.
þîow *s.* þêow.
ðirda *s.* þridda, ðire *s.* þû.
ðis XIX 154 = ð is, þet is.
þis-, ðis- *s.* þes.
ðiu *s.* sê.
þô, *Ep.* thôhæ, *schw. f., ton, lehm.*
þo *s.* þâ, sê. þof, . þoȝ, þohh *s.* þêah.
þoȝt(e), þohhte, þôhte *s.* þencan.
þohhwhcþþre *s.* hwædere.
þôht, *me.* þohht, þouht, þouȝt, þouth, thocht, þoȝte, thoghte, *ne.* thought, *st. m., gedanke, geist.*
þoliau, *me.* þolien, þolenn, ðolie. þolyc, þole, thole, *prät.* þolode, þolede, *me.* þolede, *part. me.* tholyt, *schw. v. II,* dulden, *leiden, erleiden.*
þon *s.* sê, þonne.
þonc, ðonc, þanc, *me.* þonc, ðanc, þanc, þank, *ne.* thank, *st. m., gedanke. herz. sinn. dank.*
þoncian, þancian. *me.* þonkie. þanke, ðanke, thanke. *ne.* thank, *prät.* þancode. *schw. v. II, danken.*
þoncolmôd, þancol-, *adj., denkend. klug.*
þoncsnoter, *nh.* thoncsnottur. *comp.* thoncsnotturra. *adj., klug.*
þoncwyrðe, *adj., dankenswert, angenehm.*
þone *s.* sê.
þonne, ðonne (*nh.* donne), þanne, þænne, don (*nh.* than), *me.* þanne. þænne, ðenne, þenne, thanne. þeonne, þene, þan, ðan, ðen, þen, than, then, *ne.* than, then, *adv., dann, da, ferner; vgl. conj., denn, als, als daß; tempor., als, wenn, während; folgernde, denn, nun, also; advers., aber.*
þonon, þanon, þanonne. *me.* ðanne, þanne, thennes, *ne.* thence, *adv., von da.*
þor *s.* þêr. ðor *s.* sê, þêr. þorfte *s.* þurfan.
þorn, ðorn, *ebenso me., ne.* thorn, *st. m., dorn.*
þos(e) *s.* þes.

þou *s.* þû. þêah.
þouch, þouh *s.* þêah. þouȝt *s.* þencan. þôht. þouht, þouth *s.* þôht.
þrâh, þräg, *me.* þraȝhe, þrowe, *st. f., zeit.*
þræl, *me.* ðrel, þrell, *ne.* thrall, *st. m., knecht.*
þre *s.* þrî.
þrêagan, 3. *sg. prs. ind.* ðrêað, *merc.* ðrêgan, *me.* þraghe, *schw. v. II., drohen, schelten.*
þrêat. *me.* þræt, þret, *st. m., schar, gedränge.*
þrêatian. *me.* þrete, *ne.* poet. threat, *vgl.* threaten, *prät. me.* þrette, *pz. me.* þrett. *schw. v. II, drängen, bedrohen, drohen.*
ðrêgan *s.* þrêagan.
þrell *s.* þræl.
þrelweork *knechtesarbeit.*
þrengen, *prät.* þrengde, *bedrängen, drücken.*
þrêo *s.* þrî.
þrêotŷne, *me.* thrittene. *ne.* thirteen, *zahlwort, dreizehn.*
þrett(e) *s.* þrêatian.
þrî, þrêo, ðrîo, ðrêo, *me.* þri, þreo, þre, thre. *me.* three, *dat. nh.* ðriim, *zahlwort, drei.*
þridda, *nh.* ðirda. *me.* ðridde, þridde, thridde, ðride, thyrde, *ne.* third, *zahlwort, der dritte.*
þringan, *me.* þringe, *prät. pl.* þrungon, *st. v. Ic, dringen, sich drängen.*
þriste. *me.* þriste, *adj., dreist, leichtsinnig.*
thristill *s.* þrostle.
þritig, þrittig, *me.* þritti, *ne.* thirty, *zahlwort, dreissig.*
þriwa, *me.* þreowa, þrie, þries, *ne.* thrice, *adv., dreimal.*
þrostle, *me.* thristill, *ne.* throstle, *schw. f., drossel.*
þrote, -u, *me.* þrote, *ne.* throat, *schw. f., kehle. vorderhals.*
þrou, þrough *s.* þurh.
þrowe *s.* þrâh.
þrôwung. *me.* ðhrowing. *st. f., leiden.*
þrym, *gen.* þrymmes, *me.* thrum. *st. m., schar, menge.*
þrynge *s.* gehring.
þryve, *ne.* thrive *gedeihen; so mot* ȝ *þryve so wahr es mir gut gehen möge.*

þû, ð ȳ, tu. me. þu. tu. þou. thou, thu. ne. thou; gen. (als poss. flect.) þin, ðin. me. þin. thin. þinc. þi. (dat. dire); dat. þê. ðê. nh. di? me. þe. thee; acc. dec. þec. þê. me. þe. thee. pron.. du.
þuder, duder s. þider.
þûhte s. þyncan.
þûma, Ep. thûma. me. pl. þumbes, ne. thumb. schw. m.. daumen.
þunchen s. þyncan.
þunor. me. þuner. dat. þunre. ne. thunder, st. m.. donner.
þurfan. präs. sg. 1. 3. þearf. me. dearf. dierf. þærf. pl. þurfon, conj.. þurfe, þyrfe. me. þurve, prät. þorfte, me. þurte, präteritopr.. nötig haben, brauchen. me. auch mögen.
þurh, nh. derh. me. þurh, durh. þurch, þurrh. þurch. þuruh, throu. throughe. ne. through. präp.,durch; þurrh gastliȝ witt in geistigem sinne; þurrh swille auf solche weise; þurrh þatt dadurch dass. indem; me. durchut. þuruhut. þuruhtut. þuruth. ne. throughout. adv. u. präp.. durchaus. ganz durch.
þurhbindan?. me. þuruhbinden. part. -bunden. st. v. Ic, ganz und gar binden.
þurhsêcan, me. þurrhsekenn. schw. v. Ib, durchsuchen. genau untersuchen.
þurhsêon. me. durhseon. 3. pers. sg. präs. me. durhsihd. st. v. Ia. durchschauen.
þurlen s. þyrlian.
þurrh s. þurh.
þurst, durst. me. þurst, durst, ne. thirst. st. m.. durst.
þurste s. þyrstan.
þurte s. þurfan.

þuruh s. þurh.
þus, ðus. ðvs. me. þus, þuss, thus, tuss. ne. thus, adv.. so.
þus = þu his (XIX 129).
þûsend, me. þusend, þusen, thousande, ne. thousand, st. n., tausend.
þûsendmǣlum, adv., tausendfältig, zu tausenden.
ðusse s. þes.
þust-, dust- s. þȳst-.
þweorh, kent. gen. sg. fem. ðwerre, adj., quer, verkehrt.
þwerrtnt durchaus.
þwerten, ne. thwart. prät. ðwerted, durchkreuzen, hindern.
þȳ s. sê.
þyder s. þider.
þylc, me. þilk. pron., solch.
þyncan. þincan, me. þunchen, ðinchen, þinchen. dinche, 3. sg. präs. mê þinced, ðyncd. me. me þunched. þunchep, dincd. þincd. þinche, þingþ. ne. methinks; prät. þûhte. me. þuhte. thoucht. unregelm. schw. v.. dünken. scheinen.
þyng s. þing. þynke s. þencan.
þyrel, me. þurl (vgl. ne. nostril), st. n.. loch. öffnung.
þyrfen s. þurfan.
þyrlian, me. þurle, ne. thrill, schw. v. II, durchlöchern, durchbohren.
þyrstan, me. þurste, ne. thirst. schw. v. Ib. dürsten.
þys-, dys- s. þes.
þȳsterness. me. dusternesse, st. f., finsternis.
þȳstre, me. þustre. adj.. düster, finster.
þȳstrian, me. þustren, schw. v. II, finster werden.